Ein arbeitsreiches Leben in der Spirale des Lebens

FRIEDHELM UMBACH

Ein arbeitsreiches Leben in der Spirale des Lebens

Bibliografische Information der Deutschen Nationalbibliothek
Die Deutsche Nationalbibliothek verzeichnet diese Publikation in der Deutschen Nationalbibliografie; detaillierte bibliografische Daten sind im Internet über http://dnb.dnb.de abrufbar.

© 2017 Friedhelm Umbach
Satz, Umschlaggestaltung, Herstellung und Verlag: BoD – Books on Demand
ISBN 978-3-7431-4856-7

Inhalt

Kindheit und Jugend, geprägt von schwerer körperlicher Arbeit und Schlägen, Beleidigungen, Erniedrigungen, Zank, Hass und Streit — 9

Mit 23 Jahren einem zauberhaften Menschen begegnet, dem ich Vertrauen und Liebe schenkte — 25

Arbeitsplatzwechsel von der AEG zu Daimler Benz, dem größten Achswerk Europas — 36

Stellenbeschreibung als Diplom-Ingenieur in der Konstruktion bei Daimler Benz — 58

Meine erweiterte Stellenbeschreibung für CAD und Auto CAD am Computer — 64

Ärger mit dem Bauamt, den Nachbarn und meiner zukünftigen Schwiegermutter — 68

Hochzeit und Hausbau in Elmshagen — 74

Patenkind zur Aufnahmeprüfung beim VW-Werk vorbereitet — 80

Der Schlaganfall meines Vaters und die Bauarbeiten in Uschlag und Elmshagen — 85

Wohnhausaufstockung in Elgershausen mit Dankschreiben an den Nachbarn — 96

Beschwerdeschreiben an meine Mutter und meine Schwester	125
Baudarlehen von Daimler Benz und der Weiterbau in Elgershausen und in Elmshagen	145
Mal- und Tanzkurs sowie weitere Bauarbeiten in Elmshagen	154
Aufklärungsschreiben an Patenkind	166
Bauarbeiten in Elgershausen und in Elmshagen	175
Kauf eines neuen Zweitwagens und Frontalzusammenstoß bei 120 km/h und 70 km/h	192
Die gelernten und getanzten Figuren nach 14 Jahren Tanzunterricht	207
Der Bruch zwischen der Familie meiner Schwester und meiner Familie sowie das Leben meines Vaters im Rollstuhl	250
Friedhelm, der Hobbykoch und Bäcker	265
Altersteilzeit und das Rentnerleben	277
Sommerurlaube mit meiner Familie	285
Zusammenfassung der Ereignisse, deren Verarbeitung und die gezogenen Lehren und Konsequenzen. Teil 1	301
Elmshagen und die Burganlage Falkenstein	310

Zusammenfassung der Ereignisse, deren Verarbeitung und die gezogenen Lehren und Konsequenzen. Teil 2	314
Übergabe meines Buches am Pfingstmontag, den 27.05.2012 an meine Schwester in Uschlag Haselweg 9	344
Windkraftanlagen Saukopf und Lindenberg	357
Maßlose Enttäuschung über einen guten Freund	363
Überschreibung unseres Wohnhauses in Elgershausen	371
Beurkundung einer Vorsorgevollmacht	377
Urkundenrolle Nr.	380
Berliner Testament zur Altersabsicherung	383
Ärger über Knoten in meiner Schilddrüse.	384

Kindheit und Jugend, geprägt von schwerer körperlicher Arbeit und Schlägen, Beleidigungen, Erniedrigungen, Zank, Hass und Streit

Mein Vater war in erster Ehe mit der Schwester meiner Mutter verheiratet. Aus dieser Verbindung ging ein Junge hervor. Diese Frau meines Vaters kam 1943 mit dem Sohn zusammen bei einem Bombenangriff im Bunker in Heiligenrode ums Leben.

Meine Mutter war mit einem Soldaten aus Österreich liiert, der dort als Studienrat unterrichtete. Mein Opa versprach meinem Vater, dass er das alte Wohnhaus erbt, wenn er meine Mutter zur Frau nimmt. Als meine Mutter im sechsten Monat schwanger war, heirateten meine Eltern, Weihnachten 1944.

Am 24. März 1945 wurde ich, Friedhelm Umbach, in Vollmarshausen, dem Wohnort meines Vaters, geboren. Zwei Jahre später kam meine Schwester zur Welt. Mein Vater arbeitete in der Gießerei bei *Henschel und Sohn* als Former und Kernmacher für LKW-Motoren, die später in die *Henschel* LKW eingebaut wurden.

Meine Kindheit verlebte ich in Heiligenrode, einem Vorort von Kassel, in der Dorfstraße 21.
   In diesem Haus wohnten die Eltern meiner Mutter mit den fünf Geschwistern meiner Mutter, die mittlerweile Erwachsene waren. Im Laufe der Jahre waren diese Geschwister alle untereinander zerstritten.

In den 13 Urlaubstagen meines Vaters gingen er und ich morgens in das vier Kilometer entfernte Gut Ellenbach zum Erbsenpflücken. Da meine Schwester noch zu klein war, blieb sie mit meiner Mutter zu Hause.

Obwohl die Geschwister meiner Mutter sich untereinander uneinig waren, konnte ich als Kind zu jedem gehen. Mein Opa arbeitete auch bei *Henschel und Sohn,* als Fräser. Jede Woche bekam er seinen Arbeitslohn, den er gleich ins Wirtshaus trug und dort oft seine Kollegen freihielt. Damit das ein Ende hatte, fing meine Oma ihren Mann am Henscheltor ab, und knöpfte ihm das Geld ab, bevor es gleich wieder verschwand. Meine Mutter erhielt nur Wirtschaftsgeld. Das restliche Geld hat mein Vater für sich verbraucht.

Mein Vater spielte beim TSV Heiligenrode Fußball. Der Verein spielte in der Bezirksklasse. Sonntägliche Fahrten mit dem Omnibus von der KVG bis Spangenberg waren keine Seltenheit. Sonntagmittag um zwölf Uhr musste er am Vereinslokal sein, da die zweite Mannschaft das erste Spiel bestritt. Von 15 bis 16:45 Uhr spielte mein Vater als rechter Verteidiger in der ersten Mannschaft. Sonntagabend gegen 19 Uhr war der Omnibus wieder in Heiligenrode. Anschließend ging es ins Vereinslokal. Gegen 21 Uhr trat man dann betrunken den Heimweg an.

Jeden Sonntag waren meine Mutter, meine Schwester und ich allein. Das Grabeland, das Feldland mit Kartoffeln und Getreide, wurde nach Feierabend bestellt. Außerdem fütterten wir jedes Jahr zwei Schweine. Wir hatten auch zwei Ziegen. Die Ausscheidungen der Tiere liefen über eine Rinne in die Jauchegrube im Stall. Hier war auch der einzige Abort für alle Personen im Haus. Alle drei Monate wurde mit dem Jaucheschöpper und zwei Eimern die Jauche in einen Jauchefasswagen geschüttet, den der Bauer dann auf sein Feldland fuhr. Schon als Kind musste ich die Schweine und Ziegen misten.

Zwei Brüder und eine Schwester meiner Mutter bauten mit ihren Ehepartnern eigene Häuser in Heiligenrode. Die Schwester meiner Mutter habe ich einmal beim Einkauf im Konsum getroffen. Sie sagte: »Friedhelm, zu Weihnachten kommst du aber zu mir.«

Meine Mutter und ihre Schwester waren sich spinnefeind. Nur als Kleinkinder, wenn meine Mutter zum Einkaufen nach Kassel fuhr, gingen meine Schwester und ich zur Tante. Wenn die Tante in die Stadt wollte, kamen deren Kinder zu uns. Ich erinnere mich daran, wie ich aus Spaß dem Sohn der Tante an seinem neuen Dreirad zwei Räder abmontierte, aber anschließend nicht mehr an die Achse bekam.

Aus Angst vor meinem Vater ging ich abends nicht nach Hause, sondern versteckte mich unter dem Lagerschuppen der Firma Raiffeisen.

Gegen 22 Uhr kam Specks Lisbeth, unsere Nachbarin, zu meinen Eltern: »Wenn Ihr euren Jungen sucht, der sitzt unter dem Lagerschuppen!« Ich kam nur unter der Bedingung aus meinem Versteck, dass ich nicht wieder verhauen wurde. Manchmal nahm mein Vater auch die Lederpeitsche. Selbst als ich schon auf dem Fußboden lag, trat mein Vater noch nach mir, obwohl ich als Kind nichts gegen ihn ausrichten konnte. Oft habe ich anschließend minutenlang nach Luft geschnappt. Meine Mutter stellte sich dann hin und sprach: »Besser dich, dann passiert so etwas nicht mehr!« Oft drohte sie auch: »Warte es ab, wenn er heute Abend heim kommt. Zudiktiert hat er dir die Schläge gestern schon.« Wenn mein Vater abends von der Arbeit kam, wurde ihm sofort berichtet, was ich getan habe – und ich wurde wieder verhauen. Einmal kam der Bruder meiner Mutter und sagte zu seinem Schwager: »Komm heraus und schlag dich mit mir und nicht immer mit so einem wehrlosen Kind!«

Mein Vater kam mit meiner Oma, die mit in unserem Haushalt lebte, nicht klar. Darum zog meine Oma zu ihrem Sohn, der im gleichen Haus wohnte.

Zum Haus gehörte ein entfernter Garten, der am Möncheberg lag.

Hier durfte mein Vater die Obstbäume pflanzen, schneiden, aufhacken und düngen, aber kein Gras für die Ziegen mähen und auch kein Obst ernten. Das erledigte die andere Verwandtschaft der Oma. Das gefiel meinem Vater zwar nicht, aber die Oma bestand auf dem Nießbrauchsrecht. So kam es zum ersten Mal zu Handgreiflichkeiten zwischen meinem Vater und meiner Oma. Die Oma suchte den Doktor auf und bekam ein Attest. Damit ging sie zum Rechtsanwalt Herrn Krausar. Es folgte ein Gerichtsverfahren.

Meine Oma klagte und bekam den Armenschein. Mein Vater hat diesen Prozess verloren. Er musste den Rechtsanwalt der Oma, seinen Rechtsanwalt, die Gerichtskosten und das Schmerzensgeld für die Oma bezahlen.

Es kam zu weiteren Handgreiflichkeiten gegen die Oma, wegen eines Lugenseils, einer Sense und allen Gartengeräten, die nach Ansicht meines Vaters zum geerbten Haus gehörten. Einen weiteren Prozess beim Amtsgericht verlor mein Vater ebenfalls. Noch mehr Wut staute sich in ihm auf.

Eines Sonntags kam die Verwandtschaft meines Vaters uns besuchen. Sie fragten mich: »Friedhelm wo hast du denn die blauen Flecken her?« Ich erzählte: »Mein Vater hat mich gehauen.« Daraufhin wurde er in die Mangel genommen. Manche Abende habe ich gewartet bis es dunkel war und bin dann gleich ins Bett gegangen …

Dann kam Weihnachten 1951. Ich war sechs Jahre alt und sagte: »Ich gehe zu meinem Freund Gerhard. Meine Eltern sagten: »Nimm deine Schwester mit!« Ich weigerte mich. Da hat mein Vater mich aus Wut morgens das erste Mal verhauen. Schließlich nahm ich die Kleine mit. Unterwegs sagte ich zu meiner Schwester: »Ich gehe zur Tante. Du sagst nachher zu unseren Eltern, dass du mit den Geschwistern von Gerhard, der Anni, der Liesel und der Gerlinde gespielt hast.« »Friedhelm, du hast ja deine Schwester dabei «, sagte die Tante. Wir bekamen jeder eine Tüte mit Süßigkeiten. Unterwegs wurden die Leckereien gleich gegessen. »Wart ihr bei Tante Frieda?« »Ja Papa!« sagte meine Schwester – und ich wurde das zweite Mal am ersten Weihnachtstag verhauen.

»Das ist nicht mein Vater!« habe ich manchmal gedacht. Jeden Tag hat mein Vater meiner Mutter aufgetragen, welche Arbeiten am Tag zu erledigen waren. Gras für die Ziegen, Brennnesseln für die Schweine holen, misten oder Kartoffeln lesen. Wenn der Bauer die Kartoffeln von seinem Feld abgeerntet hatte und kein Strohwisch mehr auf dem geernteten Feld war, durfte man die restlichen, liegengebliebenen Kartoffeln, auflesen. Den Sack dafür stellte ich in den Rahmen unseres alten Damenrades. Mit einem Eimer füllte ich den Sack halb voll mit gelesenen Kartoffeln. Dann ging es nach Hause. Der Sack durfte auf keinen Fall umfallen. Da er so schwer war, musste ich den Sack, wie gehabt, die Kartoffeln mit dem Eimer wieder einlesen. Hatte ich die vorgegebenen Arbeiten nicht erledigt, gab es Ärger und manchmal Schläge. Diese Kindsmisshandlungen konnte ich mir damals schon nicht erklären. Als Kind schon spürte ich, dass das nicht mein Vater sein konnte. Ein deutlicher Hinweis war, dass meine Eltern und meine Schwester schwarze Haare hatten. Ich hatte rotblonde Haare, wie der frühere Freund meiner Mutter. Außerdem wurde meine Schwester immer in den Himmel gehoben und immer in Schutz genommen. Zum Beispiel, wenn Kartoffeln auf dem Feldland geerntet, der Roggen oder Weizen gemäht wurde, durfte ich nicht zur Schule. Ich musste helfen, die vollen Kartoffelkörbe der Frauen in die Säcke zu entleeren, oder den Roggen oder Weizen anhalten, damit mein Vater besser mit der Sense mähen konnte. Mein ehemaliger Klassenlehrer, Herr Seidel, wusste schon immer Bescheid. Er sagte oft: »Friedhelm, Kartoffeln geerntet oder die Frucht gemäht.«

Der Bauer fuhr die Kartoffelsäcke nach Hause. Dann mussten die Säcke im Schlafzimmer des Bruders meiner Mutter durch ein aufgedecktes Loch in den darunter liegenden Keller aus den Säcken geschüttet werden. Der Ärger durch den dabei entstehenden Staub war vorprogrammiert. Die Frucht wurde gebündelt und in Haufen aufgestellt, bis man einen Termin an der Dreschmaschine hatte, wo die Frucht dann gedroschen wurde. Das Korn wurde in Säcken zur Mühle gefahren, gemahlen und zum Bäcker geschafft, wo man das ganze Jahr über für 30 Pfennig den Laib Brot kaufen konnte.

Mein Klassenlehrer kannte meinen Vater vom Fußball. Er wusste, dass mich mein Vater oft verprügelt. Ich habe ihm leid getan, dass er mir in der dritten Klasse sein blaues Fahrrad schenkte. Ich war sehr stolz darauf.

Zum Anziehen bekam ich die abgelegte Kleidung von unserer Verwandtschaft.

Wenn ich in der Schule mal eine Strafarbeit bekam, weil ich z. B. über den Schulzaun gesprungen war, dann vermerkte mein Vater unter der Strafarbeit: »Für diese Zwecke kaufe ich keine Hefte!«

Plante die Schule eine Klassenfahrt über länger als eine Woche z. B. zum Meißner, Burg Ludwigstein oder nach Sylt, dann mussten meine Eltern zustimmen.

Bei der Fahrt nach Sylt unterschrieb er mit der Bemerkung: » …. aber nur bei gleicher Geldverteilung der Zuschüsse!«

Der Streit zwischen meiner Oma und meinem Vater wurde immer heftiger. Mein Vater wollte den Bruder meiner Mutter aus dem Haus haben.

Alle Kinder meiner Oma wurden damals enterbt, bis auf einen Sohn. Dieser wollte aber nur ausziehen, wenn er sein Vermögen, die 5000 DM, bekam.

Mein Vater verdiente damals aber nur 67 Pfennig pro Stunde bei *Henschel*.

Im Keller des Hauses waren an mehreren Stellen die Eichenbalken durch die Feuchtigkeit schon durchgefault, das Haus war baufällig. Man einigte sich auf Ratenzahlungen. Der Bruder meiner Mutter kaufte ein Haus in der Dorfstraße 13 und zog aus der unteren Wohnung aus. Die Oma zog ins Obergeschoß in ein Zimmer. Jetzt bestand die Oma durch ihren Nießbrauch auf Miete von meinen Eltern. 12,50 DM wurden gerichtlich festgelegt. Ich musste ihr die Miete monatlich bringen. Oma quittierte den Betrag.

Meine Mutter hatte über Jahre hin Stoff liegen. Für einen Wintermantel war er zu wenig. So beschloss man, für mich einen Ulster beim Schneider Bäumler in Uschlag anfertigen zu lassen. Ich bekam endlich mal was Neues und keine abgelegte Kleidung!
Diesen Ulster durfte ich nur sonntags tragen.
Einmal war ich sonntags auf dem Sportplatz. In der Halbzeit der zweiten Mannschaft spielten wir Kinder immer Fußball. Dabei war ich ausgerutscht und auf den Rücken gefallen. Mein Ulster war voll Schlamm und Dreck. Mein Vater hatte dies gesehen. Ich lief zum Bach Nieste und wusch den Schlamm ab. Der Ulster war wieder sauber. Ich wartete bis es dunkel wurde und der Ulster getrocknet war. Obwohl nichts mehr vom Dreck zu sehen war, wurde ich wieder verprügelt.

Einige Wochen später kam ein Verkäufer mit Lamahaardecken zu uns. Da er an diesem Tag schon gute Geschäfte gemacht hatte, machte er meinen Eltern einen Sonderpreis für vier dieser Decken. Er ging sogar noch 10 DM herunter, wenn meine Mutter ihm zwei Tassen Bohnenkaffee und ein belegtes Brot zubereiten würde. Der Vertreter ging und fuhr mit dem Omnibus nach Kassel. Als meine Mutter die Lamahaardecken ausbreiten wollte, waren es nur zwei. Die beiden Decken waren mit den roten Bändern so raffiniert zusammengelegt, dass man vier Decken gezählt hatte. Ich habe darüber gelacht. Aus Wut, dass ich mich darüber freute, hat Vater mich geschlagen, obwohl ich doch unschuldig war.

Der Nachbar, die *Bäckerei Heere*, betrieb nebenbei noch eine Landwirtschaft. Hier hat mein Vater gegen Bezahlung oft geholfen, meist beim Mist breiten. Heeres hatten
einen Knecht, den Hermann. Dieser arbeitete jahrelang beim Zirkus und konnte deshalb viele Tierstimmen nachmachen. Aber am besten die von Elefanten.

Wenn er die Kühe von der Weide zum Melken holte, durfte ich immer auf einer Kuh aufsitzen. Auf dem Felde haben wir Grünzeug geholt. Mit einem langen Maisstengel habe ich ein Pferd unter dem Bauch gekitzelt. Nach ein paar Minuten hat es mich mit seiner linken Hinterhand getreten, aber ohne Folgen. Heeres hatten auch einen Schäferhund, der auf den Namen Lux hörte.

Da ich den Hermann suchte, hat mich der Hund auf den Hof gelassen. Nur als ich den Hof wieder verlassen wollte, hatte er etwas dagegen. Er hat mich in den Hintern gebissen, so dass ich blutete. Da der Lux aber nur das zu fressen bekam, was die Erwachsenen auch gegessen haben, bekam ich keine Spritze gegen Wundstarrkrampf.

Ärzte waren für mich ein rotes Tuch. In Bettenhausen, einem Stadtteil von Kassel, gab es den Doktor Köberich. Einmal bin ich während einer Behandlung auf Strümpfen zurück nach Heiligenrode gelaufen ...

Vor unserem Wohnhaus standen drei Holzschuppen mit Wellblech. Diese haben mein Vater und ich zusammen mit dem dahinterliegenden Lattenzaun entfernt. Entlang der Grenze des Eckgrundstückes und zum Nachbarn Heere hoben mein Vater und ich einen 90 cm tiefen Graben aus, um eine Betonmauer mit Maschendrahtzaun zu errichten. Es wurden Kies und Zement angefahren. Eine Schicht von 40 cm Kies und eine Schicht von 12 cm Zement. Diese Menge wurde drei Mal hin und her gemischt mit Schaufel und Gartenrechen. Beim vierten Mal wurde vom Vater geschippt, ich habe den Rechen bewegt und meine Mutter mit der Gießkanne den Beton genässt. Danach wurde der Beton auf den Schubkarren geladen und in den Graben geschüttet. Oben auf die Mauer wurden Winkeleisen gesetzt für den Maschendrahtzaun. Bis die 70 Meter Graben vollgefüllt waren, hatten wir wochenlang zu tun.

Der Architekt hatte mittlerweile auch die Hauszeichnung beim Bauamt eingereicht. Sie wurde genehmigt. In der Wicherstraße, drei Häuser neben uns, wohnte der Zimmermann und Maurer Gerhard Döring. Dieser Mann hatte sich bereit erklärt, beim Umbau zu helfen. Als erstes wurden zwölf Baumstämme von 20 cm Durchmesser und etwa vier Meter Länge besorgt. Das halbe vordere Obergeschoß wurde damit schräg abgestützt. Im Erdgeschoß wurden die Lehmgefächer herausgeschlagen und sämtliche Eichenbalken entfernt. Das Obergeschoß stand jetzt frei in der Luft auf zwölf Baumstämmen. Dann wurde die Lehmkellerdecke herausgeschlagen. Fieberlings Hermann, der Bauer, kam mit Traktor und Wagen. Drei bis vier Stunden benötigten wir beide um einen Wagen mit dem Lehm und die Holzbalken aufzuladen. Samstags schafften wir manchmal auch, drei Wagen voll auf das Gelände vom alten Schwimmbad an der Nieste zu fahren. Hier half uns der Hermann auch beim Abladen. Meinem Klassenlehrer Herrn Seidel tat es leid, dass ich als Kind schon so harte und schwere Arbeit verrichten musste. Aber was sollte ich tun? Wenn ich mich weigerte, gab es Prügel.

Dann kamen die Bruchsteine vom Kellerwerk dran. Diese wickelten wir beide heraus und über Bohlen auf den Wagen. Der Keller wurde vergrößert, einen halben Meter tiefer ausgeschachtet und die Erde mit den Bruchsteinen an das Schwimmbad gefahren. Abflussrohre und der Wasseranschluss wurden neu verlegt.

Mit dem Bauunternehmer Semmler hatte mein Vater sich geeinigt. Wir kauften sämtliches Material bei ihm, als Gegenleistung für die Zeit der Bauarbeiten lieferte er uns eine Mischmaschine, Bohlen, Schaltafeln, Stahlstützen, Kanthölzer usw. an. Unter Leitung vom

Herrn Döring wurden die Fundamentgräben und die Kellersohle gegossen. Mein Vater fuhr Schubkarren, meine Mutter und ich schippten zwölf Schaufeln Kies 0 bis 30 mm, vier Schaufeln Zement und etwa sieben Liter Wasser in die Mischmaschine, zwei Tage lang. Herr Döring hat den Beton geglättet.

Nach der sechsten Klasse in der Grundschule wechselten wir in eine neu gebaute Schule. Jetzt gab es Toiletten mit Wasserspülung und auch richtige Tische und Stühle. Die Schulräume waren wesentlich größer und moderner. In der alten Grundschule gab es die ersten sechs Jahre nur zwölf Plumpsklos, jeweils sechs für Jungen und Mädchen. Für das kleine Geschäft der Jungen war daneben ein Raum, dessen Wände mit Bitumen schwarz gestrichen waren. Unten war eine Rinne, die über einen Abfluss zur Jauchegrube führte. Zuerst aß man das Pausenbrot, danach ging man Austreten, denn bei dem Uringestank wäre einem beim Essen schlecht geworden.

Auch die Lehrer benutzten diese Toiletten. In den Klassenräumen gab es nur Schulbänke mit einer Ablage für den Ranzen.

In der neuen Schule wurden vom Lehrkörper auch Filme gezeigt und Diavorträge gehalten, um den Lehrstoff zu vertiefen. Mein Klassenlehrer nahm mich manchmal mit zu anderen Schulen in den Nachbargemeinden, wenn er dort Filme zeigte.

Im Sommer ging es an die Nieste Baden. Aus den Ufersteinen bauten wir Kinder einen Damm und stauten somit das Niestewasser bis zu 80 cm auf. Hier habe ich auch das Schwimmen gelernt. Mit sechs Jahren schon spielte ich im TSV Heiligenrode in der Schülermannschaft Fußball gegen andere Dorfmannschaften.

Im Sport, da ich Fußball im Verein spielte und Schwimmen konnte, hatte ich im Zeugnis die Note »sehr gut«. In den ganzen Jahren meiner Schulzeit war ich auch im Rechnen stets »sehr gut«. Im Rechenbuch war ich schon immer ein paar Seiten weiter als im Unterricht. In Musik und Religion war ich nur »befriedigend«, aber ich bin sehr gern zur Schule gegangen. Während meiner ganzen Schulzeit war ich nie krank. Dadurch, dass ich meinem Vater bei Wind und Wetter ständig helfen und oft als Kind schwere Arbeit verrichten musste, war ich abgehärtet und robust.

Wenn andere Kinder spielten, musste ich auf meine Schwester aufpassen, meinen Eltern helfen z.B. auf dem Feldland Kartoffeln hacken, das Grabeland bestellen, die Ställe misten oder Gras für die Ziegen und Brennnesseln für die Schweine holen.

Manches Fußballturnier in den Nachbarorten haben wir gewonnen und sind als Sieger vom Platz gegangen. Es wurde immer, auch bei Regen, Schnee oder brütender Hitze gespielt. In Wattenbach stand ein Blechstunz voll Wasser mit einer dünnen Eisschicht zum Waschen bereit. Es gab noch keine Duschen auf dem Sportplatz. Ich war etwa 10 Jahre alt.

Der Mann von der Schwester meiner Mutter und dessen Bruder hatten Beziehungen zur damaligen DDR. Kinder zwischen acht und zehn Jahren aus dem Raum Kassel konnten in den Sommerferien in Begleitung der Parteimitglieder mit der Eisenbahn in die DDR reisen. Ich war einmal in Elsterberg und in Zittau im Ferienlager zusammen mit Kindern aus der DDR. Wir machten Tages- und Nachtwanderungen. Belegte Brote und Obst nahmen wir im Rucksack mit. Manchmal war es auch wie Schule, zugeschnitten auf die DDR. Einmal in der Woche wanderten wir zu einer Textilfabrik, in der alle Kinder sich duschen durften. Auch über unserer Eltern wurden wir befragt, oder wie weit ist es bis zum Bach, oder wie hoch der Baum da drüben ist. Zudem kamen Fragen zu Politik und Allgemeinwissen. Hier habe ich auch meine erste Freundin aus der DDR kennengelernt.

Mein Vater hatte nur den alten Führerschein vier. Er hatte versäumt, diesen auf den neuen Führerschein drei umschreiben zu lassen, um auch Autos bis 500 cm³, z. B. Goggo oder Fiat, fahren zu können. Um in den Urlaub zu fahren, fehlte der Familie das Geld. So sind wir in den Ferien über Nieste mit dem Fahrrad zum Himbeer- und Heidelbeerpflücken gefahren. Meine Mutter hat aus den Früchten Marmelade gekocht.

Das Losholz von der Gemeinde, unser Brennholz, wurde uns aus dem Wald von Nieste zugeteilt. Meist musste das gespaltene Holz noch 100 Meter geschleift werden, damit der LKW vom *Krug Heinz* es aufladen konnte. Damit der LKW auch voll wurde, haben wir zusätzlich Erdstöcke mit Kreuzhacke, Säge, langem Brecheisen, Schaufel und Spaten ausgegraben. Diese Erdstöcke gab es umsonst. So hatten wir den Fuhrlohn wieder heraus.

Unser Hausbau machte Fortschritte. Die Außenwände des Kellers waren mit Schwerbetonsteinen und die Innenwände mit Gittersteinen gemauert. Die Kellerfenster und Türen für die einzelnen Kellerräume wurden offen gelassen. Auf die Kellerwände wurde die Kellerdecke aus Doppel T-Trägern und Gittersteinplatten aufgelegt und mit Beton vergossen. Darauf wurde das Erdgeschoß mit Außen- und Innenwände von Herrn Döring gemauert. Für Türen und Fenster wurden Öffnungen gelassen und die Stürze mit Bewehrungen aus Beton hergestellt. Nun wurden die Baumstämme entfernt und das obere Geschoß abgerissen. Meine Oma musste jetzt ins Gemeindehaus umziehen. Die Lehmdecken vom Obergeschoss und das Dach mit Ziegeln, Sparren und Eichenbalken, sowie sämtliche Lehmgefächer und der Schornstein wurden abgetragen. Der Dreck und Staub vom Lehm war so stark, dass man nur etwa zwei Meter weit sehen konnte. Auch beim Naseputzen kam der Lehm zum Vorschein. Die Eichenbalken mussten zersägt werden, damit diese auf den Wagen von Nachbar Hermann passten. Bei einem 250 Jahre alten Eichenbalken, 25 cm mal 25 cm, hat man eine Stunde und länger gesägt, bis er durchgesägt war. Zwischendurch wurden 20 Wagen mit Lehm und Balken ans alte Schwimmbad gefahren.

Jetzt wurde das Obergeschoß gemauert, gerüstet mit First-, Mittel-, Fußpfette, Sparren und Dachlatten, bevor das Dach mit neuen Ziegeln gedeckt wurde. Danach erfolgte der Innenausbau und es wurde umgezogen. Die zweite Haushälfte vom Eckhaus war eineinhalbmal so groß, wie die jetzt fertiggestellte. Es erfolgte dann der gesamte Abriss wie beschrieben für die zweite Haushälfte.

Jetzt hieß es, die Lehmgefächer und die Decken herausschlagen. Der gesamte Schutt wurde von Hand wieder aufgeladen und zum Schwimmbad gefahren. Danach begannen wir mit dem Ausschachten des Kellers. Die Fundamente und die Kellersohle wurden mit Beton vergossen. Das Kellergeschoss wurde heraus gemauert um die Kellerdecke aufzulegen und schließlich zu betonieren. Danach mauerten wir das Erdgeschoß, die Obergeschossdecke wurde aufgelegt, betoniert, Schornsteine gemauert, gerüstet und das Dach mit Sparren, Dachlatten und Ziegeln gedeckt. Dann folgte wieder der Innenausbau.

Ein Jahr lang habe ich, auch im Winter, hinter einer Plastikfolie geschlafen.

Hätte mein Vater neu gebaut, wäre viel Geld gespart worden. Zudem hat der Umbau viel Arbeit gemacht: Erst der Abriss, dann der Dreck und anschließend musste alles, wie bei einem Neubau, neu gebaut werden.

Da mein Vater keine Wurstekammer hatte, kam die Wurst vom Schlachten in mein Zimmer und ich musste jahrelang in dem Gestank der Wurstgärung schlafen.

In der Volksschule Heiligenrode war ich ein sehr guter Schüler. Ich war jetzt 14 Jahre alt und schrieb Bewerbungen mit Lebenslauf an die AEG, Henschel, Leimbach, Paul Bayer und die Bundesbahn und habe dort Prüfungen abgelegt. Ich konnte überall eine Lehre als Werkzeugmacher beginnen. Von der AEG hatte ich viel Gutes gehört, denn von 240 Bewerbern wurden 20 eingestellt. Ich habe dort eine Lehre als Maschinenschlosser begonnen. Meine Kameraden hatten fast alle den Realschulabschluss und waren zwei Jahre älter als ich.

Das erste Lehrjahr war ausgefüllt mit Feilen und Bohren verschiedener Werkstücke. Die Lehrlinge im ersten Lehrjahr waren zuständig für die Säuberung der beiden Toiletten und zur Kantine gehen um für alle Lehrlinge der Lehrwerkstatt einzukaufen. Mittagessen gab es in der Kantine. Die Arbeitszeit war von morgens 7 Uhr bis 16.30 Uhr, samstags von 7 Uhr bis 13 Uhr. Einmal in der Woche waren Werkunterricht und Berufsschule. Alle verrichteten Arbeiten wurden täglich in einem Berichtsheft niedergeschrieben. Um meinem Vater nicht jeden Abend und am Samstag voll am Bau zu helfen, hatte ich mich entschlossen, eine Abendschule zu besuchen, um die Fachhochschulreife zu bekommen. Sieben Semester, dreieinhalb Jahre lang, fuhr ich mit dem Fahrrad, Sommer wie Winter, morgens um sechs Uhr von zuhause fort zur AEG. Um 16:30 Uhr abends fuhr ich zum Unterricht zur Max-Eyth-Schule und nach Unterrichtsschluss um 20:30 Uhr wieder nach Heiligenrode, wo ich gegen 21:30 Uhr eintraf. Das war montags, mittwochs und freitags. Am Dienstag, Donnerstag und Samstag musste ich am Bau meinem Vater, wie immer, helfen. Sonntags spielte ich Fußball und erledigte meine Aufgaben. In dieser Zeit des Bauens habe ich mich mit Gerhard Döring gut verstanden, da ich arbeitswillig war. Ich habe von ihm viel über das Bauen gelernt.

Wenn ich mit meinem Vater allein gearbeitet habe, gab es fast immer Streit. Als ich 17 Jahre alt war, habe ich eines Samstagabends gegen 18 Uhr zu meinem Vater gesagt: »Ich kann dir nicht mehr helfen. Ich muss noch in mein Berichtsheft schreiben. Auch die Aufgaben zum Werkunterricht, zur Berufsschule und von der Abendschule sind noch bis Montag zu erledigen.« Anschließend bin ich auf mein Zimmer gegangen. Mein Vater kam hinter mir her und schrie: »Deine Mutter fährt keinen Schubkarren, los raus.« Da zerrte er mich am Arm. Durch die Gegenwehr fiel ich rückwärts auf mein Bett, zog erst meine Beine an, streckte sie dann wieder nach vorne und drückte so meinen Vater gegen meinen Kleiderschrank. Ich sagte zu ihm: »Fasst du mich noch einmal an, schlage ich ab heute zurück und ab sofort rede ich kein Wort mehr mit dir. Wenn du etwas hast oder von mir willst, sprich meine Mutter an und wir beide entscheiden dann ob ich dir helfe, wann ich dir helfe und wie lange ich dir helfe.« Ab sofort konnte ich mich jetzt meinen Aufgaben und der Schule mehr widmen. Ich war stolz auf mich, dass ich ihm endlich mal Paroli geboten und mich gegen meinen Vater durchgesetzt hatte. Die Streitereien mit ihm hatten von nun an ein Ende.

Meinen Facharbeiterbrief zum Maschinenschlosser habe ich im praktischen Teil mit der Note »sehr gut« bestanden. Ich arbeitete zunächst als Geselle in der AEG Schaltgerätefabrik und später im Hochspannungsinstitut der AEG.

Nach sieben Semestern Abendschule bekam ich die Fachhochschulreife zugesprochen. Durch das angespannte Verhältnis zu meinen Eltern verspürte ich keine Lust, in Kassel zu studieren.

Ich ging zur Fahrschule und lernte für den Führerschein der Klassen drei und eins. Nach nur zwölf Fahrstunden hatte ich beide Führerscheine, drei für Autos und eins für schwere Motorräder.

Mein Vater kaufte für sich und die Familie einen Lloyd Alexander. Er verfügte über den Autoschlüssel und so durfte ich nur fahren, wenn die Familie dabei war, oder er mir, über meine Mutter, den Autoschlüssel heraus gab. Neujahr 1964 wollte ich mit meinen Kumpels in der Schwimmbad- Gaststätte im 7 km entfernten Dahlheim feiern. Diesmal bestand mein Vater darauf, dass meine Mutter zur Kontrolle mitfahren musste. Nach einer Stunde bei 10 Grad minus im Lloyd konnten wir meine Mutter dann überreden, mit ins Warme zukommen und mit uns zu feiern.

Einmal wollte meine Mutter im Winter nach Kassel gefahren werden. Ich kann mir heute noch nicht erklären, wie das passieren konnte: Auf dem Heimweg, in Heiligenrode, auf der Strecke vom Unter- zum Oberdorf, hat sich der Lloyd einmal voll um die eigene Achse auf der mit Schnee bedeckten Straße gedreht. Meine Mutter unterstellte mir, das hätte ich extra so gemacht, um sie zu ärgern.

Mit 23 Jahren einem zauberhaften Menschen begegnet, dem ich Vertrauen und Liebe schenkte

Um mein Studium zum Ingenieur zu beginnen, habe ich meine Unterlagen mit Zeugnissen und Facharbeiterbrief an die Ingenieurschule nach Paderborn geschickt und kurz darauf die Aufnahmeprüfung bestanden.

Da meine Eltern aus dem Umbau des Wohnhauses in Heiligenrode noch Schulden und sie außer Schulden kaum Geld hatten, bekam ich vom Staat nach dem Honneffer- Modell den Höchstsatz an Unterstützung zum Studium. Gewohnt habe ich in Schloss Neuhaus in einem Zimmer bei einem älteren Ehepaar. Mittagessen konnte ich in der Mensa der Universität. Vormittags waren die Vorlesungen, genau wie im Schulunterricht, wo man fragen konnte, wenn man etwas nicht verstanden hatte. Nachmittags waren wir im Labor.

Als ich einmal wieder zu Hause in Heiligenrode war, bemerkte ich, dass von meinem Sparbuch Geld abgehoben worden war. Ich stellte meine Mutter zur Rede. Sie sagte: »Wozu brauchst du so viel Geld? Wir haben die Rechnungen zu bezahlen.« Ich habe mein Sparbuch mit nach Paderborn genommen und es mit einem Kennwort versehen lassen. Jetzt konnte sich außer mir niemand Geld auszahlen lassen.

Als ich 1500 DM zusammengespart hatte, habe ich durch den Bruder meiner Mutter einen DKW Junior F11 als Unfallauto gekauft. Mein Onkel hat sämtliche Austauschteile für mich kostenlos neu angebaut und das Auto lackiert.

Als mein Vater davon erfuhr, wollte er mit der Familie am Sonntagnachmittag um 14 Uhr zur Wasserkuppe fahren. Mit dem Lloyd Alexander trafen wir um 18 Uhr auf der Wasserkuppe ein. Um 23 Uhr waren wir wieder in Heiligenrode zurück.

Ich hatte jetzt mein eigenes Auto. Den Lloyd hat mein Vater nach Simmershausen verkauft. Nach Paderborn hatte ich eine Fahrgemeinschaft. Die zwei Kommilitonen kamen aus Peckelsheim und Willebadessen.

Die Vorlesungen waren von Montag bis Freitag von 7:30 Uhr bis 16 Uhr und samstags von 7:30 Uhr bis 13 Uhr. Sonntagmorgen von 10 Uhr bis 11:45 Uhr spielte ich meistens Fußball in der zweiten Mannschaft in Heiligenrode, nach dem Motto: »In einem gesunden Körper wohnt auch ein gesunder Geist.« Mit dem Studentenausweis kam ich jeweils für 1DM in das Paderborner Kino, das Hallenbad und das Schwimmbad. Zum Lernen des Stoffes bin ich oft nach Horn gefahren und von dort zu den Externsteinen gewandert, mit dem Buch oder Unterrichtsheft in der Hand. Wenn man sich laut den zu lernenden Stoff vorliest, behält man ihn besser und lernt schneller. Meine Unterkunft in Schloss Neuhaus lag am Waldrand, mit Park und fünf Teichen mit Seerosen. Zur Schule fuhr ich mit meinem Fahrrad durch diesen waldreichen Park.

Am Ende des dritten Semesters erfolgte eine schriftliche Zwischenprüfung über alles was bisher gelehrt wurde, obwohl in allen Fächern pro Semester drei Arbeiten geschrieben wurden. Mitte des vierten Semesters gegen Mittag verfärbte sich der Himmel schwarz. Da die Wolken zwischen 50 und vielleicht 80 Meter tief hingen, wurde es dunkel. Wir hatten gerade das Licht im Klassenraum eingeschaltet, da fing es an zu regnen, wie aus Eimern. Innerhalb einer Stunde floss am Löffelmannweg das Regenwasser etwa 30 bis 40 cm tief die Straße herunter. Mit dem Fahrrad, das Tretlager unter Wasser, fuhr ich später in meine Unterkunft. In den drei darauffolgenden Tagen hatten wir Studierenden einen Sondereinsatz in den näheren Orten zwecks Tierkadaverbeseitigung. Auch den Bauern halfen wir beim Aufräumen. Durch dieses schwere Unwetter war auch in Warburg die Hauptbrücke der Bundesstraße 7 weggerissen worden. Das Wort Freizeit war während der Semester ein Fremdwort für mich.

Leider sind die beiden Mitfahrer nach dem dritten Semester bei der Zwischenprüfung gescheitert und somit zu einer Ehrenrunde verurteilt worden. Die Mitfahr-gemeinschaft blieb aber bestehen. Mein Studium wurde mit 40 Studierenden im ersten Semester begonnen. Zum Schluss waren wir noch zu sechst. Der Rest befand sich in den nachfolgenden Klassen oder hatte bereits das Handtuch geworfen. Jedes Semester durfte nur einmal wiederholt werden, schaffte man es dann nicht, musste man die Schule verlassen. Als Ingenieurarbeit habe ich einen 40 Tonnen Laufkran mit Laufkatze berechnet und sämtliche Zeichnungen konstruiert, so dass man diesen nach den Planungsunterlagen bauen konnte. Acht Kommilitonen sind von den oberen Semestern zu uns gestoßen. Wir alle, vierzehn Studenten, haben das Examen zum Ingenieur bestanden und wurden freigesprochen.

Da ich von der AEG für die Dauer des Studiums nur beurlaubt war, konnte ich während der Semesterferien dort arbeiten. Einmal hatte die AEG Mitarbeiter entlassen. Man hat mich trotzdem weiter beschäftigen wollen. Wegen der nun entstehenden Aufregung unter den Kameraden habe ich mich freistellen lassen und in der Gemeinde Heiligenrode als Gemeindearbeiter für fünfzig Pfennig mehr die Stunde gearbeitet. Um ein Grab für einen Verstorbenen mit Kreuzhacke, Spaten und Schaufel auszuheben gab es 30 DM extra. Einen Vormittag war man mit zwei Mann damit beschäftigt. Ab 1,20 Meter krabbelten die ersten weißen kleinen Würmer in milchiger Brühe. Ansonsten wurden Bäume, Büsche und Hecken im Felde geschnitten, Gräben ausgehoben, Betonrohre verlegt, Überwege für die Bauern geschaffen, Rasen gemäht, Feldwege ausgebessert und manchmal musste ich Bier für die Arbeiter holen im Dorf. Alles in allem war es eine schöne Zeit. Jeden Tag in der Natur der Gemarkung von Heiligenrode. Der

Vorarbeiter war mit mir und meiner Arbeit sehr zufrieden, so dass der Bürgermeister nochmal 50 Pfennig pro Stunde drauf legte. Das war in den 6 Wochen 1 DM mehr pro Stunde als in der AEG.

Meine Mutter und Frau Dippel wollten meine Schwester mit dem Sohn von Frau Dippel zusammen bringen. Das hätte auch fast geklappt, wenn nicht Karneval 1967 gewesen wäre. Da hatte meine Schwester einen jungen Mann von der Holländischen Straße aus Kassel kennengelernt. Es hatte gleich bei dem ersten Tête-à-Tête gefunkt. So schnell ist es zwischen meiner Frau und mir nicht gegangen.

Am 24.02.1968 sind wir uns zum ersten Male begegnet; bis zum 14.09.1968, dem Geburtstag der schon verstorbenen Oma meiner Gudrun, wurde nur geklingelt. Aber von da an haben wir versucht, auch mal gemeinsam zu fahren.
 Es hat dann noch eine Weile gedauert, bis wir richtig fahren konnten.
 Es ist doch viel schöner, aufregender und gefühlvoller, wenn sich zwei Menschen erst einmal ein halbes Jahr oder länger kennen lernen, bevor sie beginnen intim zu sein. Für uns beide ist es bis heute etwas Besonderes und für mich das Schönste, was es auf dieser Welt gibt. Bei meiner Frau und mir war jedenfalls die Liebe mit im Spiel.
 Das konnte man von meiner Schwester, mit einem One-Night-Stand, nicht behaupten. Deshalb konnten sich unsere Eltern nicht mit dem Gedanken anfreunden, den Schwiegersohn zu akzeptieren. Hinzu kam, dass mein zukünftiger Schwager starker Raucher war und auf Montage als Bauschlosser in Hamburg arbeitete und nicht jedes Wochenende nach Heiligenrode kam. Dadurch kam es oft zu Unstimmigkeiten und Ärger zwischen meinen Eltern, Schwester und Schwager, den er dann mit seinen Kumpels in Oberkaufungen versuchte im Alkohol zu ertränken. Nach Monaten haben sich dann meine Schwester und ihr zukünftiger Ehemann mit seiner alleinste-

henden, gutaussehenden Mutti in der Stadt Kassel zum ersten Mal getroffen.

Meine Mutter kam mit dieser feinen, Figur betont und adrett gekleideten Frau aus der Stadt nicht klar, auch deren Ansichten waren ihr zuwider, so dass sie über ein Jahr und länger kein Wort mit dieser feinen, modebewussten Frau gewechselt hat, obwohl wir ständig auf sie eingeredet haben.

Sechs Monate nach Karneval hatte man den Schwiegersohn akzeptiert und war froh, dass er meine Schwester dann in Heiligenrode geheiratet hat und in dem Gasthaus Goldmann die Hochzeit gefeiert wurde. Aber von der großen Liebe konnte wegen der Geschehnisse des letzten halben Jahres keine Rede sein. Wenn zwei Menschen sich lieben und heiraten, freut man sich und strahlt, man küsst, streichelt und umarmt sich. Diese Freude zeigt man, steckt die Hochzeitsgäste mit an, um diese Freude zu teilen und für Stimmung zu sorgen. Man lacht und zeigt, dass man einen Partner gefunden hat, mit dem man alt werden will.

Bei der Hochzeit meiner Schwester herrschte eine gezwungene Atmosphäre, da der Schwiegersohn in Hamburg auf Montage arbeitete und fast keinen von den Festgästen kannte und umgekehrt genauso. Die Verwandtschaft wollte von mir wissen, wie ich mit der Schule in Paderborn zurechtkomme und was für Neuigkeiten es gab.

Da meine Schwester schon rundlicher geworden und es keine Hochzeit aus wirklicher Liebe war, kam keine Stimmung auf. Die Hochzeitsgesellschaft konnte doch froh sein, dass die Braut einen Vater für ihr werdendes Kind hatte. Ich hatte nachher das Gefühl, meine Eltern waren froh, dass die Hochzeit ohne viel Aufsehen über die Bühne gegangen ist. In den folgenden Monaten versuchten meine Schwester und mein Vater zusammen, den Ehemann und Schwiegersohn nach den eigenen Wünschen zu formen, aber mein Schwager blieb bei seiner eigenen Meinung.

Am ersten Dezember 1967 wurde der Sohn meiner Schwester geboren. Der Junge brauchte einen Paten, wobei man mich im Visier hatte. Keiner der Verwandten, ich auch nicht, weil ich weder mit meiner Schwester noch mit meinem Vater klar kam, wollte die Patenschaft übernehmen. Ich wurde zum Pfarrer Junghans bestellt. Der Pfarrer redete über eine Stunde auf mich ein, Pate zu werden. Wenn ich zu meiner Schwester auch wenig Kontakt hätte, könnte doch der Junge nichts dafür und jedes Kind braucht nun mal einen Paten. Durch die Patenschaft würde sich das Verhältnis zu meiner Familie bestimmt bessern.

Nach dem Ingenieurstudium arbeitete ich in der Entwicklung der Hochspannungs-Schaltgerätefabrik der AEG. Samstags half ich meinem Vater beim Bau eines neuen Straßenanschlusses vom Abwasser. Als meine Kumpels mich zum Tanzen abholen wollten, durfte ich nicht mit. Ich bin dann allein nach Elgershausen zum Kettelclub gefahren.

Da ich in der AEG gerade ein Hebezeug berechnen und konstruieren musste, um die Hochspannungsschalter ohne Autokran abbauen und wieder aufbauen zu können, habe ich mir Gedanken gemacht, wie der Monteur das Hebezeug in den Kofferraum eines Autos bekam. Zu diesem Zweck wurden einige Bierdeckel vollgeschrieben. Eine Dame am Nachbartisch hat mich dabei ständig beobachtet und vielleicht gedacht: »Was schreibt der Mann da auf?« Eigentlich war ich ja hierhergekommen um zu tanzen.

Ich forderte diese junge Dame im Laufe des Abends einige Male zum Tanz auf. Wir kamen uns dabei näher und sie bat mich, an ihren Tisch zu kommen.

Diese Dame musste ich näher kennen lernen! So habe ich ihr meine Telefon-Nummer vom Büro auf einen Bierdeckel geschrieben und mich mit ihr für nächsten Sonntag am Kettelclub um 13 Uhr verabredet. Am Freitagnachmittag rief die junge Dame mich im Büro an, ob das mit Sonntag in Ordnung ginge. Ich fuhr also zu der Verabredung nach Elgershausen und schlug ihr vor, einmal an die Zonengrenze nach Bad Sooden- Allendorf zu fahren. Eine Stunde mussten wir von dort aus noch wandern, bis wir direkt an der Grenze waren. Dort haben wir dann erlebt, wie sich auf westdeutscher Seite eine Familie mit ihren Verwandten in der DDR über den Grenzzaun privat über ihre Familien laut unterhalten haben. Der Ort war in der Nähe von Asbach, Kreis Heiligenstadt, Bezirk Erfurt. Die DDR Grenzer standen vor den Unterständen, haben aber nicht eingegriffen. Diese Begebenheit war Diskussionsstoff für den Rückweg zum Auto, denn dass wir so etwas erleben durften, war Spitze.

Ich habe dann auch erfahren, dass die junge Dame ihren sechzehnten Geburtstag auf dem Karneval mit der Arbeitskollegin aus Fürstenhagen, in Großenritte feiern wollte, aber die Freundin lieber zum Kettelclub wollte. Das Schicksal hatte zugeschlagen, die junge Dame und mich zusammen gebracht.

Während des Studiums konnte ich aus zeitlichen Gründen keine Freundin gebrauchen. Meine Kommilitonen mit Freundinnen wurden manchmal zu Repetenten und konnten das Semester wiederholen. Ich durfte kein Semester wiederholen, denn dann gab es vom Staat keine Unterstützung nach dem Honneffer-Modell mehr.

Ich war der zweite Mann in ganz Heiligenrode, der es geschafft hatte, nach dem Besuch der Volksschule Ingenieur zu werden. Zudem hatte ich ein so nettes, zauberhaftes Wesen kennen gelernt. Dieses Glück war nicht zu überbieten. Ich war 23 Jahre alt und die junge Dame vor drei Tagen 16 Jahre geworden. Von jetzt an trafen wir uns jeden Samstagabend, wo wir gemeinsam ins EX nach Kassel zum Tanzen fuhren.

Sonntagnachmittag gingen wir beide spazieren im Habichtswald oder am Langenberg.

Sonntagabend blieben wir zu Hause, da wir beide am Montag arbeiten mussten.

So vergingen einige Monate.

Eines Tages wollte meine Freundin Gudrun Ritze auch mal meine Eltern kennen lernen. Ich war davon nicht begeistert, da ich mit meinem Vater seit fünf Jahre kaum ein Wort wechselte, mit meiner Mutter nur das Notwendigste sprach und jedem Streit aus dem Wege zu gehen versuchte. Obwohl ich zum Sohn meiner Schwester Pate war, war das Verhältnis zu meiner herrischen Schwester auch nicht gut. Keiner unserer Familie hat mir zum Abschluss meines Studiums gratuliert oder eine Belobigung ausgesprochen. Man war neidisch auf mich, weil ich weit mehr erreicht hatte, als man mir zugetraute. Sonntags am Mittagstisch habe ich dann gesagt: »Ich habe eine Freundin. Sie möchte meine Familie kennenlernen.« Mein Vater konnte sich nicht vorstellen, dass ein Mädchen an mir mit meinen roten Haaren und den Pickeln im Gesicht Gefallen finden könnte. Die Anderen bliesen mit in das gleiche Horn: »Das muss schon ein Trudchen sein, vielleicht auch mit roten Haaren, mit Buckel, die schielt oder ein Bein nachzieht.« Es wurde anschließend gelacht. Da kam der ganze Hass auf mich wieder zum Vorschein, obwohl ich zu ihrem Sohn der Pate war.

An diesem Sonntagnachmittag habe ich mich wieder mit Gudrun getroffen und ihr von den Reaktionen berichtet. Sie sagte: »Bei mir trifft das alles nicht zu. Wir gehen am kommenden Sonntag zu deinen Eltern.« Als man dann gesehen hat, dass Gudrun pechschwarzes Haar, eine ganz tolle Figur, ein Aussehen wie die Hollywood Diva Liz Taylor, ein sicheres Auftreten und gutes Benehmen hatte und schlagfertige Antworten gab, sah die Sache schon anders aus. So eine Freundin hatte man mir wohl nicht zugetraut. Als meine Eltern durch Nachfragen noch erfahren haben, dass sie in einem eigenen neu gebauten Haus wohnte und das einzige Kind war, wurden sie schon wesentlich vorsichtiger.

Meine Gudrun und ich waren ein Herz und eine Seele und sehr verliebt ineinander. Wir haben ihre Mutter auflaufen lassen. Ihre Schwester hat es einmal so formuliert: »Da kannst du dir die Zunge aus dem Halse reden, die halten zusammen wie Pech und Schwefel.«

Mein Schwager war betrunken von Oberkaufungen mit seinem neuen VW-Käfer gekommen und hatte am Ortseingang von Heiligenrode gleich am ersten Haus einen Gartenlattenzaun wegrasiert. An diesem Unfall gebe ich meinem Vater und meiner Schwester eine gewisse Mitschuld, da sie ständig auf ihn eingeredet haben. Die vielen Bevormundungen konnte er nicht verarbeiten.

Mein Vater vertrat die Ansicht: »Wenn der Schwiegersohn sich schon ins gemachte Nest setzt, hat er auch meinen Anweisungen Folge zu leisten.« Was er aber nicht getan hat. Mein Vater und meine Schwester bliesen in das gleiche Horn. Mein Schwager hatte durch seinen großen Kummer da keine Chance.

Der Führerschein war weg und der Schwager auch. Ohne es beweisen zu können, vermute ich, da er kein Wunschkandidat meiner Eltern war, dass mein Schwager in dieser Zeit bei seiner Mutter gewohnt hat, um den Druck der Anschuldigungen und dem damit verbundenen Kummer und Ärger seiner Frau und meines Vaters aus dem Wege zu gehen.

Da meine Schwester mit im Haushalt meiner Eltern lebte und tagsüber arbeiten ging, meine Mutter ihren Sohn groß zog und der Schwiegersohn in Hamburg arbeitete, herrschte ständig eine angespannte Atmosphäre in den Familien. Daher war man neidisch auf Gudrun und mich, weil kein böses Wort fiel und wir immer noch so verliebt waren.

Ich war es seit Jahren gewohnt, zu gehorchen, sonst gab es Schläge vom Vater. Diese Methode funktionierte aber nicht bei seinem Schwiegersohn. So blieb eben nur Verachtung. An den Wochenenden besuchte er oft lieber seine eigene Mutter in Kassel, als zu Hause zu bleiben. Da meine Mutter diese feine Frau nicht achtete, war das Verhältnis zu ihrem Schwiegersohn auch gestört.

Wenn er mal wieder in Heiligenrode war, musste er sich stets gegen die Meinungen von meinem Vater, meiner Mutter und seiner Frau durchsetzen. Ich habe nie wahrgenommen, dass meine Schwester und ihr Mann sich mal umarmt oder Küsse ausgetauscht haben.

Gudrun hat einmal miterlebt, wie ich meine Mutter wegen 20 DM angebettelt habe und wie sie daraufhin sagte: »Du hast doch vorige Woche erst 20 DM bekommen. Was hast du denn mit dem ganzen Geld gemacht?« Als wir allein waren fragte mich Gudrun: »Verdienst du denn kein Geld in der AEG, oder warum hast du deine Mutter gebeten, dir Geld zu geben?« Ich antwortete:»Ich musste seit meiner Lehre das Geld von der AEG abgeben, da meine Eltern mein Gehalt zum Bauen benötigen.«»Aha, jetzt weiß ich auch, warum du ständig mit dem gleichen Anzug nach Elgershausen kommst«, sagte sie. Ich sagte: »Ich habe nur den einen und den ziehe ich auch an, wenn ich zu dir komme.« Das hat Gudrun nicht gepasst. Sie schlug mir vor: »Dein Gehalt gibst du jetzt mir.« Ich sagte: »Dann schmeißt mein Vater mich raus.« »Das macht nichts, du ziehst zu uns nach Elgershausen«, beruhigte Gudrun mich. Doch vorher wollte die Mutter von Gudrun meine Eltern kennen lernen.

An einem Sonntagnachmittag ging ich gerade in Heiligenrode mit Gudrun spazieren, als mein Vater diese Zeit nutzte, um mich bei der Schwiegermutter schlecht zu machen. Das blieb nicht ohne Folgen: Meine Schwiegermutter bestand auf Trennung zwischen mir und Gudrun. Ich habe den Inhalt eines großen Kartons voller Schreiben vom Ortsrichter, dem Amtsgericht und von Rechtanwälten in zwei leeren Kartons geschüttet und meiner zukünftigen Schwiegermutter übergeben, meine wenigen Sachen gepackt, mein Sparrbuch mit 15 DM Sparguthaben und bin nach Elgershausen umgezogen. Meine zukünftige Schwiegermutter war von dem Verhalten meines Vaters maßlos enttäuscht und deshalb nur ein einziges Mal bei meinen Eltern zu Besuch. Im Laufe der Jahre konnten meine Eltern Gudrun immer besser leiden. Mein Vater hatte bemerkt, dass sich zwischen Gudrun und mir sich etwas anbahnte und wir einmal heiraten würden. Auch die Schwiegermutter hatte es nicht geschafft, uns auseinander zu bringen.

Meinen Vater plagte wahrscheinlich sein schlechtes Gewissen, denn eines Sonntags sagten meine Eltern zu Gudrun und mir: »Bisher haben wir nur immer deine Schwester finanziell unterstützt. Wir haben ihr die Wohnungseinrichtung gekauft, ihren Sohn groß gezogen damit sie arbeiten gehen konnte, ihren Haushalt mit geführt und jetzt ist sie mit deinem Schwager und ihrer Cousine mit Mann für Monate in Amerika. Ihr werdet jetzt vom mir und deinem Vater Geld überwiesen bekommen. Sagt aber um Gotteswillen nichts darüber deiner Schwester, wenn sie zurück ist.« »Ich kann Geld für den Umbau in Elgershausen gut gebrauchen«, antwortete ich. Nach fünf Jahren erfuhr sie durch unseren Vater, dass sie die gleiche Summe auch erhalten hatte. Die finanzielle Unterstützung meiner Eltern wurde dann eingestellt.

Die Nachbarn auf der gegenüber liegenden Straßenseite in Elgershausen wollten ihre Silberhochzeit im Juli 1971 feiern. Da Gudrun und deren Tochter sehr gute Freundinnen waren, wurden wir beide mit eingeladen, damit sie mich auch einmal kennen lernten. Da wir beide sehr verliebt waren, haben wir beide uns auf dieser Feier versprochen, zusammen zu bleiben. Es war eine Verlobung ohne Aufsehen.

Arbeitsplatzwechsel von der AEG zu Daimler Benz, dem größten Achswerk Europas

In der AEG wurde mein Gehalt auf 650 DM erhöht, mit einem halben Jahr Kündigungsfrist.

Ein guter Freund in der AEG sagte zu mir: »Ich fange bei der Dekra an, willst du dich nicht mal bei *Hanomag-Henschel* bewerben, da ist die Firma Daimler mit im Boot. Wenn die nach dem Gehaltswunsch fragen, sag einfach ‚1500 DM'.« Ich habe mich daraufhin bei Daimler beworben. In dem Vorstellungsgespräch war man mit der Gehaltsforderung nicht einverstanden. Vielleicht war das halbe Jahr Kündigungsfrist in der AEG ausschlaggebend, denn ich bekam durch einen Anruf eine Woche später die 1500 DM zugesagt und habe sofort den neuen Arbeitsvertrag bei *Hanomag-Henschel* unterschrieben und in der AEG mein Arbeitsverhältnis gekündigt.

In den zwei Jahren als Ingenieur bei der AEG trug ich die Verantwortung für sämtliche Druckbehälterberechnungen und die dazugehörigen Bauteilzeichnungen. Die Druckbehälterberechnungen, Fertigungszeichnungen für die Hochspannungs-schaltgeräte-Leistungsschalter mussten beim TÜV-Rheinland eingereicht und genehmigt werden, bevor man mit dem Bau des Druckbehälters beginnen konnte. Ich entwickelte, berechnete und zeichnete auch Hebezeuge aus Aluminium für die Demontage und Montage von verschiedenen Hochleistungsschaltern, die der Monteur im Auto mitnahm und somit ein Autokran nicht mehr notwendig wurde. Neue und Änderungen von Betriebsmittelvorrichtungen gehörten auch zu meinem Aufgabengebiet in der AEG. Das Betriebsklima in der AEG war sehr gut, wir unternahmen mit Ehepartnern Abteilungsfahrten mit dem Omnibus und alle zwei Wochen kegelten wir freitags. Zum

Abschluss meiner Tätigkeit in der AEG erhielt ich ein Zeugnis mit folgendem Inhalt:

»Herr Friedhelm Umbach, geboren am 24.März 1945 in Vollmarshausen, stand vom 1.April 1959 bis zum 30. September 1970 in unseren Diensten. Herr Umbach ist in der Zeit vom 1. April 1959 bis zum 30. September 1962 als Maschinenschlosser ausgebildet worden. Nach erfolgreichem Abschluss seiner Lehre haben wir ihn bis zum 31. März 1965 als Maschinenschlosser beschäftigt und ab 1. April 1965 für die Dauer seines Studiums an der Ingenieur- Schule für Maschinenwesen in Paderborn beurlaubt. Nach Ablegung des Ingenieur- Examens haben wir Herrn Umbach am 12. Februar 1968 als Konstruktions- Ingenieur eingestellt und ihn nach einer kurzen Einarbeitungszeit in der Fertigungskonstruktion mit der Berechnung und Konstruktion von Druckbehältern und Schalteruntergestellen nach dem Baukastensystem betraut. Als Sonderaufgabe konstruierte er betriebsinterne Schalterhebezeuge. Außerdem war er an der Umstellung der Konstruktionsunterlagen auf EDV beteiligt. Während seiner anschließenden Tätigkeit in der Entwicklungskonstruktion war Herr Umbach für die Berechnung und Konstruktion verschiedener Bauelemente und Prüfeinrichtungen für vollisolierte Schaltanlagen eingesetzt. Herr Umbach war stets ein sehr fleißiger, pünktlicher und sehr zuverlässiger Mitarbeiter. Er zeigte großes Interesse an seiner Arbeit und hat die ihm übertragenen Aufgaben mit sehr großer Sorgfalt ausgeführt. Mit seinen Leistungen sind wir sehr zufrieden gewesen. Sein Verhalten gegenüber Vorgesetzten und gegenüber seinen Arbeitskollegen war einwandfrei. Herr Umbach scheidet auf eigenen Wunsch aus unseren Diensten. Wir wünschen ihm für die Zukunft alles Gute.« Kassel den 30. September 1970
    Allgemeine Elektricitäts-Gesellschaft-AEG-TelefunkenE22 Hochspannungsschalt-gerätefabrik Dr. Kriechbaum. Hegenberg

Als ich dann am 1. Oktober 1970 zu *Hanomag-Henschel* wechselte war meine erste große Arbeit eine Messvorrichtung zu konstruieren, bei der die Dicke der Ausgleichsscheiben an den Antriebskegelrädern in der Achse bestimmt werden mussten, um das Lagerspiel auszugleichen. Mit dieser Messvorrichtung war ich ein halbes Jahr beschäftigt. Sie ist im Werkzeugbau Bremen gebaut worden und hat auf Anhieb funktioniert.

Mittlerweile hat *Daimler Benz* den oberen Teil des Werkes von *Hanomag-Henschel* übernommen, getrennt durch einen Maschendrahtzaun und einen neuen Übergang, genannt Checkpoint Charly, den man nur mit einem Passierschein beiderseits passieren durfte.

Da ich in meinen Semesterferien während meines Studiums einige Monate in der Modellschlosserei von Hanomag- Henschel gearbeitet hatte, hat man mich damit beauftragt, nebenbei noch die Modellverwaltung der LKW zu übernehmen. Wurden Modelle für die Motoren angefordert, musste ich die angeforderten Modelle bereitstellen lassen und mit Versandanweisung an die Gießerei verschicken. War ein Modell so verschlissen oder auch beschädigt, dass sich eine Reparatur nicht lohnte, ergab sich eine Dienstreise für mich zur Gießerei, um das Modell zu begutachten. Ich verfasste dann ein Gutachten mit einer schriftlichen Begründung, wobei ich auch die Gründe der Gießerei mit aufführte.

Hanomag- Henschel war verpflichtet 10 Jahre nach Auslieferung des letzten LKW aus Kassel den Ersatzteilbedarf sicher zustellen. Nach Ablauf dieser Zeit veranlasste ich, die noch verbliebenen Modelle der Gießerei Winter im Sauerland zu übergeben. Die von mir erstellten Unterlagen und Listen wurden mit der Versandanweisung verschickt.

Daimler baute eine 500 Meter lange Halle mit zwei Stockwerken und einem Bürotrakt. Während der Bauphase wurden die ersten Maschinen und Vorrichtungen von Gaggenau nach Kassel verlagert, um zum größten Achswerk Europas zu werden. Als in Kassel Achsen für *Daimler* LKW produziert wurden, stellte Daimler die LKW Produktion von Hanomag- Henschel Fahrzeugen ein.

Jetzt kamen die Konstrukteure von Hanomag- Henschel mit in unsere Abteilung. Wir arbeiteten von nun an in einem Großraumbüro mit einem herrlichen Blick zum Herkules, dem Wahrzeichen von Kassel. Jeder Konstrukteur war verpflichtet, einen Stundennachweiszettel monatlich für die erstellten Vorrichtungskonstruktionen zu schreiben, damit die Abrechnung auf die richtige Kostenstelle erfolgte. Die Stunden des Vorgesetzten wurden da auch mit verrechnet.

Da jetzt genügend Konstrukteure für Vorrichtungen und Maschinen vorhanden waren, war ich ab sofort für Hydraulik-, Pneumatik- und elektromechanischen Steuerungen für Vorrichtungen und Maschinen zuständig. Wochenlang war ich damit beschäftigt, Kataloge zu wälzen, um Ventile, Druckschalter, Druckübersetzer, Motore, Druckschaltventile usw., sowie sämtliches Zubehör kennen zu lernen bevor ich die ersten Pläne konstruieren und erstellen konnte. Ich habe mir eine Aufstellung vom Lager besorgt, um zu wissen, welche Ventile vorhanden und welche neu bestellt werden mussten.

Bei den Pneumatiksteuerungen handelte es sich meist um Zweihandsteuerungen mit einem Zweihandsteuerblock. Die Übernahme nachdem 2 Hand-Steuerblock konnte über Druck oder über den Weg erfolgen. Manche pneumatischen Steuerungen mit Funktionsplänen und Arbeitsabläufen beinhalten bis zu 70 Ventile und wurden als Pneumatikpläne erstellt für:

Schwenkvorrichtungen: Bremstrommeln, Drehmoment-Meßeinrichtungen für die Hinterachse vollständig, Montagelinie 1 ZB Nabe, Montagelinie 2 Vorderradnabe, Montagelinie 3 ZB Radnabe, Montagelinie 4 Trommelnabe, Bürstvorrichtung Brems-trägerplatte, Heftvorrichtung Trailer Achsrohr mit Federsattel, Heftvorrichtung Achsschenkel, Verputzbock ZB Schubrohr, Stempelvorrichtung mit Gegenlager, Presse für Hinterachswelle, Planschlag – Meßvorrichtung Bremsscheibe, Bohrvorrichtung Achsantriebsgehäuse, Abbremsvorrichtung Hinterachse, Spannvorrichtung Schubkugel, Drehmoment-Meßeinrichtung Vorderachse, Meß- Prüf- Signier- Einrichtung Automatische Nachstellung, Schwenkbock Vorderachse, Schleifvorrichtung Sperrbock, Fettdosiervorrichtung Simmerring und Befettungs-anlage, Zweifach Schrauber Bremssattel, Vierfach Spindel Druckluftschrauber Dyna Tork für Hinterachsgehäuse mit Lagerdeckel, Fünffach Schrauber für ZB Flansch, Fügevorrichtung manuelle Nachstellung, Montagevorrichtung Ausgleichs-Gehäuse BR1, Einpressvorrichtung Achsschenkel, Montagetisch Vorderradnabe, Montagevorrichtung Sprinter-Montage ZB Vorderachse, Spannvorrichtung ZB Hinterachse, Montagevorrichtung mit Befettung für Antriebs-Kegelrad, Einpressvorrichtung Koppellenker, Bremsmontagebock Bremsträger, Doppelpresse Kupplungsflansch, Nietmaschine und Kompaktlagerung für ZB Bremse, Schweißvorrichtung Bremsbacke.

Pneumatikpläne für folgende Spannvorrichtungen:
Tellerrad, Bremstrommel, Klemmmutter, Schaltmuffe, Ausgleichsgehäuse, Bremsträgerplatte, Vorderachse, automatische Nachstellung, Hinterachse, Ausgleichs-Getriebegehäuse, Diff-Sperre, Trommelnabe, ABS-Unimog Vorderrad-Nabe, ZB Rolle, Deckel für Ausgleichgehäuse und Traghülse, sowie diverse pneumatische Logiksteuerungen für Montagelinien und Fettdosierungen.

Die meisten Hydraulikpläne, Funktionspläne und Arbeitsabläufe mit den einzelnen Arbeitsschritten wurden als Spannvorrichtungen für Bearbeitungscentren (BEA) für folgende Bauteile erstellt. Hydraulikplan für Spannvorrichtung:

Vorderachsgehäuse BEA 05, ZB Tragrohr BEA1, Achsträger BEA3, Koppellenker BEA3, Sperrbock BEA 05, Bremsträger BEA 1, Lenkhebel BEA1, Tellerrad BEA3, Achsschenkel BEA1, ZB Brücke BEA3, Vorderachsgehäuse BEA 05, Bremssattelträger BEA 05, Gelenkgehäuse BEA1, Hebel BEA 05, Gelenkgehäuse BEA1, Vorderachskörper LKN für Fritz Werner Transfer Center, Schwinge BEA3, Achsrohr Feinspindelmaschine Heller.

Hydraulikpläne für eigenständige Spannvorrichtungen mit folgenden Bauteilen:
Antriebskegelräder BR2-4, Lenk- und Spurhebel, Hinterachstragrohr, Abstützung, Achsschenkel, Radnabe, Achsrohr, ZB Rolle, Vorderachskörper LKN, Ausgleichs-gehäuse, Bremstrommel, Bremsbacke, Lagerbock, ZB Achsrohr hinten rechts, ZB Achsrohr hinten links, Reibschweißmaschine Tragrohr von Firma Kuka, Stifte Hinterachsbrücke mit 550 bar, automatische Nachstellung, Achsschenkel, Achsrohre und Einpressvorrichtung Achsrohr Unimog.

Fräsvorrichtungen für Bremsbacke, Druckstange, Tragrohr und Deckel.
Presse Hinterachsgehäuse mit Tragrohren Bapo und Bego, zwei Pressen mit Fettdosiereinrichtungen für Vorder- und Hinterradnabe mit Pressen-Sicherheitssteuerungen und Radial-Kolben-Regelpumpen Druck pmax = 200bar Volumen Q = 200 Liter pro Minute und jeweils zwei 45 KW-Motoren als Antriebsleistung.

Aufpressvorrichtung ZB Mittellagerung, Einpress- und Messvorrichtung Vorderrad-nabe, Montageböcke Vorderachse, Senkrecht Räummaschine Klink für Bremsbacke und Druckstange, Achsrohr auf Feinspindelmaschine Heller, Reckvorrichtung Hinterachse T1N, Montagevorrichtung Bremsträgerplatte, Entgratvorrichtung Brems-backe und Bohrvorrichtungen Lenkspurhebel und Schwinge.

Bei den hydraulischen Steuerungen war es wesentlich komplizierter als in der Pneumatik. Die Vorrichtungen, die auf die Bearbeitungscenter aufgebaut werden in der Einlegestation gespannt, die Vorrichtung vom System abgekoppelt, geschwenkt in die Bearbeitungsstation und dort wieder an das System angekoppelt. Während des Schwenkens wurde die zweite Vorrichtung in die Spann- oder Einlegestation mit ausgeschwenkt und gelöst, dass bearbeitete Bauteil entnommen und ein neues Bauteil wieder eingelegt und gespannt. Während des Ab- und Ankoppelns durfte sich die Spannung in der Vorrichtung nicht lösen, sonst produziert man Ausschuss. Die Hydraulikzylinder auf der Vorrichtung müssen in einer bestimmten Reihenfolge gespannt werden, um das Bauteil zu zentrieren. Da aber sämtliche Ventile mit Lecköl behaftet sind, muss das Lecköl in die Löseleitung in ein zusätzliches Volumen dem Federspeicher gesammelt werden und im Spannbereich setzte ich einen Speicher ein, der ständig Öl nachschiebt, während des Schwenkens.

Für meine Hydraulik- und Pneumatikpläne habe ich mir zunächst sämtliche Zylinder mit den dazugehörigen Ventilen eingezeichnet und nebenbei gleich die Stückliste mit erstellt.

Dann traf ich mich mit sämtlichen Abteilungen, die mit an dem Auftrag beteiligt waren, meist Werkzeugbau, Elektriker, Arbeitsschutz, Arbeitsvorbereitung und Bauabteilung in unserem Besprechungsraum. Ich erklärte den Meistern die Vorrichtungs-zeichnungen, Arbeitsabläufe und meine Pläne. Die Meinungen und Vorgehensweise der Kollegen notierte ich mir. Auf diese Weise erfuhr ich auch gleich die Preise für Fremdleistungen, Arbeitsstunden und Material von den Kollegen der einzelnen Abteilungen. Meinen Vorgesetzten war die Vorgehensweise ein Dorn im Auge. Sie meinten, ich sei der Diplomer und die Arbeiter müssten das ausführen, was ich bestimme. Ich hatte aber den großen Vorteil, dass durch meine Vorgehensweise die Kollegen im Voraus wussten was auf sie zukommt und wir alle untereinander zusammen gehalten haben. Jetzt konnte ich in Ruhe den Auftrag schreiben, sämtliche Ventile bestellen und was untereinander abgesprochen war, fand sich im Auftrag wieder. Die angegebenen Preise und Stunden wurden von mir noch einmal erhöht, um Luft nach oben zu haben. Auch die Stückzahlen wurden in einer separaten Stückliste noch einmal erhöht, bevor der Auftrag zur Werkleitung ging. Bei ganz eiligen Aufträgen bin ich zur Werkleitung zur Unterschrift und gleich anschließend zum Einkauf gegangen, dadurch hatte ich den Postweg von Wochen eingespart. Nach Lieferung sämtlicher Teile konnten wir mit dem Bau der Steuerung beginnen.

Bei Unstimmigkeiten von Theorie und Praxis, war ich mir nicht zu fein, mal eine Woche lang den Schraubenschlüssel in die Hand zu nehmen und im Werkzeugbau an der Steuerung mitzuarbeiten. Bei großen Problemen holte ich mir Rat bei mehreren mir bekannten Hydraulikfirmen, was die Kollegen aber nicht wussten, die haben nur immer wieder gestaunt über mein Wissen.

Einmal wurden von Fremdfirmen zwei gleiche Vorrichtungen geliefert. Man benötigte aber eine rechte und eine linke Vorrichtung. Jetzt war der Werkzeugbau gefragt. Diese Begebenheit führte zu einer wundervollen Freundschaft zwischen den Chefs vom Werkzeugbau und der Konstruktion. Die Werker vom Werkzeugbau gingen zu Pneumatik- und Hydraulikschulungen. Die Konstrukteure gingen nur noch in den Betrieb, wenn die Vorgesetzten die Erlaubnis erteilten. Rief ein Werker einen Konstrukteur an und unser Vorgesetzte meinte, man solle ihn erst mal anrufen. Der Werker suchte daraufhin seinen Meister auf und so wurde das Problem ohne die Konstruktion geklärt. Die Konstrukteure bekamen dann die Änderungen mit einer Skizze über die Hauspost. Wenn der Meister aber meinen Vorgesetzten angerufen hat, wurde das eigentliche Problem nur gestreift.

Meine Vorgesetzten brauchten nicht nach Sindelfingen zur CAD – Schulung und auch keine CAD-Geräte zu bedienen. Um für den Werkzeugbau schlechter erreichbar zu sein, musste ich durch Anordnung meines Chefs jeden Tag als ältester und einziger unter allen Konstrukteuren eine Schicht an CAD übernehmen und das ganze fünf Wochen lang. Hier habe ich dann sämtliche Schauzeichen an Ventilen, Zylindern, Druckschaltern, Speichern usw. für Hydraulik und Pneumatik in CAD konstruiert und in meiner Library abgespeichert.

Nimmt man z.B. das Rückschlagventil, das gibt es als federbelastetes Rückschlagventil, hydraulisch entsperrbares Rückschlagventil, hydraulisch entsperrbares Rückschlagventil mit Vorentlastung, Drossel-Rückschlagventil, Rückschlagventil Leitungseinbau, Zuschaltventil mit Rückschaltventil, direkt-wirkendes Zuschaltventil mit Umgehungsrückschlagventil, das direktwirkende Druckreduzierventil mit Umgehungsrückschlagventil. Jedes dieser Ventile hat sein eigenes Schaubild.

Hierzu gab es dann auch jede Menge Texte für die Ventile, welche ich gesondert abgelegt habe. Dann habe ich mir verschiedene Dummy erzeugt z.B. für Stücklisten.
  Bei der Erstellung der Stücklisten auf der Zeichnung brauchte ich später nur die Texte der Ventile zu platzieren und die Stückzahl einzutragen. Konstrukteure die an CAD arbeiteten, durften vom Betrieb aus nicht gestört werden. Nach fünf Wochen jeden Tag fünf Stunden CAD, verlangte der Werkzeugbau Hydraulik-, Pneumatik-, und Logikpläne für die neuen Vorrichtungen. Ich musste zu einem Gespräch zu meinen beiden Vorgesetzten kommen. Ich habe höflich darauf hingewiesen, dass ich mich in jede Vorrichtung einarbeiten muss, die Volumen der Zylinder berechnen, die Reihenfolge zum Spannen der Zylinder klären, eine genaue Skizze über den Hydraulik- und Pneumatikplan erstellen, aus Katalogen die Ventilsorte 2/2, 3/2, 4/2, 4/3, 5/3 Wegeventile festlegen und die Ventilgrößen heraus-

suchen, die Eilgangs- und Vorschubblockventile, Druckschalter, Rollenhebelventile, die genauen Ansteuerungen der Ventile mechanisch oder elektrisch bestimmen. Die Wärmeberechnung für die Größe des Ölbehälters festlegen, die Motor und Pumpenberechnungen durchführen, die zusätzlichen Sicherungen durch Speichersicherheitsventile bestimmen und festlegen ob man mit Speichern arbeiten kann und ob die Leerlaufzeiten ausreichen die Speicher mit Hydrauliköl wieder zu füllen, oder ob evtl. größere Volumen der Pumpen oder Motore einzusetzen sind. Dann ist die Stückliste zu erstellen, bei manchen Ventilen gibt es lange Lieferzeiten, deshalb ist es wichtig, so früh wie möglich den Auftrag und die Bedarfsaufgaben aufzugeben, damit die Bestellungen laufen können. Dann musste ich mir Gedanken machen über das Funktionsdiagramm, den Arbeitsablauf und die einzelnen Arbeitsschritte.

Für mich war es auch wichtig, dass ich beim Bau der Steuerungen ab und zu kontrollieren konnte, ob die Ventile mit ihren Anschlussplatten im Vor – und Rücklauf und das Lecköl richtig angeschlossen waren und die vorgesehene Kennzeichnung der Ventile und die eingebauten Messstellen nach dem von mir vorgegebenen Hydraulikplan richtig gekennzeichnet wurden.

Wenn z.B. fünf gleiche Rückschlagventile mit Position 13 in einer Hydraulik verbaut wurden, so kennzeichneten wir die Ventile mit 13-1 bis 13-5, sowohl mit Schildchen am Ventil als auch im Plan. Die Messstellen kennzeichneten wir genauso nur fortlaufend.

Im Arbeitsbereich der Vorrichtung durfte kein Ventil montiert sein. Ventilspannung 24 Volt, Druckschaltersteuerspannung 220 Volt, Druckschalter ölseitig über Rohrwendel etwa 1,5 m angeschlossen. Schalt – und Steuergeräte nach vorn.

(Stecker in Lampenausführung) und auf dem Aggregat so montiert, dass bei Demontage Öl auf Behälter oder Auffangwanne tropft. Behälterablassventil in R 1«. Rücklauffilter mit elektrischer und optischer

Verschmutzungsanzeige, 10 µm Patronen und Eingangsverschraubung drosselfrei.

Behälter innen metallisch blank. Pumpe und Motor (B5 Ausführung) schalldämmend in Überfluranordnung. (Schwingmetall – Puffer und Manschette zur Saugrohrabdichtung). Betriebsschallpegel kleiner 70 d B (A). Manometer mit Abschaltventil oder Wahlschalter. Aggregat berührungsfrei verrohrt und geprüft.

Lackierung RAL 6011, Motor und Elektrogeräte RAL 1007. »Diese Arbeiten erfordern 90 % meiner Arbeitszeit und 10 % wende ich für die Erstellung des Hydraulikplans auf. In den letzten Wochen war es leider umgekehrt.

Wie soll ich da zurechtkommen?« Ab sofort brauchte ich nur eine oder höchstens zwei Schichten in der Woche an CAD zu übernehmen.

Ich habe zwischendurch immer wieder Vorrichtungen auf CAD und AUTO-CAD mit Hilfe der Konstruktionsrichtlinien konstruiert. Hier war festgelegt, wie der Zeichnungskopf ausgefüllt werden musste, wie die Bemaßung zu erfolgen hatte, wie Passungen und Layer zu wählen sind, wie die Bearbeitungszeichen für roh, schruppen, schlichten oder schleifen anzubringen sind, welche Werkstoffe sich zum Vergüten und Härten eignen und die Härtetiefe. Die Liniendicken für Konstruktionslinien, sichtbare und unsichtbare Kanten und die Einzelteile der Positionsnummern mit der Blattangabe in den Zusammenstellzeichnungen waren auch vorgegeben. Diese Maßnahmen waren notwendig geworden, damit das, was wir Konstrukteure entworfen haben auf CAD und AUTO-CAD, alles unter den gleichen Voraussetzungen konstruiert wurde und somit im Aufbau gleich war.

Bei der Erprobung einer großen Vorrichtung ist durch Unachtsamkeit Folgendes passiert.

Der Bohrkopf der Vorrichtung für Bremsträgerplatten wurde vom Hydraulig-Aggregat und einem doppeltwirkenden Zylinder hochgefahren, um zu bohren. Man forderte mich auf, das Aggregat einzuschalten. Ein Hydraulikschlauch schoss kerzengerade in die Senkrechte und verteilte das Hydrauliköl gegen Wände und Zimmerdecke, von wo es dann auf den Fußboden tropfte. Gut, dass ich gleich NOT-AUS geschaltet habe. Ähnlich erging es mir mit dem Meister vom Werkzeugbau. Hier ergoß sich der Ölstrom auf den Fußboden, der dann mit Sägespänen abgestreut wurde. In der Spätschicht ist ein Hydraulikschlauch einmal aus seiner Verschraubung an der 200 bar Presse mit 200 Liter pro Minute Pumpenleistung und einem 45 KW Motor herausgerissen, obwohl die Pressensicherheitssteuerung den Sicherheitsregeln für Pressen ZH1 / 457 der Süddeutschen Eisen und Stahl Berufsgenossenschaft in Mainz entsprach. Der arbeitende Werker hat das Weite gesucht. Ein anderer Kollege schaltete NOT-AUS. Da das Pressensicherheits-Aggregat auf einer Bühne stand, musste mit Sägespänen das Öl aufgesaugt und die Anlage gereinigt werden.

Bei der Achsmontage hatte man festgestellt, dass ein Sprengring nicht richtig positioniert war. Um diese Gefahr in Zukunft auszuschalten, wollten ich einen neuen doppeltwirkenden Zylinder unter den 60 Tonnen Pressenzylinder in den Unterbau der Eitel-Presse anordnen, welcher die Lage des Sprengringes kontrollieren sollte. Den Pressenzylinder wollte ich ausfahren, dann den doppelwirkenden Zylinder von unten hochfahren und dieser drückt bei nicht ordnungsgemäßer Montage den Sprengring nach oben in die Nabe. Anschließend fahren beide Zylinder in ihre Grundstellung. Der Auftrag wurde von mir mit einem Hydraulik-Aggregat und elektrischer Steuerung aufgegeben. Man hat mir geraten, mit einem Druckübersetzer zu arbeiten. Ich konnte den Herren beweisen, dass der Druckübersetzer beim Herunterfahren des Eitel-Pressenzylinders auf den doppeltwirkenden Hydraulikzylinder, der 40 mm nach unten geschoben wird auf die 100 bar Betriebsdruck vom Druckübersetzer trifft. Dabei ist es doch verständlich, dass der Betriebsdruck des Druckübersetzers um das mehrfache überschritten wird und somit zu einer Unfallgefahr führen würde. Dann untersucht die Berufsgenossenschaft diesen Unfall und beim Verlust eines Menschenlebens gehe ich in den Knast. Außerdem würde die Presse stillgelegt. Wo sollen wir dann produzieren? Dieser Ausfall der Presse kommt teurer als ein Hydraulik-Aggregat.

Dann wollte man mich ermahnen, weil ich einem Kollegen in der Abteilung geholfen hatte. Was war passiert? Der Kollege war zu mir gekommen und hat mich gebeten mit ihm einmal in den Betrieb an eine bestimmte hydraulische Vorrichtung zu gehen, um Unklarheiten abzuklären. Nachdem wir von unserem Vorgesetzten die Erlaubnis hatten, bin ich mitgegangen. Der Kollege fand den Standplatz nicht. Als ich vom Planer später die Säulennummer erfuhr, ging ich allein dort hin. Anschließend ging ich zu meinem Vorgesetzten und informierte ihn. Mein Vorgesetzter war auch manchmal vergesslich. Da kam der Chef zu mir und sagte: »Warum schicken Sie nicht die Zeichnungen zu der Firma mit?« Ich antwortete: »Das möchte mein Vorgesetzter nicht.« Er hat uns dann beide in sein Büro gerufen. Da konnte sich mein Vorgesetzter nicht daran erinnern, dass wir vor einer Stunde noch darüber diskutiert hatten. Was in den Jahren in der Vergangenheit mir untersagt wurde, hatte jetzt Gültigkeit.

Wenn man CAD hatte, bekam ich schon Gewissensbisse, wenn ich den Computerplatz einmal verlassen musste. Mein Chef hatte sich in die Pauserei begeben und wollte für sich privat einen Auftrag sofort gepaust haben. Trotz Beschwerde bei dem Chef der dort beschäftigten Dame musste er eine Viertelstunde warten, bis man ihn bediente. Uns Konstrukteure hat es gefreut, dass nicht alles nach seinem Willen ging.

Aus der Arbeitsvorbereitung zogen zwei Programmierer für die Bearbeitungscentren mit in unser Büro. Ich sollte das Feld räumen. Meine Vorgesetzten wollten mich abschieben in den Werkzeugbau oder in das andere Großraumbüro mit 90% Raucher. Ich habe meinen Vorgesetzten und Chef gesagt: »Wenn Fremdfirmen kommen und meine

Kollegen mit mir die Konstruktionen besprechen und auch bei Wiedervorlage der Entwürfe bin ich stets dabei. Bin ich jetzt in einem anderen Raum, nehme ich an diesen Gesprächen nicht mehr teil und dann sind Sie als Vorgesetzter dafür verantwortlich, wenn in Zukunft Umbauten und Nacharbeiten an den Vorrichtungen und Maschinen auftreten. Man hat das eingesehen und auch die Kollegen waren froh, dass ich im Büro weiter arbeiten durfte.

Während ich am CAD saß, kam mein Vorgesetzter und schickte mich an eine Maschine in einer anderen Halle. Als mir im Treppenhaus mein Chef begegnete, wies er mich an, solche Wege außerhalb von CAD zu legen. Am nächsten Tag kam mein Vorgesetzter wieder an den CAD Arbeitsplatz. Ich möchte mit ihm noch mal an die Vorrichtung von der gestrigen Maschine kommen. Ich bin dann zu unseren Chef und habe gefragt, ob ich mit meinem Vorgesetzten an die Maschine von gestern gehen darf, oder den Termin außerhalb der CAD Zeit legen soll. Ich bin dann mitgegangen. Bei der Fertigung der Hinterachsgehäuse auf einer Transferstraße hatte sich das Hypoidmaß in der Bauteilzeichnung von Gagenau geändert. Ich habe mit dem Meister vom Werkzeugbau vor Ort den Umbau besprochen. Dieser wiederum hat mit seinem Chef das Problem besprochen. Wir drei waren dafür, dass der Umbau durch Versetzen des Bohrkopfes oben an der Transferstraße durchgeführt werden muss. Durch ein Verdrehen des Bauteiles auf dem Transportwagen kann das Lagerspiel nicht ausgeschaltet werden. Meine Vorgesetzten schlugen mir vor, den Umbau erst einmal mit einem Transportwagen zu versuchen, was aber nicht den gewünschten Erfolg brachte. Der Umbau wurde vom Werkzeugbau vorgenommen.

Es wurde von der IG-Metall eine Lohnerhöhung ausgehandelt. Mir hat man durch meinen Chef diese Erhöhung verweigert, da man mir vorwarf, mehr leisten zu können. Ich habe ihm darauf geantwortet: »Sie haben recht, aber solange ich für meinen Vorgesetzten zum Frühstück in der Kantine Kochwurst mit Brötchen und zum Mittag Brötchen mit Kochwurst, ein- oder zweimal pro Tag für ihn in die Pauserei gehe und jeden Freitagnachmittag allein für die gesamte Mannschaft die Zeichnungen von der Woche in die Schränke räumen muss, fehlt mir die Zeit für meine eigentliche Arbeit.« Durch meinen Vater hatte ich gelernt alle Anweisungen zu befolgen, sonst hat er mich verhauen. Er war mein Vorgesetzter und somit musste ich gehorchen. Acht Tage später hat mir mein Vorgesetzter mitgeteilt, dass ich mich dermaßen gebessert hätte, dass man mir die Lohnerhöhung doch geben werde.

Mein Vorgesetzter war geschieden von seiner ersten Frau und wollte wieder heiraten.

Ein Kollege in unserer Abteilung war an Darmkrebs mit 41 Jahren gestorben. Für die Ehefrau des Verstorbenen und für die Hochzeit wurde je eine Sammelliste erstellt. Mein Chef hat für die Frau des Verstorbenen 3 DM und für den Hochzeiter 50 DM gegeben.

Freitagnachmittag sollte ich wieder mal Zeichnungen einräumen in die Schränke. Ich habe ein paar Zeichnungen abgelegt und den Rest in leeren Schubladen versteckt und am Montag wieder herausgeholt. Am nächsten Freitag bin ich genauso vorgegangen. Am dritten Freitag lagen etwa 250 Zeichnungen in allen Größen A0, A1, A2, A3 und die Stücklisten in A4 zur Ablage.

Ich habe meinem Vorgesetzten dann den Berg Zeichnungen gezeigt und ihn gebeten mir zu helfen. »Für diese Menge Zeichnungen werde ich mehrere Tage brauchen. Wären Sie so nett, mir zu helfen, könnten wir die Zeit um die Hälfte verkürzen.« Ab sofort musste dann die gesamte Abteilung jeden Freitagnachmittag Zeichnungen und Stücklisten in die Schränke mit einräumen.

Aber ich bin für die Begebenheiten vom Vorgesetzten und Chef durch Zufall entschädigt worden, indem man, wenn man den Beweis erbrachte, dass man als Ingenieur gearbeitet hatte, sich nachdiplomieren lassen konnte. Ich habe die dafür geforderten Unterlagen von Paderborn angefordert. Mit dem Zeugnis der AEG und einem Bestätigungsnachweis von Daimler konnte ich diesen Beweis erbringen. Nach einer Überweisung von 150 DM an die Universität Paderborn erhielt ich eine Urkunde mit folgendem Text:

Universität-Gesamthochschule-Paderborn

Urkunde
Herr Friedhelm Umbach geboren am 24.03.1945 in Vollmarshausen wurde mit der Urkunde der Staatlichen Ingenieurschule für Maschinenwesen Paderborn vom 6. Febr. 1968 die Berechtigung erteilt, die staatliche Bezeichnung INGENIEUR (GRAD) zu führen.
Gemäß Art. IV Nr. 1 des Gesetzes zur Änderung hochschulrechtlicher Bestimmungen
vom 21.07.1981 (GV.NW. 1981 S. 408) steht ihm nunmehr das Recht zu, anstelle der verliehenen Graduierung der entsprechenden Diplomgrad DIPLOM-INGENIEUR abgekürzt Dipl.-Ing. als staatliche Bezeichnung zu führen.
Auf den Antrag vom 31.08.1981 wird zum Beweis der Führungsberechtigung diese Urkunde erteilt.
Paderborn , den 15.12.1981 Universität-Gesamthochschule-Paderborn (Freise).

Jetzt, da ich mich offiziell Dipl.-Ing. nennen durfte, wurde der Neid von meiner Schwester und meinen Eltern noch größer. Der Kommentar meiner Schwiegermutter, mit ihrer Ehrenrunde in der ersten Klasse war: »Wenn unsere Eltern damals mehr Geld gehabt hätten, bräuchte meine Schwester heute nicht als Gärtnerin zu arbeiten, die wäre auch Dipl.-Ing. geworden.«

In der Firma wurden Jahre später alle Konstrukteure fotografiert und auf einer Tafel im Büro mit Bild und die es waren mit Dipl.-Ing. für alle Kollegen und Besucher betitelt und verewigt, damit man wusste mit wem man verhandelte.

Mein Vorgesetzter war ein starker Raucher. Ich hatte meinen Arbeitsplatz vor ihm in unserem Büro. Immer wenn er anfing zu rauchen, öffnete ich das Fenster. Wenn er sich wegen Zug beschwerte, habe ich ihn darauf hingewiesen, mit dem Rauchen aufzuhören. Der Vorgesetzte war der einzige, der im Büro rauchte und auch die anderen Kollegen wurmte es, wenn er sich wieder eine ansteckte, aber darauf nahm er keine Rücksicht.

Bei einer Weihnachtsfeier wurde sein starker Husten immer schlimmer. Ich habe ihm wieder geraten, mit dem Rauchen aufzuhören. Er rauche schon seit 30 Jahren und habe während dieser Jahre fast nie gehustet, also könne der Husten nicht vom Rauchen kommen. Ein viertel Jahr später musste er nach Norderney zur Kur, wegen seiner Raucherei.

Man hat ihm das Rauchen verboten. Im Büro brachten wir ein Verbotsschild für Raucher an der Eingangstür an, so dass niemand mehr in unserem Büro rauchen durfte, aber auf der Toilette sah man dann die Rauchwolken aufsteigen. Ich habe meinen Vorgesetzten auch darauf hingewiesen, dass er ein Vermögen in all den Jahren schon verraucht hat, da hat er erwidert, dass ich mein Geld eben für andere Dinge und Sachen ausgeben würde und deshalb spiele es keine Rolle, wenn er sich eben das Vergnügen mit den Zigaretten gönne. Wenn dieser Mensch wüsste, dass ich mein Geld zum Hausbau verwende und damit bleibende Werte geschaffen habe. Raucher sind Menschen ohne Willen, die nur an sich selber denken. Nimmt man einem Raucher die Zigarette weg, wird er nervös und unruhig, fängt an zu zittern, fühlt sich unwohl, muss sich unbedingt wieder eine Zigarette anstecken und rauchen.

In der Konstruktionsabteilung wurde oft samstags gearbeitet. Eines Samstags standen wir im Büro alle Mann zusammen. Plötzlich und unerwartet tauchte der Chef auf. Jeder ging an seinen Arbeitsplatz zurück. Es war anerkennungs- und lobenswert, dass der Chef uns samstags aufsuchte und uns für unseren zusätzlichen Einsatz dankte. Wir Konstrukteure bekamen dadurch mehr Luft für die noch zu erledigenden Arbeiten.

Ein Kollege, mein bester Freund, hatte sich für ein neues Aufgabengebiet entschieden und wechselte in die Konstruktionsverbindungsstelle zwischen Kassel und Gagenau.
Mich haben Machtspiele, Image und Kompetenzen gar nicht interessiert, für mich war es außerordentlich wichtig, dass das, was ich an Konstruktionen und an Hydraulik-, Pneumatik-, Logik-und Funktionsplänen richtig konstruiert und optimal erstellt hatte, funktionierte und das in den nachfolgenden betreffenden Abteilungen keine Nacharbeiten erforderlich wurden. Nach Jahren des Einsatzes im Betrieb, musste man stolz darauf sein, dass wir alle durch die wunderbare Zusammenarbeit für die Firma so exzellent gearbeitet haben. Wenn ich an Maschinen gerufen wurde, war mir wichtig, dass ich das jeweilige Problem schnell begriff. Da ich die Gabe hatte, mich in den Verlauf des Hydrauliköles und der Luft in den Ventilen hinein versetzen zu können, fand ich die Fehler schnell. Damit bekamen wir gemeinsam die Maschine schnell wieder in den Fertigungsprozess zurück.

In dem Moment, in dem ich unser Werk betreten habe, hat mich nur noch meine Arbeit interessiert. Das Gebiet der Hydraulik und Pneumatik kann man nicht in einem Jahr erlernen, da gehört langjährige Erfahrung dazu. Denn zwischen Theorie und Praxis besteht ein großer Unterschied und durch die Erfahrung, die ich im Laufe der Jahre gesammelt habe, wurde ich sicherer bei meinen Arbeiten. Der volle Einsatz für die Firma stand für mich immer im Vordergrund, um Nacharbeiten möglichst zu vermeiden. Keiner meiner Kollegen sollte zu mir sagen: »Der Umbach, das ist vielleicht eine Pfeife.«

Als die Sekretärin Geburtstag hatte, da hat mir mein Chef 10 DM in die Hand gedrückt. Ich sollte einen Strauß Blumen besorgen. Für 10 DM gab es keinen ansprechenden Strauß und so habe ich für 20 DM einen gekauft. Auf die 10 DM von meinem Chef warte ich noch heute.

Zu unserer Abteilung gehörte auch die Werkzeugkonstruktion. Mein Chef und der Vorgesetzte von der Werkzeugkonstruktion machten Hausmusik mit einem Herrn, der als technischer Zeichner bei einer Konstruktionsfirma arbeitete. Eines Tages wurde der dritte Hausmusiker als technischer Zeichner bei *Daimler* in der Werkzeugkonstruktion eingestellt. Seine Hauptaufgabe bestand überwiegend in der Erstellung von Schaubildern und Diagrammen. Der Vorgesetzte aus der Werkzeugkonstruktion wechselte als Abteilungsleiter in die Instandhaltung. Seinen Platz bekam der dritte Musiker. Er wurde der Vorgesetzte von mehreren Diplom-Ingenieuren. Wenn der Chef jetzt etwas wissen wollte, war er der richtige Mann dafür. Als Gruppenleiter bekam er etwas mehr Gehalt als die Kollegen und das ging jahrelang gut.

Ich arbeitete an einem der CAD-Arbeitsplätze. Da fiel mir ein, dass ich ein solches Problem vor einem Jahr schon einmal hatte. Ich wusste genau, wo das Hydraulik-Aggregat im Einsatz war. Ich bin dorthin gegangen. Unterwegs sind mir der Chef und der dritte Musiker entgegen gekommen. Die beiden haben sich umgedreht und sind im Abstand von etwa 5 Metern um die 400 Meter hinter mir her gegangen, bis zur Hydraulik. Ich habe mir die Hydraulikplan-Nummer notiert und mir den Verlauf der Ventile kurz skizziert. Die beiden standen einige Meter neben mir, um mich zu beobachten. Auf dem Rückweg sind sie mir bis ins Büro gefolgt.

Daimler hat den Pool an Führungskräften abgebaut. Mein Vorgesetzter und mein Chef haben gekündigt und sind mit Abfindungen gegangen. Der dritte Musiker wurde Projektleiter für eine neue Sprinter-Vorderachse T1N mit über 50 Beschäftigten. Nach einigen Monaten habe ich ihn nicht mehr gesehen, er hat das Werk verlassen und Jahre später habe ich erfahren, dass er an einem Herzschlag verstorben sei. Mein Vorgesetzter war wegen seiner Raucherei an Lungenkrebs gestorben.

Es hat keinen Zweck, sich mit Vorgesetzten oder seinem Chef anzulegen. Die sitzen am längeren Hebel und können einem das Leben schwer machen. Ich bekam einen neuen Chef und musste zu ihm kommen. Er warf mir vor, dass er mich oft im Betrieb sehen würde. Ich antwortete: »Diese Diskussion habe ich mit meinem früheren Chef auch schon geführt. Wenn jemand etwas von mir wollte, musste er erst meinen Chef anrufen und der hat mich dann informiert, ob ich dorthin gehen durfte. Durch die vielen Telefongespräche hat es den alten Chef so genervt, dass ich schon nach einer Woche wieder überall hin durfte. Wir verdienen unser Geld doch nur, wenn der Betrieb reibungslos läuft. Fällt eine Maschine, ein Bearbeitungscenter oder eine Vorrichtung aus, fehlt das Bauteil in der Achsmontage und in Gaggenau können keine LKW montiert werden.

Ich möchte Ihnen einige Beispiele nennen. Wir hatten eine Vorrichtung, die verlor beim Umschwenken von der Einlegestation in die Bearbeitungsstation die Spannung und löste sich. Nach einigen Tagen hatten wir den Fehler gefunden. Der Hersteller dieser Vorrichtung hatte sich an einem Zylinder verbohrt. Er hatte eine Buchse eingesetzt und neu richtig gebohrt. Über diese Buchse ist beim Abkoppeln das Öl von der Spannseite in die Löseseite übergeströmt und somit ist der Druck in der Spannleitung zusammengebrochen und hat die Vorrichtung gelöst. Noch ein weiteres Beispiel: Im Werkzeugbau hat eine Vorrichtung bei der Erprobung einwandfrei gespannt, auf dem Bearbeitungscenter aber nicht. Wir haben diese Vorrichtung auf das daneben liegende Bearbeitungscenter aufgebaut. Die Vorrichtung spannte hier wie im Werkzeugbau einwandfrei.

So konnte der Fehler also nur an dem Bearbeitungscenter liegen. Das Programm für die Bearbeitung war nur hier zu finden, wo keine einwandfreie Spannung erfolgte.

Die beiden Kupplungen wurden auseinander genommen und ich habe festgestellt,

dass in der Spannleitung die Glocke falsch herum eingebaut war und somit das Öl erst ab 40bar die Kupplung durchströmte. Die Glocke wurde mit der Öffnung nach oben montiert, da konnte das Öl schon bei 1bar durch die Kupplung durchströmen. Unsere Vorrichtung spannte einwandfrei. Ein anderes Beispiel: An einer Einpressvorrichtung war der Pressenzylinder zu klein. Ich habe darauf bestanden die Vorrichtung zu ändern und einen größeren Zylinder einzubauen, der ein Flächenverhältnis vom Kolben zur Kolbenstange von 2:1 hat. Hierdurch konnte ich erreichen, dass beim Ausfahren des Pressenzylinders aus seiner Grundstellung das Öl von der Kolbenstangenseite mit in den Vorlauf des Pressenzylinders gelangte. Durch diesen Trick war der größere Zylinder, der zum Ausfahren ja mehr Öl benötigte, genauso schnell wie der kleine Zylinder. Ich war aber auch gezwungen, das Hydraulik- Aggregat auf die neue Situation, durch den Einbau zusätzlicher Ventile, umzubauen, bis es funktionierte. Solche Probleme sind nicht im Büro zu lösen, da ist meine Anwesenheit an der Front gefragt.« Da sagte mein neuer Chef: »Das reicht mir. Ich lasse Ihnen freie Hand bei all ihren Arbeiten.«

Der Werkzeugbau hatte eine Vorrichtung schon vier Tage zur Reparatur. Er bekam diese nicht zum Spannen. Mein neuer Chef kam zu mir und wir gingen gemeinsam in den Werkzeugbau. Dort standen schon Werkleitung und andere Chefs. Ich bekam das Problem erklärt, und da habe ich mit einem Schraubenzieher ein bestimmtes Zuschaltventil von den 30 Ventilen zwei Umdrehungen herausgedreht, so dass die Vorrichtung funktionierte. Alle Mann haben nur gestaunt.

Dieses Problem hatte ich schon einmal vor vier Wochen. Das habe ich aber verschwiegen.

Daimler Benz in Kassel wurde zertifiziert. Als Einziger von uns Konstrukteuren musste ich den Herren von der Zertifizierung Rede und Antwort stehen und beweisen, dass ich all meine Aufträge mit größter Sorgfalt ausgeführt und stets richtig im CAD-Archiv abgespeichert hatte.

Stellenbeschreibung als Diplom-Ingenieur in der Konstruktion bei Daimler Benz

Ich arbeitete als Betriebsmittelkonstrukteur in der Betriebsmittelkonstruktion für Maschinen, Vorrichtungen, Messmittel, hydraulische und pneumatische Steuerungen, Erstellung von
Funktionsdiagrammen, Logiksteuerungen und Konstruktionen kompletter Betriebs-mittel z.B. Vorrichtungen, Maschinenumbauten etc.

Ich war verantwortlich für die Berechnung z.B. von Statik, für Festigkeitslehre, Dynamik und sonstige Berechnungen erhöhten Schwierigkeitsgrades.

Außerdem war ich berechtigt zur Vergabe von mittleren und großen Konstruktionsumfängen sowie zur Freigabe und Genehmigung von Hydraulik-Aggregaten, Logiksteuerungen und sonstigen pneumatischen Steuerungen. Die Einleitung von Mängelbehebungen, Sperrung bzw. Freigaben von Hydraulik- Aggregaten im Sinne der UVV Unfall-Verhütungsvorschriften bzw. des Maschinen- Schutzgesetzes.

Zur Aufgabenbeschreibung:
Konstruktionsvorbereitung und Sichten der Auftragsunterlagen wie AWA (Auftrags-beschreibung)
Bauteilzeichnungen, Fertigungsplan etc. Festlegen des Fertigungsstandes und Istsituation am Arbeitsplatz aufnehmen. Prüfen des geforderten Betriebsmittels auf Eignung ggf. Alternativen vorschlagen. Feststellen der Nebennutzungszeit z.B. Positionieren, Spann- und Stützzeit. Entwurf, Konstruktion und Detailierung von Spannvorrichtungen zum Drehen, Fräsen, Spindeln, Bohren, Schweißen etc.

Meß-, Kontroll-, Montagevorrichtungen ggf. nach MTM, Bohrköpfe, Bohr- Spindel und

Fettdosiervorrichtungen, Maschinenumbauten, Montagelinien mit Mehrfach-schraubern. Mitentwicklung an Konstruktionsentwürfen und Alternativvorschlägen unter Berücksichtigung funktioneller fertigungssteuerungstechnischer und wirtschaftlicher Gesichtspunkte an technischen Gesamtkonzeptionen für Sondermaschinen, Maschinenverkettungen, automatischen Bewegungsabläufen.

Gestaltung und Ausführung der Spann- und Bewegungselemente elektronischer Steuer- und Messgeräte, kompletter umfangreicher Betriebsmittel mit zahlreichen Funktionen. Erstellen von Alternativ-Grob- oder Vorentwürfen. Festlegen der Positionier- und Spannpunkte in Abstimmung mit den zugehörigen Fertigungseinrichtungen und Spannkraftermittlung durchführen. Erweiterte Entwürfe erstellen und Konstruktionen ausarbeiten und Stückliste erstellen (Kauf- und Normteile) Hinweis: Bezugsquellen.

Zu meiner Aufgabenbeschreibung gehörte auch die Änderungskonstruktion. Umfang und Vorbereitung wie bei Konstruktionsbeschreibung. Bedingt durch Änderung des Bauteiles durch Vergrößerung der Teilefamilie, Änderung des Arbeitsablaufes, Qualitätsverbesserung, Betriebsmittel an neue Situation anpassen und maßgerechtes Aufzeichnen aller zu betrachtenden Bauteile.

– Beurteilen der Änderungsfähigkeit des betroffenen Betriebsmittels
– Klärung der Freistellmöglichkeit im Betrieb für Änderungszeitraum
– Änderung der Stückliste und dokumentieren der Änderungsumfänge.
– Zur weiteren Aufgabenbeschreibung gehörte auch die Konstruktionsvorbereitung und Kontrolle bei Fremdvergabe.
– Entwurf erstellen und Festlegen der spezifischen und speziellen Daten.
– Termin vergeben und Konstruktionsumfang (Stunden) festlegen.
– Kontrolle durchführen mit besonderem Augenmerk auf Anschluss-

maße der Maschine oder Einrichtung, Bauteilabhängige Maße (Betriebsmitteltoleranzen) und Handling.
- Verschleißgerechte Auslegung sowie Reinigung, Wartung Transport und Montagemöglichkeit.
- Einhaltung vorgeschriebener Konstruktionsrichtlinien (Darstellung), Werkstoffe, Bemaßung etc.
- Fertigungsgerechte Gestaltung (Baubarkeit).
- Lieferantenneutrale Formulierungen und Lieferantenspezifische Baugruppen oder Einzelteile nur in begründeten Ausnahmefällen zulässig vorschreiben.
- Planung von Steuerungen.
- 90 % aller im Hause befindlichen Vorrichtungen oder Maschinen sind hydraulisch oder pneumatisch betätigt.
- Festlegung des Energieträgers (Druckluft, Hydrauliköl) sowie des Systemdruckes und der einzelnen Nebennutzungszeiten.
- Festlegung von Signal-, Antriebs- und Betätigungselementen.
- Erstellung eines Funktionsdiagrammes unter Beachtung der einschlägigen Richtlinien aus Maschinen-Schutzgesetz, Unfallverhütungsvorschriften, Daimler Benz-Liefervorschriften und Bezugsquellenfreigabe.
- Aufzeichnung und Benennung aller Antriebs-, Arbeits- und Steuerelemente.
- Festlegung der einzelnen Arbeitsschritte, Darstellung der funktionalen Zusammenhänge, Verknüpfungen und Festlegung der Maschinen und werks-spezifischen Ausführungen, die nicht aus dem Funktionsdiagramm ersichtlich sind.
- Erstellung eines Anordnungsschemas über Antriebs- und Arbeitselemente, Aggregate, Steuerschrankpositionen, aus denen Anschlussrichtungen und Entfernungen zu entnehmen sind.
- Erstellung von Hydraulikplänen nach Ermittlung, Berechnungen von: Pumpen-Volumen, Pumpenart ggf. Speicher mit Speichersicherheitsblock und Motorleistung.

- Auswählen und Anordnen von Druck- Wege- Zuschalt- und Stromregelventilen etc.
- Besonderheiten: Pressensicherheitssteuerung sowie Eilgangs- und Vorschub-blockventile etc.
- Behältervolumen errechnen aus Wärmebilanz.
- Zur weiteren Aufgabenbeschreibung zählt auch das Erstellen von Pneumatik- und Logikplänen.
- Anordnung der Baueinheiten und Antriebsglieder (Zylinder, Motor, Verteiler etc.)
- Berechnung der Luftvolumen und Leitungsquerschnitte.
- Festlegung der Wege- und Druckventile nach Betätigungsart (mechanisch, pneumatisch oder elektrisch) sowie das Bestimmen der Funktionselemente (Speicher, Anzeigegeräte, Logikbausteine sowie Zubehör). Zusammenfassen von Bausteinen zu kompletten Steuerungsteilen und Taktketten etc.
- Zu meinen sonstigen Aufgaben gehörten:
- Beratung tangierender Planungsstellen, Lieferanten, Einkauf etc.
- Mitarbeiten an technischen und steuerungsmäßigen Problemen in der Vor-planungsphase.
- Prüfung, Überarbeitung von Steuerungsauslegungen bei Vorrichtungen und Maschinenbeschaffung.
- Aufzeigung von Verbesserungsmöglichkeiten bis hin zu alternativen steuerungs-mäßigen Arbeitsabläufen.
- Vorbeugende Maßnahmen aufzeigen und unterstützen.
- Betriebsbetreuung bei Fertigungs-, Qualitäts- und Kapazitätsproblemen, sowie Neuanläufen, Umstellen und Verlagerungen.
- Aufzeigen alternativer Fertigungsmöglichkeiten bei Lieferverzug, Ausfall vorhandener Betriebsmittel, Versuchsteile etc.
- Übergeordnete Zusammenhänge und Auswirkungen beim Einsatz von Betriebsmitteln darstellen ggf. Maßnahmen einleiten und Durchführung verfolgen.

- Durchführen von Angebotsvergleichen bei hydraulischen, pneumatischen Steuerungen und Anlagen.
- Kontrollieren gelieferter Aggregate, einschließlich Beanstandungen erfassen und
- beheben lassen. Kostenfrage klären.
- Betreuung der gelieferten Aggregate in Anlaufphase ggf. das Einleiten von Anpassungsaktivitäten und deren Durchführung verfolgen.
- Übergeben der Planungsunterlagen, Betriebsmittelzeichnungen, Steuer- Schaltpläne, Prospekte, Beschreibungen etc. an Betrieb und Instandhaltung.
- Betreuung von Studenten der Gesamthochschule Kassel.
- Unterstützen der Instandhaltungsbereiche bei Fehlersuche an ausgefallenen und
- vorbeschriebenen Aggregaten, Vorrichtungen und Maschinen etc.
- Anpassung von im Betrieb befindlicher und verlagerter Einrichtungen an geänderte Unfallverhütungsvorschriften.
- Verwalten der eingelagerten Modelleinrichtungen von Hanomag-Henschel.
- Führung von Fachgesprächen, Beratungen telefonisch, fernschreiblich oder persönlich mit Angebotsfirmen, Vorgesetzten und Kollegen.
- Angebote prüfen und genehmigen.
- Beurteilung von Verbesserungsvorschlägen.
- Erarbeitung von Betriebsmittelstandards und Anfrageformulierungen etc.
- Bearbeitung von Auftragsformularen, Bedarfsaufgaben und Versandanweisungen.
- Ständiger Kontakt mit folgenden Abteilungen:
- Produktion: Erprobung, Störungsbeseitigung und Änderungen.
- Einkauf: Beschaffung und kaufmännische Klärung, Maschinenbeschaffung mit Betriebsmitteln.
- Arbeitsschutz für die Sicherheitsmaßnahmen.

– Elektriker für sämtliche elektrischen Steuerungen.
– Werkzeugbau zum Bau sämtlicher Steuerungen und Störungsbeseitigung.

Bis 1986 wurden alle Hydraulik – und Pneumatikpläne sowie Funktionsdiagramme samt Stücklisten in Tusche auf pausfähiges Transparentpapier gezeichnet.

Über Weihnachten 1986 musste ich ein viertel Jahr nach Sindelfingen bei Stuttgart zu einer CAD-Schulung am Computer. Die Kollegen und ich wohnten dort im Hotel Berlin. Um 10 Uhr begann der Unterricht und endete gegen 17 Uhr. Ich ging nach dem Frühstück um 6 Uhr sofort zum Schulungszentrum, um mir den Stoff vom Vortag noch einmal von den Ausbildern erklären zu lassen. Mein Kollege und ich teilten uns einen Computer. Alle 14 Tage gab es eine Heimfahrt. Im Hotel konnte man sich Fahrräder ausleihen. An einem Sonntagmorgen bei minus 8 Grad bin ich mit dem Fahrrad durch den Wald nach Stuttgart ins *Daimler-Benz Museum* gefahren. Aus Stuttgart heraus musste ich eine Stunde das Fahrrad bergauf schieben. Gegen 21 Uhr war ich im Hotel Berlin wieder zurück.

Die Schulung war sehr hilfreich für die Arbeit in Kassel am Computer.

Meine erweiterte Stellenbeschreibung für CAD und Auto CAD am Computer

— - Ansichten im Raummodell von Vorrichtungen und Einzelteilen erzeugen.
— Ansichten View 1 und View 2 auslegen.
— Bearbeitungszeichen und Bemaßung sowie Dummy aus Archiv holen.
— Detail im Master konstruieren und in Library bringen mit Namensvergabe.
— Konstruktionen von Flächen im 3D erzeugen, Gitterrasterverschiebung, Manage- Drob- Funktion, Componnt, Connektoren, Draft Funktion, Detailänderungen, Directory und Fenstererstellungen.
— Funktionsplanerstellung, Bildschirmerweiterung, Master Workspace.
— Erzeugen von Kegeln, Solid, Koordinatensystem mit Auxview, Layer und Plotten.
— Pneumatikplanerstellung, Space Funktionen, merge Funktionen, Stücklistenerstellung.
— Multiplikationen von Zahlen, Speicherkapazität erhöhen, Shading Funktionen.
— Zeichnungserstellung mit Zeichnungskopf.

IBM Bedienpult beinhaltet folgende Funktionen für die Erstellung von Konstruktionen und Steuerungsplänen:

— Point, Line, Group, Schema 2, Markup, Text, Curve 2, Componnt, Schema, Erase, Standard, Analyse, Reporter, Attribut, Detail, Graphic, Pattern, Shape, Plott, Layer, Dimens, Image, Axis, Transfer, Library, Symbol, Merge, File, Interrupt sowie Yes und No.
— Arbeiten mit Auto CAD.

- Linien erzeugen, verlängern, stutzen, abrunden, brechen, kopieren, verschieben und löschen.
- Winkel und Bögen erzeugen, Rasterdaten bearbeiten, kopieren und ändern.
- Layerzuordnungen in Auto-CAD, Library, Arbeiten mit Myriad for Windows.
- Filmkarten plotten und sichern einer Zeichnung in Bearbeitung.
- Auto CAD und Rasterzeichnungen skalieren und archivieren, Genius Tabletteinstellungen.
- Laufwerkzuordnungen Auto CAD, Abspeichern der Rasterzeichnung, Systeme und Programmöffnungen, Bildschirmausschnitt drucken, Laufwerke verbinden, suchen nach Dateien.
- Löschen einer Zeichnung, Zeichnung umbenennen.
- Blöcke (früher Details) aus Library holen.
- Kleinaufträge auf Laufwerk T für Werkzeugbau ausstellen.
- Zeichnungen aus Archiv über Laufwerk M plotten, Block in Library mit Dia und Voransicht bringen, Konstruktionslinien auf Layer 0 erzeugen.
- Hydraulikplan aus Dummy erstellen, Bemaßung im Raster von Schweißnähten, Zeichnungsrahmen
- verkleinern oder vergrößern, Schrift drehen von Spiegel- in Normalschrift.
- Plotten Ausschnitt auf A3 Laser, Zeichnungen im Raster einscannen.
- Zeichnungen im ZG-dok suchen und plotten, Word Konstruktionsrichtlinie Muster holen.
- Rasterzeichnung von Laufwerk i nach j kopieren.
- Rasterzeichnung mit Startmodell alcadrast, Disketten einlesen, Viren prüfen und konvertieren.
- Excel Disketten aufrufen und Stücklisten plotten, Block updaten, Versand-anweisungen schreiben und Lieferantennummern suchen, Symboldatei ändern.

- Zeichnungen und Hydraulikpläne vergrößern, Werksaufträge mit Folge anlegen, sämtliche Masken einer Bedarfsaufgabe (Banf) aufrufen und ausfüllen.
- Lagerinformationen über vorhandene Ventile, Zeichnung um eine zweite Zeichnung erweitern zu einer neuen Zeichnung, vorhandenen Block zerlegen, ändern und wieder erzeugen.
- Systemsteuerung und Eigenschaften, Zeichnungen von Disketten mit unbekannten Symboldateien
- und Schriftänderung, Rasterdaten in Genius umwandeln, Verzeichnis Library anlegen.
- Fotografieren und anschließend Bilder ausdrucken, E-Mail schreiben oder beantworten und speichern auf Laufwerk H, Zeichnungen ansehen im Dateimanager, Geniuszeichnung als Rasterzeichnung einsetzen, Diskettenstückliste von Excel auf Genius bringen.
- Bauteile suchen im PDS-System, Normen aus Internet Explorer holen.
- Solo-Banf schreiben, vorhandenen SAP-Auftrag bearbeiten, Werksaufträge WA, Bedarfsaufgaben (Banfen) schreiben, freigeben und ausdrucken.
- Firmen und deren Produkte aus dem Internet-Explorer, Verfolgung von Aufträgen im Actio-log.
- Zeichnungen als E-Mails von Fremdfirmen archivieren, E-CAP-Bestellungen.
- Verbrauchte Kosten und Stunden im PM-Auftrag verfolgen und Termine überwachen.
- Infoterminal (Mäusekino), ZSAB mit Rahmenvertrag Banfen schreiben, damit die Konstruktionsfirmen für die erbrachten Leistungen ihr Geld erhalten.
- Seitenzahl einrichten im Word, Datei-Manager neu installieren mit Laufwerken, GTX im Raster einspielen, Ikon suchen Microsoft Photo Editor.

- e-shop Ventile für Hydraulik und Pneumatik über Warenkorb aus Katalogen bestellen ohne Banf.
- Vorgänge löschen und neu terminieren im SAP.
- Firmen suchen im CD-Book wer was liefert, Rumba einspielen, Microsoft Excel und DVS einspielen, Bauteil Tabellenzeichnung plotten, Konstruktionsauftrag an Fremdfirmen per E-Mail versenden und Gleitzeitnachweis anschauen.

Ärger mit dem Bauamt, den Nachbarn und meiner zukünftigen Schwiegermutter

Neben dem Ärger am Arbeitsplatz gab es auch Ärger mit meiner zukünftigen Schwiegermutter, deren Schwester, dem Bauamt und den Nachbarn.

Aus diesen Gründen habe ich stets Privates von der Arbeit bei Daimler getrennt. An meinem Arbeitsplatz im Büro habe ich nie über meine Bauerei in meiner Freizeit gesprochen. Ein Kollege wollte eine Gehaltsaufbesserung. Da hat der Chef ihm geantwortet: »Sie sind mit ihren Gedanken während der Arbeitszeit doch mehr an ihrem Bau, als hier an der Arbeit, wie kann ich Ihnen da eine Gehaltsaufbesserung geben?« So etwas sollte er zu mir nicht sagen.

Als ich von Heiligenrode nach Elgershausen umgezogen bin, plante die Mutter von Gudrun einen Garagenbau, direkt an das vorhandene Wohnhaus, für das Auto ihrer Schwester. Da habe ich ihnen den Vorschlag unterbreitet, um evtl. auf die Garage mal aufstocken zu können, ein Doppel – T- Träger in die Decke mit einzubauen. Dieser Vorschlag wurde abgelehnt. Die vorhandene Klärgrubendecke wurde von mir mit dem Vorschlaghammer zerschlagen, mit Bauschutt aufgefüllt und ein Anschluss an den Kanal gelegt. Die Garage wurde eingemessen, die Fundamente von mir ausgehoben, die Kellersohle mit Beton gegossen, die Außenwände gemauert und in die Garagendecke Betonträger mit Hohlblöcken eingesetzt, betoniert und das Garagentor eingebaut.

Das Wohnhaus war doppelschalig gemauert d. h. außen mit Bruchsteinen, die verputzt wurden. Durch die vielen Winter und den Regen hatte sich im Laufe der Jahre der Putz von den Bruchsteinen gelöst und fiel ab. Darum habe ich den Restputz entfernt, die Bruchsteine neu grundiert und den gesamten Kellerbereich mit Picolo-Rustik-Riemchen verklinkert.

Der Nachbar zum Osten wollte vor Jahren eine Doppelgarage in seinen Garten bauen.

Meine zukünftige Schwiegermutter hat es stets abgelehnt, eine Garage auf die gemeinsame Grenze zu bauen.

Meine Frau hat ihm zugesichert, dass er seine geplante Garage bauen darf, da sie im Grundbuch zur Hälfte als Eigentümerin mit eingetragen war.

Der östliche Nachbar übergab uns den Bauantrag zur Unterschrift. Ich kopierte mir die gesamten Planungsunterlagen samt Zeichnung und Statik. Meine Schwiegermutter verweigerte ihre Unterschrift. Ich gab dem Nachbarn den Bauantrag zurück und versprach ihm, dass wir schnellstens einen Bauantrag stellen und er darum keine Unterschrift mehr benötigt. Da ich alle Daten zum Bauantrag vorliegen hatte, war es für mich als Konstrukteur leicht, den neuen Bauantrag auszuarbeiten und mit beiden Unterschriften einzureichen. Die zwei Doppelgaragen wurden vom Bauamt Kassel genehmigt. Da unter den Garagen ein Keller geplant war, mussten etwa 30 m³ Erde mit dem Schubkarren herausgeholt und abgefahren werden.

Mittlerweile war ich mit Gudrun verlobt. Der Vater von Gudruns Freundin besaß einen Bauernhof. Dieser Mann hat sich bereit erklärt, den Aushub mit Traktor und Wagen in einer Mulde seiner Wiese, in der sich oft das Grundwasser sammelte, abzuladen.

Die Kieskörnung 0 bis 30 mm und Zement ließ ich mir anfahren und mit der Mischmaschine wurde der Beton mit Wasser gemischt, um Fundamentgräben und die Kellersohle zu gießen Um den Erddruck im Norden abzufangen, erstellten wir eine 50 cm dicke Betonwand. Aus Schwerbetonsteinen mauerte ich nach Zeichnung die Außenwände. Vom Hof bis zur Doppelgarage waren noch 3 Meter zu überbrücken. Mit Bohlen, Kanthölzern und Stahlstützen vom Nachbarn wurden die 3 Meter mit der Garagendecke eingeschalt. Bei der

Bewehrung der Garagendecke mussten wir laut Statik zwei Baustoffgewebematten einlegen. Der östliche Nachbar, trotz gleicher Garagenmaßen, nur eine Matte mit der gleichen Abmessung. Die Nachbarn habe ich informiert, dass ich morgens gegen 5 Uhr mit dem betonieren beginnen werde.

Die Mischung bestand aus 10 Schüppen Kies, 3 Schüppen Zement und etwas mehr als einem halben Eimer Wasser. 20 Meter hatte ich bis zur Garagendecke mit dem Schubkarren zu fahren. Mit dem großen Brecheisen wurden die Gewebematten angehoben, damit der Beton unter die Matten laufen konnte. Die drei Probewürfel für das Bauamt wurden in Formen mitgegossen.

Meine Gudrun hat den Beton geglättet und in Wasserwaage gebracht. Gegen 16 Uhr waren die 9 Meter mal 6,5 Meter in 18 cm Dicke fertig betoniert. Die Außenwände wurden nach der Zeichnung gemauert, ein Doppel-T-Träger eingezogen, das Dach mit Sparren, Dachlatten, Welleternit gedeckt und die Dachrinne angebracht.

Der Nachbar hatte vor seiner Garage in der Grenze ein 3 Meter mal 60 cm großes Blumenbeet angelegt. Bei Starkregen floss das Wasser hier hinein und sammelte sich in unserer Unterkellerung bis zu 5 cm hoch. Nachdem ich ihm es gezeigt hatte, wurde das Blumenbeet entfernt.

Mit dem Erdbohrer bohrte ich ein 3 Meter tiefes Loch in der Grube zur Autoreparatur und verfüllte dieses mit Drainagekies. Unter die Bodenplatte der Unterkellerung hob ich mit dem Erdbohrer einen Graben von 60 cm Breite und 70 cm Tiefe aus, wobei alle 2 Meter ein 50 cm mal 50 cm breites Loch durch den Beton von mir gemeißelt wurde, wodurch ich die Erde nach außen beförderte. Mit dem Graben bin ich unter dem Fundament durch, bis, durch die Hanglage bedingt, er am Gelände an der Erdoberfläche austrat. In den gesamten Graben wurde Drainagerohr verlegt und mit Basaltsteinen und Drainagekies der Graben verfüllt. In die Löcher der Bodenplatte von der unterkellerten Garage wurden von mir zur Belüftung des Grabens Entlüftungsrohre mit einbetoniert. Von diesem Moment an gab es keine Probleme mehr, die Unterkellerung blieb trocken, auch bei Starkregen.

Das Obergeschoß des Wohnhauses war überwiegend noch im Rohbau. Da sich meine Schwiegermutter nicht auf dem Kopf herum tanzen lassen wollte, bestand sie darauf, nach oben umzuziehen. Bei dieser Gelegenheit sollte der Bereich über der Garage am Haus mit hochgezogen werden. Da das Badfenster im Erdgeschoß verbleiben musste, waren wir gezwungen, einen 250 mm Breitflanschträger einzubauen, um das Gewicht der Außenwände und der Betondecken aufzunehmen. Hätte man damals auf mich gehört, wäre dieser Träger in der Decke verschwunden. So konnte er nur im Keller unterhalb der Decke eingebaut werden.

Gemeinsam mit Gudruns Cousin habe ich den Bauantrag mit allen Unterlagen, Zeichnung, Statik und sämtliche Planungsunterlagen in Tusche erstellt, eingereicht und vom Bauamt Kassel wieder zurück geschickt bekommen, mit der Begründung, das Wohnhaus straßenseitig im Norden mit aufzustocken. Wir haben dem Bauamt mitgeteilt, dass die vorderen Räume fertiggestellt sind und diese in ihrem jetzigen Zustand verbleiben sollten. Wenn das Bauamt auf die Aufstockung weiterhin besteht, bitten wir um Rücksendung sämtlicher Unterlagen vom Bauantrag. Nach einem viertel Jahr erhielten wir die Genehmigung für den Umbau.

Als erstes wurde der Breitflanschträger im Kellerbereich mit Hilfe der Nachbarn eingebaut, trotz des Verbotes der Schwiegermutter, diese sechs Männer auf ihr Grundstück zu lassen. Danach begann ich den unteren Balkon einzuschalen, die 12 mm Rundeisen zu biegen und den Balkon zu betonieren. Die Außenwände mit Glasbausteinen, Fenster und Türen wurden von mir gemauert und der Balkon mit der Zimmerdecke im Obergeschoss nach Zeichnung und Statik betoniert.

Die Fenster und Türen und sämtliche Zimmermannsarbeiten von der Dachbodendecke und das ganze Dach hat der Gerhard Döring aus Heiligenrode ausgeführt.

Dann musste ein Durchbruch vom Schlafzimmer der Schwiegermutter zum Anbau geschaffen werden. Zu diesem Zweck war es erforderlich, einen 100 mm Doppel-T-Träger unter die vorhandenen Deckenbalken einzuziehen. Die Schwiegermutter hat sich geweigert, ihre Zustimmung zum Aufbruch zu geben. Sie hat mich von der Stehleiter gestoßen, dabei ist der Fäustel vom Stemmen von der Leiter aus auf ihr Nachtspind gefallen und beschädigte dieses.

Einige Wochen später benötigte ich vom Dachboden Kanthölzer zum Einschalen. Da ist sie die Bodentreppe hoch gekommen, um nachzusehen was ich dort oben suchte.

Durch ihre Neugierde und ihre Unachtsamkeit fiel ein Kantholz die ausgezogene Bodentreppe herunter und zerschlug die Scheibe ihrer geöffneten Vorgangstür.

Gudrun wollte in der Speisekammer im Erdgeschoß ein Regal eingebaut haben. Da habe ich mir überlegt, einige Rohrstücke in die Außenwand einzubetonieren und darauf Bretter anzuschrauben. Damit der ganze Staub nicht in die Küche zog, habe ich den Schlüssel von der Speisekammertür abgezogen. Nachdem ich angefangen hatte zu stemmen, stand die Schwiegermutter vor der Speisekammer und wollte wissen, was ich da klopfe. Nach einer halben Stunde ist sie wieder gegangen. Die Spannungen zwischen der Schwiegermutter und mir wurden unerträglich.

Gudrun bestand darauf, dass ich Schwiegermutter und deren Schwester stets grüßen musste. Ich bin abends, wenn ich von *Daimler* kam, nicht mehr zum Essen in die Küche, sondern gleich an die Bauarbeiten gegangen. Mit dem Bruder meiner Mutter bauten wir eine Ölheizung aus Kupferrohren mit den Heizkörpern in sämtliche Räume ein, sowie im Keller den Heizungskessel. Elektrik wurde verlegt, die Wände geputzt, der Fußboden verlegt und die Schwiegermutter zog mit all ihren Möbeln und sonstigen Sachen ins Obergeschoß.

Abends um 21 Uhr wollte ich mich in der unteren Wohnung duschen, den Schlüssel von der Vorgangstür hatte ich vorsichtshalber abgezogen. Kaum hatte ich das Wasser laufen, da trat die Schwiegermutter gegen die Vorgangstür und wollte herein, obwohl sie mit all ihren Sachen schon nach oben gezogen war. Ich habe schnell geduscht und die Tür geöffnet. Das sei ihr Haus und da hätte ich keinen Schlüssel abzuziehen. Ihr gehöre hier alles und der Umbach habe hier überhaupt nichts zu sagen. Ich durfte nur alle Rechnungen bezahlen. Zwischenzeitlich hatte sich auch Gudrun von ihrer Mutter abgewandt und wir grüßten sie beide nicht mehr.

Hochzeit und Hausbau in Elmshagen

Als Gudrun mich heiraten wollte, gefiel meiner Schwiegermutter der Name Umbach nicht mehr und da meine Verlobte noch keine 21 Jahre war, verweigerte sie die Unterschrift zur Einwilligung. Ich wurde dann auch mal die Treppe herunter gestupst, oder es wurde mir im Keller das Licht ausgeschaltet. Sie hat fremde Männer beauftragt, meine angefangenen Arbeiten, zum Beispiel Fensterklinker einsetzen, fortsetzen zu lassen. Was die Schwiegermutter und deren Schwester auch anstellten, sie haben es nicht geschafft einen Keil zwischen Gudrun und mich zu treiben, um uns beide auseinander zu bringen.

Die Verwandtschaft bekam dann auch mit, das ich sämtliche Rechnungen bezahlte und sie mich trotzdem nicht anerkannte. Sie konnte daraufhin dem Druck der Verwandtschaft nicht mehr standhalten und hat Gudrun schließlich die Heirat mit mir erlaubt, indem sie allein zum Gemeindeamt gegangen ist und ihre Unterschrift gab.

Am 4. Mai 1972 wurde geheiratet. Polterabend war am Donnerstag, dem 4. Mai und die kirchliche Trauung am 6. Mai 1972. Für das Wohl der 67 Gäste am Polterabend und 88 zur Hochzeit wurde ein dreieinhalb Zentner Schwein geschlachtet. Die Kapelle spielte am Polterabend bis nachts um 1 Uhr und bei der Hochzeit bis zum Sonntagmorgen um halb vier, als sich die Gäste dann langsam verabschiedeten. Am Sonntagnachmittag kamen die 65 Gäste aus Elgershausen, sowie die weitere Verwandtschaft. An diesem Sonntag hat sich meine Schwiegermutter in meinem Auto mit ihrem Hintern in eine Schwarzwälder-Kirschtorte gesetzt.

Kommentar der Gäste: So eine Hochzeit hätten sie noch nicht erlebt. Ein Onkel sagte zu Gudrun: »Meine Tochter Ingrid hatte schon eine tolle Hochzeit gehabt, aber deine hat sie noch in der Stimmung übertroffen.« Von zwei Verwandten, die die Fotografen spielten, wurden die

Hochzeit und der Polterabend bildlich festgehalten. Um die Schwester der Schwiegermutter haben sich drei Junggesellen gekümmert.

Wir waren froh, dass die Schwiegermutter und deren Schwester im Obergeschoß wohnten.
 Meine Frau und ich haben die Wohnung im Erdgeschoß erst einmal renoviert. Es wurden die Fenster vergrößert im Schlafzimmer, ein Fenster zugemauert und Rollädenkästen über den Fenstern mit doppel-T-Trägern eingebaut.

Die Hochzeitsreise verlebten wir 4 Wochen nach der Hochzeit in Kärnten. Danach wurden die einzelnen Zimmer von uns beiden tapeziert und nach und nach lieferte man uns Schlafzimmer, Küche und das Wohnzimmer. Im Bad habe ich den Fußboden und die Wände neu gefliest, ein neues Waschbecken, neue Toilette und eine neue Badewanne eingebaut. Ein Jahr später sind wir in die Schweiz zu Eiger, Jungfrau und Mönch in den Urlaub gefahren. Neun Monate später wurde unsere erste Tochter Sylvia geboren.
 Über Arbeit konnte ich mich nicht beklagen. Die Unterkellerung der Garage wurde innen geputzt, in den Gartenweg neue Platten verlegt und eine Treppe zur Unterkellerung betoniert. Das gesamte Wohnhaus mit Anbau und Garage bekam einen neuen Außenputz durch eine Firma in Hoof. Den Jägerzaun entfernte ich an der Straße, hob einen Graben aus und betonierte hier eine Waschbetonmauer mit Pfosten für Gartentür und ein Doppeltor, welche ich selbst mit dem Gartenzaun geschweißt habe. Die Einfahrt zur Garage und den Weg zur Haustür pflasterte ich.
 Aber je mehr ich auch arbeitete, desto mehr Ärger gab es mit der Schwiegermutter.
 Bekamen wir Besuch aus der Verwandtschaft, tauchte sie stets auf und bat den Besuch auch hoch zu sich. Bekam die Schwiegermutter Besuch, kam sie unangemeldet einfach zu uns und zeigte ihren Gäs-

ten unsere Wohnung. Damit das aufhörte, habe ich für Unordnung gesorgt. Der Ärger ging so weit, dass meine Frau ein halbes Jahr kein Wort mit ihrer Mutter gewechselt hat.

In der Verwandtschaft waren nach und nach fünf Konfirmationen. Wenn die Schwiegermutter mit Schwester neben uns beide sich setzen, um Einigkeit vorzuspielen, haben wir uns weggesetzt. Wir wohnten zwar im gleichen Haus, aber nur in Zank und Streit. Schließlich haben Gudrun und ich beschlossen, ein eigenes Haus zu bauen. In der Gemeinde hat man uns erst einen Bauplatz in Elgershausen angeboten. Als ich dann mit der Sense das hohe Gras abmähte, fiel mir auf, dass die naheliegende Autobahn sehr, sehr laut zu hören war. Man bot uns neue Bauplätze in Hoof, Breitenbach und Martinhagen an. Hoof war Nordhang, in Breitenbach war eine Garage in zwei Meter Höhe über der Straße gebaut und in Martinhagen waren ringsherum nur zweigeschossige Häuser. Es war gar nicht so einfach, einen geeigneten Bauplatz zu finden.

Unsere Tochter Sylvia hatte die Masern. Inzwischen klang die Krankheit ab. Sie wollte gern einmal Auto fahren. »Gut. Fahren wir nach Hoof zum Gemeindeamt und fragen mal nach, ob sie einen anderen Bauplatz für uns haben!« Der mittlerweile mir bekannte Bauamtsleiter sagte zu mir: »Herr Umbach, gut dass Sie kommen. Vor zehn Minuten war ein Grundstücksbesitzer von Elmshagen hier, dessen Frau hat in drei Jahren drei Kinder bekommen und aus diesem Grunde möchte er den Bauplatz zurückgeben. Ich möchte gerade den Rechtsanwalt Dr. Ochs anrufen. Wenn Sie mir sofort zusagen, wird der Bauplatz an die Gemeinde zurückgegeben und Sie übernehmen ungesehen das Grundstück.« Ich war sofort damit einverstanden. Ich war am 1. Mai 1968 das erste Mal in Elmshagen. Damals schon war für mich klar: »Wenn ich einmal neu bauen sollte, dann nur hier in Elmshagen.« Ich gab dem Bauamtsleiter sämtliche Daten zur Umschreibung und wartete bis er den Rechtsanwalt gesprochen hatte. Am kommenden Dienstag um 9.30 Uhr trafen zwei Gemeindevertreter, meine Frau und ich uns beim Rechtsanwalt. Der Dr. Ochs hat uns den gesamten Vertrag vorgelesen, auch dass ich innerhalb von sechs Wochen den Bauplatz bezahlen sollte.

Da habe ich sofort unterbrochen und um Fristverlängerung um ein Jahr gebeten. »Wenn Sie jetzt schon kein Geld besitzen, womit wollen Sie denn da bauen? Sie wissen, dass Sie in drei Jahren eingezogen sein müssen?« sagte der Vertreter der Gemeinde. Ich habe dann auf die Erstellung der Zeichnung und auf das Baggern verwiesen. Der Kaufvertrag wurde von allen Anwesenden, auch von der Sekretärin, unterschrieben. Da wir für 72000 DM in Elgershausen erst umgebaut hatten, waren wir blank. Das letzte Gehalt wurde an die Gemeinde sofort überwiesen. Zwei Tage später, am Donnerstag, bin ich mit dem Fahrrad nach der Arbeit von Elgershausen ins 20 km entfernte Heiligenrode zu meinen Eltern gefahren. Man sagte: »Was willst du denn hier mit dem Fahrrad.« Ich antwortete: »Ich habe die ganzen Jahre mein Geld abgeben müssen. Jetzt benötige ich Geld, um meinen Bauplatz in Elmshagen zu bezahlen.« Ich erhielt von meinem Vater als Antwort: »Wir haben kein Geld und von uns kannst du auch keins erwarten.« Gegen 22 Uhr war ich wieder in Elgershausen zurück. Dann ist der Vorbesitzer des Bauplatzes an uns herangetreten und wollte uns seine genehmigte Zeichnung mit Studio verkaufen, dafür fehlte mir das Geld.

Meine erste Arbeit war, das Grundstück einzuzäunen, 250 m² Grabeland anzulegen und Obstbäume zu pflanzen. Der westliche Nachbar, ein Forstamtmann, besaß drei Hunde. Bei der Fütterung kamen diese auf unser Grundstück, wo diese ihre Hundekothaufen hinterließen. Den Rinderbanzen zerhackte er mit einer Axt und warf ihn auch zu uns. Er besaß noch einen toten Hasen, den er über unser Gelände an einer Schnur hinter sich her zog und im Wald versteckte. Die Hunde mussten dann nacheinander den Hasen suchen. Ohne

Nachbarschaftshilfe und ohne Beteiligung an den Kosten habe ich diese Grundstücksseite als erstes mit einem ein Meter hohen Drahtzaun eingezäunt und die Hundekothaufen eingesammelt.

Nach Feierabend habe mich umgezogen, etwas gegessen und dann bin ich mit dem Auto nach Hoof gefahren. Von dort ging ich durch den Wald nach Elmshagen.

Samstags und am Sonntagmorgen stand ich im Sommer um fünf Uhr auf und fuhr mit dem Fahrrad nach Elmshagen. Wenn meine Frau und die beiden Kinder mit wollten, sind wir samstags auch bis an den Bauplatz gefahren. Die Schwiegermutter und Schwester sah ich nur noch selten.

Der nördliche Nachbar in Elmshagen wollte uns vorschreiben, indem er die Hauslänge abschritt, wo das Wohnhaus hin gebaut werden sollte. Dann kam ein Schreiben von der Gemeinde. Zugelassen waren bisher nur Häuser mit 25 Grad Dachschräge. Jetzt wollte ein Bauherr, ein Gemeindearbeiter, 70 und 38 Grad bauen dürfen. Da kein Bauherr Einspruch eingelegt hatte, wurde in einem neuen Schreiben die asymetrische Bauweise bestätigt. So hat Gudrun über den Architekten das Dach unser Wohnhaus mit 70 und 38 Grad in der neuen Zeichnung ausführen lassen. Die Garage wurde 25 cm versetzt an die nördliche Nachbargarage mit eingezeichnet.

Einige Wochen später waren wir mal wieder zu Besuch bei meinen Eltern in Heiligenrode. Da sprach meine Mutter zu mir: »Du, wir haben dir dein Vermögen überwiesen, aber denk dran, das Geld ist von mir und deinem Vater und nicht von deiner Schwester.« Ich bin dann hoch zu meiner Schwester und habe mir den Vertrag aushändigen lassen. Mit meiner Frau bin ich auf den Parkplatz von Windhausen gefahren und nach Sensenstein gewandert. Seite für Seite wurde gelesen, meine Eltern durften im Garten Blumen pflücken und meine Schwester musste ihnen Vesper bringen und unter anderem stand dann auch, dass der Sohn ein Vermögen von 10.000 DM erhält. Ich sagte:

»Als meine Mutter das Haus mit dem Garten am Möncheberg geerbt hat, verdiente mein Vater 67 Pfennig als Stundenlohn. Sie musste für ein altes baufälliges Lehmhaus von 1750 mit morschen und kepschen Balken 5000 DM an ihren Bruder auszahlen. Die anderen fünf Geschwister meiner Mutter wurden alle enterbt. Da ich mein verdientes Geld seit der Lehre abgeben musste, das sind überschlagen etwa 30.000 DM, habe ich diese Summe in unser Wohnhaus investiert. Heute ist das Haus massiv. Jetzt speist man mich mit 10.000 DM ab. Das lasse ich mir nicht gefallen. Ich gehe zum Rechtsanwalt und verlange mein Pflichtteil.« Meine Frau erwiderte: »Denk aber bitte daran, du bist zum Sohn deiner Schwester Pate und ich die Godel, und deine Schwester ist zu unserer Tochter die Godel. Wenn du jetzt etwas unternimmst, wie willst du unserer Tochter später einmal erklären, warum sie nicht zu Oma und Opa, zu Godel und Pate darf? Den Familienverbund kannst du dann vergessen.« Ich entgegnete: »Gut, wenn du mir keine Vorwürfe machst, mit dem Vermögen bin ich einverstanden und das Geld für den Bauplatz bekommen wir schon zusammen. Egal, dann bezahlen wir eben die letzte Rate an die Gemeinde in eineinhalb Jahren.«

Die Hauszeichnung mit Garage war inzwischen vom Bauamt genehmigt und ein Baggerunternehmer aus Hoof hat den Kellerbereich ausgebaggert. Mit der Schlauchwaage wurde von mir ermittelt, dass man 70 cm Gefälle gebaggert hatte. Das war darauf zurückzuführen, dass durch das Baggern der Fundamentgräben die Aushuberde zweimal bewegt werden musste, um diese aus dem Kellerbereich zu bekommen. 40 cm habe ich mit Aushuberde ausgeglichen und die restlichen 30 cm mit gesäuberten Basaltsteinen als Packlager. Der nördliche Nachbar hat das gesehen und das Bauamt informiert. Es erfolgte vom Bauamt die Stilllegung mit der Aufforderung, die Kellersohle neu vermessen zu lassen. Da ich knapp bei Kasse war, verbot ich dem Architekten etwas zu unternehmen. Ich habe in dieser Zeit der Stilllegung die Außendränage verlegt.

Patenkind zur Aufnahmeprüfung beim VW-Werk vorbereitet

Mein Patenkind, der Sohn meiner Schwester, kam aus der Schule und sollte Elektriker in Heiligenrode lernen. Er hatte sich aber auch bei VW und Daimler-Benz beworben. Ich besorgte meinem Patenkind Prüfungsunterlagen zum Üben für die anstehende Aufnahmeprüfung. Der Junge hat die Aufnahmeprüfung abgelegt, aber nicht bestanden. Meine Schwester, Schwager, Oma, Opa, meine Frau und ich konnten uns das nicht erklären. Ich habe den Leiter der Lehrwerkstatt angerufen und ihn gebeten, mir Einsicht in die Prüfungsunterlagen meines Patenkindes zu gewähren. Der Kollege war von dieser Bitte nicht begeistert, weil er mit einer Abmahnung rechnete. »Gut, wenn das nächste Mal Pneumatik- oder Hydraulikventile für die Lehrwerkstatt benötigt werden, dann nur noch mit Auftragsnummer, denn ich werde nichts mehr mitbestellen auf andere Aufträge. Ich bin in einer Stunde bei dir für 10 Minuten und dann kannst du die Unterlagen wieder wegschließen.« Ich habe mir einige Rechenaufgaben dann abgeschrieben.

Am Sonntag in Heiligenrode musste mein Patensohn einige Aufgaben rechnen. 25 mal 25 kann ich im Kopf rechnen. 20 mal 25 ist 500 und 5mal 25 ist 125 und das ergibt zusammen 625 und bei dir 1300. Er hatte die Zahlen rechtsseitig untereinander geschrieben, linksseitig wäre richtig gewesen. Bis zur vierten Klasse war mein Patensohn Klassenbester. Meine Schwester wusste damals schon, dass ihr Sohn einmal Flugzeugingenieur werden sollte. Meine Schwester ging im Konsum bis 18 Uhr arbeiten, meine Mutter war froh, wenn der Junge an die Nieste oder in die Umbach ging, um Kaulquappen zu sammeln und von meinen Vater hat er alles über die Bundesliga gelernt. Er kannte sämtliche Vereine und auch die Spieler, da blieb eben für die Schule wenig Zeit. Ich konnte es nicht verstehen, dass das niemand gemerkt hat. Die Hausaufgaben konnte er zu Hause mit dem Taschenrechner erledigen. Nur in den Mathearbeiten hat er oft Fünfen geschrieben. Da kam meine Schwester mit der Wahrheit heraus, dass sie die Lehrerin oft gebeten hat, ihrem Sohn noch eine »vier minus« im Zeugnis einzutragen.

Da ein Lehrer nur Mathematik und Physik unterrichtet und auch in anderen Klassen tätig ist, bleibt ihm nicht die Zeit, sich um einzelne Schüler intensiv zu kümmern. Aber meine Schwester, die jeden Tag als Verkäuferin mit Zahlen zu tun hat, hätte ihrem Sohn helfen können. Ich habe daraufhin vorgeschlagen, bis zur Aufnahmeprüfung bei VW zweimal in der Woche zu mir zu kommen, um ihm das Multiplizieren, den Dreisatz und die Zinsrechnung zu erklären.

Beim Dreisatz gibt es ein Verfahren, das stets zutrifft. Zum Beispiel:
3 paar Schuhe kosten 90 DM
150 paar Schuhe ? DM

Die 90 DM kommen über den Bruchstrich als erstes, ein paar Schuhe kosten den dritten Teil, also unter den Bruchstrich und 150 Paar Schuhe kosten 150 mal so viel, also über den Bruchstrich, und das ergibt 4500 DM.

Ein anderes Beispiel:
10 Arbeiter brauchen um einen Graben auszuheben 30 Tage.
60 Arbeiter brauchen für den gleichen Graben wie viele Tage?

Die 30 Tage kommen über den Bruchstrich als erstes wieder, ein Arbeiter braucht 10 mal so lange für den Graben, also auch über den Bruchstrich und 60 Arbeiter benötigen für den Graben den 60ten Teil, also unter den Bruchstrich, ergibt 5 Tage.

Da mein Bau in Elmshagen stillgelegt war, habe ich bis zur Aufnahmeprüfung mit meinem Patenkind geübt. Ich sagte zu ihm »Die Prüfung bei Daimler-Benz haken wir ab. Aber denk dran. Her mit den Aufgaben, ich kann das und werde in der vorgegebenen Zeit so viele Aufgaben wie ich kann lösen. Wenn ich mir schwierigere Aufgaben durchlese, schreibe ich mir gleich auf, was gegeben (geg.) und was gesucht (ges.) ist, um so schneller an das Ergebnis zu kommen. Angst vor der Prüfung und den Aufgaben im VW-Werk kenne ich nicht, denn ich lasse mich nicht unterkriegen und das werde ich jetzt allen beweisen.« Obwohl mein Patenkind nicht wusste, was für Prüfungsaufgaben gefragt waren, hatte sich das wochenlange Pauken gelohnt, denn er hatte wieder zu sich Selbstvertrauen und die Aufnahmeprüfung bestanden und konnte seine Lehre als Mechaniker bei VW beginnen. Auch für die Berufsschule und sein späteres Leben war die Lernerei von Vorteil.

Mittlerweile war in Elmshagen die Straße *Schöne Aussicht* geteert worden. Das Gefälle in der Kurve der Straße war, laut Unterlagen, zu uns hin geplant. Die ausführende Firma hat das Gefälle aber zur anderen Seite gelegt, wegen der Hanglage, damit bei Starkregen das Wasser besser abfließen konnte. Dadurch wurden die Grenzsteine auf unserer Seite um 80 cm gehoben. Von diesen Grenzsteinen war das Kellersohlenniveau bemaßt. Und siehe da, wir lagen jetzt 80 cm tiefer nach Schlauchwaage. Das Nivelliergerät vom Architekten hat das auch gemessen. Dann bekamen wir Post von der Gemeinde. Man wollte wissen, warum vor vier Wochen gebaggert wurde und das Bauvorhaben jetzt stockt, da die Gemeinde genügend andere Interessenten vorliegen hätte. Ich habe der Gemeinde schriftlich geantwortet:
»Das glaube ich ihnen gern, das Grundstück hat mit die beste Lage in Elmshagen, hat nur acht Meter Straßenfront, das Wohnhaus steht 40 Meter von der Straße weg, hat wenig Hanglage, Autoverkehr gleich Null, in himmlischer Ruhe und im Osten befindet sich eine große Wiese von 250 mal 250 Meter. Es ist wie auf einer Alm und dahinter

kommt Kilometerweit nur Wald. Vom Grundstück zum Norden hin sind es 40 Meter bis in den Wald. Vom Grundstück Schöne Aussicht 34 kann man zum Süden hin bis Fritzlar, Knüll, Vogelsberg und bei klaren Wetter bis zur Rhön und im Westen bis zum Peterskopf vom Edersee schauen. Ich war mit meiner Frau am 1. Mai 1968 das erste Mal in Elmshagen, da wusste ich schon, hier möchte ich einmal hin bauen. Jetzt wo mir die Gelegenheit geboten wird, werde ich diese auch wahrnehmen.

Durch den nördlichen Nachbarn wurde über das Bauamt Kassel mein Bauvorhaben stillgelegt.

Laut Bauamt soll eine neue Vermessung der Kellersohle neu durchgeführt werden. Den Termin für die Aufhebung der Stilllegung können sie nur über das Bauamt erfahren. Da der Bauunternehmer seine Arbeiter abziehen musste, hat er mit Konventionalstrafe gedroht. Da ich von diesen Nachbarn mit weiteren Stilllegungen rechnen muss, haben meine Frau und ich beschlossen, dass ich im Einmannbetrieb das Bauvorhaben in Angriff nehmen werde. Dabei ist es mir egal, ob ich in drei oder 13 Jahren einziehe. Das Grundstück gebe ich jedenfalls nicht an die Gemeinde zurück und hoffe bei der Gemeinde auf positives Verständnis zu stoßen. Unterschrift Friedhelm Umbach, Gudrun Umbach.«

Der Architekt hat das Bauamt über seine Vermessung informiert und daraufhin wurde die Stilllegung aufgehoben. Der nördliche Nachbar gab aber immer noch keine Ruhe. Meine Frau wurde von dem Bauamt zum Anhörungsausschuss geladen. Sie stellte mir eine Vollmacht aus und somit habe ich diesen Termin wahrgenommen. Da waren auch noch andere Nachbarn anwesend. In dieser Sitzung merkte ich dann, dass mein nördlicher Nachbar Unterschriften gesammelt hatte, um gegen einen anderen Nachbarn vorzugehen, der sein Haus mit Ferienwohnungen vermieten wollte. Danach wurde über uns verhandelt. Er wollte, dass wir unsere Garage 25 cm nach vorne, also bündig mit seiner Garage bauen sollten. Ich habe dem zugestimmt. Ich habe dann die restlichen Kanal- und Abwasserrohre mit Reinigungsschächten, die Hausdrainage und auch das 30 cm hohe Packlager aus Basalt- und Feldsteinen fertig verlegt.

Auf das Packlager legte ich eine Folie und darauf die Baustahlmatten als Bewehrung. Danach wurde die spätere Bodenplatte rund herum nach Schlauchwaage eingeschalt. Auf die Abflüsse stellte ich große Eimer.

Der Schlaganfall meines Vaters und die Bauarbeiten in Uschlag und Elmshagen

Sonntags waren wir wieder einmal in Heiligenrode und da habe ich erfahren, dass meine Schwester auf einmal auch einen Bauplatz in Uschlag gekauft hatte. Wo mag sie das Geld wohl her haben, habe ich mich gefragt. Die Kellersohle war bereits gegossen. Ich wollte in sechs Wochen auch meine Kellersohle in Elmshagen mit Beton ausgießen. Mein Vater sagte zu, mir dabei zu helfen. 14 Tage und 8 Tage vorher habe ich ihn noch einmal daran erinnert. »Musst mich nur holen«, sagte er. Am kommenden Samstag saß meine Frau in der Badewanne. »Ich werde meinen Vater noch einmal anrufen, damit er am Montagmorgen feldmarschmäßig um 6 Uhr bereit steht«, sagte ich zu meiner Frau.

Mein Vater sagte zu mir: »Oh, du das geht nicht. Ich kann dir beim besten Willen nicht helfen, ich will mit dem Schutzmann (Heinz Brückmann) und deinem Schwager Holz im Walde machen.« Da sagte meine Frau: »Dein Schwager hat Frühschicht, der Schutzmann muss auch arbeiten, es ist doch Woche.« Ich erwiderte: »Der will uns nicht helfen.« »Deshalb bring ihn mir nur nicht noch einmal an, der braucht uns nicht mehr zu helfen. Entweder helfe ich dir, oder wir holen uns eine Firma«, sagte meine Frau.

Wir beide haben dann allein die 60 m³ Beton mit der Betonpumpe einpumpen lassen.

12 Betonmischfahrzeuge voll mit je 5 m³ sind in die Fundamentgräben und in die Bodenplatte hinein gegangen. Meine Frau hat mir von außen Tipps gegeben, wo der Beton einen Berg oder eine Mulde hatte, um ihn einigermaßen glatt zu bekommen. Als wir am nächsten Tag die Bodenplatte ausgeschalt hatten, waren wir stolz darauf, dass wir so etwas ohne jegliche fremde Hilfe allein geschafft hatten. Das hat uns Auftrieb gegeben, weiter zu machen.

14 Tage später in Heiligenrode stellte sich dann heraus, dass man in Uschlag am Bau auch Arbeit hatte. Warum sollte mein Vater mir da in Elmshagen helfen? Auf jeden Fall: Holz wurde nicht abgefahren.

Es tat meinem Vater leid, dass er mir nicht geholfen hatte. Er bot sich immer wieder an, uns zu helfen. Ich habe dankend abgelehnt, denn statt der 3 Stunden Autofahrt, um ihn zu holen und wieder nach Hause zu bringen, kann ich an meinem Bau in Elmshagen schaffen. Wenn ich dann das verfahrene Benzin und das Essen dazu rechne, lege ich bares Geld drauf. Er wollte uns bei der Kellersohle nicht helfen. Jetzt wollte ich ihn nicht mehr sehen an meinem Bau.

Meine Schwester brachte meinen Vater, bevor sie zum Arbeiten in den Konsum ging, morgens um 7 Uhr zum Arbeiten nach Uschlag an ihren Bau. Mein Schwager arbeitete bei VW bis 15 Uhr Schicht. Bis er bei meiner Mutter gegessen und am Bau in Uschlag war, war es 16:30 Uhr. Bis 20:30 Uhr haben die beiden dann noch geschafft.

So ging das nicht eine Woche, einen Monat oder ein Jahr lang. Nein, über zwei Jahre lang musste mein Vater als Rentner mit über 60 Jahren mithelfen. Wenn er keine Lust hatte, haben meine Mutter und meine Schwester ihn überredet mitzugehen, damit mein Schwager nicht allein war.

Ich sollte meiner Schwester sagen: »Lass ihn in Ruhe. Er möchte nicht mehr in Uschlag helfen.« Ich habe nichts gesagt, denn ich wollte nicht hören, dass er ihr hilft und mir nicht in Elmshagen. Rentner wird man, um seinen Lebensabend zu genießen, und nicht, um in der Freizeit Häuser zu bauen. Früher war er immer stolz auf Uschlag und zeigte uns, was er alles gemauert hatte. Man hatte manchmal das Gefühl, als ob er gebaut hätte. Jetzt zeigte sich das Gegenteil.

Als man in Elgershausen zu Besuch war, hat eine Verwandte meiner Mutter vorgeschlagen, doch mal in den bayrischen Wald in Urlaub zu fahren. Da antwortete meine Mutter: »Das ist etwas für alte Leute aber doch nichts für uns zwei.«

Meine Schwester war noch nicht in das neue Haus eingezogen, da bekam mein Vater seinen ersten Schlaganfall, kam ins Krankenhaus und anschließend nach Lippoldsberg zur Reha. Sechs Wochen lang, zweimal in der Woche, fuhren abwechselnd meine Schwester und ich meine Mutter nach Lippoldsberg. Da er fast halbseitig gelähmt war, konnte er sich nur noch mit Stock langsam bewegen. Meine Schwester ging weiter arbeiten und meine Mutter hat ihn in Pflegestufe 1 gepflegt. Meiner Mutter stand jetzt ein schweres Los bevor und mein Vater fragte sich: »Warum gerade ich? Warum muss mir so etwas passieren?«

Einer seiner Sportskameraden sagte zu ihm: »Na Hans, das hast du dir doch in Uschlag geholt.« Meine Schwester hatte das gehört und brüllte los: »Das ist nicht wahr, in Uschlag hat er nur ein bisschen aufgeräumt.« Ich wusste aber, dass dieser Mensch arbeiten konnte, der arbeitete für zwei, der arbeitete wie ein Pferd, der arbeitete bis er umfiel. Ich meine, wenn unser Vater seinen Lebensabend genossen hätte ohne die Bauerei, hätte er keinen Schlaganfall bekommen. Sie konnte doch sagen: »Wir wissen es nicht genau.«

Ich habe in Elmshagen einen Betonkranz mit Beton gegossen und darauf die Außen- und auch die Innenwände hochgemauert. Als ich am ersten Tag gerade mal 8 große 12 DF Gittersteine geschafft hatte, wusste meine Frau: »Das ist ein Jahrhundert Projekt! Du wirst nie fertig. Wir beide werden hier nicht so schnell einziehen.« Aber ich habe nicht aufgegeben. Jede freie Minute und Stunde habe ich genutzt, um am Bau etwas weiter zu kommen. Meine Frau ist allein mit den beiden Kindern in Urlaub nach Ungarn, zur Insel Rab oder an den Gardasee mit Reisegesellschaften gefahren, während ich in Elmshagen meinen Urlaub verplemperte.

Da das Haus später einmal verklinkert werden sollte, musste ich um das Haus eine Betonmauer von 24 cm mit Bewehrung aus Beton gießen. Stück für Stück wurde von meiner Frau und mir erst eingeschalt und dann bis 15 cm über dem Gelände die 24 cm breite Betonmauer betoniert, auch die Kellerfenster und der Treppeneingang. Diese Betonwanne wurde mit Bitumen isoliert und Filterplatten vorgestellt. Um diese Betonwanne mit Filterplatten wurden Basalt und Feldsteine vom Baggern gesäubert und bis zu 3 Meter hoch und etwa 1 Meter breit von der Drainage bis Geländehöhe aufgestapelt, damit kein Regen- und Grundwasser bis ans Haus gelangt. Jetzt war das Gelände bis ans Kellerwerk mit Steinen angefüllt und so hatte ich im Winter Zeit, die Kellerdecke einzuschalen.

Im Frühjahr wurde die Filigranbetondecke auf die Kellerwände mit dem Kran von Firma Regel von uns aufgelegt. Außen herum wurde ein Rahmen, 20 cm hoch und 5 cm breit, mit Beton gegossen, um uns das Einschalen zu ersparen. Einen separaten Rahmen gab es für den Schornstein- und Kellerbereich, sowie Heizungs- und Abflussrohre. Genau in der Mitte der Kellerdecke wurde ein Gewindestab M24 eingegossen. In einen 8 Meter langen Baumstamm aus Tanne bohrte ich am Ende ein 30 mm großes Loch, welcher mit Muttern und großen Scheiben in Deckenhöhe am Gewindestab verschraubt wurde. Auf die Viligrandeckenplatten wurden die Baustahlmatten gelegt.

Mit der Betonpumpe haben wir die Kellerdecke vergossen und sind mit dem Baumstamm einmal herum über den gegossen Rahmen, meine Frau hat mit der großen Glättkelle den Beton abgezogen und alles war in Waage. Jetzt wurden von der Baustoffhandelsgesellschaft BHG Gittersteine angefahren und das Erdgeschoß genau wie das Kellergeschoß nach Zeichnung von mir allein hochgemauert. Wenn ich dabei am Sonntagmorgen zu Fuß um 7 Uhr in Elmshagen war und in die Stürze der Fenster mit meiner Benziner-Mischmaschine den Beton gefüllt habe, wussten die Nachbarn: »Der Umbach ist schon eineinhalb Stunden durch den Wald marschiert, es wird für uns Zeit auch langsam aufzustehen.« Niemals hat sich einer beschwert, obwohl ich den nördlichen Nachbarn nicht mehr geachtet habe.

Rasen mähen mit der Sense und Wetzestein, Kartoffeln pflanzen und ernten und die 250 m² Grabeland bewirtschaften oder Obst pflücken habe ich oft am Sonntagmorgen erledigt. In diesem Jahr hatte ich die Kellerdecke und die Wände für das Erdgeschoß geschafft. Im Winter wurde die Obergeschoßdecke eingeschalt.

Dann verstarb mein Architekt an einer Gehirnblutung. Ich beauftragte die Mutter einer Schulkameradin unserer Tochter Barbara, den Bauantrag zu Ende zu führen.

Zwei Jahre nach seinem ersten Schlaganfall bekam mein Vater den zweiten. Nach einigen Wochen Krankenhaus ging es zur Reha nach Hofgeismar. Meine Mutter ließ sich fast jeden Tag abwechselnd von meiner Schwester und mir nach Hofgeismar fahren. Wenn ich dann am Montagmorgen zu meiner Frau sagte: »Ich brauch Benzingeld.« »Du hast vor ein paar Tagen 50 DM bekommen.« »Ja, ich war aber diese Woche drei Mal in Hofgeismar, der Tank ist leer.« Bei schönem Wetter haben wir ihn im Rollstuhl außerhalb des Krankenhauses spazieren gefahren.

Mitunter kam es vor, dass wir meine Mutter nach Hofgeismar in die Reha gefahren haben. Etwas später kamen dann meine Schwester und mein Schwager, oder es kam mein Patenkind oder andere Verwandten. Meine Frau konnte das nicht verstehen, dass wir extra von Elgershausen nach Heilgenrode und dann nach Hofgeismar fahren mussten. Ich sagte zu meiner Frau: »Wenn meine Mutter mit uns fährt, fährt sie immer umsonst und du siehst doch, wenn sie in Heilgenrode aussteigt, hält sie immer einen 20 DM Schein bereit. Wir haben nie Geld genommen, aber die anderen. Deshalb fährt sie lieber kostenfrei mit uns.«

Meine Schwester war in Uschlag eingezogen und meine Familie wollte sie besuchen.

Einige Male hatte ich mich selbst eingeladen. Immer wieder kam die gleiche Ausrede: »Mein Mann geht auf den Sportplatz in Uschlag und ich gehe mit dem Hund nach Landwehrhagen.« Meine Frau sagte zu mir: »Du kannst ruhig weiterhin anrufen und uns einladen, aber ich komme nicht mehr mit.« Vielleicht hing diese Abweisung damit zusammen, dass meine Schwester das Elternhaus verkaufen wollte, es aber nicht konnte, weil meine Mutter den Nießbrauch über das Haus hatte.

Ich hatte meinen Eltern geraten, das Haus nicht zu verkaufen, denn einen alten Baum verpflanzt man nicht. »Hier in Heilgenrode kennt ihr fast jeden und ihr könnt euch immer mal unterhalten und erfahrt so manch Neues. In Uschlag seid ihr fremd und meine Schwester mit Familie geht arbeiten, ihr seid den ganzen Tag allein.«

Nachdem mein Vater nun zum zweiten Mal in Hofgeismar war, konnte man ihn nur noch im Rollstuhl fahren. Man musste ihn auch unterhaken, um ihn die Treppe herunter zu bringen. Dabei war es erforderlich, seine Füße immer nach vorne vor den nächsten Tritt zu schieben, um so einen Tritt nach dem anderen zu schaffen. Beim Treppesteigen musste man einen Fuß nach dem anderen hoch heben. Wenn meine Familie in Heilgenrode war, bugsierten wir ihn ins Auto, damit dieser Mensch auch mal heraus kam. Den Rollstuhl nahmen wir im Kofferraum mit und ab ging es nach Nieste. In Heiligenrode war es ihm peinlich, er hat sich geschämt, vor anderen Leuten im Rollstuhl zu sitzen. Dort in Nieste im Walde kannte ihn keiner und so konnten wir stundenlang spazieren gehen.

Alle Menschen, die ihn kannten wussten, dass man ihn vor seinem Schlaganfall morgens nach Uschlag an den Bau gebracht hatte. Man hatte meine Mutter oft genug gefragt, wenn sie allein unterwegs war: »Hilde, wie geht's dem Hans?« Vor dem Bau meiner Schwester haben meine Eltern die Rente genossen. Sie sind jedes Jahr mit Reiseunternehmen bis nach Rumänien gefahren. Da mein Vater keinen Führerschein besaß, kannte er nur seinen Garten, den Möncheberg und sein Grabeland. Der Rollstuhl nahm ihm seine Lebensaufgabe. Meine Mutter musste ihn anziehen und von morgens bis abends nur für ihn da sein. Wenn er mittags mal eingeschlafen war, musste sie sich beeilen, um einkaufen zu gehen. Er kam von Pflegestufe eins in Pflegestufe zwei.

Aber was nützte ihnen ihre Rente und das Pflegestufengeld, wo und wann sollten sie es ausgeben?

Als mein Vater seinen ersten Schlaganfall hatte, konnte er nicht mehr auf die Bäume, um das Obst zu ernten – und mein Schwager war durch einen Astbruch vom Baum gefallen. Somit habe ich mich bereit erklärt, das Obst zu ernten. Es wurden sechs bis acht Wannen Äpfel gepflückt. Ich durfte für meine Familie auch eine Wanne voll Obst pflücken, obwohl noch Äpfel hingen, die niemand mehr geerntet hat. Mein Vater sagte zu mir: »Jetzt reicht es aber. Du hast genug für dich gepflückt.«

Mein Vater fing an, seine Krankheit zu hassen. Er konnte sich mit dem Rollstuhl nicht anfreunden. Er wurde zu meiner Mutter immer aggressiver. Er schrie sie ständig an, aber meine Mutter konnte doch nichts für seine Krankheit.

Meine Schwester erfuhr über die Krankenkasse, dass meinem Vater ein weiterer Reha-Aufenthalt in Hofgeismar zusteht. Aber er wollte nicht und weigerte sich. »Die Krankenkasse bezahlt das und du gehst«, sagte meine Schwester. Jetzt begann die Fahrerei jeden Tag von neuen, um die Wäsche abzuholen.

An einem Tag bei schönem Wetter gingen wir mit ihm hinaus in die Natur, bis zu einer Weide, wo etwa 20 Rinder am Stacheldrahtzaun standen. Ich spannte meinen großen, schwarzen Schirm auf und zu, die Rinder erschraken sich, sie rannten wie verrückt über die halbe Weide. Bei diesem Anblick hat mein Vater das erste Mal seit Jahren wieder richtig gelacht. Zwei Tage später das gleiche Spiel mit den gleichen Rindern. Er verzog keine Miene, hat das gar nicht wahrgenommen.

»Der hat doch wieder einen Schlaganfall gestern Nacht gehabt und die Ärzte in der Reha haben das noch nicht einmal gemerkt«, habe ich zu meiner Mutter gesagt. Hätte man ihn zu Hause gelassen, konnte er tagsüber immer noch um den Küchentisch herum und auch allein auf die Toilette gehen.

An einem Sonntag war meine Schwester mit Fahren dran. Ich hatte aber jeden Tag der Woche zwei Überstunden und am Samstag auch gearbeitet und der Sonntag war verplant für Elmshagen. Eine Woche später informierte ich meine Mutter, dass ich sie morgen wieder fahren werde nach Hofgeismar. Da kam als Antwort: »Ich brauch euch nicht mehr, ich habe jetzt meine Leute zum Fahren nach Hofgeismar.«»Die musst du aber bezahlen und mit mir bist du immer umsonst mitgefahren und warum haben deine Leute den Vater nicht mal nach Nieste, auf den Meißner, oder an den Herkules, oder mal an den Edersee gefahren, wie wir es gemacht haben?« antwortete ich ihr. Da war mir klar, dass meine Schwester dahinter steckt und somit habe ich jeden Kontakt zu meiner Schwester gemieden, denn Kritik und Widerrede konnte sie nicht vertragen. Sie hatten nämlich gemerkt, dass man ihn gegen seinen Willen zur Reha gebracht hatte und er in Pflegestufe drei kam. Durch die Schwester meiner Mutter erfuhr ich, dass mein Vater ins Bett macht. Meine Schwester ging weiterhin arbeiten und meiner Mutter hat man die weitere Pflege überlassen, bis sie die Reißleine gezogen und einen Pflegedienst für morgens und abends beauftragt hat.

Abends um 22 Uhr bekamen wir einen Anruf von meiner Schwester: »Wenn ihr ihn noch mal sehen wollt, müsst ihr jetzt kommen, er stirbt.« »Nach allem, was meine Mutter und meine Schwester mir angetan haben, soll er doch sterben« sagte ich zu Gudrun.

»Friedhelm, fahr mit. Dein Vater kann nicht sterben, der findet keine Ruhe, nach allem was er dir im Laufe deines Lebens angetan hat. Du brauchst ja nichts zu sagen, nur dass der Mann sieht, dass du ihm verziehen hast«, sagte meine Frau. Drei Tage danach ist mein Vater im Alter von 80 Jahren verstorben.

Zwei Wochen später gingen die Verwandten in die Kirche und setzten uns in die zweite Reihe. Am Totensonntag mussten meine Frau und ich wieder in die zweite Reihe. Meine Mutter und meine Schwester saßen in der letzten Reihe der Kirche. »Wenn es Abendmahl gibt, wollten sie die Kirche verlassen«, sagte meine Frau zu mir.

Plötzlich rief eine Frau mitten in der Predigt: »Wir brauchen einen Arzt.« Eine Schulkameradin, drei Reihen hinter uns: »Friedhelm, das ist deine Mutter.« Da hörte ich Leute sagen: »Die beiden Kinder müssen sich auch nicht verstehen, genau wie früher beim Hilde mit seinen Geschwistern.«

Mit dem Krankenwagen fuhr ich allein mit meiner Mutter mit ins Krankenhaus. Ich sagte dem Arzt: »Es sollte Abendmahl beim Gottesdienst geben und meine Schwester wollte, dass meine Mutter mit ihr die Kirche verlässt. Das hat sie dermaßen aufgeregt, dass es ihr schlecht geworden ist.« Die Ärzte konnten nichts feststellen. Dann kam meine Schwester. Ohne sich nach dem Befinden unserer Mutter zu erkundigen, bekam ich erst einmal mein Fett weg. Sie sagte zu mir: »Du solltest dich was schämen, nicht einmal hast du dem Vater den Hintern abgeputzt.« Die etwa zehn Anwesenden haben sich nur gegenseitig angesehen. »Meine Mutter und du brauchtet mich doch nicht mehr, dafür habt ihr doch eure Leute«, habe ich ihr geantwortet.

Dann kam das Weihnachten, als meine Schwester frech wurde. Ich habe sie auf ihren Sohn hingewiesen, sie daran erinnert, dass dieser nur durch mich eine Arbeitsstelle bei VW gefunden hatte. Es lag auch an ihr, dass mein Patenkind in Mathematik nur Fünfen schrieb. Da wurde sie aufbrausend und ausfahrend wegen der Kritik an ihr und wollte mir voller Wut einen Teller für 50 DM an den Kopf schmeißen und mich wegen Verleumdung in der Tageszeitung der HNA (Hessische Allgemeine) anzeigen, falls ich darüber berichte.

Nach der Fertigstellung der Obergeschossdecke in Elmshagen Schöne Aussicht 34 haben wir uns neue Gittersteine für das Obergeschoß von der BHG anfahren lassen. Etwa 2 m³ Kies haben meine Frau und ich mit Eimer und Lugenseil auf die Decke hochgezogen, für den Rahmen aus Beton und die Stürze. Das Obergeschoss wurde von mir nach Zeichnung hochgemauert. Dann kam der strenge Winter 1985. Bis zu einem halben Meter Schnee habe ich oft am Sonntagmorgen von der Obergeschoßdecke geschaufelt.
 Da das Haus asymetrisch ist, mit den Winkeln 38 und 70 Grad Dachschräge, waren noch vier Meter Giebel hochzumauern. Ein Ringanker mit Korb wurde über die Außenwände betoniert, bevor die Schornsteine von mir hochgemauert wurden. Der Zimmermann hat dann die Deckenbalken, Fuß-, Mittel- und Firstpfette mit den Sparren aufgelegt, wobei der Dachbalkon ausgeklinkt wurde. Vom Dachdecker wurde gelattet, die Kupferdachrinne angebracht und das Haus mit braunen, glasierten Ziegeln gedeckt. Danach habe ich die Schornsteine über das Dach gemauert und mit einem Betonrahmen betoniert.

In 1986 begann für mich das Computer-Zeitalter. Ich musste in zwei Schichten arbeiten. Da haben wir uns einen Zweitwagen, einen neuen VW-Käfer mit 34 PS, gekauft und ich meine Fahrgemeinschaft aufgelöst. Ich war froh, dass die Sonderfahrten mit den Kollegen aufhörten. Jetzt war ich mein eigener Herr und damit unabhängig.

Als der Rohbau in Elmshagen fertiggestellt war, wurden 17.460 Stück Holländische Handformverblender, 1400 Stück Sparverblender, 340

Stück Fensterbanksteine in hellbronze WDF 40 angeliefert. Nachdem ich die Glasbausteine im Treppenhaus eingesetzt hatte, begann ich mit der Verklinkerung des gesamten Hauses mit Sakret-Vormauermörtel in VK-Sand. Aus Tannenstämmen, Fröschen, Klammern und schwarzen Kunststoffseilern habe ich ein vorzeitliches Gerüst mit einhalb Meter Breite und zwölf Meter Höhe gebaut, um etwa achtzig Handformverblender am Tag zu lagern und zu vermauern. Mit Luftschichtankern von den Außenwänden wurden die Verblender gehalten. 7cm Hyperlit als Dämmstoff eingeschüttet und zusätzlich an den beiden Giebelwänden dübelte ich je einen 150 mm X 150 mm verzinkten Winkel an das Mauerwerk. 1990 waren der Keller und die Nord- und Ostseite verklinkert. Das verklinkern hat sieben Jahre gedauert, da in Elgershausen ein zweites Bauvorhaben anstand.

Wohnhausaufstockung in Elgershausen mit Dankschreiben an den Nachbarn

Bisher hatte meine Schwiegermutter immer gesagt: »Wenn ich mal tot bin, könnt ihr im Norden das Wohnhaus aufstocken. Da der westliche Nachbar seine zwei Autos immer vor unserem Haus auf der Straße parkte, wollte meine Frau eine Garage auf die gemeinsame Grenze bauen. Die Schwiegermutter war auch genervt davon, dass bei uns und nicht bei ihm immer Tag und Nacht dessen Autos parkten. Sie hat darum zugestimmt, das Wohnhaus vorne aufzustocken. Eine Zeichnung mit allen Planungsunterlagen wurde vom Architekten erstellt und beim Bauamt in Kassel eingereicht. Da keine fünf Meter Grenzabstand zum westlichen Nachbarn vorlagen, wurde trotzdem der Bauantrag über Anhörungsausschuss, Regierungspräsidenten und ohne Zustimmung der Nachbarn genehmigt. Die Giebelwand im Osten wurde um drei Meter zum Süden hin verlängert. Hierzu musste ein neues Fundament mit 1 Meter Tiefe und 3 Meter Grabenlänge ausgeschachtet und mit Beton voll gegossen werden. Darauf kam die Bewehrung in Form eines U, als Korb aus Baustahlmatten bis 50 cm oberhalb des Erdgeschoßbalkons. Eingeschalt und gleichzeitig betoniert wurde von mir von morgens fünf Uhr bis nachts um 22 Uhr. Der Beton wurde im Verhältnis ein Teil Zement und drei Teile Kies und Wasser gemischt. Mit der Kohlenschüppe schaufelten meine Frau und ich den Beton durch die Baustahlmatten in die Schalung. Auf diese Waschbetonmauer mauerte ich die Außenwand und darauf die verlängerte Giebelwand. In der Woche abends arbeitete ich in Elgershausen am Bau und am Wochenende verklinkerte ich weiter den Bau in Elmshagen.

Im Norden des Wohnhauses in Elgershausen habe ich durch das alte Dach vier Säulen auf die Außenwände aus Beton gegossen und für die vier Ziegelreihen einen Wasserdurchlass geschaffen, damit das Regenwasser in die Dachrinne abfließen konnte.

Darüber schalte ich einen Sturz mit Bohlen, Hölzern, Schaltafeln und schwarzen Seilern über die gesamte Hausbreite ein bewehrte und betonierte diesen. An der Ost- und Westwand wurde eine Reihe Ziegeln entfernt, um diese beiden Wände mit der Wand im Osten und Westen nach Zeichnung hochzumauern. Ich legte in vier Ziegelreihen vom Dach Tannenstämme von etwa 10 cm Durchmesser, die ich oben auf der First mit schwarzen Seilern zusammen gebunden hatte und darauf habe ich quer Tannenstempel an die Tannenstämme angebunden, um auf dem Dach laufen zu können. Über die beiden gemauerten Giebelwände und die Wand im Norden wurde ein Ringanker mit Bewehrung in Beton gegossen.

Beim Sturz im Süden verrödelten wir in luftiger Höhe auf dem Gerüst einen 6 m Korb aus 16 Rundeisen von 12 mm Durchmesser und den Bügeln von 40 Stück in 8 mm Durchmesser. Mit Bohlen, Hölzern, Schaltafeln und Seilern wurde der Sturz eingeschalt. Meine Frau bediente die Mischmaschine und füllte die Eimer voll Beton und ich habe mit dem Lugenseil die Eimer langsam hochgezogen. Der Sturz wurde in sechs Mal je 10 cm in der Höhe mit Beton gefüllt, damit die untere Schicht schon etwas abgebunden hatte bevor die nächste eingegossen wurde. Als die Giebelwände fertig waren, erfolgte die Stilllegung durch den Nachbarn vom Bauamt. Wir mussten laut Zeichnung mit dem First 80 cm niedriger sein, als die Nachbarhäuser. Es erfolgten mehrere Besuche mit der Architektin beim Bauamt in Kassel. Alle Vorschläge, die man uns unterbreitete, haben meine Frau und ich abgelehnt.

Da ich sämtliche Maße von der Zeichnung genau eingehalten hatte, habe ich ein Gerüst auf den Schornstein gezimmert und die Architektin gebeten, die Firsten der Nachbarhäuser mit ihrem Nivelliergerät zu uns herüber zu loten. Mit einem Seil habe ich von diesen Höhen bis zur Kellersohle gemessen und mit dem Lageplan verglichen. Ich habe einen Höhenunterschied von 80 cm gemessen. Daraufhin wurden meine Architektin und das Vermessungsbüro darüber informiert. Das Vermessungsbüro gab mir zu verstehen, dass dies das erste Mal sei, wo sie sich dann vermessen hätten. Ich sagte zu dem Ingenieur vom Vermessungsbüro: »Gut, wenn ihre Angaben auf dem Lageplan stimmen, bezahle ich Ihnen das nochmalige Vermessen. Stimmen Ihre Angaben aber nicht, bekomme ich von Ihrem Vermessungsbüro neue geänderte Lagepläne in siebenfacher Ausführung, ohne Bezahlung.«

Acht Wochen hat es gedauert bis wir die geänderten Lagepläne in unseren Händen hatten. Mit der Architektin wieder zum Bauamt. Der Bauamtsleiter wollte uns abwimmeln. Als wir ihm die geänderten Lagepläne vorlegten hat er noch einen Vorgesetzten und den Sachbearbeiter zu sich gerufen. Von acht bis zwölf Uhr sind wir im Bauamt gewesen ohne ein Ergebnis. Der Bauamtsleiter fuhr mit dem Regierungspräsidenten im Omnibus nach Erfurt. Auf dieser Fahrt wurde über unser Problem gesprochen, denn man verlangte eine neue Skizze mit den neuen Maßen, und später eine neue Zeichnung. Mit Hilfe der Architektin zeichneten wir in diese Zeichnung alles herein, was man uns früher verwehrt hatte: Größere Dachfenster und größere Dachüberstände, denn kleine Dachüberstände sind wie ein Hut ohne Krempe. Damit die Mittelpfette auf der Wand zum Aufliegen kam, wurde die First des Hauses um eineinhalb Meter nach Süden verlegt, dadurch entfiel ein Rohr als Abstützung vom Dach bis in den Keller als Auflage. Auch die rot glasierten Dachziegeln wurden in den neuen Bauantrag mit übernommen. Im Frühjahr wurde die geänderte Zeichnung eingereicht.

Ich habe der Architektin verboten, bei ihren Besuchen im Bauamt nachzufragen. Im November bekamen wir die Genehmigung und somit war die Stilllegung aufgehoben. Damit der westliche Nachbar nicht wieder Einspruch einlegen konnte, sollte das Dach schnellstens gedeckt werden. Das alte Dach mit den Ziegeln wurde abgedeckt, die alten Sparren herausgenommen und die beiden Schornsteine abgetragen. Die Obergeschoßdecke haben wir mit Planen vom Dachdecker abgedeckt.

Um 23 Uhr in der Nacht kam der große Regen. 20 Eimer Wasser haben meine Frau und ich aus den Planen herausgeholt. Die Obergeschoßdecke blieb dabei pulvertrocken. Der westliche Nachbar hat uns aus seinem Dachfenster während der gesamten Zeit beobachtet und dabei gelacht.

Am nächsten Tag kam die Firma Regel mit großem Kran und dem gleichen Zimmermann wie in Elmshagen. Die beiden haben das Dach aufgeschlagen mit First-, Mittel- und Fußpfetten und die ganzen Sparren mit Gaube. Der Dachdecker hat gelattet und einzelne Dachplanen von einer Rolle auf das ganze Dach verlegt. Durch Schneefall bedingt wurde 14 Tage später das Dach mit rot glasierten Ziegeln vom Dachdecker gedeckt und die Dachrinne aus Kupfer angebracht.

Hätte das Bauamt, samt Nachbarn, Anhörungsausschuss und Regierungspräsidenten vorher gewusst, dass unsere Firsthöhe mal zwei Ziegelreihen höher kommt als die Nachbarhäuser, wäre das Bauvorhaben so nie genehmigt worden. Durch meinen Beruf als Dipl.-Ing. war ich gewohnt, immer zu kämpfen bis zum letzten und nie aufzugeben, bevor man mit der Lösung des Problems zufrieden war. Wir waren froh, dass wir erst jetzt das nördliche Dach aufgestockt hatten und nicht schon vor Jahren.

Nachdem der letzte Ziegel auf dem Dach lag, begann das Martyrium mit dem westlichen Nachbarn. Am 20. März 1986 bekamen wir ein Schreiben von ihm, in dem er darauf hinwies, dass die Straße vor unserem Haus nicht zu unserem Grundstück gehört. Sie steht somit dem öffentlichen Verkehr, also auch seiner Familie, seinen Mietern und seinen Gästen als Parkfläche zur Verfügung.

Wenn wir im Garten waren, um das Grabeland zu bestellen, kam der Nachbar oft mit seiner Mutter in die Nähe vom Gartenzaun und dann sind sie mit Beleidigungen über uns hergezogen und lachten anschließend laut.

Unsere vierjährige Tochter spielte mit dem Sohn seines Mieters. Da hat der Nachbar unsere Tochter angeschrien: »Verschwinde von meinem Grundstück.«

Sonntagmorgen hatte ich die Mischmaschine für eine Mischung laufen. Da kam die Polizei. Wer hat da wohl angerufen? 20 Jahre haben die Schwiegermutter und deren Schwester mit dem westlichen Nachbarn nur in Hass, Zank und Streit gelebt. Nach Aussagen der Schwiegermutter hat der Nachbar immer nur gefordert. Wenn sie seinen Forderungen nicht nachkam, wurde er falsch und hat die beiden Frauen schikaniert und denunziert.

Zwischen meiner Schwiegermutter, deren Schwester und meiner Gudrun gab es oft nur ein Thema und das war die seit Jahren herrschende Ungezogenheit und Garstigkeit des westlichen Nachbarn, der den drei Frauen das Blut ganz schön in Wallung brachte. Da habe ich mir gesagt: »Friedhelm, das muss aufhören, sonst macht der es in Zukunft mit dir genauso, diese Spielchen müssen der Vergangenheit angehören.«

Ich habe den Entschluss gefasst, ihm Parole zu bieten, um ihm zu zeigen, dass er keinen dummen Jungen vor sich hat. Das Schreiben musste also lustig, veräppelnd, veralbernd, nicht beleidigend, die nötige Würze haben, leicht verständlich, humorvoll, bildlich vorstellbar und zum Lachen sein.

Man kann so etwas nur schriftlich ausführen, da man bei einer Unterhaltung nur 10 bis 15 % von dem, was man kommuniziert behält, aber schriftlich sind es 100 %.

Da ich in meinem Beruf als Dipl. Ing. jeden Tag Schreiben verfasse, verfüge ich über eine hervorragende Normschrift und somit habe ich dem westlichen Nachbarn einige Zeilen mit folgenden Wortlaut geschrieben.

Vom Heilgenröder aus Elmcity (Elmshagen) im November 1988.

Betreff: Aufrichtiger, persönlicher Dank eines Hobbymaurers für die famosen Leistungen und den unverhofften, zauberhaften Bärendienst.

Ich freue mich Ihnen mitteilen zu können, dass der Bauantrag genehmigt wurde. Da Sie sich so rührend für unser Bauvorhaben mit all Ihrem Können und Wissen eingesetzt haben, erlaube ich mir Sie auch über den weiteren Ablauf zu informieren.

18 Jahre habe ich versucht, eine Aufstockung des vorderen Wohnhauses zu erreichen. »Wenn ich einmal tot bin, könnt ihr machen, was ihr wollt«, sagte immer meine Schwiegermutter. Ich hatte die ganze Sache schon abgeschrieben, denn wenn ich mal über 50 bin, vergeht mir auch die Lust.

Dank ihrer Parkerei, ihrer Fotografien von unserem Grundstück erhielt ich zunächst grünes Licht für den Bau einer Garage neben der Ihrigen. Dank Ihrer Mundpropaganda, der Schreiben vom Architekten, Rechtsanwalt, akustischer Sondereinlagen mit Polizeieinsatz, Ihres höhnischen Lachens, der Inszenierung mit anschließender Aussprache (Inspektion Elmshagen) und Ihrer herrlichen, ausdrucksvollen, ausgezeichneten und unübertroffenen Überzeugungskraft wurde ich zur Aufstockung unseres Wohnhauses praktisch gezwungen. Mir waren die Hände gebunden, obwohl mir der Termin in drei Jahren gelegener gekommen wäre.

Aber wer weiß, ob dann das jetzige »ja« meiner Schwiegermutter nicht wieder baden ging.

»Schmiede das Eisen, solange es heiß ist«, sagte ich mir.

Dank Ihres hervorragenden Einsatzes mit vorbildlich, exzellenter Hartnäckigkeit für unser Projekt, dank Ihrer zeitlichen Aufschübe, Ihrer Bedenkzeiten und Einsprüche, dank der Planungsunterlagen zum Regierungspräsidenten wurde uns sogar eine große Gaube genehmigt und so ganz nebenbei konnte ich meine Nord- und Ostseite in Elmcity noch halb verklinkern.

Einmal in den vergangenen 20 Jahren habe ich mich über Sie richtig geärgert. Sie haben vor mehreren Monaten unsere kleine vierjährige Tochter von Ihrem Anwesen weggejagt, als diese mit dem Sohn Ihres Mieters auf Ihrem Grundstück spielte. So etwas finde ich ungezogen und garstig von Ihnen. Was kann das Kind dafür, wenn Sie sich mit mir nicht vertragen können und zwischen uns zurzeit eine Meinungsverschiedenheit besteht.

Sollten Sie in Kürze ein Enkelchen besitzen durch Ihre Tochter, kann es ruhig zu uns herüber kommen, wir sind alle kinderlieb und jagen keine Kinder von unserem Grundstück.

Ich versuchte unserer Tochter zu erklären, wie man sich als Erwachsener mit Lebenserfahrung so gehen lassen und sich so daneben benehmen kann. Schade, dass Sie ihre Wut an dem Kind ausgelassen haben. »Verschwinde von meinem Grundstück« einem vierjährigen Kind zu sagen, ist doch nicht normal, oder irre ich mich. Ich kann mir auch nicht vorstellen, dass unsere Tochter Sie gereizt, bestohlen, gekränkt oder in irgendeiner Form verletzt oder beleidigt hat. Dafür hat sie viel zu viel Respekt und heute Angst vor Ihnen. Hier hat sie mal am eigenen Leib erfahren, dass es auch bösartige Menschen gibt. Diese Begebenheit wird sie so schnell nicht vergessen. Sie sollten das Buch »Ein Herz für Kinder« einmal lesen, dann könnten Sie sich in so eine Kinderseele hinein versetzen. An den Kindern Ihrer Tochter können Sie dann üben »Opa werden ist nicht schwer, Opa sein dagegen sehr.« Die Kinder werden es Ihnen entweder danken, oder links liegen lassen, so wie ich in Zukunft.

Ich habe unserer Tochter nicht verboten zu Ihnen hinüber zu gehen. Aber da habe ich keine Angst, bei diesem guten Lehrmeister von Ihnen, werden die kleinen Mitmenschen ihrer Tochter leicht lernen uns zu verachten. Da ich unsere Tochter sehr, sehr lieb habe und Sie als Erwachsener so etwas nie, nie wieder tun sollten, egal ob mit meinen oder anderen Kindern, werde ich Ihnen einen Denkzettel verpassen, dass bin ich meiner Familie schuldig. Ich werde den Garagenbau auf später verschieben.

Wenn unsere Tochter Ihr Grundstück nicht betreten darf, würde ich an Ihrer Stelle keine Autos mehr vor unserer Tür auf der Straße abstellen. Ich werde vergessen, dass ich ein feiner Mensch bin und meinen LKW-Pritschenwagen von Elmscity holen und bei Ihnen gegenparken, um die Parkzeit der letzten Jahre vor unserer Tür schnell bei Ihnen aufzuholen. Dann verzapfen wir etwas Quitschiquatsch gespickt mit echtem Qualitätsquatsch auf « Wischiwaschi « Basis. Als große Quatschmacher werden wir zunächst zur Volksbelustigung der Nachbarn trainieren, um später in der neuen Serie »Nachbarn vor Gericht« im Fernsehen auftreten zu können. Wenn die Stimmung dann ihren Höhepunkt erreicht hat, haue ich ab mit dem Auto bis nach Hoof und wandere durch den Langenberg nach Elmscity.

In dieser himmlischen Ruhe und herrlich sauberen Waldluft kann ich neue Kraft sammeln, um Sie mit neuen Späßen und ausgeklügelten Streichen für unseren nächsten Auftritt zu überraschen. Sie bleiben schön in der angespannten Atmosphäre und nerven Ihre Mitmenschen mit lebhaft, heißen Diskussionen. Nur die Nachbarn können nicht jedes Mal den Hoof kehren und fragen: »Na, hab`s euch denn wieder.« Nein, die müssen sich dann auch etwas anderes noch einfallen lassen, vor allem der Karle. In Elmscity habe ich echte Nachbarn. Da regt sich keiner darüber auf, wenn ich am Sonntagmorgen um 6 Uhr mauere oder klinkere. Das wäre hier undenkbar, nach 10 Minuten wäre die Polizei wieder auf der Matte.

Trotzdem für die Zukunft, legen Sie sich niemals mit einem Heiligenröder an, Sie ziehen den kürzeren, denn gegen uns Knilche, mit unseren gesunden Menschenverstand, glühend lebhaften Humor, einer gewissen Portion Witz und Bauernschläue, gepaart mit etwas Schlitzohrigkeit ist kein Kraut gewachsen. Sie fassen alle Probleme viel zu hitzköpfig und aufbrausend an, Sie müssen viel ruhiger werden. Betrachten Sie das Leben wie ich, nicht so politisch. Sehen Sie die ganze Sache mal mehr sexuell, man wirkt nicht mehr so verklemmt, lässt die Dinge langsam auf sich zukommen, steht über den Dingen und man wird ein vollkommen anderer Mensch. Mit 50 ist man ja noch aufbaufähig. Ich gebe die Hoffnung nicht auf, vielleicht werden Sie ja noch mal so, wie sie sein müssten in Ihrem Alter.

Nehmen Sie als Vorbild Ihre frühere Verlobte. Sie weiß genau wie ich, wie schwer es ist, Kinder zu bekommen. Wir waren nämlich nüchtern und beide dabei. Wir erkennen das Kind als eine Persönlichkeit an, bringen ihm die nötige Achtung entgegen, bewahren dabei den Anstand und beziehen es nicht in die Verantwortung Erwachsener.

Erst alles anzetteln, dann Brandstifter spielen, als Feuerwehrmann Feuer machen, dann die Kurve kratzen und sich aus dem Staube machen wollen. Ich war doch nur für die Parkerei und ihre zynische Lacherei zuständig. Ab und zu musste ich Sie zwar etwas bei Laune halten. Durch mein schlacksichtiges Auftreten habe ich Sie bewusst provoziert und auch manchmal zum Lachen animiert.

Sie sollen und dürfen auch mal lachen, wo Sie ja sonst nichts zu lachen haben, müssen aber aufpassen, dass Sie es nicht übertreiben. Ich möchte nicht schuld daran sein, wenn Sie nachher nur noch lachen und ein Fall für den Psychiater mit Klinikaufenthalt werden. Wenn die ältere Dame, also ihre Mutter, über mich lacht, das ist nicht so schlimm.

Viele ältere Menschen werden mit zunehmendem Alter kindisch und Kinder sollen von Natur aus ja viel lachen. Aber in Ihrem Alter schon so zu lachen, kann noch leicht in die Hose gehen.

Obwohl ich persönlich darüber nicht lachen könnte, wenn durch meine Parkerei eine solche Lawine ausgelöst und ich ins Rollen gebracht hätte. Die beiden Nachbarhäuser standen so erhaben da und wenn jetzt die Nr.9 durch Sie nachzieht, würde ich mich an Ihrer Stelle ärgern. Vielleicht versuchen Sie Schlawiner uns auch durch die Lacherei zu veräppeln, auf die falsche Fährte zu locken, hinters Licht zu führen und uns auf den Arm zu nehmen, indem wir nicht merken sollen, dass Sie sich maßlos ärgern. Mensch, seien Sie froh, dass Sie noch gesund und munter sind, regen Sie sich nicht über andere Leute auf, die sind nur neidisch und gehässig auf Sie und helfen tut Ihnen in der Not doch keiner. Aber Neid ist die beste Anerkennung.

Wer konnte denn schon ahnen, dass Sie diese Situation gleich voll ausnutzen und uns ganz nebenbei, durch Ihren unermüdlichen Einsatz noch mit Glanz und Gloria die Genehmigung zum Aufstocken servieren.

Es war so ein Durcheinander, wir einverstanden, Bauamt einverstanden, Sie nicht einverstanden, der andere Nachbar einverstanden, Anhörungsausschuss einverstanden, Regierungspräsident einverstanden, dann Sie doch einverstanden mit der Aufstockung, jetzt wieder nicht einverstanden mit der unterkellerten Garage. Was haben Sie gegen mich? Ich bin arbeitsam und selten in Elgershausen anzutreffen, was sich jetzt doch ändern wird. Dank meiner Familie habe ich doch so manches geschaffen und erreicht. Das soll mir erst einmal einer nachmachen, in Elmscity ein Haus ohne Schulden, allein in Eigenhilfe zu bauen.

Wenn jetzt auch noch mein 18 jähriger Wunschtraum und Ihr einjähriger Alptraum in Erfüllung geht und das Wohnhaus mit durch Sie auch noch voll zweigeschossig kommt, habe ich ausgesorgt und bleibe bis an mein Lebensende ein glücklicher Mensch. Sie gehören zu den ganz wenigen Menschen, die mit mir nicht auskommen. Deshalb brauchen Sie auf mich nicht sauer zu sein. Sie sollten erst einmal mit sich ins Reine kommen, um überhaupt zu wissen, was Sie eigentlich wollen, bevor Sie die Schuld nur bei den Anderen suchen. Die Freude über Ihr erstes Schreiben währte nur zwei Tage bis ich Ihnen geantwortet hatte. Ich sehe Sie heute noch vor mir, wie Sie an dem betreffenden Dienstag, vor Wut kochend, wie ein HB-Männchen auf der Straße mit anderen Nachbarn diskutiert. Vor lauter Ärger darüber fuhren sie monatelang das bei Ihnen zunächst abgestellte Auto Ihrer Tochter zu uns herüber. Ach war das schön! Nein, war das aufregend, wie Sie den Stein ins Rollen dann brachten. Durch die Resonanz der Dorfgespräche intensiviert geriet verstärkt das Blut meiner Mitmenschen in Wallung.

Dann habe ich Sie mit Ihren eigenen Waffen geschlagen, indem ich einzelne Passagen Ihres Schreibens vom Parken draußen unter der Laterne, vor dem großen Tor veröffentlichte. Diese Zeit war für mich gar nicht so einfach, ich musste nicht nur gegen ihren Zorn, sondern gegen die Meinung meiner beiden Regierungen ankämpfen.

Da ich ja ein großer Menschenfreund bin, konnten Sie sich noch so sehr anstrengen, Sie haben es auch im Countdown nicht geschafft einen Keil in unsere Familien zu treiben.

Ich werde das Bauvorhaben durchziehen. Versuchen Sie mir nicht schräg zu kommen oder mir Steine in den Weg zu legen. So etwas haben Sie als Kapazität doch gar nicht nötig. Also das muss hier einmal gesagt werden, denn kein Mensch hätte die von mir gestellte Aufgabe »Genehmigte, unterkellerte Garage mit Wohnhausaufstockung« besser lösen können. Sie haben Ihre Prüfung mit Auszeichnung und Bravour bestanden. Schreiben Sie sich eine 1 an. Sollte sich in dieser Richtung mir wieder mal ein Problem stellen, dann werde ich Sie wie gehabt, vor den Karren spannen und Sie werden ihn ziehen, wie in den vergangenen drei Jahren, ohne es zu merken.

Für Ihr Wohlbefinden wäre es nicht gerade ratsam, wo Sie über alles im Bilde sind durch zauberhafte, zynische Bemerkungen, die auf geistig niedrigen Niveau basieren, meinen primitiven, sympathischen Einmannbetrieb zu denunzieren und zu schikanieren. Sollten Sie jedoch einen Geistesblitz, kann ja mal vorkommen, haben und es Ihnen in den Fingern jucken sollte, zahle ich Ihnen in der Stunde 60 Minuten. Die Stunde für Frühstück und Mittag arbeiten wir durch, um so in den Genuss eines 25 Stundentages zu gelangen.

Es wäre nicht auszudenken, wenn die Befreiung tatsächlich verweigert worden wäre. Dann hätte ich mich mit der Behörde herum schlagen und ärgern müssen, wo ich schon keine Zeit, kein Interesse, Null-Bock und keine Meinung für solche Späße habe. Es wäre nur schmutzige Wäsche gewaschen worden, so war es für die Behörde auch einfacher, denn Sie brauchten nur überzeugt zu werden.

1. Das die Bauherrin und die Behörde ins gleiche Horn blasen und auf der gleichen Wellenlänge liegen.
2. Sie haben sich durch ihre Parkerei die Suppe eingebrockt und so müssen Sie sie auch auslöffeln.
3. Es wäre unhöflich von mir, mich in Dinge einzumischen, wovon ich wenig Ahnung habe, die mir nur meine Ruhe rauben und mich gar nichts angehen. Ohne Vollmacht der Bauherrin, so wie so in Frage gestellt und ich hätte Sie nur noch nervös gemacht. Mir ist es egal, ob ich in Elmscity oder in Elgershausen Höchstleistungen bringe, um als Mensch nicht einzurosten und körperlich und geistig fit zu bleiben.
4. Ich wäre außerdem vielleicht nur unangenehm aufgefallen und mein ganzes Image wäre beim Bauamt flöten gegangen. So konnte ich über Jahre hinaus meine reine Weste wahren. Der Mensch lebt im Schnitt 80 Jahre, was spielen da ein paar Wochen früher oder später mit der Genehmigung schon für eine Rolle. Durch mein geduldiges Warten und mein Entgegenkommen, konnte Ihre Tochter in aller Ruhe heiraten und ich mein Ansehen beim Bauamt noch verbessern.

Da Sie aber auf eine spiegelbildlich, unterkellerte Doppelgarage keinen Wert legten, weil sie angeblich über genug Kellerräume und Garagen verfügen und dann auch noch über Rechtsanwalt, der Feldner vorne mit V schreibt, obwohl von uns richtig geschrieben, ablehnten, ist das für mich zu verkraften. Nach dem Schreiben vom Regierungspräsidenten wollte man uns eine Vorabgenehmigung geben. Ich habe dankend abgelehnt, um einer weiteren Stillegung vorzubeugen oder eine Änderung der Zeichnung zu akzeptieren, denn erst durch Stempel und Unterschriften werden wir die Bauerei weiter fortsetzen. Die Vorabgenehmigung kam also überhaupt nicht in Frage, erst wenn alles durch ist, lass ich die Puppen tanzen. Der erste Pariser Tango Monsieur war Ihnen gewidmet.

Die folgenden werden wir mit »Einspruch Euer Ehren« und mit Zulassung der Öffentlichkeit tanzen.

Ich habe es auch nicht nötig, wie Sie uns bei Ihrem Garagenbau schriftlich darauf hinzuweisen, dass Einschal- und sonstige Arbeiten von Ihnen auf unserem Grundstück durchgeführt werden dürfen. Ich glaube aber nicht, dass ich Ihren Grund und Boden jemals betreten werde. Mit Ihnen ist nicht gut Kirschen essen, eine Latte möchte ich auch nicht ins Kreuz bekommen. Ich werde also erst einen Haken und dann einen großen Bogen schlagen, um Sie nicht zu reizen. Heute bin ich froh, dass zu dem von mir richtig gewählten Zeitpunkt alles so 100 % gerecht gekommen ist. Nach meiner Meinung hätte das Bauamt die Planungsunterlagen in der eingereichten Form, ohne die nachbarlichen Genehmigungen garnicht annehmen brauchen. Das Haus in seiner jetzigen alten Höhe belassen, vorne aufstocken, ohne unterkellerte Garage und ohne Gaube, hätte man uns ohne große Schwierigkeiten genehmigen müssen. Schade für Sie, aber gut für uns, dass der östliche, andere Nachbar schon nach der ersten Runde das Handtuch geworfen hat. Ich bin heilfroh, dass Sie nicht die Flinte ins Korn geworfen, sondern im Alleingang treu, brav und tapfer die restlichen Runden durchgestanden haben bis zum bitteren Ende. Sie kämpften gegen meine Bedingungen und nicht gegen die obige Version.

Als die vorgesetzte Behörde der Regierungspräsident also durch Sie uns grünes Licht für unseren Bauantrag gab, wäre es doch töricht schlafende Hunde zu wecken und einen Gegenentwurf einzubringen. Daher muss ich leider mit Respekt zugeben, Sie waren einsame Spitze und Klasse, ich hätte für unser Wohnhaus nie so viel herausholen können, wie Sie als Nachbar. Es macht nach außen hin auch mehr Eindruck, wenn man sagen kann: »Unser Bauantrag ist vom Regierungspräsidenten und ohne Einwilligung der Nachbarn genehmigt worden.«

Die noch anstehenden Umbauarbeiten bereiten jetzt doppelt so viel Spaß, wo die Genehmigung von oberster Stelle kommt. Aber bereiten Sie sich keine Sorgen. Sie haben alle Register gezogen, um unser Bauvorhaben in der jetzigen Form zu verhindern. War aber leider nur ein Schuss in den Ofen, der nach hinten losging. Ich hatte fest damit gerechnet, dass Sie vor dem Verwaltungsgericht gewinnen. Dann hätten wir vielleicht in 10 Jahren erst aufstocken können. Die Garage allein ohne Unterkellerung musste man uns genehmigen. Die östliche Einfahrt hätte ich irgendwann um 13 cm der des anderen Nachbarn angepasst, somit keine mittlere Höhe von 1,40 m und kein volles Geschoß mehr. 1000 DM neue Vermessungskosten hätte ich gern investiert, um auf diesem kleinen Umweg ohne Sie auszukommen. Unsere Zeichnung wäre Ihnen vorenthalten geblieben, die Behörden hätten dann aber keinen so netten Menschen wie Sie kennengelernt. Aber wenn die Behörden einmal etwas festgelegt haben, steht das, und zwar für immer in den Akten. Da etwas bei dem heutigen Beamtenapparat zu ändern, ist fast unmöglich. Wo sich bei Ihnen schon Schwierigkeiten zeigen, Kinder richtig zu behandeln, wird es sehr, sehr schwer, jetzt noch eine Änderung oder eine Stilllegung unseres Bauvorhabens zu erreichen. Ich zum Beispiel, verhalte mich so, als ob mich das gar nichts angeht, würde auch nie für andere die Kohlen aus dem Feuer holen, oder aus Zorn mich mit der Behörde anlegen, sondern mich stets bemühen, gut mit denen auszukommen. Versuchen Sie jetzt keine unsinnigen Racheakte zu schmieden. Das habe ich nämlich nicht verdient. Sie geraten sofort in Verdacht und was sollen da Ihre Mitmenschen denken. Als Nichteigentümer werde ich Kopien unseres Schriftverkehrs, diese Zeilen, meine persönliche Beantwortung Ihrer Schreiben und der Anfrage zur Doppelgarage den Besitzern, also meiner Schwiegermutter aushändigen. Ich muss ihr dann beibringen, dass es nicht mein Verdienst ist, sondern Sie die Genehmigung durchgeboxt haben. Da können Sie Gift darauf nehmen, es wird Freude aufkommen, man wird triumphieren.

Ich habe es nicht nötig, mich mit fremden Lorbeeren und Federn zu schmücken. Sie sollen wissen, was in der Vergangenheit gelaufen ist, was in Zukunft gespielt wird und wo der Wind jetzt her weht. Dadurch Sie das Bauamt erst nach einem Jahr so richtig in die Strümpfe kam, lässt sich so die lange Genehmigungszeit zum leichteren Verständnis besser begründen.

Ansonsten lasse ich eine Zettelwirtschaft aufleben, andere Menschen haben das Recht zu erfahren, was hier für zwei tolle Hechte wohnen. In der Hoffnung auf positives Verständnis werde ich dieses Schreiben auch mal unter der Laterne veröffentlichen. Die Schreiben von Rechtsanwälten werden folgen, um Sie auch mal mit meinen Waffen zu schlagen. So und nun mache ich bewusst den gleichen Fehler wie Sie, ich gehe auf die Straße und diskutiere, damit Sie auch mal merken, wie das ist, wenn andere Menschen über Sie reden.

Wenn sich das dann herum gesprochen hat, wird mancher Dorfbewohner sonntags einen Spaziergang zu uns absolvieren, um ständig auf dem neuesten Stand zu sein. Dann werden die genauso lachen, wie Sie es mit mir praktizierten. Nur mit dem kleinen Unterschied, dass hier durch Ihre Parkerei ein Bärendienst als Grund vorliegt. Die Dorfgespräche werden das Nötige dazu beitragen und diesmal ist ihr Image im Eimer. Falls Hopfen und Malz noch nicht verloren ist, werde ich eine evangelische Vertrauensperson einweihen, die dann behutsam versuchen wird, uns wieder ins rechte Licht zu rücken. Aber zunächst erst mal, den gleichen Fehler wie früher auf der Straße, wie ein HB-Männchen diskutieren und dann anschließend zum Rechtsanwalt. Falls die eine oder andere Pointe nicht verstanden wurde, werde ich diese vor Gericht noch mal erklären, dann hat der Richter auch noch was zu lachen. Die Verhandlung wirkt dadurch nicht so einseitig, sondern locker vom Hocker. Ich als alter Heiligenröder bin bereit gegen Sie anzutreten, um Ihnen zu zeigen, wo der Hammer hängt. Ich werde die 1000 DM gesparten Vermessungskosten opfern und auch einmal sämtliche Register ziehen, um Ihnen beizubringen mich und meine Familie samt Schwiegermutter und deren Schwester in Zukunft zu respektieren. Außerdem wird es kein schönes Spiel werden, Sie als

Dorfmannschaft der B-Klasse gegen uns Heiligenröder Profiakademiker der Bundesliga. Sie erhalten eine Packung, wo Sie ihr ganzes Leben dran denken werden. Besser man schließt sich ins stille Örtchen ein, schreit mal richtig, setzt sich dann in eine Ecke, verhält sich ruhig, wartet ab bis es einem wieder besser geht. Ich lachte heimlich, still und leise, wenn die Gemüter erregt waren mir einen ins Fäustchen, aber bei Ihnen mit Gebrüll, wie beim Fred Feuerstein mit jabadabadu und lauten Tarzanschrei müsste das auch funktionieren. Man muss es halt mal ausprobieren. Hinterher muss man sich fühlen wie neu geboren. Sollte das nicht der Fall sein, dann hilft nur noch eins und das wäre den Arzt mal zu wechseln.

Ihre Sprüche: »Stefan, wir fahren unsere Autos dahin, wo es uns paßt, ich gehe zum Rechtsanwalt, mach dass Du nach Elmshagen ziehst, damit wir unsere Ruhe haben«, können Sie sich in Zukunft auch sparen. Das Parken habe ich für die Zukunft geklärt. Mir gefällt es hier in der Erfurter Straße ganz gut. Ich habe Sie als Nachbar durchschaut, mich an Ihre beleidigende Art gewöhnt und weiß Sie zu nehmen in den nächsten 30 Jahren. Elmscity ist für mich so, als ob ein Urlauber in Österreich auf eine Alm wandert, um dem Alltagstrott zu entfliehen. Ziehe ich mit meiner Familie nach Elmscity, ist die tägliche Erholung, die innere Entspannung und der hohe Freizeitwert flöten. Da jetzt Arbeiten in Elgershausen anstehen, kann ich das herrliche Leben in Elmshagen ohne Gaffer, ohne Beobachter, ohne neugierige Zuschauer, ohne angezischt, ohne angefaucht, ohne angemeckert und ohne angepöbelt zu werden, noch über Jahre hinaus dort in Elmscity genießen. Durch meine Beobachtungen und nach Ihrem Verhalten zu urteilen meinen Sie zwar, Sie sind mir haushoch überlegen und ich kleine Fische und ein paar Nummern zu klein für Sie. Wissen Sie was, ich lasse Sie in dem Glauben, denn Sie sollen sich auch einmal freuen. In Wirklichkeit ist mein Interesse an Ihnen zurzeit genauso groß, oder damit zu vergleichen, als wenn in China irgendwo ein voller Sack Reis umfällt. Deshalb sich mit mir weiter anzulegen wäre sinnlos. Jetzt wird es wieder aufregend für Sie ein neues Streitobjekt muss her. In der Übergangszeit würde ich mich erst einmal mit der Fernsehansagerin streiten und zur Abwechslung am Herkules die Bäume zählen. Sollte mir das mit Zeit langweilig werden, dann würde ich versuchen, mit dem Stefan, dem Freund Ihrer Tochter, mich anzulegen. Über Jahre hinaus wäre Ihr nettes Hobby, sich über andere Menschen lustig zu machen, ja vielleicht sogar für den Rest des Lebens gerettet und hätten außerdem noch den großen Vorteil, es bleibt alles innerhalb der Familie.

Meine Vorgehensweise wäre wie folgt, erst Gehirn einschalten, dann den Radfahrer vorbei lassen, vorsichtig anfangen, Gehirn langsam auf Touren bringen, um erst nach ein paar Jahren des Streitens, den eigentlichen Höhepunkt anzusteuern, um so das blaue Wunder auch noch zu erleben und sich anschließend grün zu ärgern. Aber ich glaube, es ist schon genug Unheil angerichtet worden, Sie sind an dem Dilemma selbst schuld. Mir ist es auch völlig egal, denn einer muss doch schließlich schuld sein. Durch meine Aufmerksamkeit habe ich Sie oft genug gewarnt vor dem Malheur mit der Parkerei, aber auf mich hört ja keiner. Aber noch besser, versuchen Sie meinen Namen aus Ihrem Gedächtnis einfach zu streichen. Gewinnen Sie Abstand zu mir und tun Sie so, als ob ich Luft für Sie wäre. Wenn Sie meinen Rat in den Wind schlagen und nicht befolgen, werden Sie ohne mein Zutun noch manche schlaflose Nacht in den kommenden Jahren erleben.

Schade, dass ich jetzt nicht in Ihrer Haut stecke. Ich würde es vielleicht mit meiner besseren Hälfte schaffen, eine neue Versuchsreihe mit verwöhnenden Varianten zu starten, um durch niveauvolle, gefühlsbetonte, adäquate, unkonventionelle, lebenslustige, anlehnungsbedürftige, effektvoll glühend lebhafte, anpassungsfähige, einfühlsame, vortrefflich flexible, warmherzige, anschmiegsame, elegante, exzellente, solide intensive, sympatisch charmante, charakterfeste, harmonisch empfindsame, naturverbundene, romantisch unternehmungsfreudige, aber sexistisch sächsisch einwandfreie Wiederholungen, mich so von

Minute zu Minute auf andere Gedanken zu bringen und mich dadurch von Problemen anderer Menschen abzulenken. Aber, ohne Vorspiel, ohne Hemmungen, ohne Skrupel und ohne Licht, sonst Erfolg gleich Null. Anschließend gut lüften, denn bei diesen Verkehrsmief kann kein Mensch ruhig schlafen.

Sie werden sehen, bei sexuell einwandfrei absolviertem Programm, gibt es am nächsten Tag auch schönes Wetter. Nur wenn alle Menschen auf Regen warten, hoffe ich auf Ihr Verständnis, Ihre Einsicht und Ihre Rücksichtnahme, wenn es auch schwer fällt, kein schönes Wetter mehr zu machen. Aber bei Schlechtwetterlie, Schönwetterlie, wenn möglie mindestens einmal besser zweimal täglie.

Ich hoffe, dass der nächste Schriftverkehr auch etwas lebenslustiger und humorvoller, mit etwas mehr Witz, Spaß und Sex abgeht und nicht so förmlich und prüde, ernst und traurig, sonst können Sie Ihre Briefe in Zukunft behalten und hinter den Spiegel sich stecken. Machen Sie sich um mich also keine Sorgen, ich bin doch schließlich alt genug und kann für mich selber sorgen.

Außerdem sollten Sie wie ich mehr Amore mit der Frau machen, denn Amore ist das schönste was es gibt auf dieser Welt, es gibt für uns beide nichts Schöneres. Es wäre dann nicht zu Ihrer Parkerei vor anderer Leute Tür gekommen, Sie hätten nicht alles in Ihre Hand nehmen müssen, brauchten sich nicht mit der Behörde herumzuschlagen, die auf Trab zu bringen, sich nicht um alles zu kümmern denn dadurch lief mit uns alles automatisch seinen Gang, ohne dass ein Wortwechsel von mir mit denen stattgefunden hat. Ich brauchte nur souverän und dezent im Hintergrund zu verweilen, das Haus und die umliegenden Häuser aus allen Lagen für das Bauamt zu fotografieren, gegebenenfalls ein paar Beziehungen spielen zu lassen und aufzupassen, dass die einzelnen Bausteine zur Genehmigung richtig angeordnet wurden. Das Leben sollten Sie nicht so politisch betrachten, sondern mehr sexuell. Politisch sieht man alles so verklemmt, und sexuell, nicht so hektisch auf dem Ecktisch, lieber locker vom Hocker.

Durch den neu geschaffenen Wohnraum kommt später jung und alt für sich und wir brauchen nicht mit der dritten und vierten Generation in einer Familie zu wohnen. Ich hoffe nur die Ausführung unseres Wohnhauses gefällt Ihnen und entschädigt Sie etwas für den entgegen gebrachten Elan und die Anstrengungen Ihrerseits. Wenn mal alles fertig ist können Sie sagen: »Das ist mit mein Werk, ohne meinen hervorragenden Einsatz wäre das Haus nicht so wie heute.«

Man muß eben die Menschen manchmal zu Ihrem Glück zwingen. Das ist für mich aber das beste Beispiel dafür, dass es gar nicht so gut ist, wenn sich Nachbarn einig sind. Eine echte gepflegte Feindschaft ist mir lieber als eine gebrochene und geflickte Freundschaft. Wären wir uns wieder einig, wer soll mich dann so souverän in Zukunft bei der Behörde vertreten und dort die Laudatio halten. Einen Ersatzmann mit Ihren Fähigkeiten und neuerdings mit Behördenerfahrung ist nicht ganz einfach zu finden, oder meinen Sie vielleicht, ich als Heiligenröder sollte, wo mir in Elgershausen nichts gehört und in Elmscity noch nicht einmal der Bauantrag auf mich läuft, in Zukunft mich da einzumischen.

Wer soll dann auch so an mir interessiert, wie Sie neulich, als ich mit meiner Inspektion an meinen VW-Käfer beschäftigt war und Sie wieder mal einen losgelassen hatten: »Ist doch lächerlich was der da wieder macht.« Sie haben in Ihrem Auto nur einen kleinen schwarzen Kasten, den kann man nur mit viel Geld austauschen. Aber wenn man von Ventilen und Zündung einstellen, oder von Unterbrecherkontakten keine Ahnung hat, haben Sie vollkommen Recht, dass das lächerlich ist.

Die Zeit wird die von Ihnen aufgerissen Wunden heilen, es wird Gras über die Sache wachsen und wir werden stolz darauf sein, dass sich solch tolle Nachbarn ohne Verstand und ich ohne Besitz und ohne Ballast gefunden haben. Zum Ende der Show möchte ich mich persönlich recht herzlich bei Ihnen bedanken, dass Sie den Bauantrag so sauber unter Dach und Fach gebracht haben und somit eröffnen Sie mir ein neues Budget zur Geldanlage, sowie ein neues Betätigungsfeld für mein Hobby, das Bauen.

Wir können uns beide rühmen, dass Projekt bei bester Gesundheit aber zu meiner vollsten Zufriedenheit durchgeboxt und nun als erledigt betrachtet, ab zu den Akten. So und jetzt bin ich froh und stolz auf mich selber, dass ich endlich mal den Mut aufgebracht habe, Ihnen die Meinung zu stechen. Ich bin auch gern bereit, wie wir in Heiligenrode zu sagen pflegen, »Schnuddengeld« zu zahlen. Wenn ich als Heiligenröder, die Elgershäuser Schwiegermutter, deren Schwester und meine Frau über dieses Schreiben unterrichte, werden die mich motivieren weiter zu machen, um eine klare Linie für die Zukunft zu schaffen. Der Hauptanklagepunkt wird dann lauten: »Warum haben Sie unserem Enkelchen das angetan«? Über Kosten brauche ich mir dann keine grauen Haare wachsen zu lassen. Dann haben Sie nicht nur mich am Halse, sondern Schwiegermutter und deren Schwester auch noch. Man wird Ihnen die Leviten lesen und helfen schmutzige Wäsche der letzten 25 Jahre zu waschen. Da würde ich mich an Ihrer Stelle warm anziehen, denn Blackout zieht nicht als Begründung, da die beiden Kinder seit Jahren, je nach dem einmal bei Ihnen oder hier bei uns zusammen spielten. Unsern Grenzdrahtzaun abmontiert, ohne zu fragen bei ihrem Garagenbau, Rasen und Rosenbeete zertrampelt und Einschalungsarbeiten, wie Sie an unserer Steinmauer durchgeführt haben, hat unsere Tochter bei Ihnen doch auch nicht? Wir hätten einen Grund gehabt, aber Sie hatten keinen. Daher werden wir mit Vergnügen Ihnen Paroli bieten, um für klare Verhältnisse zu sorgen.

Ich als verantwortlicher Diplom-Ingenieur für Hydraulik, Pneumatik und elektro-mechanische Steuerungen beim Daimler zuständig, tätige Auftragsumfänge von zigtausenden von DM in der BRD, Schweiz und zeitweise USA. Jeder Tag ist eine Herausforderung für mich. Hoffentlich werde ich von Ihnen auch bald mal gefordert. Ich kann Sie ja verstehen, dass Sie sich mir mitteilen und auf sich aufmerksam machen wollen, wie neulich beim Graben des Gemüselandes. Nur durch lachen, zischen, fauchen wie ein betagter Kater und zynische Bemerkungen können Sie keinen Hund hinterm Ofen vorlocken, da müssen Sie schon schwereres Geschütz auffahren, um die Kuh vom Eis zu holen und um mich aus der Reserve zu locken. Ich hoffe jetzt sind beide Parteien mit mir zu frieden. Den Eigentümern habe ich durch meinen finanziellen und körperlichen Einsatz zur Genehmigung des Bauantrages verholfen. Ihnen habe ich als Ausgleich für Ihre Bemühungen dieses Schreiben ohne Mitwisser verfasst. Weiterhin hoffe ich, Sie wissen meine Ratschläge, Offenbarungen und meine Vorgehensweise zu würdigen und anzuerkennen. Ich finde es hochanständig von mir und Sie könnten mir dankbar sein, dass ich mit offenen Karten spielte, sonst wären Sie voll ins offene Messer gelaufen.

Ich besitze etwas, was Sie nicht haben, nämlich Lebenslustigkeit und die Schöne Aussicht 34 in Elmscity, wo sich im Kreise von lauter Rentnern, die sehr wachsam sind, mein Nervenkostüm jederzeit mit Zerstreuung erholen kann, Ihr etwas dickfälliger, aber trotzdem ruhiger Vertreter mit Nerven wie Drahtseiler, spezieller Feind und Hobbymaurer aus Heiligenrode und Elmscity.

Danke, danke, oder meinen Sie jetzt nach der Genehmigung sei ich an der Reihe, der für Stimmung sorgt, für uns Zweie. Ich werde mich besser dann verstecken, hinterm Haus, Garagen, Laube oder Hecken, um Sie mit fauchen, wie ein betagter Kater zu wecken, oder noch besser mit kuckuck, blöken, meckern, bellen und wiehern Sie zu erschrecken, dann werden Sie noch einmal erleben, wie das ist, wenn wir von Ihnen angezischt. Deshalb sehen Sie sich vor, ich bin nämlich ganz Ohr und werde beim geringsten Anlass, vielleicht durch lachen zum Überlaufen bringen das Faß. Dann genieße ich Ihr lustiges Hobby, nur mit einer abgewandelten Lobby. Das ist zwar nicht das Wahre, aber so kann es gehen die nächsten Jahre, bis man einen von uns trägt auf der Bahre. Ach wird das wieder aufregend, in dieser schönen Gegend, hab zwar nicht viel gemacht, trotzdem lustig den Tag verbracht und morgen geht es in gleicher Weise wieder an dieselbe Arbeit. Nein wird das schön, in die lachenden Gesichter zu sehen, so nun Schluss für heute, meine lieben Leute. Vom Heiligenröder Friedhelm Umbach aus Elmcity«

Morgens vor meiner Arbeit habe ich diesen Brief mit einem Absender aus einem Brief von der Schweiz in A4 Format in seinen Briefkasten geworfen, damit er das Schreiben auch öffnete.

Drei Wochen später lag das Schreiben in einem neuen A4 Umschlag morgens in unserem Briefkasten, wo es von meiner Frau dann geöffnet und gelesen wurde.

Daraufhin habe ich dann noch ein Deckblatt zu meinem ersten Schreiben vom 26.11.1988 verfasst mit folgenden Zeilen.

»Deckblatt zum Schreiben vom 26.11.1988.

Mensch, da bin ich aber platt und echt enttäuscht, dass darf doch nicht wahr sein, dass ist der absolute Höhepunkt, in den letzten Jahren solch großes Interesse an mir und jetzt so was, nein, nein und nochmals nein. Es ist zum aus der Haut fahren. Das ist wohl der Dank dafür, wenn ich mich schon mal bereit erkläre Ihnen auch mal zu schreiben, um Ihnen meinen Dank auszusprechen, wo wir doch sonst nicht korrespondieren, dass Sie mich durch Ihre Annahmeverweigerung, bei meiner Frau in ein schlechtes Licht stellen und mich voll auflaufen lassen und in die Pfanne hauen, wo sie doch damit gar nichts zu tun hat.

Die hat den Brief sofort geöffnet, mich aus einem Meeting mit 15 Kollegen über Projekte in der Firma heraus holen lassen, weil meine Frau von der Existenz dieses Schreibens nichts wusste, da ich es allein in Elmcity verfasst habe, ohne irgend jemanden darüber zu informieren.

Was ich mir da alles anhören musste, sie hat mich am Telefon zur Schnecke gemacht. Sie konnten das Original doch behalten und sollten Sie noch welche brauchen für Ihren Rechtsanwalt, oder Ihre Verwandtschaft lasse ich Ihnen noch ein paar Kopien unentgeldlich zukommen. Man sollte von seinem hohen Ross herunter kommen, nicht immer nur an sich denken, sachlich bleiben, nicht immer gleich wie ein HB-Männchen unter die Decke gehen, oder mit dem Kopf durch die Wand.

Bisher waren Sie doch der King und konnten sich mit den Frauen hier im Haus alles erlauben. Ich der Knilch aus Heiligenrode, den Sie oft ausgelacht haben, aber vielleicht können Sie mein Schreiben als Beweismaterial gegen mich noch einmal gebrauchen. Deshalb bringe ich es Ihrer Kapazität noch mal vorbei, aber nicht vor lauter Wut einfach zurück bringen, oder über den Zaun werfen, sonst beginnt das Spielchen wieder von vorn. Lesen Sie sich alles Scheibchenweise in Ruhe ganz langsam durch, ab und zu würde ich mal kräftig lachen, aber nehmen Sie es sich bitte nicht zu sehr zu Herzen.

Oder meinen Sie, dass es Schade wäre, wo wir jetzt so richtig in Fahrt und Übung gekommen sind, sollten wir weiter kämpfen, damit ich Heiligenröder auch mal zum Zuge komme.

Ich führe nämlich noch drei dicke Trümpfe im Ärmel, um für die Fakten auch die Beweise anzutreten und zu gegebener Zeit, die auch auszuspielen.

Versetzen Sie sich doch mal in meine Lage, jetzt wo es mit Ihnen mir so richtig Spaß macht, darf ich nicht mehr kämpfen und noch dazu, wo die Genehmigung durch ist und ich darauf keine Rücksicht mehr zu nehmen brauche. Wir könnten in den nächsten 20 Jahren unsere Feindschaft noch vertiefen und zur Freude der Nachbarn Krieg spielen. Wie Sie sich auch entscheiden, ich werde mich Ihnen anpassen.

Trotzdem Ihnen und Ihrer Familie noch frohe Weihnachten und einen guten Rutsch in das Jahr 1989.«

Acht Tage später bekamen wir Post vom Landkreis Kassel Ortsgericht Schauenburg, am 17.12.1988 geöffnet und gelesen, Ihr Nachbar verweigert die Annahme.

Das Ganze war mit drei Stempeln des Landkreises Kassel Ortsgericht Schauenburg abgestempelt. In der Mitte der drei kreisrunden Stempel war der Hessenlöwe unterschrieben vom Ortsrichter. Jetzt wusste ich, dass der Ortsrichter mit dem Nachbarn das Schreiben durchgesprochen und Ihn zur Aufgabe der Schikanen gegen uns gezwungen hat. Ab sofort wurden seine Autos nicht mehr bei uns auf der Straße geparkt und wir wurden auch nicht mehr angepöbelt. Wenn er jemanden von uns im Garten gesehen hat, hat er unter sich, oder in eine ganz andere Richtung gesehen und seinen Garten verlassen. Ob er sich wohl geschämt hat?

20 Jahre seine Beleidigungen und jetzt den braven Nachbarn spielen, das muss ihm sehr schwer gefallen sein. Das Ende vom Lied war, dass sein Schwiegersohn und sein Mieter das Weite gesucht haben. Die Schwiegermutter hat es auch gemerkt: »Kein Auto mehr vor unserer Tür, keine blöden Sprüche mehr und wenn er mich sieht haut er ab.«»Wie kommt das?« hat sie meine Frau gefragt: »Friedhelm hat ihm einen Brief geschrieben und der Ortsrichter hat ihn zusammengestaucht. Für uns begann ein neuer Lebensabschnitt, wir konnten jetzt die himmlische Ruhe in den kommenden Jahren genießen. Es machte wieder Spaß ohne Zuschauer zu bauen und im Gemüsegarten zu arbeiten, weil er sofort das Weite suchte. Vielleicht hat ihm auch seine bessere Hälfte die Leviten gelesen und ihn durch mein Schreiben unter Druck gesetzt. Ich hatte zwar manchmal ein mulmiges Gefühl, aber im Nachhinein bin ich froh, dass alles so gut über die Bühne ging.

Am Bau in Elgershausen wurden die Dach- und Gaubenfenster eingebaut, im Norden die restlichen Dachsparren entfernt, die Stürze betoniert, und die Zwischenwände gemauert. Die ausgebauten Sparren vom alten Dach wurden von mir in die Dachbodendecke als Verstärkung mit eingebaut, um 200 kg Deckenbelastung pro m² zu erreichen. Die Heizungsrohrisolierung und die Fußbodenisolierung wurden von meiner Frau und mir eingebaut. Die genehmigte Garage in Elgershausen wollte ich für das Auto meines Schwiegersohnes bauen. Da dieser aber nicht gewillt war zu helfen und sagte: »Wenn ich hier arbeiten soll, kann ich auch ausziehen.« Da er kein Interesse zeigte, gab es eben keine Garage.

Ich habe mich dann auf den Bau der neuen Garage in Elmshagen konzentriert.

Beim Anhörungsausschuss vom Bauamt in 1980 wurde nur schriftlich vereinbart, dass unsere Garage 25 cm nach vorne, also bündig mit der vom nördlichen Nachbarn sein sollte. Da die Zeichnungsmaße nicht verändert wurden, bat ich die Architektin um Klärung mit dem Bauamt. Ein Baggerunternehmen aus Hoof hat die Baugrube ausgebaggert. Da ein Keller unter der Garage geplant war, mussten wir tiefer als die Fundamente des Nachbarn baggern. In einem Abstand von 50 cm von der Grenze wurde nicht ausgehoben, als Sicherheit, damit keine Setzerscheinungen der Nachbargarage auftreten konnten. Drei Tage später stand der Nachbar mit seiner Frau auf der Matte und schrie mich an: »Herr Umbach, wenn sich unsere Garage setzt oder sich Risse im Mauerwerk bilden, geht ihr Häuschen drauf.« Ich antwortete: »Wir besitzen noch ein Haus in Elgershausen, das gebe ich Ihnen noch dazu, damit sie endlich einmal ihren Schlund voll kriegen. Nur einen Leichenwagen mit Anhänger gibt es noch nicht, wo man ihnen die zwei Häuser drauf packt.« Es erfolgte durch den Nachbarn und Bauamt die zweite Stilllegung, mit der Ausnahme, die Stützmauer zu der Nachbargarage fertig zu stellen.

Da die Garagenzeichnung schon 13 Jahre alt war, wurde vom Bauamt eine neue Zeichnung verlangt. Man versprach uns eine schnelle Bearbeitung der neu einzureichenden Planungsunterlagen. Meine Frau hat mit der Architektin die Garage zwei Meter länger und einen halben Meter höher eingereicht. Zum Bau der Stützmauer habe ich dann immer zwei Meter Länge bis an seine Fundamente ausgeschachtet, bewehrt mit Baustahlmatten, dann mit Schaltafeln eingeschalt und 80 cm hoch betoniert. Zwei Tage später wurde ausgeschalt, mit Bitumen das gegossene Wandstück gestrichen. Ein 10 cm Drainagerohr eingelegt und Filterplatten an die gestrichene Wand platziert. Zwischen Filtersteine und Erdreich stapelte ich gesäuberte Feld- und Basaltsteine vom Aushub, damit das Grundwasser besser abfließen und sich kein Wasserstau bilden kann. Danach wurden die nächsten 80 cm auf dieses Mauerstück eingeschalt, bewehrt und betoniert. Danach dann der Rest bis 20 cm über Gelände betoniert. Zwei Meter der Stützmauer waren jetzt fertig betoniert und mit Filterplatten, Feld- und Basaltsteinen verfüllt, wobei alle 60 cm in der Höhe eine 20 cm hohe Betonschicht zur Abstützung des Erdreiches zum Nachbarn hin zusätzlich mit Drainagerohr gegossen wurde.

Im gleichen Verfahren wie dieses fertiggestellte Teilstück der Stützmauer wurde noch fünf Mal etappenweise verfahren, bis die volle Garagenlänge plus Stützwand und die später zu bauende Kellertreppe erreicht war.

Inzwischen hatten wir die genehmigte Garagenzeichnung vorliegen und somit gab es keinen Leerlauf. Durch die geänderten Zeichnungsmaße wurde ich gezwungen, die restlichen Fundamente, sowie die Bodenplatte tiefer und zwei Meter länger von Hand mit Brecheisen, Kreuzhacke, Schaufel und Schubkarren auszuschachten, bevor die Abfluss- und Drainagerohre verlegt werden konnten.

Dann wurden 30 cm Packlager mit Drainagekies mit dem Schubkarren unter die noch zu gießende Bodenplatte eingefahren, eingeschalt und mit dem Betonmischfahrzeug und einem fünf Meter langen Rohr der Beton für die Bodenplatte gegossen, den meine Frau geglättet hat. Die Unterkellerung der Garage wurde dann bis zur Garagendecke mit Gittersteinen nach Zeichnung von mir gemauert. Um die Gittersteine kam außen eine Betonwanne mit Bewehrung zur Auflage der Klinker. Für die Stützmauer, Treppenaufgang und Betonwanne verarbeitete ich 10 m³ Beton, der mit der Mischmaschine gemischt wurde. Die Betonwanne mit Bitumen isoliert, Filterplatten davor gestellt und der

Arbeitsraum mit gesäuberten Feld-, Basaltsteinen und Drainagekies bis Geländehöhe verfüllt. Dabei haben wir 9,5 m³ Drainagekies für Hinterlüftung der Stützmauer und der Bodenwanne verarbeitet, bevor die Garagendecke eingeschalt, bewehrt mit Baustahlmatten und mit Beton vergossen wurde.

Als dann die Garagenaußenwände nach Zeichnung mit Gittersteinen von mir gemauert waren und die Dachkonstruktion auch fertig war, kam der nördliche Nachbar und war verärgert darüber, dass der Herr Poppenhäger, der Leiter vom Bauamt, ihm versprochen hat: »Die Garage von uns endet in der Höhe 50 cm niedriger als seine und wird auch genauso lang.« Ich habe ihm im ruhigen Ton geantwortet: »Da haben Sie recht nach der alten Zeichnung. Da Sie aber das Bauamt mit ihrer Frau aufgesucht haben und mein Bau durch sie stillgelegt wurde, verlangte das Bauamt eine neue Zeichnung, da die alte verworfen wurde. Die neue Zeichnung beinhaltete 2 Meter länger und 50 cm höher. Wären sie und ihre Frau mit ihrem Hintern zu Hause geblieben, hätten wir nach der alten Zeichnung gebaut, denn meine Architektin hatte vom Bauamt die Genehmigung sich hierfür eingeholt. Deshalb haben sie sich die Suppe mit der verlängerten Garage selbst eingebrockt und nun müssen sie sie auch selbst auslöffeln. Obwohl ich sie gewarnt hatte: ‚Legen Sie sich nicht mit meiner Frau an, sie ziehen den Kürzeren!‹ Aber auf mich hört ja keiner. Sie müssen leider die Schuld bei sich selber suchen, denn ich bin hier nur der Kalfakter und meine Frau die Bauherrin.« Von nun an hat er nie mehr ein Wort über die Garage verloren.

Zwischendurch hab ich in Elgershausen den Dachboden mit Brettern verschraubt, die Dachverkleidung über dem Balkon angebracht und den Dachboden isoliert. Danach verklinkerte ich in Elmshagen den Dachbalkon und die unterkellerte Garage.

Wenn meine Frau und ich mal zum Geburtstag meiner Mutter eingeladen waren, hat nur immer einer geredet und das war meine Schwester, die dann nur geprahlt hat über ihre Familie. Stellte ich meinem Schwager, Sohn oder Schwiegertochter mal eine Frage, dann hat sie sofort geantwortet, bevor von denen einer etwas sagen konnte. Da waren die drei gleich darüber informiert, wie sie sich in einem solchen Falle verhalten mussten. Meine Schwester führte das Regiment und alle anderen hatten sich unterzuordnen und zu spuren, und zwar ohne Widerrede. Sie war arrogant, rechthaberisch, beleidigend, geldgierig und aufbrausend.

Im VW-Werk konnte jeder Werksangehörige im Jahr ein Auto kaufen. Mein Schwager und sein Sohn hatten aber schon Autos gekauft. Da besorgte ein Freund von ihrem Sohn ihr ein Auto, um so an den Werksrabatt zu kommen. Als Dank gab es einmal Bettwäsche. Als ich sie einmal darauf hingewiesen habe, dass ihr Sohn durch mich die Prüfung bei VW bestanden hatte, obwohl er die Fragen nicht kannte, schrie sie mich an: »Noch ein Wort, dann schmeiße ich dir diesen Teller für 50 DM an den Kopf.«

Sie wusste, dass sie an den fünfen ihres Sohnes in Mathematik nicht ganz unschuldig war und daraufhin wollte sie mich in der Zeitung, der HNA, verleumden. Ihr Sohn hatte vor seiner jetzigen Frau eine zauberhafte Freundin, die er nicht heiraten durfte, weil seine Mutter das so wollte. Diese Dame durfte aber bei der Hochzeit die Tische dekorieren. Meine Mutter hat mit der Mutter meines Schwagers über Jahre kein Wort gewechselt. Meine Schwester und meine Mutter konnten es nicht ertragen kritisiert zu werden. Schon als Kind wurde ich gezwungen auf meine Schwester aufzupassen und ihr bei den Hausaufgaben zu helfen. Bei Verweigerung wurde ich von meinem Vater geschlagen. Später durfte sie ihr verdientes Geld alles behalten und hat bis sie mit ihrer Familie nach Uschlag gezogen ist, umsonst im Haushalt meiner Mutter gelebt. Da sie arbeiten ging, hat meine Mutter ihren Sohn großgezogen.

Da das Schreiben zum Nachbarn so eine von mir unerwartete Resonanz gezeigt hatte, habe ich mich entschlossen, meiner Mutter und meiner Schwester ohne Mitwisser einen Brief über das Vergangene zu schreiben.

Beschwerdeschreiben an meine Mutter und meine Schwester

Elmshagen, den 10.04.1997, zu Händen meiner Schwester und meiner Mutter.

Meine Schwester hat am Osterdienstag meine Frau angerufen und damit gedroht, meine Familie durch die Zeitung zu beleidigen. In den letzten Jahren herrschte nicht immer Ruhe und Frieden.

Es fing damit an, ich brauche euch nicht mehr, ich habe jetzt meine Leute. Da hat mich die Vergangenheit wieder eingeholt. Nicht einmal hast du ihm den Hintern abgeputzt, schmeiße dir gleich für 50 DM einen Teller an den Kopf und jetzt wird gedroht mit der Zeitung. Was wird als nächstes kommen. Eine persönliche Aussprache wird von meiner Schwester abgelehnt. Ich habe nur drei Menschen in meinen Leben auf die ich mich verlassen kann, meine Frau und unsere beiden Töchter. Ich lasse es nicht zu, einen Keil in unsere Familie zu treiben. Von der Existenz dieses Schreibens wissen nur wir drei, also unsere Mutter und du als meine Schwester.

Ich sollte Dich vorab erst einmal nicht mehr besuchen und auch andere beleidigende Dinge sind von meiner Schwester gesagt worden. Um in Zukunft so etwas auszuschließen, kannst Du vielleicht, die eine oder andere Begebenheit meiner Schwester bestätigen. Ältere Menschen können sich an Dinge die 30 Jahre zurückliegen, besser erinnern, als an das was sie gerade machen wollten. Ich habe nichts gegen meine Schwester und deshalb muss sie auch wissen, auf was sie sich da einlässt, wenn es um meine Familie geht.

Zu dem Zweck fange ich mit den Erlebnissen in meiner Kindheit an, denn von da an habe ich ihr manch Negatives zu verdanken. Eine solche Behandlung, wie meine Schwester sie ausübt, habe ich nicht verdient. Als ich noch Kind war, haben wir das alte Lehmhaus in der Dorfstr. 21 in Heiligenrode geerbt. Mein Vater verdiente 67 Pfennig in der Stunde, musste aber 5000 DM aufbringen, um Deinen Bruder auszuzahlen, die anderen Kinder wurden erblos gemacht.

Das waren fünf Jahre seines Lohnes. Wir entfernten den Staketenzaun um unser Grundstück. Wir stellten mit Hilfe des Nachbarn das Obergeschoß auf Baumstämme, die Lehmgefächer, Lehmdecken und die Balken wurden herausgeschlagen, sowie den Keller tiefer ausgeschachtet. Der Bauer Fieberling brachte am Samstagmorgen den Wagen.

Zwei Stück mit Bruchsteinen, Erde und Lehm wurden am Tag aufgeladen und am alten Bad von Hand mit der Schaufel wieder abgeladen. Der Graben für den neuen Zaun wurde von Hand ausgeschachtet. Der Beton selbst mit Rechen, Schaufel, Kies und Zement erst drei Mal hin und her und dann noch mal mit der Gießkanne zu Beton gemischt.

Hier hat uns der Clemens Johann manchmal geholfen. Der Nachbar Heinz Heere hat ihm sein Fahrrad in den Birnbaum gehängt, während des mittags und wir haben danach eine halbe Stunde das Fahrrad gesucht. Du bekamst nur Wirtschaftsgeld in jeder Woche. Das hat nie gereicht und deshalb hast Du uns die Anziehsachen selbst genäht, oder ich habe von Goldmanns Herbert die geschenkten Sachen aufgetragen.

Reichte das nicht, ging es ab nach Windhausen oder Ellenbach Erbsen pflücken.

Ich kam dann in die Lehre und geschlachtet haben wir zwei Schweine im Jahr.

Die Wurst kam in mein Zimmer und jahrelang habe ich den Gestank des Gärungsgeruchs ertragen müssen. Ich hatte ausgelernt, wir hatten 6000 DM aufgenommen und deinem Bruder war das Restvermögen noch auszubezahlen, der Herr Döring war als Maurer zu bezahlen und das Baumaterial zu kaufen. Mein Vater ging seinem Sport abends zweimal in der Woche nach und da wurde oft einer getrunken, so dass mit einem Verdiener das nicht mehr zu schaffen war.

Es wurde beschlossen, dass mit meinem Lohn als Geselle der Haushalt mit geführt wurde.

Drei Jahre habe ich als Geselle gearbeitet und ging dann zur Ingenieurschule nach Paderborn.

Jetzt gab es von mir kein Geld mehr. Ich bekam aber nach dem Honeffer Modell den Höchstsatz zum Studium. Essen konnte ich in der Mensa. Benzingeld gab es von zwei Mitfahrern bis Peckelsheim. In den Semesterferien habe ich stets voll gearbeitet und mir 1500 DM zusammengespart, falls ich ein Semester wiederholen sollte. Von meinem Sparbuch war dann mal eine Rechnung bezahlt worden. Ich habe mein Sparbuch mit nach Paderborn genommen und mir ein Kennwort eintragen lassen. Ich war mit der Schule fertig, musste ich meinem Vater am Bau wieder helfen. Wir haben den neuen Schmutzwasser-Hausanschluss verlegt. Ich durfte mit meinen Kumpels nicht weg. Diesen Abend bin ich allein nach Elgershausen gefahren und habe im Kettelclub die Gudrun kennen gelernt.

Gudrun wollte auch mal meine Familie kennen lernen. Sonntagmittag habe ich dann gesagt: »Ich habe eine Freundin und die möchte Euch einmal kennen lernen.« Mein Vater konnte sich nicht vorstellen, dass ein Mädchen an mir Gefallen finden könnte mit meinen roten Haaren und Pickel im Gesicht. Vielleicht hat es auch rote Haare, einen Buckel, schielt, oder zieht das Bein nach, wurde dann noch bemerkt. Als ich Gudrun dann mitbrachte, war man über ihr Aussehen wie Liz Taylor, die tolle Figur, das einzige Kind mit eigenem neuen Haus echt überrascht. An diesem Abend habe ich 20 DM verlangt von meiner Mutter und wir sind nach Oberkaufungen zum Tanzen gefahren. Am nächsten Sonntag fragte mich Gudrun ob ich in der AEG kein Geld verdiente. Ich antwortete: »Seit ich in der Lehre bin, muss ich mein ganzes Geld alles abgeben.« Gudrun war darüber erstaunt und sagte: »Aha, jetzt weiß ich auch, warum du immer mit dem gleichen, braunen Anzug kommst.« »Ja, ich habe nur den einen und den ziehe ich auch nur nach Elgershausen an «, habe ich Gudrun geantwortet.

Ein paar Wochen später wollte die Mutter von Gudrun auch einmal Heiligenrode kennen lernen. Ich bin mit Gudrun spazieren gegangen und die Mutter ist bei meinen Eltern geblieben.

Wahrscheinlich hat er mir ein solches Mädchen nicht gegönnt. Am nächsten Sonntag hat meine Freundin zu mir gesagt: »Meine Mutter hat etwas gegen unsere Verbindung«. Ich fragte: »Warum, was habe ich Deiner Mutter getan«? Gudrun antwortete: »Nichts, nur Dein Vater hat dich bei ihr schlecht gemacht und ich sollte die Finger von seinem Sohn lassen.« Daraufhin habe ich den Inhalt des großen Witt-Kartons, gefüllt mit Schreiben von Rechtsanwälten, Ortsrichter und Amtsgericht in zwei leere Kartons geschüttet, den leeren Karton wieder auf den Kleiderschrank gestellt und die beiden vollen Kartons mit nach Elgershausen genommen.

Je mehr die zukünftige Schwiegermutter in den interessanten Unterlagen gestöbert hat, desto zutraulicher wurde die Frau. Sie hat nämlich gemerkt, dass er mir Gudrun nicht gönnte.

Als Dank fuhren wir mit dem Auto viele hessische Staatsbäder an. Sonntags um 10 Uhr fuhren wir los, 12 Uhr Kurpark, 15 Uhr Kaffee und Kuchen im Kurhotel.

Die Schwester der Schwiegermutter wollte eine Garage. Ich war mit der Ausführung der Garagendecke nicht einverstanden. Von jetzt an gab es Streit. Als man dann anfing zu schlagen, den Schlafanzug zu zerreißen, die Scheibe der Vorgangstür zu zerschlagen und Nachtspinde zu zertrümmern, habe ich zu Gudrun gesagt: »Wir müssen uns etwas Eigenes schaffen, sonst geht es uns noch so wie in Heiligenrode, unser Geld geht für Rechtsanwalt, Orts- und Amtsgerichte drauf.« Die Oma von mir bekam einen Armenschein und hier gibt es dann auch einen Armenschein.

Wir hatten erst einen Bauplatz in Elgershausen, da war die Autobahn, in Hoof, da war Nordhang, in Breitenbach in der Mozartstraße, da hatte der Nachbar seine Garageneinfahrt zwei Meter über Straßenniveau und in Martinshagen hatten schon zehn andere abgesagt.

Unsere Tochter Sylvia hatte die Masern. Es ging ihr etwas besser und da wollte sie einmal Auto fahren. Gut, fahren wir einmal nach Hoof zur Gemeindeverwaltung zum Herrn Grasnickel vom Bauamt, dieser sagte: »Herr Umbach, gut dass sie kommen. Vor 10 Minuten war ein Herr Teudesmann hier, der möchte seinen Bauplatz in Elmshagen zurückgeben, weil seine Frau in drei Jahren drei Kinder bekommen hat.«

Wenn Sie mir ihre Personalien und die Ihrer Frau geben, rufe ich jetzt den Dr. Ochs in Kassel an und vereinbare einen Termin, so kommt der Bauplatz nicht in den Pool der Verlosung. Am kommenden Dienstag um 10 Uhr fand die Übergabe statt. Der Rechtsanwalt hat den Vertrag den Anwesenden vorgelesen und wir sollten innerhalb sechs Wochen 36.000 DM bezahlen. Da habe ich um Aufschub gebeten bis zu einem Jahr. Ich möchte die Zeichnung anfertigen lassen und bis die Genehmigung kommt, das dauert auch ein dreiviertel Jahr.

Am nächsten Tag bin ich nach der Arbeit, mit dem Fahrrad nach Heiligenrode. Ich überlegte mir: »Ein Arbeiter verdient gegenüber früher den 20-fachen Stundenlohn, das sind bei 67 Pfennig heute etwa 13 DM und bei 5000 DM zu heute 100.000 DM, jahrelang mein Geld abgegeben, meinem Vater ständig geholfen am Bau, das Haus ist heute massiv und kein Lehmhaus mehr. Der Bauplatz, die 36000 DM für Elmshagen, müsste mindestens dabei heraus springen.

Ihr bräuchtet mir das Geld ja nur vorzuschießen und es könnte später mit dem Vermögen verrechnet werden. Gegen 19 Uhr war ich in Heiligenrode. Niemand zu Hause, auf dem Möncheberg auch keiner, aber auf dem Grabeland habe ich Euch dann angetroffen, und sagte: »Ich habe einen Bauplatz in Elmshagen gekauft und benötige dringend Geld.« Da sagte mein Vater: »Wir haben für dich kein Geld und von uns kannst du auch keines erwarten.« Um 22 Uhr nachts war ich mit dem Fahrrad wieder in Elgershausen ohne etwas erreicht zu haben. Ich sagte zu meiner Frau: »Wenn wir jetzt schon kein Geld haben, wovon sollen wir dann bauen?« »Wir schaffen das schon irgendwie«, hat meine Frau mir dann zu verstehen gegeben.

Ein paar Wochen später sind wir in Heiligenrode. Meine Mutter sagte zu mir: »Du wir haben Dir dein Vermögen überwiesen, dass Geld ist von uns von deinem Vater und von mir, und nicht von Deiner Schwester.« Ich bin dann die Treppe hoch zu meiner Schwester, und sagte: »Wenn ein Vermögensvertrag vom Haus aufgesetzt wird, muss ich als Familienmitglied dabei sein.« Ich habe mir den Vertrag aushändigen lassen und bin mit der Familie nach Windhausen gefahren. Richtung Sensenstein gegangen und dabei Satz für Satz meiner Frau vorgelesen. Ich sagte zu meiner Frau: »Vesper bringen, Blumen pflücken im Garten erlaubt und hier steht, dass der Sohn Friedhelm mit 10.000 DM auszuzahlen ist. Meine Schwester arbeitet, mein Schwager arbeitet, das Haus mit Garten am Möncheberg geerbt und fast 30.000 DM habe ich in das Haus mit herein gesteckt. Da wurde doch ganz mächtig gemauschelt, da kann man den Charakter von Vater und Schwester erkennen. Für ein neues massives Haus, was ich mit meinem Vater über Jahre hinaus aufgebaut habe, bekomme ich von meiner Schwester keinen Pfennig, keine müde Mark und auch keine Überweisung des Vermögens und mein Vater und meine Mutter mussten mich sogar ausbezahlen. Ich gehe zum Rechtsanwalt und verlange mein Pflichtteil.«

Meine Frau antwortete: »Denk daran, du bist zu ihrem Sohn der Pate und ich die Godel und Deine Schwester ist zu unserer Tochter Godel und dein Schwager der Pate und dann gibt es noch Oma und Opa. Wenn du jetzt etwas unternimmst, kannst du deine Familie vergessen, denn der Familienverbund geht flöten. Wie willst du dann deinen Kindern später einmal erklären, warum sie nicht zu Oma und Opa dürfen, warum Pate und Godel nicht kommen und das gilt auch für den Sohn deiner Schwester. Dein Vater und deine Schwester haben ihr wahres Gesicht gezeigt.«

Ich antwortete: »Ich dachte immer, man hätte daraus gelernt, denn bei meiner Mutter war es genauso, alle Geschwister, bis auf einen Bruder meiner Mutter wurden erblos gemacht und damals ging der Familienverbund auch auseinander. So etwas begreife ich nicht, aber wir bekommen das Geld für den Bauplatz schon irgendwie in dem Jahr zusammen. Gut, wenn du mir keine Vorhaltungen machst, wegen dem Vermögen, bin ich einverstanden und werde nichts unternehmen. Meine Eltern haben fünf Jahre lang den Lohn meines Vaters gespart für ein altes, zerfallenes, baufälliges Lehmhaus um den Bruder meiner Mutter auszahlen zu können und was hat meine Schwester für das neu gebaute Haus an mich ausgezahlt? Nichts, keinen Pfennig.«

Ich habe dann in Elmshagen unser Grundstück eingezäunt, 20 Obstbäume gepflanzt, etwa 250 m² Grabeland angelegt und baggern lassen. Beim Baggern war Gefälle entstanden, welches ich ausgleichen wollte, da hatte aber der nördliche Nachbar etwas dagegen. Die Stilllegung erfolgte durch ihn über das Bauamt.

Da kam ein Schreiben von der Gemeindeverwaltung, warum das Bauvorhaben stoppe. Ich habe die Stilllegung erwähnt und dass ich mit weiteren Stilllegungen rechne. Ich werde deshalb im Einmannbetrieb das Haus bauen.

Zwischenzeitlich habt Ihr meiner Schwester für über 20.000 DM einen Bauplatz in Uschlag gekauft, ohne einen Pfennig von meiner Schwester. Dafür war Geld da, aber nicht für ein gerechtes Vermögen an Euern Sohn. Wie ich das sehe, habe ich mit meinem Vermögen, das mir zustand, meiner Schwester in Uschlag ihren Bauplatz bezahlt.

Meine Schwester brachte morgens um sieben Uhr meinen Vater mit dem Auto nach Uschlag, bevor sie zum Arbeiten in den Konsum fuhr. Nachmittags um 15 Uhr endete für meinen Schwager die Schicht bei VW, bis er bei Dir gegessen hatte und dann nach Uschlag kam war es 16:30 Uhr.

Dann haben die beiden bis gegen 20:30 Uhr abends gearbeitet. So hatte er als Rentner mindestens 10 Stunden am Bau in Uschlag verbracht. Gebaut wurde keine Woche, oder Monat, nein das ging über Jahre. Während der ganzen Zeit warst Du als meine Mutter allein, keine Spaziergänge und auch keine Unterhaltung mehr.

Zwischenzeitlich wurde in Elmshagen die Straße fertig. Der Straßenverlauf wurde geändert, so dass mein Grenzstein 80 cm höher kam. Wenn das Bauamt neu vermessen lassen will, dann nur auf seine Kosten, oder der Nachbar soll es bezahlen.

Sechs Wochen vorher habe ich meinen Vater gefragt: »Hilfst Du mir meine Kellersohle zu betonieren«? Drei Wochen vorher: »Jawohl, du musst mich nur holen.« Eine Woche vorher: »Das geht in Ordnung.« Samstag, Gudrun lag in der Badewanne, ich rufe noch mal an, damit er am Montagmorgen um 6 Uhr feldmarschmäßig fertig ist, damit wir vor der Betonpumpe in Elmshagen sind. Mein Vater sagte: »Oh, das geht beim besten Willen nicht, ich will mit deinem Schwager und dem Schutzmann Holz im Walde machen.« Da sagte meine Frau: »Es ist doch Woche, Dein Schwager hat Frühschicht und der Schutzmann muss auch arbeiten.« Hätte er gesagt: »Ich habe Kreuzschmerzen, kann nicht laufen, oder ich bekomme den Arm nicht hoch«, hätte ich es verstanden. »Aus gesundheitlichen Gründen musste er absagen.«

Drei Wochen später in Heiligenrode fragt mein Vater: »Hast du deine Kellersohle gegossen?« Gegenfrage: »Wo warst Du denn.« Die Antwort: »Wo soll ich schon gewesen sein, wo ich immer bin, am Bau in Uschlag.« Da hat meine Frau gesagt: »Bring deinen Vater nur nicht noch einmal zum Arbeiten nach Elmshagen mit. Der braucht uns nicht mehr zu helfen. Wenn du wen brauchst, helfe ich dir, oder wir holen uns eine Firma.«

Diese Absage hat er sehr bereut, denn oft hat er sich angeboten mir am Bau zu helfen. Für mich sind das drei Stunden Autobahn für holen und zurück bringen. In dieser Zeit kann ich selbst schon an meinem Bau in Elmshagen arbeiten und wenn ich dann noch das Benzin und das Essen dazu rechne, lege ich ja bares Geld drauf.

Er war sehr stolz auf Uschlag und zeigte oft, was er gemauert hatte. Manchmal hatten wir das Gefühl, als ob er gebaut hätte. Aber dann kam eine Zeit, da wurde ihm Uschlag zu viel. Er wollte in Ruhe gelassen werden, wurde aber oft von Dir und meiner Schwester angesprochen, doch noch einmal mit zu gehen. Ich sagte: ›Du bist alt genug, es abzulehnen. Ich werde nichts zu meiner Schwester sagen.« Nachher heißt es noch, ich wäre nur neidisch, weil er mir in Elmshagen nie helfen würde. Der Bau in Uschlag war noch nicht fertig, dafür aber mein Vater. Er bekam seinen ersten Schlaganfall. Krankenhaus und dann an die Weser nach Lippoldsberg und dann nach Hofgeismar. Du als Mutter fuhrst fast jeden zweiten Tag mit uns dorthin. Am Sonntag gefahren und am Mittwoch bin ich gleich von der Arbeit nach Heiligenrode. Wenn ich dann am Freitag zu meiner Frau sagte: »Ich brauche Benzingeld.« Da hat sie zu mir gesagt: »Hast doch vorige Woche erst 50 DM bekommen.« Ich antwortete: »Ich war zwei Mal in Hofgeismar in dieser Woche, der Tank ist leer.« Das letzte Mal wollte mein Vater nicht nach Hofgeismar. Ich sagte zu ihm: »Wenn Du nicht willst, dann bleib doch zuhause, Du bist doch alt genug, um das selbst zu entscheiden.« Meine Schwester wurde laut: »Die Krankenkasse bezahlt die Reha und der geht, basta.« Am Sonntag waren wir im Rollstuhl mit ihm unterwegs. In einer Weide standen etwa 20 Rinder neugierig am Zaun. Ich meinen großen schwarzen Regenschirm in Richtung Rinder aufgespannt, die Rinder wichen zurück und von 0 auf 100 durch die halbe Weide. Mein Vater konnte sich vor Lachen nicht halten.

Zwei Tage später das gleiche Spielchen. Keine Reaktion von ihm. »Der hat doch wieder einen Schlaganfall gehabt und keiner hat das gemerkt. Wäre er doch besser in Heiligenrode geblieben «, sagte ich zu meiner Mutter. 14 Tage vorher hatte er immer noch seine Sitzungen, man konnte sich mit ihm unterhalten und gehen konnte er auch noch um den Küchentisch. Ich war dann wieder mal in Heiligenrode und du sagtest zu mir: »Nächsten Sonntag musst Du auch fahren.« »Ich muss nicht fahren, da ist Deine Tochter dran, ich arbeite jeden Abend länger, auch samstags und am Sonntag möchte ich nach Elmshagen an meinen Bau.« Es war wiederholt vorgekommen, dass wir drei in Hofgeismar waren. Da kam meine Schwester mit meinem Schwager,

ein andermal Deine Schwester mit Mann, dann der Sohn mit seiner Frau. Bei ihnen hättest Du auch mit fahren können. »Warum macht deine Mutter so etwas «, fragte meine Frau. Ich antwortete: »Wenn sie mit uns fährt, fährt sie umsonst. Aber du siehst doch, wenn sie in Heiligenrode aussteigt, hält sie immer ein paar Scheinchen bereit, die von den anderen genommen wurden. Ich würde auch lieber mit denen fahren, bei denen ich nichts zu bezahlen brauche.« Ich habe dich
an dem Sonntag nicht gefahren und deine Tochter auch nicht. Ein paar Tage später sprach meine Frau zu mir: »Ruf noch mal an, dass wir Deine Mutter am Sonntag noch mal nach Hofgeismar fahren: »Hier ist der Friedhelm, wir fahren dich am Sonntag noch mal.« Meine Mutter hat mir geantwortet: »Ich brauch euch nicht mehr, ich habe jetzt meine Leute zum Fahren.« Da kam die Gehässigkeit meiner Schwester auf mich und meine Familie so richtig zum Vorschein. Ich sagte: »Warum sind deine Leute dann nach Amerika geflogen, die hätten, wie wir, meinen Vater mal nach Nieste, auf den Meißner, Sensenstein, Edersee oder zum Herkules zum Wasser- springen fahren sollen, und denk daran, von uns bist du immer umsonst nach Hofgeismar kutschiert worden. Aber ich werde dich jetzt nicht mehr anrufen und mich zurückziehen.«

Dann kam in der Nacht der Anruf meiner Schwester: »Wenn ihr ihn noch mal sehen wollt, müsst Ihr jetzt kommen, er stirbt.« Meine Frau hat auf mich eingeredet: »Friedhelm fahr mit, Dein Vater kann nicht sterben, nach dem was er Dir alles angetan hat, der findet sonst keine Ruhe. Du brauchst auch nichts zu sagen, nur dass der Mann sieht, dass Du ihm verziehen hast. Sein Leben verbrachte er zehn Jahre im Rollstuhl, er hat genug gelitten und dafür bezahlt und du weißt, wie es bei der Schwester meiner Mutter war, die hat auch zuletzt nach Dir verlangt.« Ein paar Tage nach seinem Tode, alle Angehörigen in die zweite Reihe der Kirche, da er aufgerufen wurde. Totensonntag das Gleiche. Meine Frau und ich wieder in die zweite Reihe. Du und meine Schwester in die letzte Reihe, weil ihr die Kirche beim Abendmahl verlassen wolltet. »Ein Arzt, wir brauchen einen Arzt«, schallte es bei der Predigt durch die Kirche. »Friedhelm das ist deine Mutter, « sagte meine Schulkameradin einige Reihen hinter mir. Die beiden Kinder von Hilde müssen sich auch nicht verstehen, genau wie früher das Hilde mit seinen Geschwistern «, hörte ich von einer Frau sagen.

Mit dem Krankenwagen bin ich mit Blaulicht und dir ins Krankenhaus. »Die Aufregung, dass wir in der Kirche nicht zusammen saßen und sie die Kirche mit Ihrer Tochter verlassen sollte beim Abendmahl, hat ihr einen Kollaps versetzt «, sagte ich dem behandelnden Arzt. Dann kam meine Schwester. Ohne sich nach dem Befinden unserer Mutter zu erkundigen, bekam ich erst mal mein Fett weg, indem sie mich vor allen Anwesenden anschrie: »Du solltest dich was schämen, nicht einmal hast Du ihm den Hintern abgeputzt.« Ich sagte: »Warum auch, dafür hast Du doch Deine Leute.« Die Hetzkampanien meiner Schwester habe ich genug miterlebt. Durch Dein kurzzeitiges Wegtreten deines Kreislaufes war höchste Eile geboten, denn jetzt wurde meine Schwester immer mehr in die Enge getrieben. Sie benötigte von Dir die Vollmacht, um Deine Geldangelegenheiten regeln zu können, damit der Sohn und seine Kinder keine Ansprüche stellen können, so wie von Dir die Unterschrift auf Verzicht des Nießbrauchs, damit sie endlich das Elternhaus verkaufen konnte. Weihnachten wollte mir Deine Tochter einen 50 DM Teller an den Kopf schmeißen und mich und meine Familie in der Zeitung verleumden. Aber meinem Vater ging es genauso wie mir, ich musste in meiner Jugend immer für ihn arbeiten und mein ganzes Geld abgeben. Er war Rentner musste jahrelang für meine Schwester auch ständig schwer arbeiten am Bau in Uschlag, bis er den ersten Schlaganfall bekam und hat dafür 10 Jahre im Rollstuhl verbracht. Seine Rente in diesen Jahren musste er auch immer an seine Tochter abgeben und konnte sie nicht für sich und meine Mutter für Reisen nutzen.

Für mich hast Du als meine Mutter nie gesagt: »Mach mal verliebte Äuglein.« Nein, da hieß es, »warts ab, wenn er heute Abend heim kommt, zudiktiert hat er Dir die Schläge ja gestern schon.« Da wusste ich manchmal gar nicht, was gut oder böse ist. Wenn mein Vater mich dann vermöbelt hatte, waren deine Worte, »besser dich, dann passiert so etwas nicht mehr.«

Du fuhrst nach Kassel und wir Kinder mussten zu Deiner Schwester, obwohl ihr nicht miteinander gesprochen habt. Kamst du wieder, wurden wir ausgefragt. Ich hatte Deine Schwester in dem Konsum gesehen, Sie sagte: »Friedhelm Weihnachten kommst doch zu mir.«»Klar, ich komme.« Dann war Weihnachten, ich wollte meine Schwester nicht mitnehmen. Da hat er mich verprügelt und ich wurde gezwungen, meine Schwester mit zu nehmen. Unterwegs habe ich ihr gesagt: »Sag zu Hause, ich wäre bei meinen Freund Gerhard gewesen und du hast mit Liesel, Anni und Gerlinde gespielt.« Zurück, wurde meine Schwester gefragt: »Ward ihr bei Tante Frieda«, »Ja Papa.« Da wurde ich das zweite Mal am 1.Weihnachtstag verhauen.« Das schlimme dabei war, dass wenn man auf dem Fußboden lag, wurde noch nach einem getreten und ihm war es egal, wo er einen hin traf. Der Bruder meiner Mutter ist einmal hinter meinem Vater her bis vor unsere Küchentür, die sofort abgeschlossen wurde, und hat gerufen: »Komm raus und schlag dich mit mir und nicht immer mit Deinem wehrlosen Sohn.«

Seine Verwandtschaft kam zu Besuch. »Friedhelm, wo hast du die blauen Flecken her«, hat man mich gefragt. Da habe ich mich denen anvertraut. Keiner der Verwandten hatte seine Kinder jemals geschlagen.

Unter dem Raiffeisen- Lagerschuppen waren etwa 60 cm Platz bis zur Betondecke. Die Hühner hatten dort Kuhlen und Mulden gescharrt. Dort habe ich mich herein gesetzt und gewartet bis es dunkel war. Dann bin ich mit Angst heimgeschlichen, nur die Holztreppe konnte ich nicht hoch gehen, weil sie knarrte. Ich bin dann am Geländer hoch und ohne essen und Zähneputzen gleich ins Bett. Meine Mutter hat Kartoffeln geschält. »Warts ab, wenn er heute Abend heimkommt.« Aus Angst habe ich die halbe Nacht unter dem Lagerschuppen verbracht, bis dann Specks Lisbeth Euch informiert hat. Ich bin dann nur unter der Bedingung herausgekommen, dass ich keine Schläge bekam. Bis kurz bevor ich zur Ingenieurschule ging hat er mich immer noch verhauen, wenn ich meinem Vater nicht helfen wollte. Ich bin dann eines Samstags gegen 18 Uhr in mein Zimmer um Berichtsheft und Aufgaben für Werkunterricht, Berufsschule und Abendschule zu erledigen.

Mein Vater hinter mir her und sagte: »Deine Mutter fährt keinen Schubkarren, los raus.« Da hat er mich am Arm gezerrt, ich bin rückwärts auf mein Bett gefallen, habe die Beine angezogen und ihn dann gegen den Kleiderschrank gedrückt. Dann habe ich meinem Vater gesagt: »Fasst du mich noch einmal an, werde ich ab sofort zurück schlagen.« Ich habe dann fünf Jahre lang kaum ein Wort mit ihm gewechselt und deshalb keine finanzielle Unterstützung zu meinem Studium an der Ingenieurschule erhalten. Brauchte ich auch nicht, die bekam ich als Höchstsatz nach dem Honeffer-Modell vom Staat.

Erst als ich Gudrun kennen lernte hat sich alles nach und nach normalisiert. Aber so wie ich unter ihm gelitten habe, hast Du auch unter ihm gelitten. Als Kinder mussten wir immer an die Nieste, dann bekamst du nur Wirtschaftsgeld. Sonntags ging er mit Dir nie spazieren, er hatte seinen Sport, kam zwei oder dreimal in der Woche betrunken nach Hause und seine Sportsfreunde haben ihn nicht immer frei gehalten.

Dann hast du jahrelang beim Bauen in Heiligenrode, genau wie ich, die Dreck- Staub- und die Lehmwolken eingeatmet. Es ging Dir etwas besser, als er Rentner wurde, da seid ihr in Österreich, drei Mal in Spanien, dann Italien, Tirol, ach, bis nach Rumänien seid ihr mit dem Omnibus der Reisegesellschaften gefahren. Dann habe ich Euch mitgenommen nach Elgershausen. Da hat die Hertha zu Dir gesagt: »Frau Umbach, warum fahrt ihr nicht mal in den Bayrischen Wald.« Da hast Du geantwortet: »Was sollen wir denn da, das ist was für alte Leute, aber doch nichts für uns.« Ihr habt keinen Arzt gebraucht, er hat sich immer noch in der Waschküche kalt mit dem Wasserschlauch aus der Leitung geduscht, gebürstet und seine Gymnastik jeden Morgen durchgehalten. In Uschlag hast du geholfen Ziegeln hochschaffen, um das Dach zu decken und für die gesamte Mannschaft gekocht. Dann bekam mein Vater einen Schuss vor den Bug, indem sein Körper sich wehrte und der erste Schlaganfall war da. Das Ende vom Lied waren zehn Jahre Rollstuhl und die zehn Jahre Pflege von Dir.

So, und nun ein paar warme Worte zu meiner Schwester:
Du kannst nachts immer nicht schlafen. Das könnte ich auch nicht, wenn ich sechs Meinungen immer unter einen Hut bringen müsste, um sich Respekt zu verschaffen. Wenn sich Dein Sohn mit seiner Frau ein schwarzes Schlafzimmer herausgesucht und sich vorstellt, wie sexy das ist, ganz in schwarz und Du dann sagst: »Ein schwarzes Schlafzimmer kommt mir nicht ins Haus, hier, Esche weiß wird genommen, basta.«

Schade, dass ich seine Kumpels von den Rentnern und Fußballern nicht alle mit Namen kenne, denn da sagte einer: »Na Hans, dass Du jetzt im Rollstuhl sitzt, hast du dir doch am Bau in Uschlag geholt.« Da hat meine Schwester gesagt: »Das kann nicht sein, in Uschlag hat er nur ein wenig aufgeräumt.« Ich weiß aber, dass der Mann arbeiten konnte, er arbeitete für zwei, er arbeitete wie ein Pferd, er arbeitete bis er umfiel und da kam der Rollstuhl.

Früher habt Ihr mich etwa acht Mal im Jahr besucht wegen Gudrun und der Kinder. Gegen 10 Uhr am Sonntag seid Ihr eingetroffen, dann sind wir in den Habichtswald, es gab Mittagessen, Kaffee, Kuchen und auch Abendbrot. Dann wart ihr nach Uschlag umgezogen. Ich habe zu Gudrun mindestens zehn Mal gesagt: »Sonntag brauchst Du nicht zu kochen, da gehen wir alle Mann nach Uschlag.«

Du hast dann geantwortet: »Oh, das geht nicht, ich muss mich ruhen und mit dem Hund nach Landwehrhagen und Dein Schwager geht auf den Sportplatz, Ihr könnt nicht kommen.« Dann hat Gudrun zu mir gesagt: »Du kannst Dich ruhig weiter bei Deiner Schwester einladen, ich gehe nicht mehr mit.« Somit war der Besuch auch für mich erledigt. Nur bei Feierlichkeiten wurden wir mit eingeladen. An die Feier der Goldenen Hochzeit meiner Eltern kann ich mich noch gut erinnern. Abends um 21 Uhr tränten an unserem Tischen jedem die Augen vom Zigarettenqualm in dem Kellerraum. »Friedhelm, öffne doch mal die Tür «, sagte ein Tischnachbar. »Die Tür bleibt zu, hier sitzt eine schwangere Frau, die darf keinen Zug bekommen «, sagte meine Cousine. Die frische Luft hätte allen gut getan, daraufhin habe ich mit meiner Familie die Feier sofort verlassen.

Meine Mutter sagte zu mir: »Bisher haben wir immer nur Deine Schwester unterstützt. Wir haben Ihr die Wohnungseinrichtung beim Heiraten und auch den Bauplatz gekauft. Jetzt fahren Sie mit unserem Geld nach Amerika mit Cousine und Mann. Du wirst jetzt auch Geld von uns bekommen, aber sag um Gotteswillen nichts Deiner Schwester, die darf das nie erfahren.«

Nach fünf Jahren erfahre ich, dass Du später darüber informiert wurdest und genau die gleiche Summe auch erhalten hast. Nur ich habe das Geld von meinen Eltern nicht in Amerika verbraten.

Ich benötige nur Benzingeld und ich bin schon zufrieden, wenn Gudrun mir drei Kannen Tee kocht und ich durch den Langenberg an meinen Bau wandern kann. Da brauche ich kein Geld.

Ich musste für die Firma einen Finanzierungsplan aufstellen. Gudrun sagte: »Wir besitzen etwa 40.000 DM.« Wir beide sind dann zum Raiffeisen, um Deinen Rat zu befolgen, mein Vermögen auf Gudrun zu überschreiben, damit wenn ich mal sterbe, Gudrun abgesichert ist. Unseren Kindern steht das Pflichtteil zu, egal was vorher auch beschlossen wurde. Deine Version ist Quatsch hoch drei. Ich habe den Bankangestellten gebeten, uns mal einen Ausdruck über alles Geld von uns bei der Raiffeisenbank auszudrucken. Da staunten meine Frau und ich auch nicht schlecht, es waren über 100.000 DM. Das könnte Dir nie passieren. Bei uns zählt eben mehr die Liebe und Amore und bei Dir stehen eben der Mammon, die Geldgierherrschaft und der Reichtum an Geld, an erster Stelle.

Der Schwiegermutter hat das halbe Haus gehört, die andere Hälfte gehörte meiner Frau.
Gudrun hat es durchgesetzt, dass die Hälfte von der Schwiegermutter auf mich überschrieben wurde. Sie musste es unterschreiben, obwohl ich mit dieser Frau in den letzten Jahren nicht klar gekommen bin. »Steht dein Mann auch im Grundbuch? Hat meine Mutter auch unterschrieben, dass meinem Schwager auch das halbe Haus gehört«, frage ich Dich.
Mein Schwager hat mir schon manchmal leid getan, wenn ich daran denke, wie Du hinter dem Geld her warst im Sommer 1968, wo er aus Frust über dich, besoffen von Oberkaufungen und am Anfang von Heiligenrode über Windhausen kommend 15 Meter Lattenzaun mit seinem neuen Käfer wegrasiert hatte. Der Führerschein weg und der Schwager über Wochen auch weg.

Liebe ist, kein Geizhals zu sein, sondern einen anderen Menschen mit Geld herauszuboxen, wenn er einmal einen Fehler begangen hat. Man muss nicht alles für sich vereinnahmen und nur an sich denken. Armer Schwager, in deiner Haut hätte ich damals nicht stecken wollen.

Dann hast Du mir verboten, erst mal ein Jahr nicht zu meiner Mutter zu kommen, am liebsten wäre Dir ja, überhaupt nicht mehr, um einen Keil zwischen uns zu treiben, damit Du durch Deine Hetzkampanien fortführen und meine Mutter die Vollmacht unterschreibt, damit Du Sie in Dein Fahrwasser bringen kannst.
Mein Vater saß 10 lange Jahre im Rollstuhl, keine täglichen Spaziergänge, keine Urlaubsreisen mit dem Omnibus, keine Fahrten meiner Mutter mehr nach Kassel, um sich mal was Neues zu kaufen, immer nur Pflege, Pflege und nochmals Pflege eines behinderten Menschen.

Mein Vater hat meine Mutter gezwungen, ständig nur für ihn da zu sein, diese Anspannungen und Beleidigungen, die sie ertragen musste, hast du ja gar nicht mitbekommen, weil du arbeiten gingst. Wenn er mittags mal eine Stunde schlief, musste sie sich beeilen, um ein paar Teile zum Essen einzukaufen.

Aber vor dem obersten Richter muss sich mein Vater jetzt verantworten. Warum hast Du deine Tochter immer auf Händen getragen und deinen Sohn stets fallen gelassen, wenn er dich mal brauchte, mein lieber Hans Umbach?

In dieser Hinsicht habe ich mir nichts vorzuwerfen, ich bin nicht gegen die Ungerechtigkeiten meines Vaters vorgegangen. Als Schwester hast Du mich nie beachtet, oder geachtet, brauchtest Du ja auch nicht, weil Du in jeder Hinsicht bevorzugst wurdest.

Als Kind wurde ich von Dir immer verraten und ich von ihm dann geschlagen. Du brauchtest nie Geld abzugeben, Dir wurden Bauplatz und Möbel gekauft. Mutter hat für Euch jahrelang gekocht und Deine Familie in ihrem Haushalt mit durchgeschleift und hat nebenbei von Geburt an Deinen Sohn groß gezogen, damit Du arbeiten gehen konntest. Mein Vater hat geholfen, Dein Haus in Uschlag zu bauen, bis zum Schlaganfall und von da an war er behindert. Du hast die Vorteile so richtig genossen. Selbst der Rollstuhl kam dir finanziell entgegen.

So, und jetzt ein paar Erinnerungen an Deinen Sohn, mein Patenkind:

Als Dein Sohn ein viertel Jahr alt war, habe ich ihn das erste Mal mitgenommen nach Elgershausen. Die Nachbarn dachten, ich hätte schon ein Kind. Dann bin ich mit Deinem Mann mit dem Kinderwagen im Winter bei minus 10 Grad über Nieste eine Stunden gewesen, damit er etwas abgehärtet wurde. Wir saßen alle sonntags in Heiligenrode zusammen in der kleinen gemütlichen Küche unserer Eltern. Dein Sohn war unter den Tisch gekrochen und hatte mir beide Hausschuhe ausgezogen. Vor Freude darüber schlug er die Hausschuhe mit den Sohlen zusammen. Irgendwie war seine Nase dazwischen gekommen. Alle lachten. Er aus der Küche raus, die Treppe hoch und sämtliche Kakteen samt Topf flogen die Treppe herunter. Schwester, Du hinterher und wolltest ihn vermöbeln, genau wie mein Vater mit mir früher. »Der Junge wird nicht geschlagen solange ich hier bin «, habe ich gesagt.

Dann wurde Kirmes gespielt. Einer war der Trompeter, die anderen im Gleichschritt hinter her, ein anderer hat die Süßigkeiten geworfen und Dein Sohn hat sie aufgesammelt.

Meine Mutter brachte Deinen Sohn in den Kindergarten und auch zur Schule. Bis zur vierten Klasse war er Klassenbester, da war damals schon kar, dass Dein Sohn einmal Flugzeug-Ingenieur wird. Da habe ich mich gefreut, seine Frau, genau wie meine Frau braucht mal nie zu arbeiten, er macht sich keine Hände schmutzig, er verdient das Doppelte und noch mehr als ein Arbeiter, verkehrt in ganz anderen Kreisen und braucht mal nie Schicht zu arbeiten. Aber meine Mutter war froh, wenn Dein Sohn an die Nieste oder in die Umbach ging und hat Frösche und Kaulquappen gesammelt. Du gingst arbeiten, konntest Dich nicht um ihn kümmern und von unserem Vater lernte er alles über Fußball. Er kannte von der ersten Bundesliga sämtliche Spieler und deren Vereine bei den einzelnen Begegnungen. Da blieb gerade mal Zeit für die Aufgaben. Ich hatte deinem Sohn Prüfungsunterlagen unserer Firma besorgt. Er hatte die Aufnahmeprüfung nicht bestanden, weil er zu Fuß, also ohne Taschenrechner, nicht multiplizieren konnte und somit alle Aufgaben in den Sand gesetzt hat. Wochenlang bist Du mit ihm zu mir nach Elgershausen gekommen. Ich habe ihm das Malnehmen, die Bruchrechnung, den Dreisatz, die Zinsrechnung und fehlerfreies Schreiben beigebracht. Dann legte er im VW-Werk die Aufnahmeprüfung ab. Er wusste nicht, was gefragt wurde und hatte trotzdem bestanden und brauchte keine Elektrikerlehre im Dreimannbetrieb in Heiligenrode zu machen. Ich habe mich darüber sehr gefreut, denn mein Patenkind hätte ohne mich keine Lehrstelle bei

VW bekommen. Zu seiner Hochzeit mit Carmen waren wir eingeladen. Für mich habe ich ein paar Erinnerungsfotos geschossen. Da ich der einzige war mit dem Fotoapparat, habe ich die Negative deinem Sohn überlassen. Heute wohnt er bei dir im Haus in Uschlag.

Unser gekauftes Lugenseil hatte unser Vater an meinen Paten ausgeliehen. Mein Vater wollte es mir schenken, wenn ich es mir da weg holte. Obwohl er es nicht brauchte, hat er es zurückverlangt und ich musste mir ein neues kaufen.
Wir durften auch in dem Garten vom Möncheberg die Bäume pflegen, aufhacken, kalken, schneiden und düngen, nur ernten durften wir nicht, das besorgte die andere Verwandtschaft meiner Oma. Wir mussten dann die hohen Störche an der Straße, die der Gemeinde gehörten, jedes Jahr kaufen, wo wir mit unserer langen Leiter gerade mal bis an die unteren Äste der Bäume kamen. Wie zwei Affen haben wir dann in der Krone die Äpfel gepflückt. Zweimal ist mein Vater fast heruntergefallen.

Wenn mein Schwager keine Lust hat zum Arbeiten, dann zwinge ihn nicht dazu. Wie Du und meine Mutter meinen Vater überredet habt, denn mit einem Schlaganfall ist nicht zu spaßen. Rentner wird man, um seinen Lebensabend zu genießen. Auch der wohlverdiente Ruhestand gehört dazu. Denn mein Vater hatte alles, was ihm Spaß gemacht hat, eine Frau, sein Grabeland, den Möncheberg, das Feld und den Wald, kein Auto und somit auch keinen Stress und seine Rente.
Bauen in Uschlag hätte mein Vater gar nicht mehr nötig gehabt. Aber bitte rege meine Mutter nicht auf, für Sie ist das alles nichts Neues. Lass auch in Zukunft sie selbst entscheiden, ob ich weiterhin nach Heiligenrode kommen darf. Sie ist nicht Carmen. Wenn Carmen einen Satz sagt, hast du ihn sofort korrigiert, ohne dass ihn Carmen zu Ende sagen konnte. Ich hatte zu meiner Mutter stets ein intaktes Verhältnis in den letzten Jahren, auch während meines Studiums in Paderborn, obwohl ich fünf Jahre kaum mit meinem Vater geredet habe.

So und jetzt ein paar Worte zu mir selbst::

Friedhelm, ich bin stolz auf Dich und ziehe den Hut vor Dir. Obwohl man Dich wie einen Leibeigenen oder Sklaven jahrelang behandelt, Dich beleidigt, Dich geschlagen hat, Dich zum Arbeiten am Bau gezwungen, Dir dein ganzes Geld abgenommen hat, Du die Hetzkampanien Deiner Schwester ertragen hast, die Dich um dein Erbe betrogen hat, bist Du immer wieder nach Heiligenrode und hast Eltern und Schwester geachtet. Warum eigentlich? Ich habe zu mir damals schon gesagt: »Friedhelm, wenn Du mal heiraten solltest, bist Du zu deiner Frau und Deinen Kindern einmal so, wie mein Vater zu meiner Mutter und mir hätte sein müssen.« Dazu gehört auch, dass man seine Eltern achtet. Ich glaube, das habe ich auch erreicht, sonst hätte meine Frau mir nicht das halbe Haus in Elgershausen vererbt. Ich habe unsere beiden Töchter nie geschlagen und nie beleidigt. Im Gegenteil, unsere Tochter Barbara hat noch drei Mädchen und drei Jungen aus ihrer Klasse von Großenritte oft mit nach Hause gebracht. Ich habe dann in unserem Wohnzimmer Physik und Mathematik für anstehende Klausurarbeiten geübt.

Hättest Du mit Deinem Sohn nach der vierten Klasse auch geübt, dann brauchtest Du nicht die Lehrerin aufzusuchen und zu betteln, dass dein Sohn in Physik und Mathematik noch eine vier minus bekommt. Du hättest die Mathematikarbeiten Deines Sohnes besser kontrollieren sollen, dann hättest Du gemerkt, dass er zu Fuß nicht multiplizieren konnte. Dann hätte er das von Dir vorgegebene Ziel Flugzeug-Ingenieur zu werden vielleicht geschafft.

Alles was ich mit meiner Frau geschaffen habe, kommt meinen Kindern zugute.

Ich hoffe, ich konnte meine Mutter und meine Schwester überzeugen, dass es besser ist, sich zu vertragen. Von der Existenz dieses Schreibens weiß meine Frau nichts, da ich es in Elmshagen geschrieben habe. Überlegt Euch genau, was ihr jetzt anstellt.

Elmshagen, den 14.07. 1997 Friedhelm

Baudarlehen von Daimler Benz und der Weiterbau in Elgershausen und in Elmshagen

Durch einen guten Freund und Arbeitskollegen habe ich erfahren, dass Daimler zinslose Darlehen zum Hausbau vergibt. Ich habe mir einen Antrag geholt und diesen ausgefüllt und sämtliche geforderte Unterlagen besorgt. Um die Baudauer von 17 Jahren zu begründen, habe ich folgendes Schreiben verfasst:

Sehr geehrte Damen und Herren,
nachdem ich 1972 geheiratet und sechs Jahre Unstimmigkeiten im Hause meiner Schwiegermutter mit durch hatte, habe ich den Entschluss gefasst neu zu bauen, um endlich mal etwas ganz allein zu entscheiden und am Wochenende und abends am eigenen Bauvorhaben arbeiten zu können.

Nach langem Suchen habe ich dann einen Baugrund, durch Zufall in ganz herrlicher Lage, umgeben von Wald, in Elmshagen, dem höchstgelegenen Ort im Landkreis Kassel, gefunden und käuflich erworben. In drei Jahren sollte das Haus bezugsfertig sein. Bedingt durch das steinige Gelände ließ ich die Baugrube mit Fundamentgräben ausbaggern. Dabei war unbeabsichtigt 70 cm Gefälle in der Kellersohle entstanden. Mit Schubkarren und dem gebaggerten Erdaushub wurde die Baugrube in Wasserwaage gebracht. Den oberen, nördlichen Nachbarn hat das gestört, weil ich angeblich jetzt höher bauen würde. Er informierte das Bauamt und die erste Stilllegung unseres Bauvorhabens folgte. Während der Stilllegung habe ich das Grundstück eingezäunt, 20 Obstbäume gepflanzt und 250 m² Gartengrabeland angelegt, sowie die Drainage eingebaut. Nach einigen Wochen erhielt ich ein Schreiben von dem Gemeindeamt, mit der Bitte zu erklären, warum das Bauvorhaben stoppe.

In meinem Antwortschreiben standen als Gründe:
1. die Stilllegung
2. dass ich mit meiner Frau am 1. Mai 1968 erstmals in Elmshagen war und wir beide damals schon den Entschluss fassten, falls wir einmal bauen sollten, dann nur hier.
3. dass die Baugrube neu vermessen werden musste.
4. dass der Bauunternehmer mit Konventionalstrafe drohe, da von ihm das Bauvorhaben fest eingeplant war.
5. dass ich mit weiteren Stilllegungen rechne, da noch nicht ein Stein gemauert und schon stillgelegt.
6. dass ich daher den Hausbau vorab erst einmal im Einmannbetrieb beginne und in Eigenhilfe mauern werde, egal wie lange es auch dauert.
7. dass ich im Traum nicht daran denke, das Grundstück mit nur sieben Meter Straßenfront in so herrlicher Lage an die Gemeinde zurück zu geben.

Ich habe dann mit Hilfe meiner Frau den Rohbau zusammen erstellt. Sieben Jahre lang verklinkerte ich in aller Ruhe in meiner Freizeit den Rohbau. Danach wurde die Garage separat gebaggert und der Bau der Stützmauer zum nördlichen Nachbarn angefangen. Die Arbeiten gingen dem Nachbarn nicht schnell genug und er suchte wiederum das Bauamt auf. Die zweite Stilllegung folgte.

Es wurde eine neue Garagenzeichnung mit tieferer Unterkellerung angefertigt, die Garage wurde 2 Meter länger und einen halben Meter höher gezeichnet.

Am 1. Oktober 1995 feierte ich mein 25-jähriges Dienstjubiläum bei Daimler.
 Zu diesem Zeitpunkt war den Arbeitskollegen noch nicht bekannt, dass ich noch einmal gebaut hatte. »Sie sollten hier in der Firma mehr

an die Arbeit denken und nicht so viel an ihre Bauerei«, sollte zu mir keiner sagen. Ich habe auch nicht ein Telefongespräch zwecks Bauerei von meinem Arbeitsplatz geführt. Da aber meine Verwandtschaft mit feierte musste ich befürchten, dass mein 17 jähriges Geheimnis herauskommen könnte. Ich habe dann in meiner Jubiläumsrede schonend die Kollegen darüber informiert. Ohne Schulden wurde der Rohbau mit Garage gebaut.

Da es jetzt bekannt ist, war der Weg frei, das Darlehen der Firma, falls ich dafür noch in Frage komme, in Anspruch zu nehmen. Ich könnte das Geld zur Anschaffung der Bäder, der Treppen, der Haustür und aller anderen Türen, zur Dachisolierung mit Dachboden, die gesamte Elektrik, Heizung, Estrich, Innenputz und für die Hauseingangs- und Außenarbeiten gut gebrauchen.

Mittlerweile kommen auch unsere beiden Töchter ins heiratsfähige Alter. Damit diese im alten Haus der Schwiegermutter weiter wohnen können, müssten meine Frau und ich in das neue Haus umziehen. In der Hoffnung auf positives Verständnis für mein Anliegen, das Darlehen doch noch zu erhalten, um das mir gesteckte Ziel schneller erreichen zu können, bedanken sich meine Frau und ich schon im Voraus für Ihre Bemühungen.

Schauenburg, den 22.01.1997 Gudrun Umbach, Friedhelm Umbach

Daimler bestand darauf, dass das geförderte Objekt auf das zu bauende Grundstück bis Juni 1998 bezugsfertig, bewohnt, bezogen sein muss und der Mitarbeiter sich bei der Gemeinde um- oder neu angemeldet hat.

Da musste ich wieder reagieren. Die Architektin hat bis zur Fertigstellung des Hauses mit Garage mir schriftlich mitgeteilt, 167.000 DM für veranschlagte Einzelbaukosten, 91.000 DM Lohnkostenanteil der Einzelkosten und 37.000 DM werden in Selbsthilfe ausgeführt. Bei 18.50 DM Stundenlohn von mir ergeben sich 37.000 DM: 18.50 DM /Stunde = 2000 Stunden.

Ich habe Daimler ein neues Schreiben verfasst mit folgendem Text:

Sehr geehrte Damen und Herren,
meine langjährige Architektin, die mir während meiner Bauerei stets beigestanden hat, hat einen Betrag für Selbsthilfe bis zur Fertigstellung von 37.000 DM errechnet. Da ich den Maschinenpark eines Unternehmers nicht besitze, ergibt sich bei einem Arbeitslohn von unter 20 DM, nehmen wir 18,50 DM pro Stunde, ein Zeitraum von 2000 Stunden. Bis Juni 1998 entspricht das etwa 60 Wochen. 2000 Stunden geteilt durch 60 Wochen ergeben 34 Stunden pro Woche.

Ich trage hier im Werk Kassel die Verantwortung für die gesamte Hydraulik und Pneumatik. Ich erstelle die Steuerungspläne mit Stückliste, bestelle alle Teile in Form einer BA (Bedarfsaufgabe), schreibe den Werksauftrag und überwache die Bau- und Erprobungsphase.
Das teuerste Hydraulik-Aggregat kostete 144.000 DM, bestand aus zwei großen Aggregaten mit je 200 bar Betriebsdruck bei 200 Liter Volumen pro Minute und zwei 45 KW Motoren, zwei Pressen- Sicherheitssteuerungen, zwei Ölkühlern und zwei je 3000 Liter Ölbehältern.
Stress habe ich genug an meinem Arbeitsplatz, den benötige ich nicht auch noch im privaten Bereich. In den vergangenen 27 Jahren, die ich beim Daimler arbeite, war ich nicht einen Tag krank und das sollte auch in Zukunft so bleiben. Ich werde meiner Gesundheit keinen zusätzlichen Stress von 34 Stunden pro Woche zumuten, nur um vielleicht ein halbes Jahr früher in Elmshagen einzuziehen.

In den vergangenen 19 Jahren war die Bauerei ein körperlicher Ausgleich zur Theorie. Denn in einem gesunden Körper wohnt auch ein gesunder Geist. Nach dieser Vorgehensweise möchte ich auch die kommenden Jahre verleben. In meiner Tätigkeit geht es täglich um tausende von Mark und da benötige ich meine volle Konzentration und Einsatzkraft. Da kann ich nicht noch 34 Stunden zusätzlich in der Woche schwere Arbeit am Bau schaffen. Das artet in Stress aus und ruiniert meine Gesundheit. Ende 1999 könnten meine Frau und ich nach Elmshagen umziehen.

Sollten Sie jedoch auf der Fertigstellung Juni 1998 bestehen, wäre es zwar schade um das Darlehen, aber meine Gesundheit ist mir lieber als das Geld. Oder wie wäre es, Sie überweisen mir zunächst 4000 DM vom Darlehen. Die Zurückzahlung vom Gehalt kann dadurch sofort beginnen. Mitte 1998 überweisen Sie mir das Restdarlehen. So wäre beiden geholfen.

In der Hoffnung auf positives Verständnis für die Gewährung des Darlehens verbleibt

Hochachtungsvoll Gudrun Umbach, Friedhelm Umbach
Schauenburg, Elmshagen den, 23.02.1997

Am 19.03.1997 wurden von Daimler in Stuttgart 44.000 DM auf unser Konto überwiesen, mit einer Darlehenstilgung von 484,- DM pro Monat, welches von meinem Gehalt monatlich einbehalten wurde. Durch diesen Schachzug habe ich auch meinen Arbeitsplatz beim Daimler bis zur Rente abgesichert.

Nachdem die Garage und der Dachbalkon von mir in Elmshagen verklinkert waren, wurden die Außentreppen für die unterkellerte Garage mit neun Stufen und für den Keller vom Wohnhaus mit dreizehn Stufen eingeschalt, bewehrt und betoniert. Hierbei wurde eine Stufe nach der anderen aus Waschbeton gefertigt.

In Elgershausen haben meine Frau und ich einen Regenwasser- Sammelbehälter aus fünf Schachtringen mit Deckel gebaut. Der unterste Schachtring besaß einen Betonboden und deshalb mussten Gegengewichte aus großen Bruchsteinen und Kanthölzern angebunden werden, um diesen rollen zu können. Nach dem Ausschachten wurden die einzelnen Schachtringe mit einem Flaschenzug langsam abgelassen, übereinander gestapelt und in der Erde verbuddelt, die hintere Dachrinne und der Abfluss angeschlossen, der Abschlussdeckel aufgelegt und eine Handpumpe montiert. Ein Baggerunternehmen von Elgershausen baggerte die Fundamente mit Arbeitsraum für die Verklinkerung des Wohnhauses bis zur Hausfundamentunterkante in der Erfurter Straße 9. Der Kellerbereich ist mehrere Male mit Bitumen von mir gestrichen, bevor die doppelte Bewehrung, bestehend aus äußeren und inneren Baustahlgewebematten, ums Haus herum eingebaut wurde. Ein Erdungsband, der Gas-, Wasser-, Stromanschluss wurden in Rohren durch die Baustahlmatten ins Wohnhaus geführt. Ein Vorsatzbeton von 20 cm Höhe wurde von meiner Frau und mir mit der Mischmaschine als Fundamentring um das Haus herum in Beton gegossen, der als Anlage für die Einschalung diente.

Jetzt begannen wir mit der Einschalung der Tragwände für die Verklinkerung. 15 m^3 Beton wurden mit den drei Betonmischfahrzeugen in die Schalung gegossen. Zwei Tage später entfernten wir die Schalung wieder und die erstellte Betonwanne erhielt mehrere Bitumenanstriche. Dann verlegten wir beide die Drainage mit dem Opti-Controll-Sammelschacht, die Wibro-Drainplatten bitumiert klebten wir vor die Betonwanne, bevor der Arbeitsraum mit einem Gemisch aus zerkleinerten Ziegelsteinen und Erde verfüllt wurde.

Die holländischen Handformverblender Typ: Toskana Nr.93 aus Maastricht Dickformat Grobsand gelb stark nuanciert VMZ 12/18 WDF 210/100/65 nach Din 105 wurden über Dirk de Vlieger BV Parallelweg 7 – Postbus 4635 Reuver/Nederland zum Verklinkern angeliefert. Ein grobsandiger Klinker ist offenporig, dadurch trocknet er schneller ab, weil er das Regenwasser schlecht halten kann. Ein feinporiger Stein hält die Feuchtigkeit länger und wird dadurch oft grün.

Dann wurde das Gerüst um das Wohnhaus von einer Firma bis zum Giebel aufgestellt. In den vier Wochen Urlaub habe ich in die Außenwände vom Wohnhaus Löcher gebohrt, Dübel und Luftschichtanker eingeschlagen und die Hego- Luftschichtplatten aus 6 cm Steinwolle und 2 cm Styropor über die Anker geschoben und mit Kunststofftellern gegen Herunterfallen gesichert, während die Verblender später mit den Luftschichtankern vermauert wurden. Über jedes Fenster wurden verzinkte Winkeleisen Schenkellänge 100 mm mit eingemauert.

Nach Feierabend wurde von mir das Gesimse oder die Dachüberstände mit Holzlasur gestrichen. Die Südseite des Hauses konnte nicht mit verklinkert werden, da das Bad im Erdgeschoß noch vergrößert werden sollte für eine zusätzliche Dusche.

Inzwischen wurde in Elmshagen der Strom- und Telefonanschluss verlegt und angeschlossen.

Mit Rhodus Pflaster hellbraun von Fa.Kimm ist als nächstes die Einfahrt in Elgershausen von uns gepflastert worden. Der Rüttler wurde ausgeliehen.
  Im Winter 1995/96 bauten wir die Restsparren vom alten Haus mit in das Dachgeschoß als Deckenbalken in Elmshagen mit ein. Die Unterseite der Decke wurde mit Gutex-multiplex hell in natur Holzfaserdämmplatten verkleidet und mit Isofloc-Schüttflocke verfüllt. Mit Spanplatten wurde der Dachboden ausgelegt und darauf verlegten wir eine Korkschicht und Parkett.
  In das asymetrische Dach in Elmshagen wurden vom Dachdecker im Süden ein Velux Dachfenster GDL Cabrio 41g Maße 94 cm X 254 cm Kiefer natur Kupfer 5Star Verglasung, dann ein zweites Dachfenster GPL Panorama 608 Maße 114 cm X 140 cm und ein drittes Dachfenster GHL Maße 55cm X 98 cm eingebaut.
  Zwischen die Dachsparren des gesamten Daches bauten wir beide

zur Isolierung Homatherm Dämmplatten mit den Maßen 1000 mm X 625 mm X 148 mm ein.

In Elgershausen wurden drei Velux Dachfenster VL107.110 mit den Maßen 134 cm X 148 cm im Süden und drei Dachgaubenfenster im Norden mit den Maßen 106 cm X 126 cm eingebaut, sowie im Westen und Osten je ein Fenster mit den Maßen 125 cm X 150 cm.

In 1996 bekamen wir in Elgershausen einen Gasanschluß. Der selbstgeschweißte und von außen gestrichene Öltank von 2,5 m X 2,5 m X 1,25 m aus 5 mm Stahlblech mit aufgeschweißten 70 X 50 mm U-Profilen zur Versteifung musste aus dem Keller,
aber wie? Zunächst erst mal alles Heizöl verbrennen im Tank. Rest in Wannen und Eimer füllen und von dort verbrennen. Mit Sägespänen den Rest des Öles aufsaugen lassen. Danach kaufte ich mir eine Stichsäge von Makita und zersägte als erstes den Deckel 2,5 m X 2,5 m X 5 mm in der Mitte und dann außen herum durch, danach wurden die vier Außenwände in den Ecken und dann am Boden abgesägt.

Der letzte Schnitt war der Boden in der Mitte. Mit vier Mann wurden die einzelnen Tafeln aus 5 mm Blech mit den U-Profilen draußen in den Garten getragen und mit der Innenseite nach oben abgelegt. Sämtliche Tafeln zersägte ich noch zweimal auf 83 cm x 125 cm. Als ich damit fertig war, war die Stichsäge auch fertig. In der Mitte war der Fuß der Stichsäge durchgebrochen. Auf Garantie gab es eine ganz neue Stichsäge. Die zerschnittenen Bleche brachte ich nach Elmshagen und verteilte diese im Garten, damit der letzte Ölfilm verschwindet, um zwei neue Regale aus den Blechtafeln in die Garagenunterkellerung für das Obst zusammenzuschweißen.

Für den Specksteinofen mauerte ich zur Entlastung der Kellerdecke am Schornstein im Keller einen 100 mm Doppel-T-Träger in Elmshagen ein.

Nachdem die Isolierung des Daches in Elmshagen beendet war, kam eine Diffu- Star Unterspannbahn hochdiffusions offen mit Dampfbremspappe armiert Brandklasse 2 auf die Sparren im Innenbereich. Als Abschluss wurden darauf die Osmo-Profil-Bretter nordische Fichte endbehandelt weiß-transparent mit ihren Maßen 19 mm X 146 mm X 5700 mm befestigt.

Danach begannen wir in Elmshagen mit der Elektrik, erst im Schaltschrank. dann mit dem Kellerbereich und mit dem Sicherungskasten im Erdgeschoss, den Anschluss für den Elektroherd und sämtlichen Anschlüssen für Steckdosen und Lampen im Keller-, Erd-, Ober- und Dachgeschoss. Da sämtliche Stromkabel in flexible Kunststoffrohre verlegt wurden, waren jede Menge Schlitze zu stemmen. Eine Heizungsfirma aus Wattenbach hat das Brennwertgerät mit sämtlichen Heizungsrohren, Wasserleitungen im Haus und zu den Bädern verlegt.

Mal- und Tanzkurs sowie weitere Bauarbeiten in Elmshagen

Um etwas Abwechselung in unser Leben zu bringen, besucht meine Frau von 1992 bis heute, dass sind 20 Jahre, einen Malkurs für Öl- und Aquarellbilder, geleitet von verschiedenen Studenten der Universität in Kassel.

Samstagsabend von 19:30 bis 21:30 Uhr belegten wir seit Januar 1999 Tanzkurse in einer Kasseler Tanzschule. Im Anfängerkurs ertanzten wir uns Bronze. In den fortgeschrittenen Kursen ertanzten wir beide uns Silber, Gold und Goldstar. Nach dem Goldstarkurs tanzten wir in einem Tanzkreis, der schon einige Zeit zusammen war. Wir hatten gleich gemerkt, dass hier nicht der Tanzlehrer das Sagen hatte, sondern eine Tänzerin das Regiment führte. Wollte der Tanzlehrer uns neue Schritte beibringen, wollte diese Tänzerin die alten Tanzfiguren noch mal wiederholen. So gab sie auch vor, welcher Tanz getanzt werden sollte.

Einmal hatte ihr Mann die Schritte vom letzten Walzer vergessen, da hat sie ihren Gatten vor versammelter Mannschaft rund gemacht und beleidigt. Der Tanzlehrer übte dann allein mit dem Herrn 20 Minuten, bis er die Tanzschritte beherrschte.

Diese Tänzerin hat den Tanzlehrer mit allen Kursteilnehmern, außer meiner Frau und mir, am Sonntagnachmittag bei sich zu Hause eingeladen, um Discofox zu üben. An diesem Sonntagabend fehlte unser Tanzlehrer und wir waren das einzige Paar auf der Tanzfläche etwa 20 Minuten, bevor die anderen Paare erschienen. Ein Paar, das wir seit Jahren kannten, hatte sich verlobt und gab einen aus. Nur wir wurden ausgeschlossen. Ende des letzten Tanzes an diesem Abend fanden wir einen Brief auf unserem Tisch. Ich habe diesen eingesteckt und daheim geöffnet und gelesen.

Sehr geehrte Familie Umbach,
wir haben lange überlegt wie wir Ihnen mitteilen könnten, dass uns seit längerem der unangenehme Geruch Ihrer Kleidung es uns immer schwerer fallen lässt, das Tanzen zu genießen.
 Da es uns sehr schwer fiel, Ihnen dies in einem offenen Gespräch mitzuteilen haben wir diesen Weg gewählt. Wir bitten Sie, das nicht falsch zu verstehen, wir schätzen und mögen Sie als Menschen und möchten auch in Zukunft mit Ihnen weiter tanzen.
 Wir hoffen auf ihr Verständnis und würden uns wünschen wenn wir dieses Problem lösen könnten.
 Unterschrift

Da wusste ich, warum unser bisheriger Tanzlehrer heute nicht zum Tanzunterricht erschienen war. Zu diesem Menschen und seiner Tanzpartnerin hatten wir ein sehr, sehr gutes Verhältnis und da er über dieses Schreiben informiert war, hat er es vorgezogen, fernzubleiben.

Noch an diesem Abend habe ich ein Antwortschreiben verfasst, mit folgendem Text:

Betreff: Antwortschreiben auf Ihr Schreiben vom 08.12.2001.
So etwas kann ich nicht verstehen. Ich bin von Beruf Diplom-Ingenieur. Um das zu werden, benötigt man heute Abitur und 12 Semester Studium. Daran schließt sich eine Diplomarbeit von einem halben Jahr. Meine Diplomarbeit war die Berechnung mit Fertigungszeichnungen eines 40 Tonnen Kranes mit Laufkatze. Seit Jahrzehnten trage ich die Verantwortung bei Daimler-Benz in Kassel für sämtliche hydraulischen, pneumatischen und elektro- mechanischen Steuerungen an Maschinen und Vorrichtungen. Ich vertrete unsere Firma auch bei

anderen Geschäftspartnern und anderen Firmen, fahre zu Messen, Maschinenabnahmen und bin in Projekt- und Teamgesprächen dabei.

In unseren Kreisen kann man sich nicht erlauben, nach Schweiß zu riechen, oder in der Kleidung unangenehme Gerüche zu verbreiten, dann ist man weg vom Fenster. Ich arbeite im Büro nur in Sonntagsanzügen mit Schlips und Kragen. Deshalb muss ich morgens und abends duschen und anschließend meinen Körper mit Hautbalsam eincremen.

In Elgershausen habe ich eine unterkellerte Doppelgarage gebaut und das fast neue Einfamilienhaus in ein Dreifamilienhaus aufgestockt und verklinkert.

Bald ziehen wir in unser neues Wohnhaus mit unterkellerter Garage in Elmshagen

Schöne Aussicht 34 ein. Wir haben in jeder der vier Etagen ein Bad mit Dusche, Badewanne oder Waschgelegenheit.

Jeden Samstag, besonders wenn wir zum Tanzkurs fahren, baden meine Frau und ich etwa eine Stunde. Danach cremen wir uns ein mit Hautbalsam und Creme. Anschließend ziehen wir uns saubere Unterwäsche und ich nur meine neuesten und modernsten Oberhemden, Schlipse und Anzüge an, um mich von denen, die in Niethosen und von denen, die in Hochwasserhosen erscheinen, abzuheben. Wenn wir die Räume der Tanzschule betreten, setzen wir uns gleich etwas abseits allein an einen Tisch für Nichtraucher, obwohl der Rauchgeruch im ganzen Saal verteilt ist.

Raucher sind für mich willenlose und rücksichtslose Menschen, die nur an sich denken.

Nehmen Sie mal einem Raucher die Zigarette weg, er fängt an zu zittern, er wird nervös, fühlt sich nicht mehr wohl, er muss eben wieder rauchen.

90 % der Tanzpaare sind Raucher. Jede Tanzpause wird dazu genutzt, erstmal eine zu qualmen. Ich wundere mich nur, wie man bei dem Gestank von den Rauchern weitere unangenehme Gerüche überhaupt wahrnehmen kann.

Diesen Gestank mit unangenehmen Gerüchen, die die Raucher verbreiten, müssen wir auch ertragen und sogar noch passiv mitrauchen zum Schaden unser Gesundheit. Die Raucher sind die Ursache für die unangehehmen Gerüche, aber nicht meine Frau und ich als Nichtraucher.

Drei Tage muss ich meinen Anzug und die Frau ihre Kleidung lüften auf dem Balkon, um den Gestank des Rauchens zu entfernen.

Wenn eine Raucherfrau mich anatmet, muss ich mich übergeben. In Elmshagen wohnen wir direkt im Walde, ohne Autoverkehr und sonstigen Gestank in herrlicher, frischer und sauberer Waldluft.

Ich kenne meine Frau jetzt 34 Jahre, 30 Jahre sind wir verheiratet, haben zwei Töchter, die in unserem Hause in Elgershausen wohnen, aber bis heute hat uns noch nie einer angesprochen, wegen unangenehmer Gerüche. Meine Frau und ich werden diesen Tanzkreis nicht mehr besuchen, um den Gestank, den alle Raucher verbreiten, nicht mehr einatmen zu müssen.

Man hat uns aus diesem Tanzkreis herausgeekelt. Wir werden die Konsequenzen ziehen und zum Jahresende 2001 kündigen. Meine Bank werde ich anweisen, sämtliche Überweisungen an Ihre Tanzschule zu sperren. Ich werde auch Ihre Kündigungsfrist von einem viertel Jahr nicht einhalten, da Sie unseren Vertrag durch Ihr Schreiben verletzt haben.

Hätten Sie den Mut gehabt, mich anzusprechen, hätte ich das Problem sofort aus der Welt geschafft. Denn in unserer attraktiven modebewussten Kleidung findet man keine unangenehmen Gerüche.

Drei Jahre lang haben wir Ihre Tanzschule aufgesucht. Niemals wurden wir auf unangenehme Gerüche angesprochen, vielleicht liegt das an dem unangenehmen Tanzkreis, den meine Frau und ich erst drei Mal besucht haben. Eine Tanzpartnerin führt hier das Regiment und alle anderen samt Tanzlehrer haben sich dieser Frau unterzuordnen.

Uns hat es immer Freude bereitet bei Ihnen zu tanzen. Aber Sie können doch jetzt nicht erwarten, dass meine Frau und ich die volle

Konzentration zum Tanzen aufrecht erhalten können, wo die Mittänzer und Mittänzerinnen uns so etwas angetan haben. Vor diesen Menschen habe ich die Achtung verloren, die Vertrauensbasis ist gestört, wir werden diesen Tanzkreis abhaken.

Ein guter Rat von mir, unterlassen Sie in Zukunft solche Schreiben, denn es könnte sein, dass jemand Ihr Schreiben mit Antwortschreiben, in der Hessischen Allgemeinen HNA unter der passenden Überschrift: »Mobbing in der Tanzschule« veröffentlicht. Damit wäre der gute Ruf Ihrer Tanzschule im Eimer. Noch eine Bitte: »Bringen Sie den Mut auf und legen Sie mein Schreiben in der Tanzpause dem Tanzkreis vor, damit dieser daraus lernt und in Zukunft so etwas unterlässt.« Es gibt noch ein schönes Sprichwort und das heißt: »Mehr sein als scheinen.«
Anlage: Ihr Schreiben vom 08.12.2001
Schauenburg, den 08.12.2001 Friedhelm Umbach

Im Grunde genommen haben wir uns in diesem Tanzkreis von Anfang an nicht wohl gefühlt und das passive Mitrauchen hatte jetzt auch ein Ende. Jeden Sonntagabend sind wir ständig zum Tanztee gegangen, um die gelernten Tänze zu üben. Tanzen in der Tanzschule ist kein billiges Vergnügen, zum Tanztee zahlte man Eintritt, die Getränke waren nicht billig und dazu kam die monatliche Abbuchung des Tanzkreises.

Meine Frau hatte in Erfahrung gebracht, dass ein Tanzkurs für Fortgeschrittene über die Volkshochschule in Elbenberg angeboten wurde. Dieser Tanzkreis bestand aus zwölf Tanzpaaren. Im Laufe der Jahre war der Tanzkreis auf vier Paare geschrumpft und zurzeit tanzen wir wieder mit sieben Paaren. Mittlerweile tanzen wir 14 Jahre und es bereitet uns immer noch Freude, weil es gut für Geist, Figur, Gesundheit und Harmonie einer Ehe ist.

In Elmshagen wurden von mir mit Gisogrund alle gemauerten Innenwände gestrichen, bevor der Innenputz, von einer Putzfirma, mit

Pumpe aufgespritzt und glatt abgerieben wurde. Mit Jackodur GL 1250 X 600 X 40 mm Platten wurden alle Betondecken und der Kellerbereich isoliert und danach mit schwarzer Pappe abgedeckt für den Estrich. Der Wandbereich für die Heizkörper wurde in allen Etagen weiß gestrichen, die Heizkörper aufgehängt und angeschlossen.

Jetzt war Ausdauer, Kraft und Durchhaltevermögen für die kommende Knochenarbeit gefragt. Mit drei Mann wurden 20 m³ Erde für den Einbau eines Shellgas-Flüssigkeitsbehälters bewegt. Ein Minnibagger hat einen Löffel voll Erde nach dem anderen in die beiden Schubkarren gelegt, die dann 20 m weiter bergwärts gelagert wurden, wo wir die Basaltsteine gleich aussortierten. Mein Kollege und ich haben zwei Tage lang nur Schubkarren gefahren, bis wir die Grube gebaggert hatten. Mit 20000 Volt wurde der Tank zunächst an Ort und Stelle auf Schäden kontrolliert.

20 cm hoch wurde Sand in die Grube gefahren, bevor der Gastank mit einem 28 m Kran von Firma Regel in die Grube abgelassen wurde. Mit 13 m³ Sand, meine Frau den Sand in Schubkarren gefüllt, ich den Schubkarren gefahren, die anderen beiden Männer den Sand um den Behälter verdichtet. Danach wurden die Armaturen am Tank, der Gaszähler, Kugelhahn und das Brennwertgerät Weishaupt Thermo Condens WTC 25 N/F über Kupferleitungen angeschlossen und der Tank mit Gas gefüllt. In den glasierten Schornstein kam ein Aluminiumrohr als Schornstein mit Abdeckhaube und Luftschlitzen.

Dann kam die nächste Herausforderung. Ein Gerüst aus Stempeln, Latten und Baumstämmen, Fröschen, Krampen, schwarzen Seilern und Leitern war zu bauen, welches nicht auf den glasierten Ziegeln auflag, sondern freistehend bis oben zum 12 m hohen Schornstein führte, damit wir die Abdeckhaube anbringen konnten. Nach einigen Wochen war die Meisterleistung vollbracht.

In die einzelnen Etagen des Hauses sind wir bisher nur über selbst gefertigte Leitern gelangt. Ein Treppenbauer hat den Treppenaufgang vermessen und die drei gewendelten Treppenkonstruktionen aus Vierkantrohr 100 X 60 X 5 mm gefertigt und eingebaut. Die einzelnen Treppenstufen wurden nummeriert und aus Pappe mit den genauen Maßen geschnitten. Auf die einzelnen Stufen habe ich zunächst Bohlenstücker gelegt und mit schwarzen Seilern angebunden, um diese begehbar zu machen. Wochenlang betonierten meine Frau und ich in Teamarbeit den Estrich im Keller-, Erd- und Obergeschoß mit verzinkten AKS-Gittermatten. Ich habe die Mischmaschine mit Estrichsand, Zement und Wasser gefüllt und mit dem Schubkarren und Eimern den Estrich über Bohlen in die einzelnen Räume geschafft. Die Frau mit dem Richtscheid, dem besseren Augenmaß und Gefühl, den Estrich abgezogen und mit der großen Glättkelle geglättet. In den Bädern wurden die Badewanne, Dusche, Waschbecken und Toiletten an den Wasserkreislauf angeschlossen.

Um Streit aus dem Wege zu gehen und keine Vorhaltungen zu bekommen, hat meine Frau mit dem besseren Geschmack, und ihr mussten sie ja auch gefallen, sämtliche zu verlegenden Fliesen ausgesucht und im Kellerbereich fast alle allein verlegt.

Im Erdgeschoß, Küche, Bad, Flur und Balkon, im Obergeschoß, Bad, Flur und Dachbalkon, im Dachgeschoß, Bad und um die Schornsteine war das meine Arbeit. In sämtlichen anderen Räumen verlegten meine Frau und ich Parkett. Der Schreiner baute alle Zimmer- und Schiebetüren ein.

Der Sohn des westlichen Nachbarn in Elmshagen borgte sich bei mir den großen Vorschlaghammer, um damit die in seinem Eingangsbereich stehende gemauerte 60 cm X 60 cm X 120 cm Säule mit Briefkasten und Gegensprechanlage dem Erdboden gleich zu machen, um den Eingangsbereich neu zu gestalten. Bei dem Vornehmen ist es auch geblieben, denn bis heute dient ein Stück Holz als Anschlag für die Hoftür. Der Sohn wollte ihre Einfahrt zur Garage pflastern lassen. Er hatte für diese Arbeit jemand gefunden. Dieser Mann hatte den Bereich mit Splitt mit der Rüttelplatte bereits geglättet. Beim Verlegen der Pflastersteine sollte der Sohn Handreichungen machen und behilflich sein beim Beschaffen der Pflastersteine. Das lehnte der Sohn ab und daraufhin ist der Arbeiter gegangen.

Da die Nachbarn mit ihren zwei Autos nicht über den Splitt fahren wollten, hat er mich gefragt, ob er sein Auto und das Auto der Eltern vor unsere Garage parken dürfte. Zwei Jahre parkten die Autos vor unserer Garage und die Nachbarn sind über von mir geliehene Bohlen in ihr Haus gegangen. Ich habe die Nachbarn unterrichtet, dass ich meine Einfahrt zur Garage und zum Hauseingang pflastern wollte und sie möchten bitte ihre Pflastersteine von unserem Grundstück entfernen. Gleichzeitig habe ich ihn gefragt: »Wie sieht es aus mit einem Carport auf der gemeinsamen Grenze?« Er war davon begeistert und zeigte mir Unterlagen über Carports. Mit dem Laser und bei Flutlicht hat er dann wochenlang die 25 m² vor seiner Garage gepflastert. Meine Frau und ich begannen, den Graben für die gemeinsame Grenzmauer auszuheben. Der Nachbar zeigte großes Interesse und bestand darauf, die Mauer 15 cm auf seinem Grundstück zu haben, um genügend Auflage für die Pfosten des Carports zu erhalten. Ich habe ihm 8 cm zugestanden.

Da die Tannen vom Nachbarn bis fast auf die Grenze gepflanzt waren, wies ich ihn darauf hin, dass der Graben frostfrei 90 cm tief ausgehoben würde und ich seine Wurzeln kappen werde. Falls Sturm kommt wäre es besser, die Tannen in der Höhe zu kürzen. Da müsste er erst einmal seine Mutti fragen. Mutti tauchte dann auf und hat die Höhe zum Absägen bestimmt. Den Graben hatten wir ausgeschachtet, die Baustahlgewebematten und die Rundeisen gestellt und mit Bohlen, Schaltafeln und Kanthölzern die Grenzmauer bis auf 6m von der Straße eingeschalt.

Dann rief der Sohn in Elgershausen an und fragte, wann ich wieder in Elmshagen wäre. »Ich bin in einer Stunde da oben«, habe ich ihm geantwortet. Da kam die 83 jährige Mutti. Ihrem 60 jährigen Sohn gehe es nicht gut und im Moment könnte er nicht heraus kommen. Nach zwei Stunden erschien die Mutti ohne ihren Sohn wieder. »Ja, sie hätten sich überlegt, doch keinen Carport zu bauen, sondern eine Pergola und ich möchte die 8 cm wieder zurück schalen bis auf die Grenze«, sagte die Mutti zu mir. »Ihr Sohn wollte 15 cm, ich habe ihm 8 cm zu gebilligt. Ich habe 8 Wochen Graben ausgehoben, die Baustahlgewebematten platziert und eingeschalt, das soll er mir, wenn er wieder bei Kräften ist doch selbst sagen«, antwortete ich seiner Mutter. Der Sohn war dann mit 8 cm einverstanden. Gemeinsam mit meiner Frau wurden am Anfang und am Ende je ein Vierkantrohr 100 X 100 X 8 mm in zwei Metern Länge für das Gartentor mit in den Beton vergossen. Die restlichen sechs Meter Mauer bis zur Straße für die zu vermauernden Bossamur Betonsteine wurden von mir bis in die gemeinsame Grenze eingeschalt, bewehrt und ab 7 Uhr morgens betoniert. Da die Nachbarn erst gegen Mittag um frühestens 12 Uhr aufstehen, war die Mauer schon fast fertig betoniert. Da kam der Sohn und sagte ganz aufgeregt: »Aufhören, sofort aufhören!« Die Mutti und er hätten sich überlegt, ich solle hier vorne 8 cm zurück bleiben, weil ich auch 8 cm mit der vorhandenen Mauer auf ihrem Grundstück wäre. Er hätte gar keine Zeit zum Überlegen gehabt, weil ich viel zu schnell betoniert hätte. Ich antwortete: »Der Bauantrag läuft auf meine Frau und von der habe ich die Anweisung, die Mauer so zu betonieren.« Um 13 Uhr tauchte dann meine Frau auf, da erscheinte auch die Mutti mit Sohn. Mutti brachte den Fotoapparat mit und hat alles bildlich festgehalten. Meine Frau sagte: »Vor drei Tagen waren Sie noch einverstanden, dass wir bis zur Grenze betonieren dürfen. Aber was interessiert Sie Ihr Geschwätz von gestern.« Mutti antwortete: »Sie hören von unserem Rechtsanwalt.« Etwa eine Woche später wurden wir vom Ortsrichter angerufen, der mit uns einen Ortstermin mit seinem Kollegen vereinbarte. Da vom Nachbarn kein schriftlicher Antrag gestellt wurde, kam kein Ortsrichter.

Nachts fiel mir dann wieder ein, als ich den Bauplatz gekauft habe, habe ich wegen der Hundehaufen von seinen drei Jagdhunden und des Zerschlagens der Pansen auf meinem Grundstück, der anschließend von den Tieren bei uns herumgezogen wurde, genug. Darum war meine erste Arbeit, diese Seite einzuzäunen. Den oberen Eckpfosten konnte ich vor oder hinter den Grenzstein setzen. Ich habe mich damals für dahinter entschieden, da der Grenzstein dem Eckpfosten beim Spannen des Drahtes mehr Halt gab. Somit gehören mir vom Nachbarn noch 15 cm.

Sonntagmorgen um 7 Uhr legte ich den Grenzstein frei und fand die Bestätigung. Die Schnur gespannt von der Straße über beide Grenzsteine zeigte die Mauer voll auf unserer Seite. Die vorderen 6 m der Mauer mauerte ich dann abgesetzt mit Bossamur Betonsteinen hellbraun zwei bis dreiseitig bossiert 24 X 24 X 12 cm. Als Abschluss verlegte ich die Bossamur Abdeckplatten 56 X 30 X 6 cm. Im Erdbereich isolierte ich die Betonmauer mit einem Isolierschutzanstrich. Es wurde ein Drainagerohr verlegt und bis auf 40 cm von Oberkante Grenzmauer ausgeschachtet. Die Basaltsteine vom Aushub des Tanks ergaben 20 cm Packlager. Mit Splitt wurde egalisiert und mit dem geliehenen Rüttler alles verdichtet. Dann habe ich mit Hilfe meiner Frau 6926 Stück Rinn-Variant Color- Canyon- Pflastersteine 16 X 12 X 8 cm grün hell, grün mittel und grün dunkel miteinander gemischt verlegt und mit dem Gummihammer fest geschlagen. Zwischendurch gab es den Treppenstufeneinbau mit freitragenden Trittstufen aus Naturstein Granit 3 cm plus 3 cm verklebt in Rosa Porinio, allseitig gefasst und poliert nach den vorhandenen Schablonen hergestellt, der Großteil gewendelt mit Einbindung in den Fensterbereich. 47 Stufen wurden aufgelegt auf die bauseits vorhandene Stahlkonstruktion ausgerichtet und befestigt von der Lieferfirma.

Auf die Decken vom Kellergang-, Waschküchen-, Heizungsraum-, Kellerraumdecke und die Flurdecke im Erdgeschoß trug ich den Münchner Rauputz mit 3 mm Körnung auf, in den meine Frau dann Struktur eingerieben hat.

Alle Tapezierarbeiten erledigten meine Frau und ich allein. Die zweite Tochter hatte in Erwägung gezogen zu heiraten und benötigte unsere Wohnung in Elgershausen. Was blieb uns da anderes übrig, als nach 21 Jahren bauen nach und nach, nach Elmshagen endlich umzuziehen, aber ohne Möbelwagen. Auf unseren VW-Käfer montierte ich meinen Dachgepäckträger. Sämtliche Möbel zerlegten wir auf eine nummerierte transportfähige Größe, die auf dem Dachgepäckträger dann mit schwarzen Kunststoffseilern fest gebunden wurden, dann ging es ab im Schneckentempo nach Elmshagen in die Schöne Aussicht 34, wo diese gleich wieder zusammen geschraubt wurden.

Meine Frau ist dann alleine los und hat die Möbelhäuser abgeklappert, um ein neues Esszimmer, ein neues Wohnzimmer und eine neue Küche zu kaufen. Bei Anlieferung war ich echt überrascht über ihren guten Geschmack. Mir war es im Grunde auch egal. Hauptsache die Möbel gefallen ihr und ich bekam keine Vorhaltungen.

Wir, mitsamt der Schwiegermutter, meldeten uns in der Gemeinde am 06. Oktober 2001 von Elgershausen zum neuen Wohnsitz nach Elmshagen um.

In den beiden Kellerräumen zum Süden des Hauses wohnte in einem Raum die Schwiegermutter, damit sie keine Treppen steigen musste. In dem daneben liegenden Raum richteten wir unsere alte Küche von Elgershausen ein. In dieser Wirtschaftsküche wurde gefrühstückt, gekocht, zu Mittag und zu Abend gegessen.

Im Süden lagen unter dem Balkon zum Schutz gegen Regen Holzbohlen, Leitern, Kanthölzer und das gesamte Gerüst aus Stempeln und Holzstämmen. Zwischen dem Holz hatte eine Wildkatze fünf kleine Katzen geboren, die meine Frau dann gefüttert hat.

Meine Frau sagte: »Das Holz muss weg und es müssen hier Terrassenplatten verlegt werden. Aber bevor du das Holz verbrennst, solltest du noch einmal die Dachüberstände streichen.« Also baute ich erst einmal an der Westseite, mit Hilfe meiner Frau und danach an der Ostseite ein dokumentarreifes Gerüst mit Fröschen, Krampen und den schwarzen Kunststoffseilern auf. Ich war gezwungen, das Gerüst nach allen vier Seiten abzufangen, da ich die Verklinkerung nicht beschädigen wollte. Die Dachüberstände mit den Dachsparren habe ich so lange gestrichen bis das Holz gesättigt war. Man musste sehr vorsichtig sein, damit kein Tropfen Holzlasur an die Verklinkerung kam.

Mittlerweile gab es immer mehr Stress mit meiner Schwester. Den Hass, Zank und Streit wollte ich nicht länger ertragen. Jedes Gespräch blockte sie ab mit Denunzierungen, Erniedrigungen, Beleidigungen und Rechthaberei, ganz zu schweigen von dem 50 DM Teller, den sie mir an den Kopf schmeißen wollte, wenn ich noch ein Wort sage und der Verleumdung in der Hessischen Allgemeinen. Da ich ein sehr, sehr gutes Verhältnis zu meinem Patenkind hatte, wusste ich mir nicht anders zu helfen, als diesem schriftlich zu erklären, warum ich den Kontakt mit seiner Mutter in Zukunft meiden werde.

Aufklärungsschreiben an Patenkind

Hallo Patenkind,
in der Firma habe ich von meinem Arbeitskollegen Axel Umbach, die an mich falsch gelieferte Post, die an den Axel adressiert war, persönlich zu ihm gebracht. »Friedhelm, ich habe für 240.000 DM Dein Elternhaus in Heiligenrode gekauft«, waren seine ersten Worte.

Von 1956 bis 1968 haben wir aus einem alten Lehmhaus, damals ohne richtigen Keller und mit Lehmdecken, ein massives Haus gebaut. Manchen Abend und manchen Samstag haben der Gerhard Döring, Dein Opa, der Schwager Deiner Oma und ich das alte Lehmhaus entfernt und dann ein massives Haus gebaut. Meinen ganzen Gesellenlohn musste ich abgeben, damit er verbaut werden konnte. Wollte ich am Samstagabend zum Tanzen gehen und verlangte 20 DM von meiner Mutter, dann sprach sie oft: »Du hast doch vorigen Samstag erst 20 DM bekommen, was hast du denn mit dem ganzen Geld gemacht?«

Ich lernte Deine Godel kennen. Da Deine Godel das einzige Kind war und ein neu gebautes Haus vorhanden war, bekam ich von meiner Familie nur 10.000 DM Vermögen für Elternhaus und Garten vom Möncheberg. Das ist nur ein Bruchteil dessen, was ich im Laufe der Jahre in der AEG verdient und man mir gleich wieder abgenommen hatte. Ganz abgesehen von den von mir geleisteten Arbeitsstunden!

Wenn ich meinem Vater nicht helfen wollte, hat er mich dazu gezwungen oder geschlagen. Solange ich meine Füße unter seinen Tisch stelle, habe ich die Pflicht, ihm zu helfen. Das Vermögen habe ich von meinen Eltern überwiesen bekommen. Von Deiner Mutter gab es keine müde Mark und keine Überweisung. Im Gegenteil, mein Vater hat 20.000DM Deiner Mutter gegeben, damit sie den Bauplatz in Uschlag kaufen konnte. Dieses Geld stand mir eigentlich noch zu, zu meinen Vermögen. Somit habe, ich mit dem mir noch zustehenden Vermögen, Euch den Bauplatz in Uschlag im Haselweg 9 bezahlt.

Heute bietet sich für Deine Mutter die Möglichkeit, an unseren beiden Töchtern etwas gut zu machen. Aber nein, Deine Mutter hat die 240.000 DM ohne Gegenleistung, als Godel eingesackt.

Deine Mutter hatte mir verboten, meine Mutter weiterhin zu besuchen. Warum wohl?
  Weil meine Mutter auf ihren Nießbrauch durch Unterschrift verzichten sollte, denn nur so konnte unser Elternhaus verkauft werden. Genau so wird sie die Vollmacht zur Übernahme der Geldangelegenheiten von meiner Mutter erpresst haben.

Als dein Opa gestorben war, hat deine Oma 40.000 DM geerbt, 20.000 DM für den Bauplatz und 20.000 DM für bezahlte Rechnungen (Haustür usw.) gleich 80.000 DM und in den sieben Jahren, in denen meine Mutter noch lebte, kamen noch einmal 50.000 DM Rente zusammen. Dieses Ersparte musste auf das Konto im Haselweg, damit ich und unsere Töchter leer aus gehen, wenn deine Oma stirbt, damit Deine Mutter sich rühmen kann, sämtliches Vermögen und alle Ersparnisse habe ich bei Zeiten beiseite geschafft damit die Enkel, also unsere beiden Töchter, nichts mehr erben können, weil eben nichts mehr da ist.
  Schau mich an: Bis ich meine Frau kennen lernte, hat mir Deine Oma und Opa das ganze Geld abgenommen. Danach habe ich freiwillig Deiner Godel sämtliches Geld abgegeben. Ich für meine Person benötige nur Benzingeld. Mir ist es egal, was Deine Godel mit dem Geld macht. Sie kaufte eine neue Küche, Esszimmer und Wohnzimmer, ohne dass ich dabei war. Mir reicht es, wenn ich es bei der Anlieferung sehe und auch die Preise interessierten mich nicht, da ständig neues Geld hinzukam.

Ich bin froh darüber, dass Dein Opa, als er mir in Elmshagen mal helfen sollte, mit deinem Vater und dem Schutzmann Holz im Walde machen wollte. Dadurch hat er mir an meinem Bau nicht einmal geholfen. Wenn ich heute in mein Haus in Elmshagen gehen würde und wüsste, dass er seine Schlaganfälle sich bei mir am Bau geholt hätte, würde ich ihn immer wie ein Häufchen Unglück vor mir sehen. Die Freude an meinem Haus wäre getrübt, da sich mein Gewissen ständig melden würde. Einen Schlaganfall bekommt man durch Stress. Sein Körper hat ihm gesagt: »Mein lieber Hans, so geht das nicht weiter« – und er bekam diesen Schuss vor den Bug. Nach dem ersten Schlaganfall wurde im Krankenhaus das Blut verdünnt.

Rentner wird man, um seinen Lebensabend zu genießen. Dein Opa hat manchmal geheult und sich geschämt, wenn er andere Männer in seinem Alter gesehen hat oder auf seine Krankheit angesprochen wurde. Wie fit die noch waren!

Heute würde sich Deiner Mutter die Möglichkeit bieten, einiges an deinem Opa und auch an meinen Kindern wieder gutzumachen, aber Ihre Raffgier lässt das nicht zu. Und wenn die Wahrheit später einmal heraus kommt …. Was interessiert mich das Geschwätz anderer Menschen? »Die Hauptsache ist doch, dass die keinen Pfennig einer Überweisung von mir und ich alles Geld der Eltern eingesackt habe.«

Warum hat sich Deine Oma nicht daran erinnert, dass sie auch noch einen Sohn hat, der sie bei ihrer Herzoperation mit zwei Bypässen in der Intensivstation im Krankenhaus jeden Tag besucht hat? Deiner Mutter war das egal. Sie ist nach Pfronten in Urlaub gefahren. Weil sie die Ersparnisse ja schon beiseite geschafft hatte, war unsere Mutter für sie jetzt uninteressant geworden.

Deine Mutter war genauso hart mit Deinem Vater in 1968, wie er betrunken von Oberkaufungen mit seinem neuen Käfer kam und 15 Meter Lattenzaun wegrasiert hat. Führerschein weg und Dein Vater auch weg. Da hat Sie keinen Pfennig für Deinen Vater geopfert, nur um Druck auf ihn in Zukunft ausüben zu können bis er wieder spurte.

Deine Oma hat drei Enkel und Deine Mutter ist zu unserer Tochter Godel. Als Du bei *Daimler* die Aufnahmeprüfung zum Werkzeugmacher nicht bestanden hattest, bist Du mit Deiner Mutter zwei oder drei Mal die Woche wochenlang zum Üben in Mathematik nach Elgershausen gekommen. Ich brachte Dir die Bruch- und Textrechnung, sowie Dreisatz und Zinsrechnung und das Multiplizieren bei, damit Du auch die Grundrechenarten zu Fuß richtig anwenden konntest. Die Aufnahmeprüfung bestandest Du dann bei VW, obwohl Du nicht wusstest, was für Fragen auf Dich zukamen. Ohne mein Üben mit Dir, wärst Du heute nicht im VW-Werk, sondern lerntest Elektriker im Dreimannbetrieb in Heiligenrode.

Ich muss an Deine Uroma denken. Dort war es ähnlich. Von sechs Kindern wurden fünf erblos gemacht. Auf deren Beerdigung war dann auch nur ein Sohn. Jetzt mit Deiner Mutter ist es das gleiche Theater.

Pass auf, dass es in Deiner Generation mit Deinen beiden Jungen nicht auch so geht. Deshalb diese Zeilen, damit Du die Vergangenheit kennst und dich in Zukunft so verhältst, wie ich es Dir rate. Behandle Deine Kinder gleich, schlage sie nicht und erziehe sie mit Worten. Wenn es ans Erben geht, nimm beide mit zum Rechtsanwalt zur Unterschrift, damit sie mit dem Vertrag beide einverstanden sind. Bezahle Du nicht einem das Erbteil aus, lass das Deine Jungen untereinander ausmachen, damit Dir das nicht passiert wie jetzt zwischen Deiner Oma, Deiner Mutter und mir. Oder willst Du, dass es Deinem Sohn so ergeht, wie es mir gegangen ist und Du sagst: »Du ich habe Dir

Dein Vermögen überwiesen und denk daran, das Geld ist von mir und nicht von Deinem Bruder.«

Und wenn sein Bruder, die Summe für zu gering hält antwortest Du: »Wenn Du das nicht willst, bekommst Du gar nichts!« so wie Deine Mutter und Dein Opa es mit mir gemacht haben.

Auch darfst Du nicht vergessen, eine Vollmacht auszustellen, damit Dein Lieblingssohn Deine Ersparnisse beizeiten beiseiteschaffen kann, damit später nichts zum Vererben mehr da ist. Mach es wie Deine Mutter, lass die Frau Deines Lieblingssohnes unterschreiben, dass Sie bei Scheidung keine Ansprüche auf das teure Service und Geschirr stellen kann. Und wenn dann die Wahrheit heraus kommt, interessiert dich das Geschwätz anderer Menschen nicht, die Hauptsache ist, dass Dein anderer Sohn leer ausgegangen ist.

Bitte serviere keinen Deiner Söhne so ab, wie es mit mir geschehen ist, mach Du es anders als die beiden letzten Generationen und behandele einen Sohn genauso wie den anderen.

In der Vergangenheit wart Ihr alle nur die Papageien Eurer Mutter. Was Sie vorgegeben hat, habt ihr ausgeführt, ohne Widerrede.

Bis zur vierten Klasse hat man sich noch um Dich gekümmert, Du warst Klassenbester und laut Deiner Mutter solltest Du Flugzeug-Ingenieur werden. Das Zeug dazu hattest Du. Aber nach der vierten Klasse war es damit vorbei und bald musste Deine Mutter betteln gehen, damit Du in Mathematik und Physik noch eine »vier minus« im Abschlusszeugnis bekamst.

Warum haust Du nicht auf den Tisch und verlierst die Angst vor Deiner Mutter und sagst: »Der Pate hat Recht, wenn dieses Schreiben an Dritte geht, ist unsere Familie blamiert bis auf die Knochen.« Setze sie unter Druck, wie sie es jahrelang mit Euch gemacht hat.

Ich frage mich: »Was habe ich Deiner Mutter getan? Nichts, gar nichts!« Aber ich musste ausgeschaltet werden, wegen des Geldes. Bis zu meinem 17. Lebensjahr bin ich von Deinem Opa oft ohne Grund vermöbelt worden. Während meiner Ingenieurschulzeit in Paderborn habe ich kaum ein Wort mit Deinem Opa gewechselt, keine finanzielle Unterstützung zum Studium erhalten, brauchte ich auch nicht, ich erhielt vom Staat den Höchstsatz. Als ich den Ingenieur in der Tasche hatte, hat von der Familie niemand gesagt: »Friedhelm, das hast du gut hin bekommen! Ich gratuliere Dir zum bestandenen Examen.« Nein, man war nur neidisch, dass ich es geschafft hatte, weil mir in der Familie das keiner zugetraut hatte. Auch während des Studiums hat keiner gefragt: »In welchen Semester studierst du jetzt eigentlich?«

Kurz nach meiner Ingenieurschulzeit lernte ich meine Frau kennen. Um Deiner Mutter und Deinem Opa keine Angriffsfläche mehr zu bieten, hat mich Deine Godel bei ihren in Elgershausen sofort aufgenommen. Nur zu besonderen Anlässen und Festlichkeiten, um den Schein nach außen zu wahren, wurden wir von Deiner Mutter nach Uschlag eingeladen. Wenn ich auf Deiner Hochzeit keine Bilder geschossen hätte, hättest Du bis heute überhaupt keine Fotos von diesem Tag.

Als Ihr nach Uschlag gezogen seid, habe ich mich zehn Mal mit meiner Familie bei Euch eingeladen, bis Deine Godel schließlich sagte: »Du kannst uns ruhig weiterhin einladen, die wollen uns nicht und jetzt will ich nicht mehr«. Deine Mutter ist mir immer nur aus dem Weg gegangen, da sie genau wusste, was sie mir und meiner Familie angetan und Dreck am Stecken hat. Deshalb konnte sie uns nicht einladen. Sie wollte jeder Diskussion aus dem Weg gehen.

Um Euer Gewissen zu beruhigen werdet Ihr jetzt sagen: »Alles was der schreibt, ist erstunken und erlogen.« Wenn man sich mit jemandem unterhält, kann man sich 15 % seiner Rede merken, die anderen

85 % der Rede vergisst man mit der Zeit. Wenn ich Dir aber etwas schriftlich gebe, bleiben 100 % der Rede erhalten. Glaub mal nur nicht, dass ich so blöd bin, und Dir etwas aufschreibe, was nicht der Wahrheit entspricht.

Wegen dieser ganzen Vorkommnisse bin ich von Deiner Mutter restlos enttäuscht und erwarte von Ihr auch nichts mehr. Ich habe alles so erlebt, wie ich es Dir geschildert habe.

Als Dein zweiter Sohn geboren war, haben wir uns angemeldet und Dich sonntags besucht, um ein Geschenk Deinem Sohn zu bringen. Da sagte meine Frau: »Das Köpfchen deines Sohnes besser unterstützen.« Da nahm man den Säugling hoch und schüttelte ihn kräftig hin und her und sagte: »Der Kopf meines Kindes ist doch angewachsen.« »Wenn ein Säugling eine Stunde weint, sind die Eltern genervt und schütteln ihr Kind bis es damit aufhört. Somit kann jetzt ein Schütteltrauma mit einer Gehirnblutung vorliegen und der Säugling verstirbt.

Durch eine Obduktion kann man nachweisen, ob das Kind geschüttelt wurde und dann folgt ein Gerichtsverfahren, denn das Köpfchen und das Gehirn des Säuglings sind noch nicht fest angewachsen. Da der Kopf schon ein gewisses Gewicht zu dem kleinen Körper aufweist, sollte man das Schütteln tunlichst unterlassen«, habe ich darauf geantwortet.

Um halb vier hat Deine Mutter für sich Kaffee gekocht und Kuchen gegessen. Da hat sie wie immer nur an sich gedacht. Wir waren unerwünscht und meine Familie ist ohne Kaffee und Kuchen wieder nach Hause gefahren. Vielleicht steckte auch Deine Mutter dahinter?

Jedes Mal, wenn Deine Eltern und meine Eltern Deine Godel und mich sonntags in Elgershausen besucht haben, gab es von uns Mittagessen, Kaffee, Kuchen, Torte und auch Abendbrot.

Mit Deiner Oma haben wir ähnliches erlebt, als unsere zweite Tochter zur Oma sagte: »Oma, ich hatte gestern Geburtstag«. »Dann gratuliere ich Dir auch, « hat sie da geantwortet. Du hast immer Deine Geschenke entgegennehmen können, da hat Deine Mutter schon für gesorgt. Deine Oma hat ihre Schwester jahrelang gehasst. Trotzdem bin ich immer wieder zu meiner Lieblingstante gegangen, obwohl ich dafür oft von Deinem Opa verhauen wurde. Meiner Tante Frieda konnte ich alles erzählen. Sie sagte nur immer wieder: »Es ist Dein Vater, Deine Mutter und Deine Schwester, Friedhelm. Willst du, dass es so wird, wie zwischen uns Geschwistern, die sich alle uneinig sind? Sei froh, dass Du eine Schwester hast.«

Ich hatte auch zu den anderen Geschwistern meiner Mutter guten Kontakt. Wir hatten in Elgershausen umgebaut. Ich wusste, dass der Mann von meiner Lieblingstante Wände putzen und ihr Bruder Heizung verlegen konnte. Samstagmorgen bin ich mit meinem Auto nach Heiligenrode gefahren, habe erst den Mann von der Tante, dann ihren Bruder abgeholt. Auf der Fahrt nach Elgershausen wurde kein Wort gesprochen, da die beiden sich seit 12 Jahren uneinig waren. Der Mann der Tante putzte die Wände im Schlafzimmer, der Bruder und ich verlegten im Keller Heizungsrohre. Gefrühstückt hat noch jeder für sich. Bis zum gemeinsamen Mittagessen hatte jeder seine sechs bis acht Flaschen Bier getrunken. Ich habe dann noch ein bisschen vermittelt und siehe da, man wechselte die ersten zaghaften Worte. Man sprach wieder miteinander. Von da an, waren die beiden mehrere Samstage zum Arbeiten in Elgershausen. Bis 14 Uhr wurde gearbeitet und dann haben wir zwei bis drei Stunden zusammen gesessen. Bier getrunken und uns unterhalten. Auch deren Frauen sprachen wieder miteinander.

Als meine Lieblingstante ihr Haus an die Tochter vererbte, musste die Tochter dem Bruder 60.000 DM auszahlen, obwohl der Ehemann meiner Tante Frieda seinem Sohn sein neues Wohnhaus mit Werkstatt allein gemauert hat. Die zu vererbenden Häuser haben die gleichen Werte in etwa, nur Deine Mutter hat von unseren Eltern nie gelernt abzugeben, sie wollte immer nur kassieren.

Die Tochter meiner Tante hat die beiden Kinder ihres Bruders wie eigene Kinder behandelt.

Ich möchte in den Jahren, die mir noch zum Leben bleiben, in Ruhe und Frieden mit Deiner Godel unseren Lebensabend in der Schönen Aussicht 34 in Elmshagen verleben und nicht mehr an Deine Mutter und ihre Denunzierungen, Beleidigungen, Erniedrigungen, Rechthabereien und ihre Hasskampagne erinnert werden.

Ich bin von Deiner Mutter so enttäuscht, dass bis an mein Lebensende kein Wortwechsel zwischen mir und Deiner Mutter mehr stattfinden wird.

Ich kann jetzt nur noch hoffen, dass Du nicht so wirst wie Deine Mutter und von Deinen Söhnen einen so hältst wie den anderen.

Schauenburg, den 17. November 2001 Dein Pate Friedhelm

Bauarbeiten in Elgershausen und in Elmshagen

In Elgershausen wollte mein zweiter Schwiegersohn eine Garage haben. Er erklärte sich auch bereit, beim Bau zu helfen. Unsere Tochter Barbara bestand darauf, das Bad im Erdgeschoß zu vergrößern, für eine Dusche. Das Problem bei der Garage war, dass wir an die Nachbargarage anbauen mussten. Diese Garage lag mit der Einfahrt 80 cm tiefer als das Straßenniveau und ging in der Höhe bis unter das Küchenfenster des Nachbarn.

Bei längerem Starkregen floss das Regenwasser, bedingt durch die Hanglage, über die Straße durch diese Garage und durch seine Kellergarage, die noch über einen Meter tiefer liegt. Seine hintere Garagentür und Kellertür wurden immer geöffnet, damit das Wasser durch die Furche des Grabelandes abfließen konnte. Die dabei mitgeschwämmte Erde konnten wir uns unten in der Wiese wiederholen. Deshalb wollte ich unsere Garage mit ihrem Niveau 15 cm höher als die Straße legen. Das war fast einen Meter Höhenunterschied.

Wir sprachen mit der Architektin und die Zeichnung mit dem vergrößerten Bad und der einen Meter höher als die Nachbargarage liegenden Garage wurde eingereicht. Genehmigt wurde die Zeichnung mit einem grünen Strich, der 40 cm tiefer gezogen wurde als die vorgesehene Dachhöhe. Ansonsten waren keine Maße in der Zeichnung verändert worden. Außerdem war keine Unterkellerung mit eingeplant.

Als erstes wurde der Gartenzaun auf sieben Meter Länge entfernt und danach wochenlang mit einem Boschhammer die, einen halben Meter hohe und 30 cm breite, Betongartenmauer bis auf Straßenniveau abgemeißelt. Anschließend fing ich an, ein 50 m langes Drainagerohr mit 10 cm Durchmesser zu verlegen, welches unter der Garage durch bis in den Garten führen sollte.

Mit Bruch- und Feldsteinen bis 20 cm unter Straßenniveau wurde die Hanglage vor der Garage aufgefüllt.

Da auf der einen Seite unser Wohnhaus und auf der anderen die Garage vom Nachbarn stand, benötigten wir nur noch zwei Wände vorne und hinten. Als ich die Fundamente auszuschachten begann, ergab sich folgende Feststellung: Der Arbeitsraum von der Hausverklinkerung war mit gebrochenen und zerkleinerten Ziegelsteinen vermischt mit Erde aufgefüllt worden. Der gewachsene Boden begann erst mit der Unterkannte vom Fundament der Verklinkerung in etwas weniger als drei Meter Tiefe.

Was blieb mir anderes übrig, als so tief auszuschachten? Um mich in dieser Tiefe bewegen zu können, wurde der Arbeitsraum etwa 1 m breit. Der Nachbar hat das Bauamt darüber informiert. Gott sei Dank konnte ich dem Sachbearbeiter vom Bauamt vor Ort beweisen, dass ich die mit Ziegelsteinen vermischte Erde nur mit der Schaufel, ohne Kreuzhacke oder Spaten in den Schubkarren aufladen konnte. Der Sachbearbeiter sah ein, dass die Fundamente so tief ausgeschachtet werden mussten. Die restliche Erde sollte bleiben und später wieder angefüllt werden. Damit war der Nachbar einverstanden. Damit mir die Erde vom Arbeitsraum nicht einbrach, habe ich mit einem alten Gartentor, einer Gartentür, zwei alten Stalltüren und vier Holzstempeln, die ich in die Erde eingeschlagen hatte, die Erdwand abgestützt. Oben habe ich die Holzstempel mit 4 mm geglühtem Draht an der 6 m entfernten Straßenlaterne angebunden.

Da kam mir der Gedanke, auch einen Kellerraum zu bauen. Dafür musste ich zwei Kellerfenster mit Lichtschächten einplanen. Bevor die Fundamente gegossen wurden, legte ich vier 150 mm Tonrohre in den ausgeschachteten Graben, damit das Regenwasser später besser ablaufen konnte. Für die Lichtschachtauflage musste ich drei kleinere Zusatzfundamente, als Auflage für den Lichtschacht, mit Beton vergießen. Danach führte ich das 50 m Drainagerohr durch ein verlegtes Tonrohr. Mit Bitumen isolierte ich die Zusatzfundamente. Den Hohlraum verfüllte ich mit Feldsteinen und Drainagekies, bevor die ganze Lichtschachtbetonplatte, über die gesamte Breite und um die Ecke bis zum Kellerfenster des Wohnhauses, gegossen wurde, um den Kellerraum mit zu belüften. Für den Ablauf des Grund- und Regenwassers hob ich einen tieferen Graben unter der Garage aus, bis zur Mitte des Gartens wurde das 50 m Drainagerohr eingelegt und mit Feldsteinen und Drainagekies bis 20 cm unter Gelände verfüllt. Die Kellerfenster und der Lichtschacht wurden eingeschalt mit Schaltafeln, betoniert und isoliert bis Deckenunterkante der Garage. Das hintere Fundament schachtete ich aus, schalte es ein mit der Türöffnung und danach betonierte ich bis Deckenunterkante. In der Mitte des Kellers betonierte ich noch zwei Pfeiler zur Auflage eines 120 mm Breitflansches. In die beiden Lichtschächte stellte ich 8 Stück Stempel, die ich mit Feldsteinen fixiert habe, für die Roste vom Lichtschacht. Die beiden von mir geschweißten Roste habe ich mit schwarzen Seilen an die 8 Stempel angebunden und genau auf 15 cm Höhe von der Straße ausgerichtet.

Mit Schaltafeln, Kanthölzern, Stahlstützen, Holzstempeln, Bohlen und Seilern schalte ich allein die ganze Garagendecke ein. An die Seitenwände stellte ich Styropor. Der 12 cm Breitflansch wurde eingebaut, die Baustahlgewebematten verlegt und der Fertigbeton über eine Rutsche auf die Garagendecke gegossen. Die Frau hat, mit Gefälle, den Beton geglättet. Den Arbeitsraum vor der Garage verfüllte ich mit Feldsteinen und Drainagekies und der 4 mm Draht an der Straßenlaterne wurde abgebunden und entfernt.

Für die Pfosten des Garagentores mit Sturz, die Mittelpfosten mit Sturz, die beiden Seitenstürze und die hintere Garagenwand mit Fenster wurden alle als Körbe aus Baustahlmatten, Rundeisen und Bügeln untereinander verbunden zu einer Einheit und dann mit Bindedraht verrödelt. Mit Schaltafeln, Brettern, Kanthölzern und schwarzen Seilern wurde eingeschalt und nach und nach mit Beton verfüllt.

Auf die Seitenstürze wurden Halfeneisen zur Befestigung der Fußpfetten mit einbetoniert.

Der Sturz zum Nachbarn wurde über dem Dach seiner Garage mit Bitumen gestrichen und mit nordischem Faserholz verkleidet. Die beiden Fußpfetten wurden geliefert, mit Lasur gestrichen, auf den beiden Seitenstürzen aufgelegt und an den Halfeneisen befestigt.

Dann kam wieder ein Sachbearbeiter vom Bauamt nach Elmshagen. »Ihr westlicher Nachbar hat uns angeschrieben, dass ihre Garage zu hoch gebaut würde.« Nach der ganzen Arbeit, die meine Frau, mein Schwiegersohn und ich für den Bau der Garage aufgewendet hatten, war ich nicht bereit etwas zu verändern oder abzustemmen. Ich hatte korrekt alle Maße der Zeichnung eingehalten und sagte: »Eine Zeichnung ist ein Dokument, eine Urkunde und sämtliche eigetragenen Maße sind vom Bauherrn einzuhalten, denn die Maße sind mit Stempel und mehreren Unterschriften von Bauamt bestätigt. Ich habe mir nichts vorzuwerfen, wenn bei 40 cm tiefer ein grüner Strich vom Bauamt gezogen wurde, muss das Bauamt auch dafür sorgen, dass das mit den genehmigten Maßen der Zeichnung geht. Sie sehen also, dass es nicht geht und jetzt ist es Sache des Bauamtes, einen Ausweg zu finden. Legen Sie unser Bauvorhaben still und ich werde mir in der Zwischenzeit den Umbau des Bades im Erdgeschoß vornehmen.« Vom Bauamt kam die Stilllegung.

Durch das Bauaufsichtsamt wurde ich nach Paragraph 71 der Hessischen Bauordnung HBO aufgefordert, sofort alle Bauarbeiten einzustellen, »sonst tritt das Verwaltungsvollstreckungsgesetz mit 500 Euro im Verwaltungszwangsverfahren in Kraft.«

Ich habe dem Bauamt in einem Schreiben geantwortet, dass der Nachbar bei längeren Starkregen mit Wasserproblemen zu kämpfen hat, indem seine beiden Garagen jedes Mal überflutet wurden. Wenn ich doch so etwas weiß, mache ich doch nicht den gleichen Fehler und gehe mit dem Bau meiner Garagendecke unter Straßenniveau. Aus Fehlern lernt man doch, oder sollen wir bei Unwetter die gleichen Wasserprobleme haben? Dann dürfe das Unwetter aber nur am Montag oder am

Samstag kommen, da montags meine Frau immer zum Malkurs geht und samstags wir beide zum Einkaufen nach Elgershausen fahren. An anderen Tagen muss der Schlamm warten bis wir kommen.

2,13 m ist die genehmigte Garagenhöhe, 60 cm ist die Grenzhöhe über der Nachbargarage. Zwischen den beiden Höhen misst man einen Höhenunterschied von 7 cm. In diese 7 cm muss der Dachaufbau mit 1 cm Rigipsplatte, plus 4 cm Lattung, plus 15 cm Fußpfette, plus 14 cm Sparren, plus 2 cm Hobeldielen und plus 1 cm Unter- und Schweißbahn. Wenn ich diese 40 cm von der Garagentorhöhe abziehe, ergibt sich ein Garagentormaß von 1.60 Meter.
  Die gesamte Garage wurde als Stahlbetonkonstruktion ausgeführt. Der vordere Sturz wurde wie ein Torbogen 22 cm hoch mit 10 Stück zwölfer Rundeisen als Korb jeweils gebogen und mit Beton vergossen. Der Sturz in der Rückwand über dem Fenster mit Rollladen hat nur 12 cm Höhe. Hier habe ich zwei Eisenträger von 10 cm Höhe einbetoniert. Die beiden Fußpfetten sind bereits gefertigt. Beim Nachbarn ist die Fußpfettenhöhe 15 cm und liegt in einem Abstand von 18 cm von der Grenze entfernt.
  Nachdem das Bauamt schon drei Mal draußen vor Ort war und unsere Architektin schon dreimal in der Wohnung des Nachbarn, bestand der Nachbar immer wieder auf der 60 cm Dachschräge. Der hintere Sturz müsste dann bis auf den Rollladen, die beiden Eisenträger mit dem Schneidbrenner schräg geschnitten und die anderen beiden Stürze bis auf 8 cm reduziert werden. Aus konstruktiven und statischen Stabilitäts- und Festigkeitsgründen ist dies jedoch nicht möglich. Die Festigkeit und die Stabilität der beiden Stürze geht verloren. Die zwei Längsstürze sind mit dem vorderen und mittlerem Sturz und der Rückwand mit sämtlichen Rundeisen und Körben in einer Einheit gebogen, verrödelt mit Bindedraht und zusammen in Beton vergossen worden.
  Schauenburg, den 17.10.2004 Unterschrift: Gudrun Umbach , Fiedhelm Umbach

Während der Stilllegung habe ich mir den Anbau des genehmigten Bades im Erdgeschoß vorgenommen. Die Balkonfliesen wurden aufgeschnitten, der Estrich mit den Fliesen entfernt, ein Sockel in Beton gegossen und der Anbau mit Fenster mit Ytongsteinen gemauert. Bevor ich das Stück alte Außenwand heraus gemeißelt habe, wurde die Decke mit Kantholz und Stahlstützen abgefangen und ein 100 mm Doppel- T- Breitflanschträger eingezogen, als neue Auflage für die Decke. Ausgebaut wurde die alte Badewanne, Waschbecken und Toilette und durch neue Teile ersetzt. Zusätzlich wurden in den Anbau eine Dusche und ein Fenster eingebaut und das Bad samt Anbau mit einer Bordüre von mir gefliest, sowie die Decke mit Paneele verkleidet.

Zwischenzeitlich gab es noch Schreiben zwischen Bauamt, Nachbarn, Architektin und uns.

Ich wurde von den Dorfbewohnern auch oft gefragt: »Warum wird die Garage nicht weiter gebaut?« »Da müssen Sie den Nachbarn fragen, die Garage wurde durch ihn stillgelegt «, habe ich geantwortet.

Die Architektin informierte mich, dass nächste Woche ein neuer Ortstermin stattfinden sollte, mit Bauamt und Nachbarn. Dann sollte festgelegt werden, wie viel Beton zu entfernen ist. Ich war es satt mit dem hin und her. Die ganzen Schreiben und Ortstermine vom Bauamt und der Architektin! Trotzdem gab es keine Lösung der Probleme. Wie konnte ich die jetzt anstehenden Stemmarbeiten nur abwenden? Jetzt galt es, sich zu wehren, weil ich in die Enge getrieben wurde. Es gab nur eine Lösung: Ein befreiender Rundumschlag musste her! Ich hatte die Faxen dicke.

Ich habe den westlichen Nachbarn in einem sehr ruhigen Ton angesprochen und gesagt: »Kommen Sie bitte mal her. Kommt noch einmal das Bauamt heraus, werde ich Ihnen kein Schiefer, sondern ein 3 mm Stahlblech zu ihrer Seite meiner Garage anbringen. Das

Blech rostet im Jahr etwa 0,1 mm, das sind 30 Jahre, bis es durchgerostet ist. Wenn das Blech angerostet ist, werde ich versuchen, Ihnen Sexmotive in Graffiti darauf zu sprühen. Wenn Sie dann in Ihrer Küche sitzen, schauen Sie ständig darauf. Da ich in Elmshagen wohne, können Sie den Menschen auf der Straße sagen, dass ich 25 cm mit dem Dach höher gehen wollte, aber Sie dagegen waren und ich aus Wut darüber Ihnen das Stahlblech angeschraubt habe.« Dann habe ich ihn stehen gelassen und bin gegangen. Er wird sich bestimmt auch an mein Dankschreiben vom Heiligenröder im November 1988 erinnert haben. Es erschien kein Bauamt und auch keine Architektin zum angekündigten Ortstermin. Etwas später verlangte das Bauamt eine neue Garagenzeichnung mit allen Änderungen. Der Raum für die Unterkellerung der Garage mit den beiden Kellerfenstern, dem Lichtschacht und die Eingangstür zum Keller und alle Änderungen der Garage wurden mit aufgenommen. Am Mittwoch zum Sprechtag sind meine Frau, die Architektin und ich mit vier neuen geänderten Zeichnungen zum Bauamt gefahren. Nach einer Stunde Unterredung konnte ich, da ich alle Maße im Kopf hatte, den Leiter des Bauamtes überzeugen, dass es nur diese Lösung gab.

Die Dachkonstruktion hatten wir so ausgeführt, dass die 80 cm Dachüberstände vorne und hinten 15 cm höher als das eigentliche Garagendach waren, damit das Regenwasser durch diese Schrägen schneller in die Dachrinne und das Fallrohr abfließen konnte und die Lichtschachtroste und die Unterkellerungstür vor Regen geschützt waren. Über die neue Unterkellerung wurde gar nicht gesprochen. Der Bauamtsleiter war mit der Ausführung der Zeichnung einverstanden, welches ich mir auf einer neuen Garagenzeichnung durch Stempel und Unterschrift bestätigen ließ. Ein paar Tage später war die Stilllegung vom Tisch und wir durften weiter Garage bauen, ohne irgendetwas abzustemmen. Ich hatte weder meiner Frau noch der Architektin von meiner Unterredung mit dem Nachbarn etwas gesagt.

Die Dachsparren wurden angeliefert, gestrichen, ausgerichtet, eingebaut und verschraubt an den zwei Fußpfetten. Die feuerfesten Rigipsplatten wurden unter die Sparren geschraubt und zwischen die Sparren Steinwolle gelegt, die Bretter für das Dach gestrichen und auf die Sparren aufgeschraubt. Darüber zwei Lagen Teerpappe V13 gelegt und mit Dachpappennägel angenagelt. Dann wurde die sechsteilige Kupferdachrinne mit Abfallrohr angebracht, die Wolfinfolie verlegt und die Wolfinbleche am Wohnhaus angedübelt. Zu meiner Sicherheit wurden die Schieferplatten, die Sichtfläche des Nachbarn, vier Wochen später an die Schalung genagelt.

Dann kam ein Schreiben vom Bauaufsichtsamt mit folgendem Text: »Sie werden hiermit davon in Kenntnis gesetzt, dass gegen Sie ein Bußgeldverfahren nach dem Gesetz über OWIG Ordnungswidrigkeiten in der zurzeit gültigen Fassung wegen des Verdachts einer Ordnungswidrigkeit nach Paragraf 76 (1) Ziffer 12 der Hessischen Bauordnung (HBO) in der zurzeit gültigen Fassung eingeleitet worden ist. Vor Festsetzung einer Geldbuße, die bis zu 50.000 Euro betragen kann, wird Ihnen nach Paragraf 55 OWIG hiermit Gelegenheit gegeben, sich zu dem umseitig genannten Vorwurf zu äußern. Es steht Ihnen frei, sich zu der Beschuldigung zu äußern, oder nicht zur Sache auszusagen. Falls Sie sich zum Vorwurf äußern, wird unter Berücksichtigung Ihrer Angaben entschieden, ob das Verfahren eingestellt oder ohne weitere Äußerung des Bauaufsichtsamtes ein Bußgeldbescheid erlassen wird. Sofern Sie sich nicht zu dem Vorwurf äußern, gehen wir davon aus, dass Sie von Ihren Äußerungsrecht keinen Gebrauch machen wollen. Es kann ohne weitere Anhörung zur Sache oder Vorladung ein Bußgeldbescheid gegen Sie erlassen werden.«

Am nächsten Mittwochmorgen haben meine Frau und ich den Sachbearbeiter des Bauamtes aufgesucht. Dieser ging sofort mit uns zum Leiter des Bauamtes, wahrscheinlich nur um einen Grund zum Gratulieren für dessen Geburtstag zu haben. Der Leiter sagte: »Sie haben bei der Stilllegung das gleiche Schreiben schon mal erhalten und dieses hätten wir beantworten müssen für das Bauaufsichtsamt. Weitere Sachbearbeiter kamen, um ihrem Chef zu gratulieren. Als wir gehen wollten, hatte der Leiter noch eine Frage an mich: ›Ich kann es nicht begreifen und verstehen, dass der Nachbar mit Ihrer Ausführungsweise der Garage ganz plötzlich einverstanden war.« »Ich hatte zum Nachbarn keinen Wortwechsel sie haben mit ihm doch immer nur verhandelt«, habe ich geantwortet. Ich konnte nichts anderes sagen, da meine Frau nicht über das Gespräch mit dem Nachbarn informiert war, denn der Schuss vor den Bug des Nachbarn hätte ja auch nach hinten losgehen können.

Wir haben dem Bauaufsichtsamt wie folgt geantwortet:
»Am 06.07.2004 wurde eine neue Garagenzeichnung angefertigt und dem Bauamt zugeleitet. Am 30.09.2004 wurde das Bauvorhaben stillgelegt. Am 16.11.2004 haben wir das Bauamt aufgesucht mit einer neuen Zeichnung. Hier waren sämtliche Änderungen eingetragen. Diese wurden vom Bauamtsleiter unterschrieben und abgestempelt. Die Aufhebung der Baueinstellung wurde mit der Begründung erteilt: Nach Prüfung der nachträglich eingereichten Bauzeichnung zu oben genannten Vorhaben teilen wir Ihnen mit, dass die Bauarbeiten an der Garage den uns vorliegenden Unterlagen entsprechend weitergeführt werden können. Die mit dem Schreiben vom 30.09.2004 verfügte Baueinstellung wird hiermit aufgehoben. Der Sachbearbeiter vom Bauamt war auf Anrufe und Schreiben des Nachbarn dreimal in der Erfurter Straße 9 und hat sämtliche Maße der Garage mit Hilfe der Zeichnung nachgemessen und keinerlei Beanstandungen festgestellt.«

Jetzt konnten wir ohne Einmischungen von außen der Garagenbau in aller Ruhe zu Ende bringen. Um das Grund- und Regenwasser vom früheren Flutgraben des Nachbarn über unser Gelände abzuleiten, habe ich einen 70 cm tiefen Graben mit Drainage im unteren Bereich unseres Gartens ausgehoben und mit Feldsteinen verfüllt. Danach schachtete ich die Unterkellerung der Garage auf 2,60 Meter Tiefe aus, wobei ich die Erde mit dem Schubkarren auf den Drainagebereich gefahren habe, um hier eine Terrasse anzulegen.

Nach dem Ausschachten wurden 20 cm Packlager eingelegt und mit Drainagekies oben glatt gezogen, bevor der Kellerraum mit vielen Eimern Beton durch die Öffnungen der Kellerfenster und der Lichtschächte mit meiner Frau, unseren Schwiegersohn Frank und mir betoniert wurde.

Zur Abwechslung arbeiteten wir wieder mal in Elmshagen. Wir haben einen Graben ausgehoben, dort Abflussrohre von dem Regenwasserschacht bis in die nie benutzte Klärgrube verlegt, eine Handpumpe angeschlossen, um zum Lecken der Pflanzen Regenwasser zu verwenden. Die 40 m² große Terrasse im Kellerbereich schachteten wir 50 cm tief aus, dann Drainage verlegt, 30 cm mit Feldsteinen aufgefüllt, mit Splitt verdichtet und mit Terrassenplatten 40 X 40 X 6 cm in Rustica gelb ausgelegt.

In Elgershausen wurden zur Wärmedämmung im Süden die Außenwände der beiden Balkons mit Styrodur verkleidet und danach mit halbsteinigen Toskana Klinkern von mir verklinkert.

In Elmshagen hatte meine Frau den Einfall, eine Pergola mit Rosen und anderen Blumen anzulegen. Mit halben Klinkern wurden fünf Säulen 20 cm X 20 cm und 2,60 m hoch gemauert nachdem die Fundamente gegossen waren, Stromkabel innen verlegt und mit Beton die Säulen innen verfüllt und drei Lampen montiert. Fünf Abschlussplatten aus Beton 50 X 50 X 12 cm bildeten oben den Abschluss, wo sich drei Verbindungsbalken 22 cm X 18 cm in 6 m Länge auflegten. Mit 12 Querbalken wurden die Verbindungsbalken verschraubt, um die

Rosenstöcke anzubinden. Die restlichen zwei Säulen wurden oben mit den abmontierten Gartenzaunfeldern mit runden Kreisen aus Elgershausen oben auf die Abschlussplatten mit einbetoniert.

In Elgershausen wurde die Straßenlaterne vor unserm Haus um 1,5 m zum Nachbarn hin direkt in die Grenze von der Gemeinde versetzt, das Garagentor eingebaut, die Garagen-Außenwände mit Styroporplatten isoliert, ein Gerüst gebaut und die Außenwände vorne und hinten verklinkert. Die Einfahrt zur Garage wurde gesplittet, mit einer geliehenen Rüttelplatte verfestigt, mit Verbundsteinen Citypor 16,5 X 16,5 X 10 cm hellbraun nuanciert von uns ausgelegt und gerüttelt. Zur Straße hin wurde ein Übergangsstreifen von 30 cm Breite und 8 cm Höhe auf das vorhandene Fundament der Gartenmauer gegossen, um das Regenwasser der Straße abzufangen und besser abfließen zu lassen.

Um das Holzgerüst, welches mich 25 Jahre begleitet hat, nicht zu verbrennen, machten unsere beiden Töchter den Vorschlag, für die Enkel ein Baumhaus zwischen Haselnuss- und Pflaumenbaum zu bauen. Es wurde so eine Art Hochstand mit den Abmessungen 2,3 m X 2,5 m X 4 m hoch. Die Bohlen wurden für die zwei Böden und das Dach verarbeitet, die Kanthölzer und Baumstämme in den senkrechten Wänden und als Unterbau für Boden und Dach. Die seit 50 Jahren aufgehobenen Jägerzaunlatten dienten als Verkleidung der Wände. Meine Frau hatte die Bauleitung für das Baumhaus übernommen, kräftig mitgeholfen und auch genagelt, ohne sich einmal auf die Finger zu schlagen. Das Dach wurde mit Teerpappe V 13 ausgelegt und mit Dachpappenägeln befestigt. Ebenerdig war eine große Schultafel aus meinem alten Zeichenbrett, aus der Konstruktion von *Daimler,* für die Mädels. Das erste Geschoss war über eine Leiter zu erreichen, für die Jungen.

Auf die neue betonierte Garagendecke vom Schwiegersohn in Elgershausen verlegte ich die Ströher Spaltplatten 24 X 11,5 cm Roccia

Rosso 841 und in Elmshagen auf die Garagendecke Ströher Spaltplatten 24 X 11,5 cm Roccia Grigio 840 im Verbund mit 5 cm Gefälle mit PCI Flex-Fliesenkleber und ausgefugt wurde in Sakret dunkelgrau. Die Wände der Garagen wurden 1 m hoch mit den Nordic FSTZG; GLS33/33 Ravena ATI 632 graubeige marmorierten Fliesen verlegt und dunkelgrau ausgefugt.

Meine Frau und ich haben den Bereich der Pergola ausgeschachtet, Packlager und Drainage gelegt, mit Splitt verdichtet und Sandsteinplatten Polygonalplatten quarzit Rio Rosario in Mauerspeise verlegt. Zur Abwechslung baute ich mir mit langen Bohlen unter dem Balkon einen großen Tisch, worauf ich die beiden Hälften mit je zweieinhalb Feldern des Balkongitters aus gehämmertem Stangenmaterial 30 mm X 10 mm, gereeptem Handlauf Durchmesser 24 mm, innen mit Disign-Zierstäben 900 mm lang und Füllstäben aus 25 mm Vierkant zusammengeschweißt habe.

Das halbe schwere Balkongitter von 5 m Länge konnte nur bewegt werden, indem die eine Seite rechts mit Lugenseil, wo meine Frau zog, und das anderen Ende links von mir hochgezogen wurde bis auf den Balkon. Die genaue Position hat meine Frau mit Hebelwirkung geholt, denn »unermesslich ist der Gudruns Kraft, wenn sie mit dem Hebel schafft.« Vorne vor dem Balkon und seitlich am Haus wurde das halbe Balkongitter dann mit Dübelschrauben angeschraubt. Mit der anderen Hälfte des Balkongitters wurde genauso verfahren und in der Mitte dann zum Schluss von mir verschweißt und in RAL 1001 gestrichen.

Auf dem gleichen gebauten Tisch wurden dann auch das Gartentor mit einer Breite von 2,083 Meter und die Gartentür mit einer Breite von 1,188 Meter mit der gemeinsamen Höhe von 1,41 Metern aus geschmiedetem Vierkantrohr 30 X 40 X 2,5 mm, Schweifbogen aus gleichem Vierkantrohr, gehämmerten Zierstäben von 12 mm, an den Enden aus geschmiedeten C-Bögen, Schlosskasten, Schlosskasten-Blenden und 5 Stück Torbändern einzeln zusammengeschweißt, zum Verzinken gegeben und neben meiner Garage eingebaut.

Jetzt begannen wir mit der Sanierung und den Innenarbeiten der unterkellerten Doppelgarage und der Sanierung der beiden Balkons in Elgershausen.
  Auf dem Eternitdach der Doppelgarage war sehr viel grünes Moos gewachsen im Laufe der Jahre. Das Moos wurde mit der Drahtbürste komplett entfernt und die Eternitplatten mit Gisogrund vorgestrichen. Mit Consolan Wetterschutzfarbe dunkelbraun drei Mal das Dach über- und fertig gestrichen. Die Innenwände der Doppelgarage wurden ein Meter hoch und die Unterkellerung bis zur Garagendecke mit Nordic Ravenna ATI 632 graubeige marmorierten Fliesen und PCI-Flex-Kleber verfliest und dunkelgrau ausgefugt.
  Die beiden Balkongitter und der Straßenzaun mit Tür und Tor wurde in Elgershausen entrostet, mit Rostschutzfarbe und Hammerit dunkelblau gestrichen. Die beiden Balkone wurden von vorne und von unten mit Silikon Fassadenfarbe weiß gepinselt.
  Auf die vorhandenen alten Balkonfliesen kam ein neuer Aufbau:

1. Alte Fliesen mit PCI-Flächengrund 303 gestrichen.
2. Darauf PCI-Seccoral 1K Abdichtschlämme mit Wasser angerührt und mit der Kelle aufgetragen.
3. Mit PCI-Flex-Mörtel, die 5 mm Dünnschicht-Drainageplatten von Gutjahr Watec 3E verlegt und die Stöße mit 100 mm breiter Watec ST Stoßarmierung verklebt.
4. Darauf verlegte ich 216 Stück Ströher Bodenfliesen 30 cm X 30 cm Abrieb 5 Roccia Giallo 834 in 45 Grad mit PCI- Flex-Kleber und vor Kopf als Abschluss, 45 Stück Ströher Längsschenkel 30 cm X 11, 5 cm Roccio Giallo 834 mit Wulst 4838 Abrieb 5 R 10 A. Ausgefugt wurde mit Sakret Flex Fuge FFM dunkelgrau.

Im Dachgeschoß von Elgershausen waren seit Jahren im Bad, die von einem Fliesenleger gelegten Fliesen zwei Mal ganz durchgerissen. Ich habe auf diese Fliesen eine rote Ditra-Matte aufgeklebt und den Badfußboden mit Fliesen von Grohn FSTZG-Glas 33 X 33 cm Atlanta ATN 633 Cotto Abrieb 4 neu überfliest und dunkelgrau ausgefugt.

Die obere Grenzmauer war vom Nachbarn in Elmshagen von seiner Seite fein säuberlich verklinkert. Auf der unsrigen Seite hat er den rohen, löcherigen ungeraden Beton gelassen, der nach 20 Jahren durch die Witterung schwarz, dunkelgrau, grün und immer unansehnlicher wurde. Diese Ansicht der Grenzmauer verschandelte das ganze Straßenbild der Schönen Aussicht. Aber so war der nördliche Nachbar eben, er dachte nur immer an sich und seine Vorteile, sonst hätte er beide Seiten seiner Grenzmauer verklinkert. Immer mehr war er dem Druck anderer Menschen ausgesetzt, die ihn in diesem Neubaugebiet auf seine missratene Grenzmauer ansprachen. Mittlerweile ging er auf die 92 Jahre zu und wusste keinen Rat, bis er mich dann ansprach. Drei Wochen hämmerte ich mit Hammer und Meißel, bis ich etwa 2 cm von der Oberfläche der Grenzmauer abgeschlagen hatte und auf diese Weise eine gut aussehende Waschbetonmauer entstehen ließ, die ich anschließend noch versiegelte.

Zur Sanierung der beiden nebeneinander liegenden Doppelgaragen in Elgershausen malte unsere zweite Tochter mit ihrer Freundin auf die beiden Garagentore ein Bild mit einer Landschaft aus der Toskana.

Da unsere Tochter Barbara Nachwuchs erwartete, benötigte sie noch zwei zusätzliche Wohnräume. Von ihrem Wohnzimmer aus sollten über eine Spindeltreppe zwei Kellerräume erreicht werden können. Das Bauvorhaben sollte in drei Wochen erledigt sein. Eine Metallbaufirma aus Spangenberg und ein Bauunternehmer waren gefunden. Der Bauunternehmer war aber an einer solchen Arbeit nicht interessiert und lehnte es ab, mit dem Boschhammer zu arbeiten und zwei Maurer dafür abzustellen. Mein Schwiegersohn und ich haben die Kellerdecke mit Kanthölzern und Stahlstützen abgestützt und den Durchbruch gemeißelt. Der Treppenbauer zeigte zwar Interesse, aber vertröstete uns immer wieder, da er keine richtige Lösung für die Spindeltreppe fand. Mit seinen Entwürfen konnten wir uns nicht anfreunden. Meine Frau und ich haben dann den Durchbruch genau vermessen und eine Winkelkonstruktion aus 8 mm Blechdicke und 200 mm Schenkellänge konstruiert. Auf die erstellte Zeichnung habe ich den Vermerk geschrieben, dass ich für alle Maße und die Ausführung die volle Verantwortung übernehme. Meine Frau hatte noch die Idee, die erste Stufe von oben an der Spindeltreppe entgegengesetzt zu den anderen Treppenstufen auszuführen. Jetzt begann die Treppenbaufirma loszulegen. Zwei Pfeiler für die Winkelauflage an den Wänden und zwei Fundamente in der Mitte für den Winkel und die Spindeltreppe wurden von mir in Beton gegossen. Die beiden einzelnen Winkelstücke zur Deckenauflage wurden als erstes eingebaut, ausgerichtet, unterstützt mit Kanthölzern und Stahlstützen und vorne in der Spitzenmitte verschweißt. Das Unterstützungsrohr, um die Last der Zimmerdecke aufzunehmen, mit einem Durchmesser von 100 mm und 10 mm Wanddicke wurde, ausgemessen, gekürzt, ausgerichtet auf das Fundament gestellt und oben in der Winkelspitze verschweißt. Danach baute die Metallbaufirma die Spindeltreppe mit Spindelrohr 120 mm Durchmesser und das Geländer an die Deckenöffnung ein. Die Eichenstufen wurden vermessen, gefertigt und eingebaut. Die beiden älteren netten Herren waren stolz darauf, dass alles so gut geklappt hat ohne Nacharbeit.

Jetzt musste die Verbindung von einem zum anderen Kellerraum geschaffen werden, der früher mal eine Garage war. Die Bruchsteine der früheren Außenwand mussten für eine Glastür und ein Glasbausteinfenster entfernt werden. Zu diesem Zweck wurde die Zimmerdecke erst einmal abgefangen. In der Mitte zwischen dem Durchbruch platzierte ich eine Stahlstütze, die ich mit Backsteinen als Pfeiler ummauerte. Rechts davon 25 Stück Glasbausteine 24 X 24 cm Sahara Vollsicht, Fugen mittig mit Trockenmischung aus Estrichsand, Quarzsand, Ilsefit und Zement und außen mit Mauerspeise gemauert und mit Quarzsand und PCI-Nanofug weiß ausgefugt. Danach haben meine Frau und ich den berappten Kellerputz mit Hammer und Meißel abgeschlagen und die Kellerwände mit Gisogrund gestrichen, mit Weber Brqutin Kalk-Zementputz neu verputzt und den Treppenbereich mit hellem Mexicana-Wandverblender verklinkert.

Um den zweiten Kellerraum zu erreichen, bauten wir noch eine Ganzglas-Schiebetür MSTS 2000 Dorma Agile 50 Wandmontage mit 2300 mm Länge mit Griffmuschel Niro matt Gm 32 Sensita 15 Glasmaß 843 X 1879 X 8 mm ESG ein.

Im Wohnhaus und der Doppelgarage mit Unterkellerung in Elgershausen wurden von einer Fensterfirma aus Guxhagen 14 Stück neue zum Teil zweiteilige Elemente als Kunststofffenster und Kunststofftüren in der Farbe Nußbaum mit Sohlbankprofil 38 kaschiert eingebaut.

Als ich in 1978 den Bauplatz in Elmshagen gekauft habe, bestand der Bauer zum Feld hin auf 0,5 m Schwengelbreite beim Errichten eines Zaunes. Die anderen Bauherren als Anlieger haben ihren Zaun einen halben Meter Schwengelbreite von der Grenze zurückgesetzt. Ich vereinbarte mit dem Bauern schriftlich, dass ich in der Grenze den Zaun errichten darf, wenn ich diesen mit Holzstempeln baue und ich keine Ansprüche stelle, falls er den Zaun mit seinem Traktor beschädigt oder durch Spritzmittel ausbleicht.

Ich war es leid, in den 25 Jahren hatte ich schon vier Mal die Holzstempel ausgewechselt, weil diese im Laufe der Jahre abgefault waren. Mittlerweile wurden auch keine Kartoffeln und Frucht mehr angebaut.

Es war jetzt eine große Wiese von 250 X 250 m, die im Juli einmal gemäht wurde. Sämtliche anderen Anlieger pflanzten damals Tannen in einem Abstand zwischen einem halben und einem Meter von der Grenze an ihrem Zaun. Diese Tannen wuchsen im Laufe der 25 Jahre bis zu 12 m Höhe und bis zu einem halben Meter im Durchmesser am Stamm. Die unteren Äste wuchsen bis zu 3 m über die Grenze. Für den Bauern war es unmöglich, hier das Gras zu mähen. Darum wandte er sich an die Gemeindeverwaltung. Die Anlieger wurden alle angeschrieben, um zu einem Ortstermin mit der Bürgermeisterin zu erscheinen. Diese forderte alle Anlieger auf, die Tannenzweige bis auf 3 m in der Höhe und bis auf die Grenze zurück zu schneiden, um dem Bauern die Gelegenheit zu geben hier auch mähen zu können. Dann sprach sie uns an, warum wir noch so einen vorsintflutlichen Zaun mit Holzstempeln da stehen hätten. Ich habe der Bürgermeisterin das Schreiben über die Vereinbarung mit dem Bauern gezeigt. Die Gemeinde hatte nichts dagegen einzuwenden, wenn wir einen Zaun direkt auf der Grenze errichten. Der Bauer war mit dieser Lösung auch einverstanden. 19 Stück Löcher 50 cm X 50 cm und 90 cm tief in 2,7 m Abstand wurden von mir ausgehoben mit Spaten, Mauerkelle, Kreuzhacke und Brecheisen für die großen Wackelsteine. Der obere Grenzstein war in Ordnung; die untere Grenzmarkierung war beim Umpflügen verbogen worden. Da ich vom Einschalen der Decken 45 verzinkte Stahlstützen hatte, habe ich 19 Stück genommen und mit dem Kopf nach unten in die vorhandenen Löcher gestellt, über eine Schnur die Richtung und die Ausfahrlänge geholt und anschließend einbetoniert. Damit kein Regenwasser in das Innenrohr der Stahlstützen gelangte habe ich diese mit Beton vergossen und oben eine Haube noch mit angebracht. Nach 9 Stützen haben wir eine Gartentür eingebaut, um von hier direkt in den Wald gehen zu können. Diese Stahlstützen, bestehend aus zwei ineinander gestellten verzinkten Rohren, halten dem Traktor beim Mähen der großen Wiese stand, falls er dagegen fährt.

Kauf eines neuen Zweitwagens und Frontalzusammenstoß bei 120 km/h und 70 km/h

Am 10. November 2006 wollten meine Frau und ich unseren seit vier Monaten bestellten Polo in einem VW-Autohaus in Baunatal entgegen nehmen. Morgens um 9 Uhr wanderten wir von Elmshagen erst durch den Langenberg nach Elgershausen, dann über den Baunsberg weiter zur Auslieferung. Wir waren für 13 Uhr bestellt. »Aber die Nummernschilder kommen doch erst um 15 Uhr, bitte gehen Sie noch mal in die Stadt Baunatal«, sagte man uns. Um 15:30 Uhr waren die beiden Nummernschilder montiert. Der Polo sollte aus dem Verkaufsraum gefahren werden. Die Autoverkäuferin teilte uns mit, dass kein Autoschlüssel auffindbar sei. Der Chef des Autohauses suchte mit seinen drei Kollegen »Ihr geht erst nach Hause, wenn der Autoschlüssel gefunden ist!« Gegen 18:30 Uhr hat man dann mit dem Suchen aufgehört und händigte uns einen VW-Polo Vorführwagen auf den Namen meiner Frau aus.

Ich habe meiner Frau den Vorschlag unterbreitet, am Sonntag, den 12. November 2006 die Schwiegereltern unserer Tochter Barbara in Hersfeld zu besuchen, damit sie den Polo besser kennen lernt. Nach dem Frühstück fuhren wir beide über die Bundesstraße nach Hersfeld.
  Nach dem Mittagessen traten wir den Heimweg über die Autobahn bis zur Ausfahrt nach Guxhagen an, dann ging es über die Dörfer Grifte. Holzhausen, Besse bis Metze. Hinter Metze fuhren noch drei Autos hinter uns her. Auf der Landstraße war eine durchgezogene Linie. Dann sahen wir ein Auto mit hoher Geschwindigkeit auf uns zukommen. Es überquerte die durchgezogene Linie und knallte frontal auf den Vorführwagen. Im Polo alles ein Nebel, wegen der geöffneten Airbags. Ich bekam keine Luft mehr. Ich hörte meine Frau fragen:

»Friedhelm, lebst du noch?« Ich habe die Beifahrertür geöffnet, mich flach auf die Straße gelegt und versucht, ganz langsam zu atmen. Die Insassen der anderen Fahrzeuge hatten den Unfall schon gemeldet und fragten nach meinem Befinden. Ich bekam langsam wieder etwas mehr Luft, so dass ich auf die Knie gehen konnte, bis der Notarztwagen eingetroffen war. Polizei und Feuerwehr waren jetzt auch am Unfallort. Die Polizei nahm unsere Personalien auf und hat uns nach dem Unfallgeschehen befragt. Da der Polo eineinhalb Meter kürzer war, fragte man mich: »Wohin mit dem Polo?« Ich sagte: »Zum Autohaus nach Baunatal.« Die Insassen der anderen Autos wurden von der Polizei auch zum Unfallgeschehen vernommen. Meine Frau bestand darauf, dass man uns beide nach Wolfhagen ins Krankenhaus einlieferte. Den Unfallverursacher brachte man nach Fritzlar ins Krankenhaus.

Durch Röntgen konnte man Gott sei Dank keine inneren Verletzungen feststellen. Wir brauchten glücklicherweise nicht operiert zu werden und kamen zusammen in ein Krankenzimmer. Wir wurden von Schwestern und Pflegern ausgezogen und unter starken Schmerzen auf den Rücken ins Bett gelegt. Meine Frau musste den Schieber benutzen und ich bekam eine Flasche. 15 Minuten benötigte ich, bis ich die Füße vor dem Bett hatte und unter starken Schmerzen im Unterbauch Wasser lassen konnte. Die ganze Nacht zum Montag habe ich mit vier Eisbeuteln, die laufend gewechselt werden mussten, den gesamten Brustkorb und die rechte verstauchte Hand gekühlt, um die Schmerzen etwas erträglicher werden zu lassen. Schmerzbedingt war natürlich an Schlafen nicht zu denken.

Es war nur die Rückenlage möglich, die Seitenlage war durch die stechenden Schmerzen und die flache Atmung nicht möglich. Es graute mir vor dem nächsten Wasserlassen. Die Schmerzen in den Hoden waren grauenvoll. Die Gewissheit, dieses schreckliche Erlebnis überlebt zu haben, ließ uns die Schmerzen leichter ertragen. Unsere beiden Töchter besuchten uns noch am Sonntagabend und brachten Schlafanzug und Zahnbürste. Zu den Mahlzeiten hat man etwa eine viertel Stunde benötigt, um in die Aufrechte zu kommen. Erst das rechte, dann das linke Bein aus dem Bett, dann den linken Arm an das Hebezeug des Bettes, den rechten auf das Bett gestützt und mit dem linken sich hoch gedrückt. Dieser Kraftakt wiederholte sich nur allein zum Essen dreimal am Tag. Schmerzen kann man nicht unterdrücken, nur die Schreie.

Am Montag, den 13.11.2006 konnten wir in der Hessischen Allgemeinen HNA lesen:
»Zusammenstoß endete im Graben.« Auf einem Bild waren beide kaputten Autos abgebildet. »Totalschaden. Schwer verletzt wurden am Sonntag drei Personen auf der Straße zwischen Niedensteiner Ortsteilen Metze und Wichdorf. Ein 19-jähriger Wichdorfer war um 16:25 Uhr mit dem Auto seiner Mutter von seinem Heimatort in Richtung Metze unterwegs. 800 Meter vor dem Ortseingang kam er von seiner Fahrbahn auf die Gegenspur ab. Dort stieß er mit seinem Auto frontal in das Fahrzeug eines 61- jährigen Schauenburgers, der mit seiner 54-jährigen Ehefrau in die Gegenrichtung unterwegs gewesen war. Nach Angaben der Polizei drehte sich das Fahrzeug des Wichdorfers auf der Fahrbahn und blieb im Straßengraben stehen. Der 19- jähriger Wichdorfer kam ins Fritzlarer Krankenhaus, das Schauenburger Ehepaar ins Krankenhaus nach Wolfhagen. An den Autos entstand Totalschaden. Weil Benzin und Öl ausgelaufen waren, halfen 25 Feuerwehrleute aus Niedenstein bei der Reinigung des Unfallortes.«

Am Montagmorgen bekamen wir noch einen Anruf von der Mutter des 19-Jährigen, um sich nach unserem Befinden zu erkundigen. Ich war so in Wut über das Geschehene, dass ich sagte: »Ich kann es nicht verstehen, wie man am Sonntag, wo alle Leute Zeit haben sollten, mit einer solch hohen Geschwindigkeit mit dem Auto unterwegs sein kann. Ein Mensch lebt im Schnitt 75 Jahre und da spielen doch ein paar Minuten früher oder später oder eine halbe Stunde keine Rolle. Ihr Sohn kam uns mit gut 120 km/h = 33 m/sec entgegen und wird versucht haben zu bremsen, als er die drei Autos ihm entgegen kommen sah. Wir waren mit etwa 70 km/h gleich 19 m/sec unterwegs. In einer Sekunde wurden dann 52 m zurückgelegt. Der Unfall hat sich im Millisekundenbereich abgespielt, da kann man von einer Reaktionszeit nicht mehr sprechen, wenn man die Schrecksekunde abzieht. Ich persönlich bin schon oft von Teilen unserer Jugend enttäuscht worden. Sie sind rücksichtslos und haben kein Verantwortungsbewusstsein.« Die Mutter erzählte mir: »Ihr Sohn hätte vom Unfall einen Beinbruch, es dauere ein halbes Jahr bis er wieder laufen könne.« Ich antwortete der Mutter: »War es das wert, wenn er vielleicht etwas davon zurück behält, so dass sein Bein nicht mehr so wird, wie es einmal war, dann muss sich ihr Sohn doch die Frage stellen: War es das Wert, so schnell auf der Landstraße am Sonntag unterwegs zu sein und andere Menschen noch mit zu verletzen? Man sollte den Führerscheinneulingen und Fahranfängern mit 18 Jahren den vierten und fünften Gang sperren oder ausbauen, damit diese nur eine Höchstgeschwindigkeit von 70 km/h erreichen können. Der Arzt gab uns zu verstehen, dass der Schmerz durch die zugezogenen Prellungen erst in etwa zwei Monaten langsam nachlassen würde. Meine Frau und ich können uns nicht bücken, keinen Strumpf oder Schnürschuh anziehen. Jetzt, wo die kalten Wintermonate ins Haus stehen, quält man sich in warme Stiefel. Jede Bewegung ist mit Schmerzen verbunden. Nur wenn man im Bett liegt und sich nicht bewegt, kann man schlafen, aber wehe man bewegt sich, dann melden sich sofort die Schmerzen im Gesäßbereich, im Brustbereich und im Unterbauch wieder. Man kann, wenn man zur Toilette geht, nicht den Bauch anspannen, man darf nicht husten oder niesen, dann ist es, als ob der Brustkorb auseinander fliegt. Ich frage Sie als Mutter: War es das wert?« Sie gab mir zu verstehen, dass ihre Familie durch diesen Unfall in Mitleidenschaft gezogen wurde. Ich war an dem Montagmorgen so sauer und habe mich so in Rage geredet, dass ich die ganze Wut über den Unfall an dieser Frau ausgelassen habe, obwohl sie ja nichts dafür konnte.

Ein wenig später überraschte uns die Autoverkäuferin mit einem Kollegen des Autohauses mit einem Blumenstrauß. Der Autoschlüssel war inzwischen auch gefunden worden. Er lag in dem Fahrzeug, das mit in den Verkaufsraum gefahren wurde.

Dann kam der Arzt und hat meine Frau und mich noch einmal untersucht. Ich konnte am nächsten Tag nach Hause. In der Nacht zum Dienstag meldeten sich die starken Schmerzen im meinen ganzen Körper zurück, dass mir die Nachtschwester einen schmerzstillenden Trunk verabreichte und eine Salbe auf meinen ganzen Körper auftrug. Der Arzt erklärte mir, dass ich trotz der Schmerzen nur drei Tage im Krankenhaus bleiben darf, weil ich keine inneren Verletzungen, sondern nur Prellungen von dem Unfall habe. Einen Tag länger muss er das medizinisch begründen, Schmerzen allein erkennt die Krankenkasse nicht an. Meine Frau würde das Krankenhaus noch zwei Tage länger hier behalten, weil sie Blutergüsse an Brust und Lende und einen dicken Fuß habe. Unter Schmerzen habe ich mich zum Auto unserer Tochter Sylvia geschleppt, um zum Autohaus zu fahren. Aus dem Unfallpolo hat man mir die privaten Sachen herausgegeben. Nach Übergabe der Papiere bat ich die Autoverkäuferin, den roten Polo aus dem Verkaufsraum herauszufahren, da ich nämlich dem Autohaus zwei Autos durch diesen Unfall verkauft habe.

Die Schmerzen am linken Rippenbogen, direkt unter meiner Brust begleiteten mich den ganzen Tag über. Um 17 Uhr habe ich mich ins Bett gelegt und versucht zu schlafen.

Am nächsten Tag erfuhr ich von meiner Frau, dass sie am Donnerstag, dem 16. November 2006, um 10 Uhr entlassen werden sollte aus dem Krankenhaus. Danach mussten wir beide diese Schmerzen gemeinsam über Monate noch ertragen und uns gegenseitig mit Salbe einreiben, nur weil ein 19-Jähriger die Gewalt über das Auto seiner Mutter verloren hat. Durch diesen Unfall sind wir beide so niedergeschlagen und gehandicapt gewesen, dass wir noch einige Zeit daran zu knappern hatten. Das Bild, wie das Auto, wie ein Geschoss auf uns zukam und der fürchterliche Aufprall, bleibt uns immer in Erinnerung.

Wenn man die beiden Geschwindigkeiten 120 km/h plus die 70 km/h addiert ergibt sich eine Gesamtgeschwindigkeit von Vges = 190 km/h.

Vges = 190 km/h X 1000 m/km X 1Stunde/3600 sec = 52 m/sec.
Vges = 190 km/h = 52 m/sec.

Die Kraft F, die bei einem Unfall auf einen 80 kg schweren Menschen wirkt errechnet sich aus

F = m/2 X V X V , Die Kraft F errechnet sich aus der halben Masse M mal die Geschwindigkeit V zum Quadrat, wobei die Masse M sich errechnet aus dem Gewicht G in kg geteilt durch die Erdanziehung. Die Erdanziehung beträgt g = 10 m / sec^2

M = G / g F = G /g X V X V / 2 = 80 X 52 X 52 geteilt durch / 10 X 2 = 10816 kg

10816 kg wirken auf einen 80 kg schweren Menschen, die die Brustfläche von 25 cm X 20 cm = 500 cm^2 aufnehmen muss über den Airbag.

10816 kg geteilt durch 500 cm^2 = 21 kg/cm^2
Auf den Brustbereich wirkten auf uns beide pro cm^2 Fläche ein Gewicht von 21 kg.

Jetzt kann man auch verstehen, wo die blutunterlaufenen blauen Flecken her kommen und wie viele Adern dabei zu Bruch gegangen sind.

Rechnet man nach der gleichen Formel die Kraft von den beiden Autos die vernichtet werden muss, ergibt sich für beide Autos bei einem Gewicht von 2,5 t = 2500 kg

F = G / g X V X V / 2 = 2500 X 52 X 52 geteilt durch / 10 X 2 = 338000 kg = 338 t

Bei diesem Unfall wurde eine Kraft von 338 Tonnen durch die beiden Autos vernichtet, deshalb war der Polo auch etwa eineinhalb Meter kürzer. Die Radaufhängungen lagen außerhalb und der Motorblock zerquetscht in Einzelteile. Normalerweise sind bei einem solchen Zusammenstoß die Insassen tot. Das Geräusch des Zusammenstoßes wird uns noch lange in den Ohren klingen.

Wenn wir in Zukunft im Auto fahren, müssen wir immer damit rechnen, dass jederzeit wieder so etwas uns passieren kann und wir sind ohne unser Zutun einem solchen Unfall wieder ausgeliefert.

Ich fahre 43 Jahre und meine Frau 36 Jahre unfallfrei. Ich hatte 20 Jahre einen 34 PS VW-Käfer als Zweitwagen. Schneller als 80 km/h bin ich damit nie gefahren. Ich fuhr manchmal in der Schlange, aber als erster, und wurde von anderen Autofahrern angehupt. Meine Frau und ich hatten durch diese Fahrweise jederzeit das Auto in der Gewalt und konnten dadurch manchen Unfall verhindern. Man hört immer wieder von furchtbaren Frontalzusammenstößen. Und warum? Nur weil oft überhöhte Geschwindigkeit im Spiel ist. Viele Menschen haben diese schlimmen Unfälle mit ihrem Leben bezahlt, oder sind bis an ihr Lebensende auf fremde Hilfe angewiesen, obwohl diese Menschen unschuldig dabei waren. Wenn bei einem solchen Unfall Menschen durch mich zu Tode kämen, hätte ich mein ganzes Leben mit Vorwürfen und Schuldgefühlen zu kämpfen. Wir beide möchten am liebsten kein Auto mehr fahren, um so etwas nicht noch einmal zu erleben.

Als ich zur Nachbehandlung zu meiner Ärztin ging sagte diese, ich wäre »ein harter Brocken.«

Das Polizeipräsidium Nordhessen Polizeidirektion Schwalm-Eder Polizeistation Fritzlar, Schladenweg 31 in 34560 Fritzlar hat dann ein Ermittlungsverfahren gegen den Unfallverursacher mit meiner Frau und mir als Zeugen des Verkehrsunfalls mit Personenschaden vom Sonntag, den 12.11.2006 um 16:25 Uhr Niedenstein L3220 vom Netzknoten 4721028 nach Netzknoten 472 Niedenstein : 0800 Netzknoten A : 4721028 Netzknoten B 4721036 km 0,000.01 aufsteigend zwischen Niedenstein- Wichdorf und Metze eingeleitet.

Als Nächstes folgte ein Schreiben von der Krankenkasse, die in ihrem Unfallfragebogen alles wissen wollte: Die Verletzungen, der Krankenhausaufenthalt, der Name der Versicherung des Unfallverursachers, gegen den die Ersatzansprüche geltend gemacht werden sollten. Meine Frau hat die Sache mit diesem Unfall einem Rechtsanwalt in Elgershausen übergeben.

Dann kam wieder ein Schreiben von der Polizei in Fritzlar, wo wir uns als Zeugen schriftlich zu dem Unfall äußern sollten. Dem Rechtsanwalt mussten wir beide eine Vollmacht unterschreiben, dass er mit der Interessenwahrnehmung hinsichtlich unserer zivilrechtlichen Ansprüche uns vertreten darf. Der Rechtsanwalt hat dann bei der Polizeistation Fritzlar um Akteneinsicht und um Überlassung der Ermittlungsakte gebeten.
  Der Rechtsanwalt hat die gegnerische Versicherung mit Sitz in Hannover angeschrieben und ihr den Unfall geschildert, die Schadenpositionen aufgeführt und das Schmerzensgeld angesprochen.

Als nächstes folgte ein Schreiben über einen Behandlungsvertrag von der Kreisklinik Wolfhagen. Für den Fall, dass keine Kostenübernahme der Krankenkasse erfolgt, sind wir beide zur Zahlung des Entgeldes für die Krankenhausleistungen verpflichtet und sie sind gern bereit, uns über die entstandenen Behandlungskosten zu unterrichten. Meine Frau hatte für die stationäre Behandlung für 5 Tage einen Eigenanteil von 50 Euro und ich für die 3 Tage 30 Euro bezahlt an das Krankenhaus.

Ein Schreiben von der Versicherung forderte den Rechtsanwalt auf, einen in den wesentlichen Teilen fotokopierten Auszug aus der Ermittlungsakte zu beschaffen, einschließlich der vollständigen Wiedergabe der Vernehmung.

Die Staatsanwaltschaft und das Landgericht Kassel teilte in einem Schreiben uns mit, dass das Ermittlungsverfahren gegen den Unfallverursacher wegen fahrlässiger Körperverletzungen gemäß Paragraf 45 Absatz 1 Jugendgerichtsgesetz eingestellt und von einer Verfolgung abgesehen wird. Unterschrieben von der Staatsanwaltschaft.

Dann hat der Rechtsanwalt erst mal nur die beschädigten Gegenstände und Kleidung, die Behandlungskosten und eine neue Brille der Versicherung zur Begleichung der Kosten mitgeteilt. Die Brille war nicht mehr zu reparieren. Die Brille war völlig verzogen und der Bügel für den Steg war abgebrochen. Die Versicherung hat den geforderten Betrag über den Rechtsanwalt an uns überwiesen.

Der Rechtsanwalt hat an die Versicherung ein neues Schreiben verfasst, in dem er darauf hinwies, dass »auf Nachfrage meiner Mandanten bei der Kreisklinik Wolfhagen bestätigt wurde, dass bislang von Ihnen keinerlei Anfragen zu Arztberichten an die Kreisklinik erfolgt ist, offensichtlich haben Sie sich bislang nur beschränkt auf eine Anfrage an den Hausarzt. Zur Beurteilung der erlittenen Verletzungen wird es meines Erachtens erforderlich sein auch Unterlagen der Kreisklinik anzufordern. Meine Mandanten wurden mit zwei Rettungswagen unmittelbar nach dem Unfall in die Kreisklinik gebracht und haben dort mehrere Tage ärztliche Behandlung bekommen. Auch die Nachsorge wurde dort teilweise übernommen. Ich darf Sie bitten, dringend auch dort entsprechende Arztberichte anzufordern und auch diese, wenn sie vorliegen, mir zur Kenntnis zu bringen.« Da am 28.02.2007 seit nun mehr einem Monat keine Abschriften über den Bericht des Krankenhauses vorlagen, hat unser Rechtsanwalt die Versicherung gemahnt, die Angelegenheit zu beschleunigen und mit dem behandelnden Ärzten Kontakt aufzunehmen.

Dann kam ein Schreiben von der Versicherung, dass »der Arztbericht aus dem Krankenhaus Wolfhagen für Gudrun Umbach uns leider noch nicht vorliegt. Wir haben an diesen erinnert.«
  Da ich immer noch Schmerzen beim Atmen verspürte, tippte meine Ärztin auf einen Brustbeinbruch. Ich bat den Rechtsanwalt dies der Versicherung mitzuteilen. Er weigerte sich, da er Beweise durch eine neue Röntgenaufnahme benötige. »Und wie ist es bei der schönsten Nebensache der Welt, denn mein Johannes, das beste Stück des Mannes, bereitet mir nach dem Unfall auch noch oft Schwierigkeiten. Wollen Sie sich davon dann beim nächsten Mal durch Ihre Anwesenheit auch überzeugen?«, habe ich den Rechtsanwalt gefragt. Ich habe es abgelehnt, mich noch einmal röntgen zu lassen.

Unser Rechtsanwalt schrieb folgenden Text an die Versicherung:
  Im Nachgang zu meiner letzten Nachricht vom 09.03.07 teile ich jetzt mit, dass mir meine Mandanten noch von folgenden medizinischen und psychologischen Problemen als Folge des Unfalls berichtet haben.
  Seit dem Unfall trauen sich meine Mandanten kaum mehr, Auto zu fahren. Sie fahren nur absolut notwendiges. Sobald Sie sich auf der Landstraße befinden, setzen Angstzustände ein, wenn Ihnen ein Fahr-

zeug entgegen kommt. Sie sind offensichtlich immer noch durch den Unfall schwer traumatisiert. Bei Herrn Umbach lagen nach dem Unfall erhebliche Atembeschwerden vor. Nach Feststellung der weiterbehandelnden Ärztin soll es sich um mindestens eine Brustbeinprellung, wenn nicht gar ein Brustbeinbruch handeln. Da dieser nicht operabel ist, hat mein Mandant eine weitere Röntgenuntersuchung abgelehnt. Am rechten Daumen besteht bis heute eine Funktionsbeeinträchtigung mit Schmerzen. Herr Umbach kann mit der Hand nicht zugreifen. Die Prellungen im Genitalbereich, sowie der Leiste des Herrn Umbach haben dazu geführt, dass hier eine Leistungsfunktionsbeeinträchtigung vorliegt. Mein Mandant hat mir berichtet, dass gerade beim Sex von ihm Schmerzen und Beeinträchtigungen hinzunehmen sind.

Bei Frau Umbach ist erst jetzt der verletzte Zeigefingernagel heraus und der neue Nagel beginnt nachzuwachsen. Durch den Unfall hat Frau Umbach einen Anriss und Abbruch eines Schneidezahnes erlitten. Dieser musste abgeschliffen und gekürzt werden. Im Zahnfrontbereich verbleibt dann ein sichtbar kürzerer Zahn. Jetzt wurden Knoten in der Brust bei Frau Umbach festgestellt. Der behandelnde Arzt geht derzeit von einer Wasseransammlung auf Grund der massiven Prellungen aus. Meine Mandantin begibt sich zur weiteren Untersuchung am 28.03.2007 in das radiologische Zentrum Baunatal zur weiteren Untersuchung. Ich darf Sie bitten, insoweit weitere ärztliche Stellungnahme ggf. über den weiterbehandelnden Hausarzt einzuholen. Wegen der Zahnverletzung habe ich meine Mandantin gebeten, selbst entsprechendes Attest zu besorgen. Eine Bemessung des Schmerzensgeldes kann noch nicht vorgenommen werden, weil wie berichtet, noch medizinische Fest-stellungen getroffen werden müssen und die entsprechenden Berichte von Ihnen einzuholen sind. Ich bitte nach Vorlage an Übersendung an mich. Sobald der Bericht über die Untersuchung der Knoten in der Brust von Frau Umbach vorliegt werde ich das zu zahlende Schmerzensgeld für beide Mandanten beziffern. Dann lagen die Unfallberichte der Chirurgischen Abteilung der Kreisklinik Wolfhagen vor.

Unfallbericht für Gudrun Umbach.
Am 12.11.2006 in einen Verkehrsunfall verwickelt worden. Prellmarke im Bereich des Sternums. Patientin klagt über starke Schmerzen im Thoraxbereich (puncto maximum Sternum), im Beckenbereich und im Bereich des linken Fußes. Prellmarke prästernal, Kompressionsschmerz im Bereich des Sternum und des Thorax, Atemex cursionfrei, kein Hinweis auf Pneumothorax. Abdomen: Nierenlager frei, Schmerzhaftigkeit im Bereich des Beckenkammes, Beckenkompressionsschmerz. Starker Schmerz im Bereich des linken Mittelfußes und der Fußwurzel, Beweglichkeit frei.
Keine Zeichen einer Hirnbeteiligung.
Röntgen: Thoraxübersicht, Sternum seitlich, linker Vorfuß in zwei Ebenen. Insgesamt keine knöchernen Verletzungszeichen.

Stationäre Behandlung zur Beobachtung vom 12.11. – 16.11.2006. Ambulante Behandlung einmalig am 23.01.2007. Die Behandlung ist abgeschlossen, es traten keine Komplikationen auf.

100 % vom Unfalltag für zwei Wochen.
Kontrolluntersuchung vom 23.01.2007, wegen Restschmerzen im Fußbereich. Hier erfolgte nochmalige Röntgendiagnostik. Auch bei Kontrolle konnte keine Fraktur nachgewiesen werden. Eine dauernde Beeinträchtigung wird der Unfall nicht hinterlassen.

Unfallbericht für Friedhelm Umbach
Am 12.11.2006 in einen Verkehrsunfall verwickelt worden. Prellmarke prästernal, Patient klagt über Schmerzen im Brustbereich sowie im Bereich der rechten Hand. Thoraxschmerzen bei tiefer In- und Exspiration, puncto maximum im Bereich des mittleren Brustbeinanteiles. Atemex cursionen frei, kein Hinweis auf Pneumothorax.
Abdomen: Nierenlager frei, kein Hinweis für begleitende Kopf- oder Hals-wirbelsäulenverletzung. Schwellung mit Schmerzhaftig-

keit im Bereich der rechten Hohlhand. Keine Zeichen von Hirnbeteiligung.

Röntgen: Thoraxübersicht, Sternum seitlich, rechte Hand in zwei Ebenen. Insgesamt keine knöchernen Verletzungszeichen.

Stationäre Behandlung zur Beobachtung vom 12.11. – 14.11.2006 zur Überwachung der Vitalparameter.

Analgesie, zunehmende Mobilsation. Die Behandlung ist abgeschlossen, es traten keine Komplikationen auf. 100% vom Unfalltag für ca. eine Woche.

Eine dauernde Beeinträchtigung wird der Unfall nicht hinterlassen.
Mit der Weitergabe dieses Berichtes an den Patienten und erforderlichenfalls an andere mit dem Schadensfall befasste Leistungsträger bin ich einverstanden.
Mit freundlichen Grüßen Unterschrift.

Unser Rechtsanwalt hat am 02.07.2007 ein neues Schreiben an die Versicherung verfasst, wobei er noch darauf hinwies, dass bei Frau Gudrun Umbach zu berücksichtigen ist, dass die Erwerbseinschränkung von 100% vom Unfalltag an bis zum 05.12.2006, also 23 Tage, sowie weitere 14 Tage eine 50%ige Erwerbsunfähigkeit und noch mehr als 2 Monate eine 20%ige Erwerbsunfähigkeit vorgelegen hat.

Bei Herrn Friedhelm Umbach hat nach dem Bericht der Ärztin eine vollständige Erwerbsunfähigkeit, jedenfalls bis 11.12.2006 bestanden. Restbeschwerden waren jedoch auch noch am 23.01.2007 vorhanden.

Unter Abwägung aller Gesichtspunkte vor allem der starken Schmerzen für die Prellungen hat unser Rechtsanwalt die Schmerzensgeldforderung eingetragen. Er bat um Zahlung des bezifferten Schmerzensgeldes bis zum 16.07.2007. Bis zum 16.07.2007 war kein Schmerzensgeld überwiesen, da hat der Rechtsanwalt eine Nachfrist bis zum 30.07.2007 vereinbart. Fast neun Monate nach dem Unfallgeschehen wurde das geforderte Schmerzensgeld von der Versicherung über den Rechtsanwalt an uns beide überwiesen.

Der Frontalzusammenstoß hat zwar durch die Auszahlung der Versicherung und des Abschlusses durch den Rechtsanwalt ein Ende mit dem Schriftverkehr gefunden. Aber in unseren beiden Köpfen bleibt das Unfallgeschehen ein Leben lang erhalten.

Darum ist für mich jeder Tag mit meiner Frau als ein Geschenk des Himmels zu betrachten. Wir wünschen keinem Autofahrer einen Frontalzusammenstoß, denn solche Unfälle passieren im Bruchteil einer Sekunde. Deshalb sollte der Autofahrer sein Fahrzeug durch langsame, umsichtige Fahrweise jederzeit in der Gewalt haben. Deshalb können wir beide es nicht verstehen, dass Autofahrer bei einer Geschwindigkeitsbegrenzung von 80 km/h mit 150 km/h durchrauschen, mit der Folge Führerscheinentzug, Geldstrafe und Punkte in Flensburg. Nur auf diese Art kann man das richtige Verhalten im Straßenverkehr dem Fahrzeuglenker beibringen.

Nach dem Krankenhausaufenthalt konnte ich die Bauerei vergessen. Aber trotzdem haben wir den Kopf nicht hängen lassen, um unseren alten Humor nicht zu verlieren. Wir müssen trotz der Schmerzen wieder lernen, uns zu bewegen, den Muskelaufbau anzukurbeln, um unser Rentnerdasein weiter zu genießen. Trotz der Bewegungseinschränkung und der Schmerzen sind wir beide unserem Tanzkreis treu geblieben und haben sonntags von 17:30 Uhr bis 20 Uhr weiter getanzt. So konnten wir uns die neuen Tanzschritte ansehen, lernen und versuchen mitzutanzen, um die Rückenschmerzen durch Bewegung zu vergessen und um unseren Geist zu schulen.

Auch auf dem Saukopf bei Elmshagen, einem Plateau 511 Meter

hoch gelegen, bewegten wir uns ganz langsam jeden Tag ein bis zwei Stunden, um von dem Geschehenen Abstand zu gewinnen.

Die gelernten und getanzten Figuren nach 14 Jahren Tanzunterricht

Die einzelnen angegebenen Tanzschritte der einzelnen Tänze gelten nur für den führenden Herrn. Die Dame hat die Aufgabe, diesen Tanzschritten gemäß zu folgen.

Einzeldrehungen der Dame werden gesondert angegeben.

Da durch das Tanzen der Körper und der Geist gefordert wird, ist es manchmal nicht ganz einfach, die einzelnen Tanzschritte zu beherrschen. Übung macht den Meister. Vor allem sollte man nicht verzweifeln, denn alle Tanzpaare haben die gleichen Schwierigkeiten.

Ein paar Mal waren meine Frau und ich das einzige anwesende Paar im Tanzkreis. Bei diesen Gelegenheiten konnten wir unsere speziellen Wünsche äußern, die der Tanzlehrer mit seiner Frau dann berücksichtigt hat. Der Tanzlehrer tanzte mit meiner Frau und ich mit seiner Frau, so lange bis die Schrittfolge und die einzelnen Drehungen gelernt waren. Danach mussten wir beide vortanzen bis wir es konnten. Zwischendurch wurde unermüdlich von den beiden geholfen und vorgetanzt. Dies geschah alles in einer freundschaftlichen Atmosphäre. Im Folgenden gebe ich die einzelnen Tanzschritte mit meinen eigenen Worten weiter:

Tanzfiguren

Rumba
Der Tanz der Verliebten, mit 11 Tanzfiguren.

Tanzschritte für Tanzfiguren <u>Rumba Nr. 1</u>
Bei den Grundschritten gibt es immer zwei schnelle Schritte und ei-

nem langsamen Schritt, wobei der langsame immer mittig ist, also kurz, kurz, lang, kurz, kurz, lang.

Rechts nach außen wird begonnen mit lang, linker Fuß nach vorne ist kurz, rechter Fuß am Platz ist auch kurz, linker Fuß zurück neben den rechten ist wieder lang. Rechter Fuß zurück nach hinten ist kurz, linker Fuß am Platz ist kurz, rechter Fuß neben den linken ist wieder lang, dann wie gehabt linker Fuß nach vorne ist wieder kurz usw.

Dieser Grundschritt wird am Anfang und am Schluss einer Tanzfigur immer drei Mal getanzt.

Die Dame dreht eine Rechtsdrehung hand to hand (Promenade mit aufklappen)

Promenade ist 90 Grad rechts schwenk und 90 Grad links schwenk, hand to hand gegen die Tanzrichtung nach hinten tanzen, seit, rück und seit.

Rechte Hand vom Herrn fasst die linke Hand der Dame, dann in Tanzrichtung rückwärts mit rück, rück, rück, jetzt zueinander seit, seit Wiegeschritt.

Dame dreht Rechtsdrehung seit, links beginnen lauf, lauf, lauf, linken vorkreuzen (l), und (r), am Platz schließen (l). Vorkreuzen (r), und (l), schließen (r). Vorkreuzen (l), und (r), am Platz schließen (l). Zur Seite und Dame dreht Rechtsdrehung. Drei Grundschritte zum Schluss tanzen.

Tanzschritte für Tanzfiguren <u>Rumba Nr. 2</u>

Drei Grundschritte tanzen.

Dame geht in den Fan mit vor, rück, rück, schließen, vor vor. Herr tanzt Grundschritte, vor rück, schließen, kreuzen (r), seit (l), kreuzen (r), seit (l), kreuzen (r), seit (l), kreuzen (r), seit (l) ran (r). Herr tanzt Grundschritte und Dame zwei Rechtsdrehungen. Rück, vor, seit kreuzen seit, kreuzen seit kreuzen, seit kreuzen seit, vor und schließen, rück und seit, vor schließen. Dame tanzt

Lasso (Rechtsdrehung), um den Herrn herum. Drei Grundschritte tanzen.

Tanzschritte für Tanzfiguren Rumba Nr. 3
Drei Grundschritte tanzen.
Herr tanzt Grundschritte weiter. Dame geht in den Fan mit vor, rück, rück, schließen, vor, vor, linke Hand vom Herrn fasst nach oben die rechte Hand der Dame. Dame tanzt Rechtsdrehung mit vor, vor, kreuzen, drehen, seit vor dem Herrn, Handwechsel, rechte Hand vom Herrn fasst die rechte Hand der Dame, linken Hände kreuzen. Dame tanzt Rechtsdrehung neben dem Herrn mit rück, vor, kreuzen drehen seit, unteren Hände öffnen, die oberen Hände bleiben ständig zusammen.
Dame dreht rechts neben dem Herrn eine weitere Rechtsdrehung mit rück vor kreuzen drehen seit.
Unteren Hände kurz anfassen und wieder öffnen. Dame dreht neben dem Herrn eine weitere Rechtsdrehung rück, vor, kreuzen, drehen, seit bis vor dem Herrn, unteren Hände wieder anfassen. Drei Grundschritte tanzen.

Tanzschritte für Tanzfiguren Rumba Nr. 4
Drei Grundschritte tanzen.
Dame geht in den Fan mit vor, rück, rück, schließen, vor, vor. Dame muss ihren linken vor den rechten kreuzen, rechten wieder zurück.
Herr den rechten über den linken vorkreuzen, rechten wieder zurück.
Linken vorkreuzen über den rechten, rechten Fuß neben den linken platzieren, dann das alles drei Mal wiederholen, beide eine Rechtsdrehung und zwei Grundschritte tanzen.
Links zur Seite rechts ran, links zur Seite rechts ran, links zur Seite rechts ran.
Volle Linksdrehung links rück, seit. Drei Grundschritte tanzen.

Tanzschritte für Tanzfiguren <u>Rumba Nr. 5</u>
Drei Grundschritte tanzen.
Dame geht in den Fan mit vor, rück, rück, schließen, vor, vor. Dame tanzt Linksdrehung mit rück, vor, vor drehen seit. Dame rechts rück, Herr links vor, am Platz volle Rechtsdrehung, Herr links vor, rechts vor, am Platz volle Linksdrehung, Die Dame tanzt die Verfolgung erst hinter dem Herrn her, dreht und tanzt vor dem Herrn ihre Tanzschritte. Herr wie vorher links vor, Rechtsdrehung am Platz also auf der Stelle usw. bis vier Mal die Verfolgung getanzt wurde. Diese Tanzschritte ähneln einer liegenden 8. Drei Grundschritte tanzen.

Tanzschritte für Tanzfiguren <u>Rumba Nr. 6</u>
Drei Grundschritte tanzen.
Dame geht in den Fan mit vor, rück, rück, schließen, vor, vor, rück, vor Linksdrehung, vor drehen seit. Herr links nach vorne mit drei Schritten, lauf (l), lauf (r), lauf (l), Wiegeschritt. Drei Schritte zurück lauf (l), lauf (r), lauf (l). Drei Schritte um eine viertel Linksdrehung versetzt, rück, rück, rück, Wiegeschritt, beide drehen, Herr Linksdrehung, Dame Rechtsdrehung. Drei Grundschritte tanzen.

Tanzschritte für Tanzfiguren <u>Rumba Nr. 7</u>
Drei Grundschritte tanzen.
Dame geht in den Fan mit vor, rück, rück, schließen, vor, vor, rück, vor, Herr linke Hand nach oben.
Dame rechte Hand nach oben. Dame dreht Rechtsdrehung mit kreuzen, drehen, seit. Handwechsel, Herr rechte Hand nach oben, Dame rechte Hand nach oben und beide Handflächen wieder aneinander, wie bei einer Begrüßung nur oben. Linke Hand von Herren nach unten und fasst die linke Hand der Dame. Dame dreht erneut Rechtsdrehung mit rück und seit,

kreuzen drehen seit. Die Drehungen werden viermal wiederholt. Drei Grundschritte tanzen.

Tanzschritte für Tanzfiguren Rumba Nr. 8
Drei Grundschritte tanzen.
Dame geht in den Fan mit vor, rück, rück, schließen, vor, vor, rück, vor. Herr rechte Hand nach oben und fasst linke Hand der Dame.
Dame geht mit einer Rechtsdrehung ins Körbchen, Herr mit drei Schritten rechts um die Dame herum. Dame geht mit Linksdrehung aus dem Körbchen wieder heraus.
Dame dreht eine weitere Linksdrehung. Herr geht durch und tanzt Rechtsdrehung, um die Dame herum. Dame tanzt noch eine Linksdrehung. Drei Grundschritte tanzen.

Tanzschritte für Tanzfiguren Rumba Nr. 9
Drei Grundschritte tanzen.
Dame geht in den Fan mit vor, rück, rück, schließen, vor, vor, rück, vor. Dame geht mit Rechtsdrehung ins Körbchen und dreht mit Linksdrehung wieder heraus.
Herr rechts einen Schritt zur Seite und dreht eine viertel Rechtsdrehung und geht danach in seit, platz, drüber, seit platz drüber, seit platz drüber.
Herr linke Hand nach oben, Dame rechte Hand nach oben. Dame tanzt Linksdrehung. Drei Grundschritte tanzen.

Tanzschritte für Tanzfiguren Rumba Nr. 10
Drei Grundschritte tanzen.
Dame geht in den Fan mit vor, rück, rück, schließen, links vorwärts kreuzen und Rechtsdrehung zur Seite mit anschließendem Lasso um den Herrn herum tanzen.
Dame geht mit Herrn in die Promenade (Rechtsschwenk 90 Grad) in die Gegentanzrichtung.

Promenade (Linksschwenk 90 Grad) nach vorne in Tanzrichtung. Promenade wieder nach hinten in die Gegentanzrichtung. Promenade wieder nach vorne in Tanzrichtung mit anschließender Rechtsdrehung der Dame.

Promenade mit anfassen rechte Hand vom Herrn nach unten und linke der Dame nach unten.

Linke Hand von Herrn nach oben, rechte Hand der Dame nach oben anfassen.

Promenade in die Gegentanzrichtung, Hände angefasst lassen, nur kreuzen. Hände von oben nach unten und die von unten nach oben.

Promenade wieder in Tanzrichtung angefasst lassen nur kreuzen. Hände wieder wie am Anfang.

Promenade in Gegentanzrichtung Hände angefasst lassen nur wieder kreuzen.

Promenade in Tanzrichtung. Hände angefasst lassen mit anschließender Rechtsdrehung der Dame mit hand to hand. Promenade mit aufklappen in die Gegentanzrichtung. Promenade hand to hand mit aufklappen in Tanzrichtung. Promenade hand to hand mit aufklappen in Gegentanzrichtung.

Beide vier Schritte in Aida rückwärts laufen mit anschließender Rechtsdrehung der Dame. Danach vier Schritte rückwärts in die Gegenrichtung laufen. Herr dreht zum Abschluss eine Rechtsdrehung und die Dame eine Linksdrehung. Drei Grundschritte tanzen.

Tanzschritte für Tanzfiguren <u>Rumba Nr. 11</u>

Drei Grundschritte tanzen.

Dame geht in den Fan vor, rück, rück, schließen, vor, vor, rück, vor. Dame dreht Rechtsdrehung mit vor drehen seit mit Lasso Rechtsdrehung um den Herren herum tanzen.

Dame tanzt vor dem Herrn eine Rechtsdrehung. Handwechsel,

rechte Hand vom Herrn nach oben, fasst die rechte Hand der Dame,
ähnlich wie bei Begrüßung greifen. Linke Hände nach unten. Jetzt drei Rechtsdrehungen der Dame rechts vom Herrn mit rück, vor, vor, kreuzen, drehen. Linke Hände lösen und anfassen, rück, vor, kreuzen drehen, beide Hände nach oben. Dame dreht von rechts nach links vorm Herrn her, mit rück, vor, rück. Herr und Dame drehen um eine gemeinsame Achse, aber Hände angefasst lassen.
Dame vor vor vor, Herr rück rück rück zweimal bis eineinhalb Rechtsdrehungen getanzt wurden. Dame tanzt allein noch eine Rechtsdrehung seit, seit. Drei Grundschritte tanzen.

Langsamer Walzer

Tanzschritte für Tanzfiguren langsamer Walzer Nr. 1

Grundschritt, rechts vor, links seit, rechts ran, links vor, rechts seit und links ran.

Rechtsdrehung rechts vor, links seit, rechts hinterkreuzen, links vor, rechts seit, links ran, dabei ergibt sich eine volle Rechtsdrehung.

Jetzt geradeaus tanzen mit rechts vor, links seit, rechts ran. Linksdrehung, links vor,
rechts seit, links hinterkreuzen, rechts rück, links seit, rechts ran, dabei ergibt
sich eine volle Linksdrehung. Links rück, rechts seit und in dieser Stellung verharren, nur den Oberkörper langsam, zähle 1,2,3, nach links drehen, mit 4,5,6 langsam den Oberkörper wieder nach rechts zurück drehen. Links nach vorne, rechts nach vorne, links seit, rechts kreuzen, links vor, rechts seit Chasséschritt = (seit, an, seit.). Links vor, rechts seit, links ran. Rechtsdrehung rechts vor, links seit, rechts kreuzen, links rück, rechts vor, links

rück, rechts rück, links seit, rechts ran, links rück, rechts vor, links seit, rechts ran, vorbei seit schließen.

Tanzschritte für Tanzfiguren <u>langsamer Walzer Nr. 2</u>
Geschlossener Impetus. Rechtsdrehung mit rechts vor, links seit, rechts kreuzen, links rück, rechts ran, auf der Ferse eine viertel Umdrehung nach rechts im Stand drehen. Links zurück, jetzt steht man schräg zur Wand, genau in der gleichen Position wie am Anfang. Rechts rück, links seit, rechts vorbei um die Dame. Links vor, rechts seit, links zurück. Jetzt steht man mit dem Rücken zur Tanzrichtung. Rechts rück, links seit, rechts vorbei um die Dame, links vor, rechts seit, links ran.
Offener Impetus. Rechts vor, links seit, rechts kreuzen als Rechtsdrehung, links rück, rechts ran, auf der Ferse eine viertel Umdrehung nach rechts im Stand drehen. Links vor, rechts vor, links seit, rechts vorbei um die Dame, links vor, rechts seit, links zurück, rechts zurück, links seit rechts vorbei um die Dame, links vor, rechts seit und links ran.

Tanzschritte für Tanzfiguren <u>langsamer Walzer Nr. 3</u>
Volle Rechtsdrehung nur mit rechts vor, links seit, rechts kreuzen, rück drehen 360 Grad, vor mit links ergibt Grundstellung. Herr einen kleinen Schritt mit rechts nach vorne. Dame drei Schritte nach links nach vorne um den Herrn herum. Herr links nach vorne, Dame rechts nach hinten, seit an seit (Chasséschritt), vor, vor, seit ran seit nach rechts, vor, seit, ran, rück, rück, seit, halbe Linksdrehung, vor, seit ran seit, nach links, vor, seit und ran.

Tanzschritte für Tanzfiguren <u>langsamer Walzer Nr. 4</u>
Rechts vor, links seit, rechts ran als Rechtsdrehung. Links rück, rechts seit, nach rechts neben die Dame tanzen. Links seit vor-

bei, rechts rück, links seit, rechts vorbei ohne zu drehen. Links vor mit halber Linksdrehung nach hinten mit rechts rück, links rück, rechts vor, volle Linksdrehung mit links vor, rechts vor, links vor, rechts rück, links rück, rechts rück, links vor, seit an seit (Chasséschritt) links vor, rechts seit, links ran.

Tanzschritte für Tanzfiguren langsamer Walzer Nr. 5

Rechts vor, links seit, rechts ran, links rück, rechts seit nach rechts, links seit vorbei, links nach vorne, rechts nach vorne, halbe Linksdrehung gegen die Tanzrichtung.

Volle Linksdrehung mit links vor, rechts vor, links vor, rechts ran,

links rück, rechts seit, links anziehen an den rechten Fuß und der linke Fuß gleich nach vorne mit Drehung links vor zur Rechtsdrehung, seit an seit, (Chasséschritt),

links vor, rechts seit, links schließen. Rechts rück, links seit, rechts schließen. Linksdrehung, links vor, seit kreuzen, rechts rück seit ran, links vor seit ran. Rechtsdrehung zum Abschluss.

Tanzschritte für Tanzfiguren langsamer Walzer Nr. 6

Rechtsdrehung, vor (r), seit (l), kreuzen (r), rück (l), seit (r), ran (l), auseinander Tanzhaltung öffnen. Vor (r), seit (l), ran (r), vorwärts gerade aus in Tanzrichtung.

Vor (l), seit (r), ran (l), jetzt zueinander gehen mit vor (r), seit (l), ran (r).

Rücken in Tanzrichtung, rück (l), seit (r), ran (l), rechts nach hinten seit (l), ran (r) mit viertel Linksdrehung. Tanzhaltung links rück, seit (r), ran (l) mit viertel Rechtsdrehung, rechts vor, seit (l), ran (r), geradeaus, Linksdrehung, vor (l), seit (r), kreuzen (l), rechts rück, seit (l), ran (r), links vor, seit (r), ran (l), geradeaus, jetzt von vorn mit Rechtsdrehung.

Tanzschritte für Tanzfiguren <u>langsamer Walzer Nr. 7</u>
Rechtsdrehung mit rechts vor, seit, kreuzen, links rück, seit, ran. Kreiseldrehung mit rück, vor, rück, rück, seit, an nach links. Gegen die Tanzrichtung Schritt, kreuz, Schritt durch die Mitte mit rechts vor, links vor, seit an seit, (Chasséschritt), rechts vor, seit, an, links rück, seit, an, rechts vor, seit, ran. Linksdrehung links vor, seit, kreuzen, rechts rück, seit, ran, links vor, seit, an. Rechtsdrehung mit rechts vor, seit, kreuzen, links rück, seit, ran.

Tanzschritte für Tanzfiguren <u>langsamer Walzer Nr. 8</u>
Rechts vor, seit, an, links rück, seit, an.
Rechts vor, seit, an. Kreiseldrehung rück, vor, rück, rück, seit, an. Nach hinten Schritt, kreuz, Schritt, links vor, rechts vor, seit an seit (Chasséschritt), vor, vor, jetzt nach vorne Schritt, kreuz, Schritt, dreiviertel Rechtsdrehung (Verzögerungsschritt), rechts rück, seit, ran. Links vor, seit an seit, nach rechts halbe Flechte seitlich mit Linksdrehung, rechts vor, links vor, rechts seit, links rück, vorbei seit Schluss. Volle Kreiseldrehung, halbe Linksdrehung, (Blickrichtung zur Mitte), Wischer links vor, rechts dahinter, links drauf. Flugschritt, Herr bleibt stehen, Dame dreht zur linken Seite des Herrn mit dem toten Vogel, links vor, rechts seit, links dahinter, viertel Drehung rechts vor, seit, dahinter. Dame seitlich in die halbe Flechte, rechts vor, links vor, rechts seit, (Linkskurve) links rück, rechts rück, vorbei seit Schluss. Rechts vor, seit, ran, Dame dreht Rechtsdrehung, er um sie, sie um ihn, er um sie, seit an seit (Chasséschritt), vorbei seit schließen.

Tanzschritte für Tanzfiguren <u>langsamer Walzer Nr. 9</u>
Vor (r), seit (l), ran (r), rück (l), seit (r), Pause, links ran und auftippen und sofort links vor, Linksdrehung mit drehen, drehen.
Herr an der Dame links vorbei mit rechts vor links seit, rechts

ran, links rück, rechts rück, links seit, rechts vor, links seit, rechts ran, links rück, rechts rück, links seit usw. Bei voller Tanzfläche von Vorteil.

Tanzschritte für Tanzfiguren langsamer Walzer Nr. 10
Rechtsdrehung mit rechts vor, links seit, rechts kreuzen, links vor, rechts seit, links ran, gerade aus mit rechts vor, links seit, rechts ran, Linksdrehung mit links vor, rechts seit, links kreuzen, rechts rück, links seit, rechts ran, links vor, rechts seit, links ran, Kreiseldrehung mit rechts rück. links vor, rechts rück, links rück, rechts seit, links ran, rechts rück, links seit, rechts vor, links seit, rechts ran. Chasséschritt mit links seit, rechts ran, links seit, rechts ran. Schritt (l), kreuz (r), Schritt (l), rechts rück, links seit, rechts ran, viertel Linksdrehung, links vor, rechts seit, links ran, von vorne mit Rechtsdrehung wieder beginnen.

Tanzschritte für Tanzfiguren langsamer Walzer Nr. 11
Rechts vor, links seit, rechts kreuzen, links rück, rechts seit. Pause, links tep und gleich weiter nach vorn und belasten. Linksdrehung mit rechts vor, drehen, drehen, links seit vorbei, rechts seit, links ran, rechts an der Dame vorbei, links rück, rechts rück, links seit, rechts vor, links seit, rechts ran, links rück, rechts rück, links seit, rechts ran, links rück, rechts rück, links seit, rechts vor, links vor, rechts seit, links ran.

Wiener Walzer

Bei dem Wiener Walzer kann man, wie es einem beliebt oder einem Spaß bereitet, die Rechtsdrehung oder die Linksdrehung mit Pendelschritt zwischen den beiden Drehungen auch geöffnet tanzen.
Dreimal Rechtsdrehung; rechts vor, links vor, rechts vor, links

vor, rechts nach hinten kreuzen, links vor, rechts seit, links ran, dann noch zwei Rechtsdrehungen tanzen.
Drei Stück Pendelschritte, hin, her, hin, her, hin, her.
Dreimal Linksdrehung; links vor, rechts vor, links kreuzen, das heißt den linken Fuß über den rechten Fuß nach vorne kreuzen, rechts rück, links seit, rechts ran, dann noch zwei Linksdrehungen tanzen.
Rechtsdrehung; vor (r), seit (l), ran (r), rück (l), seit (r), ran (l), auseinander also öffnen mit vor (r), seit (l), ran (r), vorwärts gerade aus, vor (l), seit (r), ran (l), jetzt zueinander tanzen, vor (r), seit (l), ran (r). Rücken in Tanzrichtung mit rück (l), seit (r), ran (l). Rechtsdrehung rechts vor, seit (l), ran (r). Linksdrehung vor (l), seit (r), kreuzen (l), rechts rück, seit (l), ran (r), links vor, seit (r), ran (l), gerade aus, jetzt von vorne mit Rechtsdrehung.

Tango

Tanzschritte für Tanzfiguren <u>Tango Nr. 1</u>
Tango Grundschritt; links vor, rechts vor, Wiegeschritt wird getanzt mit links auftreten, rechts auftreten, links auftreten und dabei wiegen, rechts rück, links seit, rechts schließen.
Links vor, rechts vor, links vor, rechts seit, links öffnen, rechts vor, links vor, schräg zur Mitte mit 90 Grad Drehung, mit vier schnellen Schritten rückwärts laufen, rechts schließen. Jetzt schräg nach außen links vor, rechts vor, links seit, rechts ran, Herr steht jetzt vor der Dame, danach beide mit links nach außen zack, links zurück zack. Grundschritt; vor, vor, Wiegeschritt, rück, seit, schließen.

Tanzschritte für Tanzfiguren Tango Nr. 2
Grundschritt; links vor, vor, Wiegeschritt, rück seit schließen, vor, vor, vor, seit, öffnen.
Herr mit drei Schritten nach vorne um die Dame herum. Herr mit links einen Schritt rückwärts, seit an seit (Chasséschritt), vor (l), vor (r) in Tanzrichtung schräg zur Mitte. Jetzt noch einen Schritt zu den beiden in die gleiche Richtung nach vorne ergibt Nr. 1. Viertel Umdrehung nach links dann Nr.2, Nr.3 und Nr.4 als schnelle Schritte rückwärts tanzen. Bei Nr.5 bleibt Herr stehen und schließt, während die Dame dreht mit einem Schritt nach vorne. Schräg nach außen mit vor (l) vor (r), seit (l), ran (r) vor die Dame. Vor, vor, Wiegeschritt, rück, seit, schließen.

Tanzschritte für Tanzfiguren Tango Nr. 3
Grundschritt; links vor, rechts vor, Wiegeschritt, rechts rück, links seit, rechts schließen.
Links rück, rechts vor, links vor neben den rechten. Viertel Rechtsdrehung mit rechts rück, links rück, rechts vorkreuzen neben den linken Fuß und sofort rechts wieder nach vorne auftreten. Links hinterkreuzen hinter den rechten Fuß und sofort links wieder nach hinten auftreten. Rechts rück und dabei wieder vorkreuzen neben den linken Fuß und sofort rechts wieder nach vorne belasten, links seit, rechts ran. Während der Herr drei Mal kreuzt, tanzt die Dame rechts vor, rechts rück, links rück, rechts drehen nach vorne mit drei Wicklern (Dame dreht drei Mal rechts, links). Grundschritt; links vor, rechts vor, Wiegeschritt, rück, seit, schließen.

Tanzschritte für Tanzfiguren Tango Nr. 4
Grundschritt; links vor, vor, Wiegeschritt, rück, seit, schließen. Links vor, vor, vor, seit, öffnen. Rechts vor, links rück, rechts rück, Moment verharren und weiter noch drei Mal links rück,

rechts rück, links rück, linken Fuß belasten und mit dem rechten vorkreuzen vor den linken und den rechten neben den linken platzieren. Dame tanzt beim dritten rück vom Herrn einen Schwenker mit rück seit vorbei. Linken Fuß vom Herrn mit tep etwas gedreht an den rechten, aber gleich nach vorne mit einer viertel Rechtsdrehung und linken Fuß belasten. Rechts vor, links rück, rechts vor, Wiegeschritt, rück, seit, schließen. Vor, vor, Wiegeschritt, rück, seit, schließen.

Tanzschritte für Tanzfiguren Tango Nr. 5
Links vor, rechts vor, Wiegeschritt (links, rechts, links am Platz), rechts rück, links seit, rechts schließen. Links vor, rechts vor, links vor, rechts seit, links öffnen. Links rück, rechts rück, langsam links seit, rechts ran. Links zurück, rechts rück, links rück, rechten Fuß vorkreuzen, vor, seit, an. Linksdrehung, links vor, rechts vor, an Dame seitlich vorbei, rück, seit, Schluss. Vor, vor, seit, an, vor, vor, um die Dame herum, Wiegeschritt, rück, seit an. Vor, vor, seit an, quick, quick, quick, Schritt, kreuz, Schritt nach vorne, seit an. Grundschritt; links vor, vor Wiegeschritt, rück seit schließen.

Tanzschritte für Tanzfiguren Tango Nr. 6
Grundschritt; links vor, vor Wiegeschritt rück seit schließen. Links vor, vor, vor, seit (Linkskurve) vor, vor, Wiegeschritt nach vorne, rück, Wiegeschritt nach hinten Rechtsdrehung, rechts vor, links dahinter (Ronde), seit Schluss, rechten Fuß nach außen mit tip, linken Fuß nach außen mit tip. Promenade in Tanzrichtung, linken Fuß nach vorne, nach hinten mit rechts tip, tip (Specht), rechts nach vorne mit Schritt, kreuz, Schritt, tip, mit links in die Promenade, seit, an. Vor, vor, Wiegeschritt, rück, seit, ran.

Tanzschritte für Tanzfiguren Tango Nr. 7
   Grundschritt; links vor, vor Wiegeschritt, rück seit schließen.
   Drei Schritte nach vorne vor (l), vor (r), vor (l). Linksdrehung
   mit rechts rück, links hinterkreuzen, rechts seit, links tip und
   gleich nach vorne auftreten, rechts vor (Schritt). halbe Rechtsdrehung mit links hinterkreuzen (kreuz), rechts vor (Schritt),
   links seit, rechts ran.
   Grundschritt: vor, vor, Wiegeschritt, rück, seit, schließen.

Tanzschritte für Tanzfiguren Tango Nr. 8
   Grundschritt; links vor, rechts vor, Wiegeschritt, rechts rück,
   links seit, rechts schließen. Drei Schritte nach vorne laufen mit
   links vor, rechts vor, links vor, rechts seit, links nach hinten kreuzen mit einer viertel Linksdrehung. Rechts rück, links seit, rechts
   vor (Schritt), links hinter kreuzen (Kreuz), rechts vor (Schritt).
   Links tep und sofort mit links nach vorne in Tanzrichtung zueinander drehen mit viertel Rechtsdrehung schräg vor die Dame.
   Rechts vor, links seit, rechts ran.
   Grundschritt; links vor, vor, Wiegeschritt, rück, seit, schließen.

Cha, Cha, Cha

Unser Lieblingstanz ist der Cha, Cha, Cha.

Tanzschritte für Tanzfiguren Cha, Cha, Cha, Nr. 1
   Grundschritte; rechts seit, links am Platz, cha, cha, cha,
   (Drei Schritte am Platz, rechts, links, rechts). links vor, rechts
   am Platz, cha, cha, cha, rechts rück, links am Platz, cha, cha,
   cha, links vor, rechts am Platz, cha, cha, cha, rechts rück, links
   am Platz, cha, cha, cha, links vor usw.
   Drei Grundschritte tanzen. Dame geht in den Fan mit vor, rück,

rück, schließen, links vorwärts, kreuzen und Rechtsdrehung zur Seite mit dem anschließenden Lasso (Rechtsdrehung), um den Herrn herum tanzen. Dame geht mit dem Herrn in die Promenade in Gegentanzrichtung (90 Grad rechts schwenk und zurück), cha, cha, cha. Promenade in Tanzrichtung nach vorne und zurück, cha, cha, cha. Promenade wieder in Gegentanzrichtung und zurück, cha, cha, cha. Promenade wieder in Tanzrichtung (90 Grad linksschwenk) mit anschließender Rechtsdrehung vor dem Herrn. Promenade mit anfassen, rechte Hand vom Herrn nach unten und fasst dabei die linke Hand der Dame. Linke Hand vom Herrn nach oben und fasst die rechte Hand der Dame.

In Tanzrichtung die Promenade tanzen und auch wieder zurück tanzen, cha, cha, cha, gleichzeitig Hände angefasst lassen, nur kreuzen von oben nach unten und von unten nach oben. Promenade in die Gegentanzrichtung, also 90 Grad rechtsschwenk und zurück tanzen, cha, cha, cha, gleichzeitig Hände angefasst lassen, nur kreuzen von unten nach oben und von oben nach unten. Promenade in Tanzrichtung, also nur 90 Grad linksschwenk und danach tanzt die Dame sofort eine Rechtsdrehung mit anschließender Promenade mit aufklappen (hand to hand) und 90 Grad linksschwenk in Tanzrichtung und zurück cha, cha, cha. Promenade mit aufklappen, also hand to hand in die Gegentanzrichtung und zurück, cha, cha, cha. Promenade mit aufklappen, also hand to hand in die Tanzrichtung und zurück, cha, cha, cha. Promenade mit aufklappen, also hand to hand in die Gegentanzrichtung, aber nicht zurück tanzen, sondern gleich in Aida mit vier Schritten rückwärts in Tanzrichtung laufen, seit, seit, Dame dreht eine Rechtsdrehung. Herr cha, cha, cha tanzen. Beide mit vier Schritten rückwärts in Gegenrichtung zurück laufen. Dame zum Abschluss Rechtsdrehung, Herr gleichzeitig Linksdrehung tanzen. Drei Grundschritte tanzen.

Tanzschritte für Tanzfiguren Cha,Cha,Cha. Nr. 2
Drei Grundschritte tanzen.
Rechts seit platz, cha, cha, cha, Dame dreht eine Rechtsdrehung, cha, cha, cha, Promenade mit aufklappen hand to hand, rück, platz, mit links anfangen cha, cha, cha, rechts cha, cha, cha, links zur Seite neben den rechten Fuß. Rechts kick nach vorne über den linken, rechten zurück nach hinten hinter den linken (point), rechten Fuß in Kniehöhe an den linken heranziehen (break). (kick, point, break). Rechten Fuß neben den linken, linken Fuß nach hinten, rechts zur Seite, cha, cha, cha, Grundschritt.

Tanzschritte für Tanzfiguren Cha,Cha,Cha. Nr. 3
Drei Grundschritte tanzen. Rechts seit, platz, cha, cha, cha, Dame dreht eine Rechtsdrehung, cha, cha, cha, Promenade mit aufklappen hand to hand in Tanzrichtung, cha, cha, cha. Promenade mit aufklappen in die Gegentanzrichtung. Rechte Hand vom Herrn fasst linke Hand der Dame tanzt cha, cha, cha in Tanzrichtung nach vorne. Rück, rück, cha, cha, cha, Wiegeschritt, Dame tanzt Rechtsdrehung, dann nebeneinander in die Gegentanzrichtung cha, cha. cha, lauf, lauf, cha, cha, cha, lauf, lauf, cha, cha, cha. Linken Fuß vor den rechten kreuzen, rechts am Platz ergibt und, linken neben den rechten zurück und schließen. Rechten vor den linken kreuzen, links am Platz, rechts schließen. Mit links kreuzen, und, schließen, mit rechts kreuzen, und, schließen. Dame zum Abschluss Rechtsdrehung und gleichzeitig Herr Linksdrehung, cha, cha, cha. Drei Grundschritte tanzen.

Tanzschritte für Tanzfiguren Cha, Cha, Cha Nr. 4 (Verfolgung)
Drei Grundschritte tanzen.
Rechts seit platz cha, cha, cha, links vor, rechts am Platz, cha,

cha, cha, rechts rück, links am Platz, cha, cha, cha. Dame geht in den Fan, vor rück, cha, cha. cha, schließen, vor, cha, cha, cha, Dame tanzt eine Rechtsdrehung. Dame rück, vor, Herr auf der Stelle links vor, mit Rechtsdrehung für eine liegende acht mit rechts vor, cha, cha, cha. Dame läuft mit cha, cha, cha, hinter dem Herrn her und dreht dreiviertel Linksdrehung. Herr links vor mit Linksdrehung. Dame links vor, cha, cha, cha, Herr vor, mit cha, cha, cha, hinter der Dame her tanzen. Jetzt wie von vorne mit Rechtsdrehung vier liegende achten hintereinander getanzt. Drei Grundschritte tanzen.

Tanzschritte für Tanzfiguren <u>Cha, Cha, Cha Nr. 5</u>
Drei Grundschritte tanzen.
Rechts seit, platz, cha, cha, cha. Dame geht in den Fan mit vor, rück, cha, cha, cha, schließen, vor cha, cha, cha, Dame tanzt eine Rechtsdrehung um den Herrn cha, cha, cha. Herr auf der Stelle vor, rück, cha, cha, cha. Herr seinen rechten Fuß nach hinten kreuzen. Dame dreht den Herrn auf der Stelle mit einer vollen Rechtsdrehung. Herr kann die dabei entstehenden Knoten öffnen durch kreuzen und drehen, cha, cha, cha. Dame rück, vor, cha, cha, cha, lauf, lauf, cha, cha, cha, lauf, lauf, cha, cha, cha, (Lasso). Herr auf der Stelle vor, rück, cha, cha, cha, rück, vor, cha, cha, cha. Grundschritte tanzen.

Tanzschritte für Tanzfiguren <u>Cha, Cha, Cha Nr. 6</u>
Drei Grundschritte tanzen.
Rechts seit, links platz, cha, cha, cha, vor, platz, cha, cha, cha, rück, platz, cha, cha, cha. Dame dreht Rechtsdrehung mit hand to hand, also aufklappen in Tanzrichtung, cha, cha, cha, hand to hand mit aufklappen in die Gegentanzrichtung, cha, cha, cha. Dame Linksdrehung mit kreuzen, drehen, seit. Herr gleichzeitig Rechtsdrehung mit kreuzen, drehen, seit. Beide cha, cha, cha.

Herr rück, vor, seit, seit nach rechts, links vor, rechts vor nach links, cha, cha, cha, rechts rück, links rück, nach rechts cha, cha, cha. Dame tanzt diese Schritte in Form eines Rechteckes auf der gegenüber liegenden Seite. Herr wieder links vor, rechts vor, 90 Grad nach links cha, cha, cha, rechts rück, links rück, 90 Grad nach rechts, cha, cha, cha. Dame und Herr tanzen jeweils vier Rechtecke, die entgegengesetzt und gegenüber getanzt werden. Vor (r), und (l), drauf (r), vor (l), und (r), drauf (l) Herr kreuzen drehen seit zur Linksdrehung. Dame kreuzen drehen seit zur Rechtsdrehung, seit, seit. Grundschritte tanzen.

Tanzschritte für Tanzfiguren Cha,Cha,Cha Nr. 7

Drei Grundschritte tanzen. Dame geht in den Fan, vor, rück, cha, cha, cha, schließen. Links vorwärts kreuzen und Rechtsdrehung zur Seite mit dem anschließendem Lasso um den Herrn herum tanzen. Promenade in Tanzrichtung nur nach vorne, cha, cha, cha, lauf, lauf, cha, cha, cha, lauf, lauf, cha, cha, cha, hierbei berühren sich die rechte Hand vom Herrn und die linke Hand der Dame drei mal miteinander. Dame dreht Linksdrehung, gleichzeitig Herr eine Rechtsdrehung. Jetzt genau so zurück in die Gegentanzrichtung mit cha, cha, cha, lauf, lauf, cha, cha, cha, lauf, lauf, cha, cha, cha, mit den Händen anschlagen. Dame Linksdrehung, Herr Rechtsdrehung. Dame und Herr tanzen drei Grundschritte. Dame und Herr fassen sich gegenüber beidhändig an, gehen beide mit links zurück und rechts ran. Rechten Fuß vor den linken, rechten Fuß wieder zurück an den linken, cha, cha, cha. Gedrehter Grundschritt, rechter Fuß nach außen, seit, wiege, halbe Rechtsdrehung, cha, cha, cha. Promenade mit Hände kreuzen in Tanzrichtung, danach Promenade mit Hände kreuzen in Gegentanzrichtung. Dame und Herr tanzen drei seitliche cha, cha, cha, und die Dame gleichzeitig drei Rechtsdrehungen vor dem Herrn. Vor platz, seit platz, vor platz, cha,

cha, cha, Dame tanzt Linksdrehung, Herr Rechtsdrehung, cha, cha, cha, rück, platz, seit, schließen, seit schließen, cha, cha, cha, wiegen. Dame und Herr rechte Hand nach oben, Dame geht durch, Herr geht seitlich vorher ins türkische Handtuch mit rück, platz, cha, cha, cha. Dame geht hinter dem Herrn her, rück, platz, cha, cha, cha. Dame und Herr lösen beide ihre Hände, Herr tanzt eine Rechtsdrehung, Dame gleichzeitig eine Linksdrehung. Links vorwärts und links zurück mit drei wechselseitigen cha, cha, cha, nach hinten laufen. Links zurück nach hinten mit cha, cha, cha, laufen, rechts zurück nach hinten mit cha, cha, cha, genannt Eisenbahn. Rechts beginnen mit cha, cha, cha, links beginnen mit cha, cha, cha, rechts beginnen mit cha, cha, cha. Herr zum Abschluss Rechtsdrehung, Dame Linksdrehung. Grundschritte tanzen.

Tanzschritte für Tanzfiguren Cha, Cha, Cha Nr. 8

Dame und Herr tanzen drei Grundschritte. Rechts seit, links am Platz, cha, cha, cha, links vor, rechts am Platz, cha, cha, cha, rechts rück, links am Platz, cha, cha, cha. Dame geht in den Fan, vor, rück, cha, cha, cha, schließen, vor, cha, cha, cha. Dame tanzt Rechtsdrehung. Handwechsel rechte Hand vom Herrn nach oben, fasst die rechte Hand der Dame, ähnlich wie bei einer Begrüßung. Die linken Hände nach unten. Jetzt drei Rechtsdrehungen der Dame rechts vom Herrn mit rück, vor, cha, cha, cha, kreuzen, drehen. Linke Hände lösen und nach jeder Drehung wieder kurz fassen, rück, vor, cha, cha, cha, kreuzen, drehen. Die linken Hände lösen und anfassen, rück, vor, cha, cha, cha, kreuzen, drehen. Alle Hände nach oben und ab jetzt zusammen lassen.

Dame dreht von rechts nach links vor dem Herrn in einer Rechtsdrehung um den Herrn herum mit rück, vor, cha, cha, cha. Dame und Herr tanzen eineinhalb Rechtsdrehungen um eine gemeinsame Achse, die in der Mitte von Herrn und Dame liegt. Dame mit vor, vor, cha, cha, cha, Herr mit rück, rück, cha, cha, cha, zwei Mal ergibt eineinhalb Umdrehung. Dame tanzt mit rück, vor, cha, cha, cha, kreuzen, drehen noch eine Rechtsdrehung. Dame rück, vor, seit, seit, Herr cha, cha, cha. Drei Grundschritte tanzen.

Tanzschritte für Tanzfiguren Cha.Cha.Cha Specht Nr. 9
Dame und Herr tanzen drei Grundschritte. Rechts seit,links platz, cha, cha, cha, links vor, rechts platz, cha, cha, cha, rechts rück, links platz, cha, cha, cha, Dame tanzt eine Rechtsdrehung, Herr tanzt Grundschritt weiter.Beide aufklappen zur Promenade mit vor, rück, cha, cha, cha, jetzt stehen sich beide Tanzpartner gegenüber. In Tanzrichtung, Herr und Dame vorlaufen mit cha, cha, cha, Herr Linksdrehung mit cha, cha, cha, Dame Rechtsdrehung mit cha, cha, cha, wobei beide Tanzpartner Rücken an Rücken mit hand to hand ihre Drehungen tanzten. Herr und Dame weiter laufen in Tanzrichtung mit cha, cha, cha. Beide mit vor, rück, cha, cha, cha, aufklappen, jetzt stehen sich beide Tanzpartner wieder gegenüber. In Gegentanzrichtung, Herr und Dame zurücklaufen mit cha, cha, cha, Herr Rechtsdrehung, Dame Linksdrehung mit cha, cha, cha, wobei beide Tanzpartner wieder Rücken an Rücken mit hand to hand ihre Drehungen tanzten. Dame und Herr weiter laufen in Gegentanzrichtung mit cha, cha, cha, jetzt stehen sich beide wieder gegenüber. Dame tanzt Rechtsdrehung, Herr Grundschritte. Beide Hände von der Dame fassen. Herr vor rück, cha, cha, cha, rechts an der Dame vorbei, Dame rück, vor cha, cha, cha, mit rechts nach hinten, klopf, klopf, (Specht) mit der Fußspitze. Herr vor und rück, cha, cha, cha, rechts an der Dame vorbei. Dame rück, vor, cha, cha, cha, mit rechts nach hinten und mit Fußspitze klopf, klopf, (Specht). Vor, rück, cha, cha, cha, Dame

tanzt noch eine Rechtsdrehung als Abschluss. Grundschritte tanzen.

Jive

Ein moderner Tanz ist der Jive.

Tanzschritte für Tanzfiguren des Jive Nr. 1
Zwei Grundschritte tanzen. Links rück, rechts am Platz, Wechselschritt (links vor, rechts am Platz, links am Platz). Wechselschritt (rechts am Platz, links am Platz, rechts am Platz auftreten). Links rück, rechts am Platz, Wechselschritt, Wechselschritt. Zwei Mal vorwärts, vor platz, Wechselschritt, Wechselschritt, vor platz, Wechselschritt, Wechselschritt.
Herr am Platz, rück, platz, Wechselschritt, Wechselschritt. Dame und Herr drehen beide eine gemeinsame Linksdrehung, beide stehen sich jetzt gegenüber. Beide kicken mit links nach vorne und nach oben. Herr kick mit rechts zwischen das rechte und linke Bein der Dame und zurück. Dame gleichzeitig mit ihrem rechten Fuß nach vorne zwischen die Beine des Herrn und zurück. Zwei Grundschritte tanzen.

Tanzschritte für Tanzfiguren des Jive Nr. 2
Zwei Grundschritte tanzen. Rück, platz, Wechselschritt, Wechselschritt, rück, platz, Wechselschritt, Wechselschritt. Beide Hände festhalten. Dame dreht dabei erst halbe Rechtsdrehung, also eingedreht, Dame dreht halbe Linksdrehung, also ausgedreht. Herr wechselt dabei auf seine gegenüber liegende Seite. Dame dreht das zweite Mal eine halbe Rechtsdrehung, also wieder eingedreht, Dame dreht das zweite Mal halbe Linksdrehung, also wieder ausgedreht. Herr wechselt dabei wieder auf die

gegenüberliegende Seite mit halber Linksdrehung zurück. Dame in Körbchen eingedreht (Rechtsdrehung, wobei der Herr die Dame in seine Arme dreht), lauf, lauf, Dame aus Körbchen wieder ausgedreht. Herr am Platz, rück, platz, Wechselschritt, Wechselschritt. Dame dreht dabei mit Rechtsdrehung nach links neben den Herrn. Herr und Dame tanzen jetzt gleichzeitig, rück, platz, schlörf (linken Fuß nach vorne schwenken und am Platz zurück) rechts nach hinten mit tep, rechten Fuß zurück neben den linken mit platz. Rück, platz, Wechselschritt kick (rechten Fuß hinter den linken und zurück am Platz).
Rück, platz, schlörf, platz. tep, platz, rück, platz, Wechselschritt, kick, platz. Dame dreht volle Linksdrehung vor den Herrn. Zwei Grundschritte tanzen.

Tanzschritte für Tanzfiguren des Jive Nr. 3

Zwei Grundschritte tanzen. Rück, platz, Wechselschritt, Wechselschritt, rück, platz, Wechselschritt, Wechselschritt, hand to hand in Gegentanzrichtung, (Promenade mit aufklappen und zurück), hand to hand in die Tanzrichtung, (Promenade nur mit aufklappen). Mit links beginnen Wechselschritt, Wechselschritt rechts vorne enden.

1. Linken Fuß über den rechten Fuß nach vorne kreuzen und linken Fuß belasten.
2. Mit dem rechten Fuß auftreten und belasten.
3. Linken Fuß neben den rechten stellen und belasten.
4. Rechten Fuß über den linken Fuß kreuzen und belasten.
5. Linken Fuß über den rechten Fuß kreuzen und belasten.
6. Rechten Fuß belasten.
7. Linken Fuß neben den rechten stellen.
8. Rechten Fuß nach vorne.

Links rück, rechts am Platz, Herr linken neben den rechten, rechten nach rechts mit seit, links seit, jetzt nach links mit Wechselschritt. Dame und Herr kicken mit rechts zwei Mal nach vorne und auch mit links zwei Mal kicken nach vorne. Dame Rechtsdrehung, Herr Linksdrehung mit kreuzen, drehen, seit. Zwei Grundschritte tanzen.

Tanzschritte für Tanzfiguren des Jive Nr. 4
Zwei Grundschritte tanzen. Rück, platz, Wechselschritt, Wechselschritt, rück, platz, Wechselschritt, Wechselschritt, dabei beide Hände anfassen und nach oben halten, links rück, rechts am Platz. Mit links einen kick nach vorne über kreuz, mit rechts kick nach vorne über kreuz. Linken Fuß nach vorne über den rechten kreuzen und belasten, rechten neben den linken in Gegentanzrichtung. Links zurück und den linken belasten, rechten schwenken in der doppelten Zeit langsam um den linken nach hinten schwenken und belasten. Links nach vorne in Tanzrichtung mit Wechselschritt rechts nach vorne mit Wechselschritt, mit rechts nach vorne tep und drauf, (Ballen ist tep. Ferse ist und, drauf ist Ballen wieder belasten), mit links nach vorne tep und drauf. Herr steht jetzt etwas versetzt hinter der Dame und haben beide ihre Hände geöffnet. Nun tanzen beide einen Ausweich- oder Schunkelschritt, Herr nach rechts, Dame nach links, drei Mal Gewicht verlagern ohne Schritte, nur schunkeln, also von rechts nach links und wieder nach rechts. Während dieser Figur steht der Herr hinter der Dame und schaut auf ihren Rücken. Herr Wechselschritt nach links und die Dame gleichzeitig Wechselschritt nach rechts. Dame links vor, rechts vorkreuzen und drehen zur Linksdrehung für den Herrn gleichzeitig eine Rechtsdrehung. Links vor Wechselschritt, Wechselschritt, rück, platz, Wechselschritt,
Wechselschritt, rück, platz, Wechselschritt, Wechselschritt.

Tanzschritte für Tanzfiguren mit Hüftschwung Jive Nr. 5

Zwei Grundschritte tanzen. Links rück, rechts am Platz, Wechselschritt, Wechselschritt, auf größeren Abstand gehen und beide stehen sich gegenüber mit den Händen angefasst lassen nach oben, rück, platz, Wechselschritt, Wechselschritt. Links rück, rechts am Platz. Spitze: linke Fußspitze mit dem Ballen nach vorne auftippen, hacke: Linken Fuß zurück und mit der Ferse nach hinten auftippen, kreuzen: Linken Fuß nach vorne über den rechten vorkreuzen und belasten, also drauf stellen. Das gleiche mit dem rechten Fuß, spitze mit Ballen nach vorne auftippen, hacke rechten Fuß mit der Ferse auftippen, kreuzen rechten Fuß über den linken vorkreuzen und belasten. Jetzt die nächsten zwei Tanzfiguren schneller tanzen, links spitze, hacke, kreuzen, rechts spitze, hacke, kreuzen. Linker Fuß mit tep und drauf, (vorne auftippen und belasten), rechter Fuß tep und drauf, linker Fuß tep und drauf. Herr rechts kick nach vorne, Dame links kick nach außen, Herr links kick, Dame rechts kick nach außen, Herr rechts kick nach vorne, Dame links kick nach außen, Herr links kick nach vorne, Dame rechts kick nach außen. Herr rechts nach vorne, Dame links nach vorne mit kurzer Pause. Rück, platz, Wechselschritt, Wechselschritt. Dame dreht eine volle Rechtsdrehung, Herr dreht gleichzeitig eine halbe Linksdrehung, rück, platz, Wechselschritt, Wechselschritt und Handwechsel.

1. Herr links rück, rechts am Platz, bei platz die rechte Fußspitze langsam nach rechts außen drehen in Tanzrichtung nach hinten. Dame tanzt diese Schritte vorwärts.
2. Herr links rück, linke Fußspitze langsam nach links außen drehen nach hinten. Die folgenden Tanzschritte werden mit Hüftschwung schnell getanzt.

1. Herr rechts rück, mit Hüftschwung rechte Fußspitze schnell nach rechts außen schwenken in Tanzrichtung nach hinten. Dame tanzt diese Schritte mit Hüftschwung vorwärts.
2. Herr links rück, mit Hüftschwung linke Fußspitze schnell nach links außen schwenken in Tanzrichtung nach hinten. Dame tanzt diese Schritte mit Hüftschwung vorwärts.
3. Herr rechts rück, mit Hüftschwung rechte Fußspitze schnell nach rechts außen schwenken in Tanzrichtung nach hinten. Dame tanzt diese Schritte mit Hüftschwung vorwärts.
4. Herr links rück, mit Hüftschwung linke Fußspitze schnell nach links außen schwenken in Tanzrichtung nach hinten. Dame tanzt diese Schritte mit Hüftschwung vorwärts. Links rück, rechts am platz, Wechselschritt, Wechselschritt. Dame dreht volle Rechtsdrehung, Herr dreht halbe Linksdrehung, rück, platz, Wechselschritt, Wechselschritt mit Handwechsel. Jetzt werden die Tanzfiguren 1 und 2 wieder langsam und 1 bis 4 wiederholt getanzt.

1. Herr links rück, rechts am Platz, bei platz die rechte Fußspitze langsam nach rechts außen drehen in Gegentanzrichtung nach hinten. Dame tanzt diese Schritte vorwärts.
2. Herr links rück, linke Fußspitze langsam nach links außen drehen nach hinten. Die folgenden Tanzschritte werden wieder mit Hüftschwung schnell getanzt.

1. Herr rechts rück, mit Hüftschwung rechte Fußspitze schnell nach rechts außen schwenken in Gegentanzrichtung nach hinten. Dame tanzt diese Schritte mit Hüftschwung vorwärts.
2. Herr links rück, mit Hüftschwung linke Fußspitze schnell nach links außen schwenken in Gegentanzrichtung nach hinten. Dame tanzt diese Schritte mit Hüftschwung vorwärts.

3. Herr rechts rück, mit Hüftschwung rechte Fußspitze schnell nach rechts außen schwenken in Gegentanzrichtung nach hinten. Dame tanzt diese Schritte mit Hüftschwung vorwärts.
4. Herr links rück, mit Hüftschwung linke Fußspitze schnell nach links außen schwenken in Gegentanzrichtung nach hinten. Dame tanzt diese Schritte mit Hüftschwung vorwärts. Herr rechts nach vorne Dame links nach hinten mit kurzer Pause. Links rück, rechts am Platz, Wechselschritt, Wechselschritt. Dame dreht Linksdrehung. Zwei Grundschritte tanzen.

Tanzschritte für Tanzfiguren Jive Nr. 6

Zwei Grundschritte tanzen. Links rück, rechts am Platz, Wechselschritt, Wechselschritt, rück, platz, Wechselschritt, Wechselschritt. Dame dreht volle Rechtsdrehung.
Viermal flörten seitlich aneinander mit rück, platz, Wechselschritt nach links, Wechselschritt nach rechts. Linke Hand des Herrn und die rechte Hand der Dame
bleiben zusammen. Weiter flörten mit rück, platz, Wechselschritt nach links, Wechselschritt nach rechts. Rück, platz, Wechselschritt nach links, Wechselschritt nach rechts, rück, platz, Wechselschritt nach links, Wechselschritt nach rechts. Die Dame und der Herr gehen viermal aneinander vorbei und tanzen vier liegende Achten mit links vor, rechts vor, als Rechts- und Linksdrehung. Mit Wechselschritt, Wechselschritt geht man aneinander vorbei. Wenn der Herr rechts dreht, dreht die Dame links herum und wenn der Herr links dreht, dreht die Dame rechts herum. Grundschritt, links zurück, rechts am Platz, Wechselschritt, Wechselschritt. Dame dreht Rechtsdrehung und läuft in die Arme des Herrn. Herr gibt der Dame einen kleinen Stups mit der rechten Hand und dreht erneut in

die Arme des Herrn, (stopp und go). Herr reicht der Dame die rechte Hand, Dame läuft am Herrn vorbei, fasst den Herrn auf die rechte Schulter und der Herr dreht ein. Dame tanzt zum Abschluß eine Rechtsdrehung. Zwei Grundschritte tanzen.

Discofox

Zu 80 % wird heutzutage der Discofox getanzt.

Tanzschritte der Tanzfiguren des <u>Discofox Nr. 1</u>
Grundschritt; links vor, rechts vor, links nach vorne mit tip, linken zurück neben den rechten. Rechts zurück, links zurück mit tep, links vor neben den rechten, rechts vor, links vor tip, links zurück, rechts zurück, links zurück mit tep. Eine volle Rechtsdrehung genannt Schmetterling oder Windmühle mit vor, rück, tip, zweitesmal tip, drittesmal tip, viertesmal tip, dass ergibt folgende Schritte, links vor, rechts rück, links tep, drehen, links vor, rechts rück, links tep, drehen, links vor, rechts rück, links tep, drehen, links vor, rechts rück, links tep. Dame dreht ins Körbchen mit einer Rechtsdrehung in die Arme des Herrn, zweimal nach vorne laufen, lauf, lauf, tip. Herr geht zweimal nach hinten mit rück, rück, tip. Dame dreht mit Linksdrehung aus dem Körbchen wieder heraus. Dame dreht erneut ins Körbchen. Herr nach vorne mit lauf, lauf, tep, Dame läuft nach hinten mit rück, rück, tep. Dame dreht aus Körbchen wieder heraus. Links vor, rechts vor, links nach vorne mit tip. Herr greift mit seiner linken Hand die rechte Hand der Dame, lauf lauf, nach hinten. Dame dreht eine Rechtsdrehung. Grundschritt; Herr auf der Stelle mit am Platz tip. Herr dreht links herum, Dame dreht rechts herum, vor, kick kick. Dame dreht rechts neben den Herrn kick, Dame dreht wieder zurück kick.

Tanzschritte der Tanzfiguren des <u>Discofox Nr. 2</u>

Drei Grundschritte tanzen; Vor (l), vor (r), tip (l), rück (l), rück (r), tep (l), am (l), Platz (r), tep (l). Handwechsel, Herr rechte Hand nach oben. Dame tanzt volle Rechtsdrehung. Herr viertel Linksdrehung, Dame dreiviertel Rechtsdrehung. Herr tanzt halbe Linksdrehung. Herr rechte Hand auf den Rücken. Dame tanzt halbe Rechtsdrehung. Beide stehen jetzt Rücken an Rücken. Herr nach links mit vor, vor, tip, Dame nach rechts mit vor, vor tip. Jetzt drehen der Herr und auch die Dame ihren Kopf und beide sehen sich in die Augen. Herr geht nach rechts mit vor, vor, tip, Dame geht nach links mit vor, vor, tip. Herr schaut der Dame wieder in die Augen. Danach drei Mal Rücken an Rücken tanzen, wobei die Dame in die entgegengesetzte Richtung des Herrn tanzt, damit man in das Gesicht des Tanzpartners sehen kann. (Schiebetür). Zum Schluss geht die Dame unter dem oberen rechtem Arm des Herrn durch und tanzt eine Linksdrehung. Mit oberem Handwechsel geht der Herr durch und tanzt eine Rechtsdrehung mit vor, vor, tip. Mit oberem Handwechsel kann laufend vier Mal abwechselnd mit Linksdrehung der Dame und Rechtsdrehung vom Herrn durchgegangen werden mit vor, vor, tip. Drei Grundschritte tanzen.

Tanzschritte der Tanzfiguren <u>Discofox Nr. 3</u>

Drei Grundschritte tanzen. Dame und Herr tanzen drei Rechtsdrehungen mit folgenden Schritten; links seit und rechts kreuzen, seit kreuzen, seit kreuzen, seit kreuzen solange bis nach drei Umdrehungen die Dame rechts vom Herrn steht. Herr tanzt kommende kicks auf der Stelle. Dame dreht auf der Stelle eine viertel Rechtsdrehung mit kick, kick. Herr auf der Stelle mit links kick kick. Dame dreht auf der Stelle mit halber Linksdrehung wieder zurück mit kick kick. Herr auf der Stelle mit links kick kick. Dame dreht auf der Stelle wieder halbe Rechtsdrehung kick kick. Herr auf der Stelle mit links kick kick. Dame wieder halbe Linksdrehung zurück kick kick. Herr auf der Stelle mit links kick kick. Drei Grundschritte tanzen.

Tanzschritte der Tanzfiguren Discofox Nr. 4
Drei Grundschritte tanzen. Vor, vor, tip, rück, rück, tip, am Platz tep. Dame mit Rechtsdrehung eindrehen zur linken Seite des Herrn, tep und gleich wieder mit Linksdrehung ausdrehen nach vorne tep und dann noch einmal eine Rechts- und Linksdrehung zur linken Seite vom Herrn. Herr links nach vorne und den linken
Fuß belasten. Herr rechts nach vorne mit kick und wieder zurück neben den linken Fuß, links am Platz auftreten bezeichnet man mit »und« und rechts am Platz belasten ergibt »drauf«. Zweites Mal dreht Herr etwas nach rechts und tanzt links vor, rechts kick und zurück und links am Platz und drauf, drittes Mal vor, kick, rück, und, drauf, viertes Mal vor, kick, rück, und, drauf. Dame dreht mit Rechtsdrehung ins Körbchen. Zwei volle Rechtsdrehungen mit vor, vor, tip, vor, vor, tip, vor, vor, tip im Kreis laufen. Dame dreht aus Körbchen mit Linksdrehung wieder heraus, am Platz tep. Drei Grundschritte tanzen.

Tanzschritte der Tanzfiguren Discofox Nr. 5
Drei Grundschritte tanzen. Vor, vor, tip, vor, vor, tip, am Platz tip, Hände von der Dame und des Herrn nach oben und zusammen lassen. Dame dreht halbe Rechtsdrehung, Dame dreht zurück mit halber Linksdrehung. Dame dreht noch eine halbe Rechtsdrehung. Herr rechte Hand lösen und Herr geht durch und dreht eine volle Linksdrehung. Dame dreht Rechtsdrehung ins Körbchen und mit Linksdrehung wieder aus dem Körbchen heraus. Herr und Dame beide Hände nach oben. Herr rück, rück, tip. Herr geht mit seinem Oberkörper nach unten

auf Tauchstation und dreht eine Linksdrehung. Da die Hände zusammen bleiben, muss die Dame mit drehen, um aus den Fesseln heraus zu tanzen. Beide Hände stets angefasst lassen. Dame geht vor den Herrn, dann die Dame von rechts nach links mit vor, vor, tip und von links nach rechts mit vor, vor, tip herüber ziehen. In den Armen des Herrn Dame über Kopf herein drehen ins Körbchen mit vor, vor, tip und wieder aus Körbchen heraus drehen. Dame noch einmal nach rechts durchdrehen unter den Armen des Herrn. Drei Grundschritte tanzen.

Tanzschritte der Tanzfiguren <u>Discofox Nr. 6</u>
Drei Grundschritte tanzen. Dame mit Rechtsdrehung ins Körbchen eindrehen, vor, vor, tip, vor, vor, tip, Dame mit Linksdrehung aus dem Körbchen ausdrehen, beide gehen nach außen. Dame eindrehen mit Rechtsdrehung zur linken Seite des Herrn, vor, vor, tip, Dame mit Linksdrehung wieder zurück drehen, vor, vor, tip. Schritt zur Seite, Dame dreht wieder ein in entgegengesetzter Richtung und dann seitwärts. Dame wieder eindrehen mit der rechten Hand rechts neben den Herrn. Linken Fuß nach links außen zur Abstützung, denn die Dame stützt sich gegen die rechte Seite des Herrn mit ihrer linken Seite. Dame bei seitlicher Abstützung ihre beiden Hände vom Herrn festhalten und nicht los lassen. Dame rutscht langsam an der rechten Seite des Herrn nach unten, soweit die Dame es erträgt. Herr zieht die Dame wieder nach oben, wobei die Dame ihr Gewicht auf ihren rechten Fuß verlagert und so dem Herrn hilft wieder nach oben zu kommen. Linke Hand des Herrn hoch, Dame geht durch und dreht zwei Umdrehungen. Herr fasst mit seiner rechten Hand die linke Hand der Dame. Dame geht durch, Hände angefasst lassen. Dame dreht vorwärts, rückwärts, zweimal dreht danach Herr durch und danach abwechselnd wiederholen.

Tanzschritte der Tanzfiguren Discofox Nr. 7
Drei Grundschritte tanzen. Sämtliche Figuren mit vor, vor, tip tanzen. Dame dreht Rechtsdrehung und Linksdrehung vor dem Herrn. Handwechsel, beide Hände nach oben und die Hände der Dame anfassen und festhalten. Dame dreht eine Rechtsdrehung. Herr dreht auf der Stelle eine Linksdrehung. Dame dreht weitere Rechtsdrehung, Herr dreht auf der Stelle weitere Linksdrehung. Dame danach noch zwei Rechtsdrehungen und der Herr noch zwei Linksdrehungen auf der Stelle. Drei Grundschritte tanzen.

Foxtrott

Auf Westernmusik tanzen wir den Foxtrott.

Tanzschritte der Tanzfiguren für den Foxtrott Nr. 1
Grundschritt; links vor, rechts vor, eine viertel Rechtsdrehung, mit links seit, rechts ran, links rück, rechts rück, eine viertel Linksdrehung mit links seit, rechts ran. Vor, vor, seit, an mit viertel Rechtsdrehung. Dame tanzt allein eine Rechtsdrehung. Herr dabei links rück, rechts rück, links seit rechts ran. Dame und Herr tanzen gemeinsam eine Rechtsdrehung. Nun links zurück, rechts zurück, links vor, Schritt (r), kreuz (l), Schritt (r), links seit, rechts ran. Mit links zurück zur vollen Linksdrehung. Links vor, rechts daneben, bis halb zehn schwenk, links zurück, rechts zurück. Nach hinten, Schritt (l), kreuz (r), Schritt (l), rechts vor, links seit, rechts ran. Etwas gedrehter Grundschritt links vor, rechts vor, links seit, rechts ran. Kreiseldrehung mit rück, vor, rück, rück, seit an, ergibt eine volle Rechtsdrehung. Jetzt stets drei mal nach hinten tanzen, Schritt, kreuz, Schritt, Schritt, kreuz, Schritt, Schritt, kreuz, Schritt, drei Mal nach links mit links seit, rechts ran, links seit, rechts

ran, links seit, rechts ran, weiter mit links vor, rechts tip, rechts rück, links tip, links vor, rechts tip, links seit, rechts schließen nach vorne. Quick, quick zur Seite, Schritt, kreuz, Schritt, seit schließen. Drei Grundschritte tanzen.

Tanzschritte der Tanzfiguren für den <u>Foxtrott Nr. 2</u>

Grundschritte; links vor, rechts vor, eine viertel Rechtsdrehung mit links seit, rechts ran. Links rück, rechts rück, eine viertel Linksdrehung mit links seit, rechts ran, links vor, rechts vor eine viertel Rechtsdrehung mit links seit, rechts ran. Dame tanzt allein eine Rechtsdrehung, Herr gleichzeitig links rück, rechts rück, links seit und rechts ran. Dame und Herr tanzen gemeinsam eine Rechtsdrehung, danach links rück, rechts rück, links seit, rechts ran, links seit, rechts ran, links vor, links zurück tep, rechts rück, rechts vor tep. Links vor ist Schritt, rechten Fuß hinter den linken kreuzen ist kreuz und links nach vorne ist wieder Schritt, (Schritt, kreuz, Schritt) rechts vorbei an der Dame, links seit, rechts ran. Drei Grundschritte tanzen.

Tanzschritte der Tanzfiguren für den <u>Foxtrott Nr. 3</u>

Drei Grundschritte tanzen. Vor, vor, seit, an, rück, rück, seit, an, vor vor seit an, rück rück seit an, vor vor seit an, rück rück seit rück rück seit an. Dame und Herr tanzen volle Rechtsdrehung mit rechts vor, links seit, rechts ran, links rück, rechts seit, links ran. Rechts rück, links seit, rechts schließen. Volle Linksdrehung mit links vor, rechts seit, links ran, rechts rück, links seit und rechts ran. Chasséschritt links seit, rechts ran, links seit. Links vor, Schritt (r), kreuz (l), Schritt (r), links seit, rechts schließen. Kreiseldrehung rechts rück, links vor, rechts rück, links rück, rechts seit, links ran. Drei Grundschritte tanzen.

Tanzschritte der Tanzfiguren für den Foxtrott Nr. 4
Drei Grundschritte tanzen. Vor, vor, seit, an, rück, rück, seit, an, vor, vor, seit, an, rück, rück, seit, an, vor, vor, seit, an, rück, rück, seit, an. Links rück, rechts rück, Chasséschritt, links seit, rechts ran, links seit, viertel Rechtsdrehung. Links vor, rechts rück, viertel Rechtsdrehung, links vor, rechts rück, links seit, rechts schließen. Links vor, Herr Rechtsdrehung um die Dame herum. Dame dreht dabei auf der Stelle mit, links nach vorne, Chasséschritt seit an seit, rechts vorbei, links seit und rechts schließen.

Tanzschritte der Tanzfiguren für den Foxtrott Nr. 5
Drei Grundschritte tanzen. Vor, vor, seit, an, rück, rück, seit, an, vor, vor, seit, an, rück, rück, seit, an, vor, vor, seit, an, rück, rück, seit, an. Links vor, rechts vor, links seit. Die folgenden Schritte ganz schnell tanzen. Rechts vor, links seit, rechts rück, links seit, rechts vor, links seit, rechts ran, links vor, rechts vor, links seit, rechten über den linken nach vorne kreuzen, links seit neben den rechten, rechts rück hinter den linken kreuzen, links seit neben den rechten. Rechts rück hinter den linken kreuzen, links seit, rechten vor den linken kreuzen, links seit neben den rechten, rechts ran, Links rück, rechts rück, links seit, rechts ran. Drei Grundschritte tanzen.

Tanzschritte der Tanzfiguren für den Foxtrott Nr. 6
Drei Grundschritte tanzen. Vor, vor, seit, an, rück, rück, seit, an, vor, vor, seit, an.
Jetzt eine Linksdrehung mit links rück, seit, ran, rück, seit, ran, vor, vor, seit, ran, jetzt wieder als Linksdrehung mit rück, seit, ran, rück, seit, ran, vor, vor, seit, ran, jetzt
wieder als Linksdrehung mit rück, seit, ran, rück, seit, ran, vor, vor, seit, ran, jetzt
wieder als Linksdrehung usw.

Tanzschritte der Tanzfiguren für den Foxtrott Nr. 7
Drei Grundschritte tanzen. Vor, vor, seit, an, rück, rück, seit, an, vor, vor, seit, an.
Links vor, rechts vor, links vor, rechts seit, links kreuzen nach hinten, rechts rück, links seit, rechts vor kreuzen, links tep und mit links gleich nach vorne auftreten,
rechts vor, links seit, rechts ran.

Samba

Von Brasilien kommt und in Brasilien tanzt man den Samba.

Tanzschritte der Tanzfiguren für Samba Nr. 1
Grundschritt; rechts beginnend und rechts ist immer nach vorne, linken mit etwas Abstand neben den rechten, rechten an den linken heranziehen, Links rück, rechten mit etwas Abstand neben den linken, linken an den rechten heranziehen. Von vorne rechts beginnend, dabei rechts drehen, acht Grundschritte ergeben eine volle Rechtsdrehung.
Vier Wischer Dame und Herr tanzen, seit mit rechts, und mit links, drauf mit rechts, links rück (l), und (r), drauf (l), rechts vor (r), und (l), drauf (r), und dabei schwenken die Dame und der Herr jeweils nach rechts und links um etwa 45 Grad. Noch zwei Wischer also Grundschritt nach rechts außen, Grundschritt nach links innen, Wischer nach außen, Wischer nach innen, rechten Fuß nach vorne schwenken und wieder zurück, mit links am Platz auftreten, rechten am Platz auftreten. Links am Platz auftreten. Drei Voltaschritte, mit rechts vor beginnen mit halber Rechtsdrehung um die Dame. Linken Fuß nach vorne über den rechten kreuzen. Rechten Fuß mit etwas Abstand neben den linken Fuß heranziehen. Zweites Mal halbe Linksdrehung

mit links vor mit halber Linksdrehung um die Dame. Rechten Fuß nach vorne über den linken kreuzen. Linken Fuß mit etwas Abstand neben den rechten Fuß heranziehen. Drittes Mal, mit rechts halbe Rechtsdrehung um die Dame. Linken Fuß nach vorne über den rechten kreuzen. Rechten Fuß mit etwas Abstand neben den linken Fuß heranziehen. Promenade nach rechts gegen die Tanzrichtung mit links vor, rechts vor und dabei 90 Grad rechts schwenk. Herr geht links zur Seite und die Dame tanzt eine volle Rechtsdrehung, gleichzeitig tanzt der Herr einen Wischer nach außen und einen nach innen. Promenade nach links in Tanzrichtung mit links vor, rechts vor und dabei 90 Grad nach links schwenken. Herr geht rechts zur Seite und die Dame tanzt eine volle Linksdrehung, gleichzeitig tanzt der Herr einen Wischer nach außen und nach innen. Drei Grundschritte tanzen.

Tanzschritte der Tanzfiguren für Samba Nr. 2

Dame und Herr tanzen acht Grundschritte eine volle Rechtsdrehung mit seit, und, drauf siehe Tanzfiguren Nr.1. Herr tanzt Grundschritte. Dame dreht volle Rechtsdrehung und anschließend volle Linksdrehung. Beide tanzen vier Wischer, seit mit rechts, und mit links, drauf mit rechts, links rück (l), und (r), drauf (l). Dabei schwenken beide jeweils 45 Grad nach rechts und links. Noch so drei Wischer tanzen. Promenade nach links in Tanzrichtung mit rechts vor, links vor und dabei 90 Grad links schwenken. Rechten Fuß nach vorne schwenken (kick), rechten Fuß zurück schwenken (rück), Linken Fuß am Platz auftreten (platz). Noch drei Mal kick rück platz, kick rück platz, kick rück platz, Rechts nach vorne, links daneben, rechten hinter den linken kreuzen mit halber Rechtsdrehung. Nochmal mit halber Rechtsdrehung, rechts nach vorne links daneben, rechts hinterkreuzen. Dame tanzt volle Rechtsdrehung. Zwei Wischer außen und innen tanzen. Drei Grundschritte tanzen.

Tanzschritte der Tanzfiguren für die Samba Nr. 3
Sechs Grundschritte gleich dreiviertel Rechtsdrehung tanzen. Rechts beginnend nach vorne, linken mit etwas Abstand neben den rechten, rechten an den linken heranziehen. Noch sechs Mal tanzen. Drei Wischer tanzen. Seit mit rechts, und mit links, drauf mit rechts, links rück (l), und (r), drauf (l), rechts vor (r), und (l), drauf (r) und dabei schwenken nach rechts und links um etwa 45 Grad. Noch zwei Wischer seit und drauf nach außen und innen tanzen. Drei Linksdrehungen. Herr links vor, rechts seit, links vorkreuzen, rechts rück links seit, rechts ran, links vor, rechts seit, links vorkreuzen, rechts rück, links seit, rechts ran. Links vor, rechts seit, links vorkreuzen, rechts rück, links seit, rechts ran, gleichzeitig Linksdrehung der Dame mit rechts rück, links seit, rechts ran, links vor, rechts seit, links vorkreuzen, rechts nach hinten, links seit, rechts ran. Noch zwei Linksdrehungen tanzen. Herr rechts nach hinten (rück), Dame links nach vorne. Vier Voltaschritte: rechts vor beginnen mit halber Rechtsdrehung um die Dame. Linken Fuß nach vorne über den rechten kreuzen. Rechten Fuß mit etwas Abstand neben den linken Fuß heranziehen. Zweites Mal halbe Linksdrehung mit links vor um die Dame. Rechten Fuß nach vorne über den linken kreuzen. Linken Fuß mit etwas Abstand neben den rechten Fuß heranziehen. Noch zwei Voltaschritte tanzen. Drei Grundschritte tanzen.

Tanzschritte der Tanzfiguren für die Samba Nr. 4
8 Grundschritte gleich volle Umdrehung, rechts beginnend rechts ist immer vor, links ist immer zurück. 4 Wischer seit (r) und (l) drauf (r), jetzt 4 mal nach vorne laufen mit vor und drauf, vor und drauf, vor und drauf, vor und drauf, anschließend im Kreis laufen Herr rechts, Dame links herum, mit vor und drauf, vor und drauf, vor und drauf, seit seit, jetzt 4 mal tanzen, links

vor, rechts kick, rechts zurück, links ist und, und rechts ist drauf, das gleiche vor, kick, rück, und, drauf,, dabei einmal nach rechts und das andere Mal nach links schwenken. Vor, kick, rück, und, drauf, vor, kick, rück, und, drauf. Dame dreht Rechtsdrehung. Grundschritt.

Slowfox

Tanzschritte der Tanzfiguren für den Slowfox.
Federschritt; links vor, rechts seit, links dahinter. Drei Schritte vorwärts rechts vor, links vor, rechts vor, links zur Seite, rechts vor, links zurück, rechts seit, links zurück mit Linksdrehung nach außen. Rechts zurück, links seit, rechts vorbei an der Dame. Drei Wischer; links vor, rechts seit, links dahinter, rechts vor, links seit, rechts dahinter, links vor, rechts seit, links dahinter. Flugschritt; Herr bleibt stehen, linken Fuß heranziehen, links vor, rechts seit, links rück. Der Sechserschritt wird nur dauernd links herum und nur auf dem Fußballen getanzt. Links vor, rechts seit, links dahinter, rechts vor, links seit, rechts dahinter, links vor, rechts seit, links dahinter, rechts, vor, links seit, rechts dahinter, links vor, rechts seit, links dahinter, rechts vor, links seit, rechts dahinter, links vor, rechts seit, links rück, rechts rück, links seit, rechts vorbei. Wischer; links vor, rechts seit, links dahinter. Flugschritt; Herr bleibt stehen, linken Fuß heranziehen, rechten Fuß nach vorne, links nach vorne, Wiegeschritt, rechts rück, links seit, nach links drehen, rechts vor, Wiegeschritt, links rück, rechts rück, links seit, rechts vorbei. Wischer; links vor, rechts seit, links dahinter. Flugschritt; Herr bleibt stehen, linken Fuß heranziehen, rechten Fuß nach vorne, links nach vorne, Wiegeschritt, rechts rück, links schwenk, viertel Rechtsdrehung, Wiegeschritt, eine Linksdrehung, rechts rück, links rück, seit schluss.

Salsa

Tanzschritte für Tanzfiguren der Salsa.

Vier Grundschritte tanzen. Links vor ist der erste Schritt, rechts und ist der zweite Schritt am Platz, links rück ist der dritte Schritt, rechts rück ist der vierte Schritt, links und ist der fünfte Schritt am Platz, rechts vor ist der sechste Schritt. Links vor, rechts und, links rück, rechts rück, links und, rechts vor, vor und rück, rück und vor, vor und rück, rück und vor. Links seit, rechts am Platz, links ran, rechts seit, links am Platz, rechts ran, links seit, rechts und am Platz, links ran, rechts seit, links am platz, rechts ran, links seit, und rechts am Platz, links ran. Sämtliche Figuren der Rumba können bei Salsa getanzt werden.

Mambo

Tanzschritte für Tanzfiguren des Mambos.

Grundschritte. Links vor, rechts am Platz auftreten, links ran, rechts rück, links am Platz auftreten, rechts ran. Links vor, rechts am Platz auftreten, links ran, rechts rück, links am Platz auftreten, rechts ran. Links seit, rechts am Platz auftreten, links ran, rechts seit, links am Platz auftreten, rechts ran. Links seit, rechts am Platz auftreten, links ran, rechts seit, links am Platz auftreten, rechts ran. Promenade nach vorne in Tanzrichtung öffnen, links zur Seite viertel Linksdrehung, rechts am Platz, links ran. Promenade in die Gegentanzrichtung öffnen rechts zur Seite, viertel Rechtsdrehung, links am Platz, rechts ran. Promenade in Tanzrichtung öffnen, viertel Linksdrehung, rechts am Platz, links ran. Dame tanzt volle Rechtsdrehung. Promenade mit aufklappen hand to hand in Gegentanzrichtung. Promenade mit aufklappen hand to hand in Tanzrichtung. Promenade mit aufklappen hand to hand in Gegentanzrichtung. Promenade mit aufklappen hand to hand in Tanzrichtung. Drei Grundschritte tanzen. Sämtliche Tanzfiguren der Rumba können beim Mambo auch getanzt werden.

Memphis

Tanzschritte für die Tanzübung vom Memphis.
Kick mit dem rechten Fuß über den linken und zurück. Kick mit dem linken Fuß über den rechten und zurück. Kick mit dem rechten Fuß über den linken und dabei auftreten, rechten Fuß wieder zurück neben den linken. Linken Fuß nach vorne und belasten. Jetzt den rechten Fuß hinter den linken kreuzen. Linken Fuß neben den rechten Fuß stellen. Mit dem rechten Fuß um den linken Fuß halbe Linksdrehung also 180 Grad in die entgegengesetzte Richtung drehen. Von vorn tanzen. Diese Tanzfiguren mit den einzelnen Tanzschritten kann auch in Gesellschaft mit Tanzanfängern getanzt werden.

Partytanz

Tanzschritte zu einem Partytanz.
Rechts kick und (l) drauf (r), rechts kick und (l) drauf (r), rechts vor, mit links nach vorne auftippen, mit links zur Seite auftippen, mit links nach hinten auftippen, mit links auftreten neben den rechten, mit links aufstampfen, rechts aufstampfen. Gewicht aber nicht auf rechts verlagern, sondern auf links. Mit rechts nach vorne auftippen, mit rechts zur Seite auftippen, mit rechts nach hinten auftippen. Mit rechts zur Seite bis neben den linken. Links nach hinten über Kreuz auftippen. Jetzt spiegel-

verkehrt tanzen, links zur Seite, rechts über kreuz nach hinten auftippen, rechts zur Seite, links über kreuz nach hinten. Rechts zur Seite und auf dem rechten Fuß eine halbe Rechtsdrehung, um in die entgegengesetzte Richtung tanzen zu können mit einem Schritt links zur Seite. Jetzt tanzen wir wieder von vorn mit rechts kick.

Man muss mit seiner Tanzpartnerin sehr gut harmonieren, denn Tanzen ist eine besondere Art des Sports, man schult dabei den Geist, denn man muss sich ständig Fragen: »Wie tanzt man die Grundschritte? Muss man mit rechts oder mit links beginnen? Muss ich zur Seite, nach vorne, nach hinten, eine Links- oder Rechtsdrehung, in Tanz- oder Gegentanzrichtung tanzen? Wie ist die Schrittfolge? Welche Tanzfiguren sind gefragt und mit welcher Geschwindigkeit wird getanzt, um im Takt zu bleiben? Wenn der Tanzlehrer mit Ehefrau einem die Schrittfolge schon sieben Mal gezeigt hat, nicht verzagen. Vielleicht klappt es beim nächsten Mal.

Diese in meinen eigenen Worten beschriebenen Tänze, die der Tanzlehrer beim Vortanzen spricht, müssen wir Tanzpaare in einzelnen Teilen ohne Musik nachtanzen. Anschließend geht er mit seiner Frau herum und kontrolliert, ob die einzelnen Schritte richtig getanzt wurden. Danach wird mit Musik geübt. Der Tanzlehrer tanzt ohne Fehler, da er mehrere Tanzkurse in einer Woche leitet. Übt man die Tänze zu Hause, muss man die Schritte und Drehungen genau kennen, sonst hat man beim nächsten Vortanzen ein Problem, die fehlenden Schritte nach der Version des Tanzlehrers, die viertel, halben, dreiviertel Drehungen oder den Richtungswechsel bei den einzelnen Tanzschritten einzubauen. Auch bei den anderen Tanzpaaren zeigen sich die gleichen Schwierigkeiten. Hat es aber mal einmal geklappt, belohnen wir meine Frau und ich uns mit einem Kuss.

Wenn die Tanzlehrerin zu meiner Frau sagt: »Ihr Mann hat Grundschritte unterschlagen.« Hat meine Frau geantwortet: »Mein Mann wird in drei Jahren 70 Jahre und da darf er auch mal einen Grundschritt weniger tanzen.« Der Tanzlehrer spielt für die einzelnen Tänze zum Eintanzen nur zwei Lieder. Merkt er aber, dass nicht seine Version getanzt wird, tanzt er mit seiner Frau ohne Musik noch einmal vor. Anschließend geht er mit seiner Frau noch einmal herum, kontrolliert und korrigiert, bevor mit Musik geübt wird.

Der Tanzlehrer führt über jede Tanzstunde Buch und erscheint auch vorbereitet zur nächsten. Wir Tanzpaare sind darüber aber nicht informiert und bei über 60 Tanzfiguren ist es für uns nicht so ganz einfach alles gleich auf Anhieb zu können. Aber dafür tanzen wir ja jetzt schon 14 Jahre um mit Geduld richtig tanzen zu lernen. Denn der Rücken profitiert vom Tanzen genauso wie Muskeln, Balance und Beweglichkeit. Das Lernen der Schritte fördert die Koordination, das Gedächtnis muss arbeiten und all das hält geistig fit. Zudem kann über die Bewegung Stress abgebaut werden und Musik und Geselligkeit blasen trübe Gedanken weg.

Zusammenfassend noch einmal die Vorteile vom Tanzen.
Tanzen macht glücklich.
Es werden verschiedene Glückshormone ausgeschüttet im Rhythmus der Musik, die ein Gefühl der Freude auslösen, die schlechte Laune hat kaum noch eine Chance.
Tanzen hält Demenz fern.
In Wahrheit tanzen nicht nur die Füße, sondern auch die Herzen.
Ob Discofox, Foxtrott, Jive oder Samba – Tanzen trainiert das Gehirn. Bei keiner anderen Aktion muss sich das Gehirn so intensiv auf mehrere Aufgaben gleichzeitig konzentrieren: Haltung, Schritte, Drehungen, Rhythmus einhalten, Rempler vermeiden… Schon ein einfacher Walzer bildet im Gehirn neue Zellen!

Tanzen stärkt die Knochen.
Kein anderes Knochen-Training macht so viel Spaß. Besonders beim Tanzen ziehen und drücken und durch den Reiz von Muskeln und Sehnen wird der Stoffwechsel in den Knochen erhöht.
Tanzen schützt das Herz.
Tanzen ist Bewegung, die wir nicht als Anstrengung empfinden, es ist eine entspannte Ausdauerbelastung, die das Herz-Kreislauf-System stärkt. Tanzen senkt auf Dauer den Blutdruck und das mindert das Risiko für einen Herzinfarkt.
Tanzen verbessert die Haltung.
Die fließenden und zugleich intensiven Bewegungen stärken das gesamte Muskelkorsett aus Bein-, Beckenboden-, Rücken-, Bauchmuskeln und die Körperhaltung. Tanzen schenkt positive Ausstrahlung, denn die Bewegungen des Körpers werden weicher, eleganter und jugendlicher.

Der Bruch zwischen der Familie meiner Schwester und meiner Familie sowie das Leben meines Vaters im Rollstuhl

In Elmshagen war der Eingangsbereich vor der Haustür noch in Rohbeton. Mit einer Schweißbahn wurden die Treppenstufen ausgelegt, bevor die Granitplatte 2,08 m X 1,43 m in Verde – Olivio gebürstet in Spezialspeise mit Gefälle verlegt wurde. Um den Gartenweg an der Ostseite des Wohnhauses in Elmshagen anzulegen, wurden 35 cm ausgeschachtet, so wie Drainagerohr und 30 cm Feldsteinen als Packlager und mit Splitt aufgefüllt. Darauf wurden von mir 613 Stück Nordic-Color öko Pflaster 20 cm X 20 cm X 8 cm rot, gelb, schwarz nuanciert gepflastert.

Um im Sommer auf der Terrasse das Frühstück einzunehmen, hat meine Frau beschlossen, eine neue Essecke vor der Wirtschaftsküche unter dem Balkon einzurichten. Dafür nagelten wir eine Eckbank mit Schenkellängen von 2,60 m X 1,70 m aus Tannenrundhölzern und Lärchenbrettern zusammen.

In Elgershausen durfte ich laut Schwiegermutter bei dem Doppelgaragenbau mit Unterkellerung vor 30 Jahren einen Birnbaum, der 50 cm neben der Garagenwestwand stand, nicht ausgraben. Ich konnte darum in diesem Bereich keine Drainage legen. Ich habe den Birnbaum ausgegraben, einen Arbeitsraum von 80 cm Breite und 9 m Länge bis Unterkante Bodenplatte ausgehoben.

Bis Geländehöhe wurde der Kellerbereich der Westwand mit Nordic-1K-Bitumendickbeschichtung vier Mal gestrichen, bitumierte Hartschaumplatten an die Wand gestellt, Drainage verlegt und mit einem halben Meter Basalt- und Feldsteinen, sowie Drainagekies aufgefüllt.

Im Harz findet man für die Wanderer Unterstände aus Holz in Dreiecksform. Einen solchen Unterstand als Holzlagerraum von 4 m Breite, 5 m Länge und 4 m Höhe konnte sich meine Frau in unserem Garten in Elmshagen vorstellen. Vom Einschalen der früheren Betondecken hatte ich noch zwei Deckenträger aus Stahl. Diese Träger habe ich auf 5 m Länge auseinander gezogen, fest verschweißt und in vier Fundamente 20 cm über Gelände in Beton eingegossen. An die beiden Deckenträger wurden 20 Winkel angeschweißt, in die 20 Stück Sparren als Rundhölzer gestellt und oben in der Spitze als Dreieck zusammen genagelt und mit schwarzen Kunststoffseilern gegen Umfallen gesichert. In der Spitze wurde dann das Firstrundholz und in 2,20 m Höhe ein Zwischenboden eingebaut. Danach hat meine Frau 65 m² oder 96 Stück Fichtenbretter 3 cm dick, 15 cm breit und 5 m Länge vom Holzhandel angeliefert, mit 15 Liter Holzschutzgrund und 25 Liter Holzschutzfarbe RAL 6005 in moosgrün gestrichen. Diese Bretter nagelten wir mit 2,5 cm Überdeckung von unten nach oben auf die Sparren-Rundhölzer. In den Spitzboden bauten wir eine kleine Tür 60 cm breit und 70 cm hoch ein. Als Eingang ließen wir eine Öffnung von 80 cm mal 2 Meter. Die Rückseite verbretterten wir komplett mit 2,5 cm Überdeckung. Oben in der Spitze des Spitzbodens ließ ich zur Belüftung 30 cm offen. Das Gelände im Bereich des Aufbaues wurde 25 cm ausgeschachtet, Drainagerohr verlegt, mit 20 cm Feldsteinen und Splitt wieder aufgefüllt und mit Waschbetonplatten ausgelegt.

In der Spitze 30 cm offen zu lassen, war ein Fehler. Eine Waschbärin mit fünf kleinen hatte hier sich einquartiert. Die im Spitzboden gelagerten Reisigbündel vom Bäume schneiden, die zum Anbrennen des Specksteinofens vorgesehen waren, hat meine Frau von der Leiter aus mit einem verlängerten Kasch nach vorne gezogen und ich habe die Bündel neben der Hütte gestapelt. Da der Spitzboden jetzt kein Versteck mehr bot, suchten die Waschbären in der Nacht über die Leiter das Weite. Die offene Spitze vernagelte ich mit Brettern.

In der Dachrinne an der Doppelgarage in Elgershausen stand ständig Wasser das nicht abfließen konnte. Im Dachdeckereinkauf kaufte ich mir eine neue Kupferrinne, Draufbleche, Stutzen, Fallrohre und Rinneisen und montierte die neue Kupferrinne.

Den Putz an der Garage habe ich mit Putzgrund und Fassadenfarbe beige überstrichen.

Für den dritten Enkel musste ein Sandkasten her. Meine Frau hatte die Idee, einen LKW aus Rundhölzern von 3,50 m Länge, 2 m Breite und 2,50 m Höhe zu bauen. Vier große Baumscheiben ergaben die Räder, aus Rundhölzern bauten wir Achsen, Kühler, Fahrerhaus mit zwei Sitzbänken und die Ladefläche für den Sandkasten wurden aus Rundhölzern und Brettern mit Nut und Feder zusammen geschraubt. Lenkrad mit Lenksäule, Handhupe und zwei alte Nummernschilder sind mit montiert worden. Das Baumhaus und der LKW sind auch von den Nachbarkindern gut angenommen worden. Im Fahrerhaus auf der Doppelsitzbank sitzen manchmal bis zu sechs Mütter, während ihre Kinder auf der Ladefläche im Sand oder im Garten spielen.

Im Nebenraum unserer Wirtschaftsküche im Keller in Elmshagen steht ein Specksteinofen. Um das Ofenrohr am Schornstein hält durch die Wärme keine Tapete. Aus verschiedenen Restfliesen, die mit dem Hammer zu kleinen Stücken zerschlagen wurden, haben wir den Schornstein mosaikartig gefliest und in anthrazit ausgefugt.

Die über 30 Jahre alte Bauleiter aus Elmshagen am Baumhaus in Elgershausen musste durch eine neue ersetzt werden. Mit meiner Frau morgens um 7 Uhr bei 30 cm Schneehöhe und minus 7 Grad mit dem Fahrrad und zwei Tannen- Leiterholmen von 3,50 m Länge angebunden am Lenker und Sattel, Rucksack mit Thermosflasche Tee und Frühstück, durch den leicht abschüssigen Wald ins 5 km entfernte Elgershausen gewandert. Die alte Leiter wurde entfernt. Mit den Leiterholmen und Rundholzstückern wurde die neue Leiter an das Baumhaus angeschraubt.

In den südlichen Kellerraum in Elgershausen sollte das Schlafzimmer unserer Tochter Barbara, also mussten der Rasenmäher und sämtliche Gartengeräte da heraus. Meine Frau hatte die Idee, an das vorhandene achteckige Laubenhaus an der Ostseite in Elgershausen anzubauen. In die sechs Fundamente wurde jeweils ein Balkenschuh eingegossen und mit Rundhölzern der Anbau vollzogen, bevor das Dach und die Seitenwände mit Lärchenbrettern verkleidet wurden. Das Dach wurde mit Bitumenschindeln gedeckt und der Fußboden mit Waschbetonplatten ausgelegt. Hier wurde der Rasenmäher dann platziert. Die Außentür für das neue Schlafzimmer zum Hof hin mauerte ich zu und auf die Sichtfläche verlegten wir Fliesenstücke mosaikartig, die wir dunkelgrau ausfugten.

Meine Mutter besuchte ich mit meiner Familie in den letzten Jahren bis sie 2002 verstarb nur sonntags nach vorheriger Anmeldung, um nicht auf meine Schwester zu treffen. In einem Andachtsraum des Diakonissen-Krankenhauses konnten meine Frau, unsere zwei Töchter und ich uns von meiner Mutter verabschieden. Dann die Frechheit meiner Schwester, unsere Mutter am Geburtstag ihrer noch lebenden Schwester zu beerdigen.

Meine Schwester hatte mithilfe der Vollmacht meiner Mutter sämtliche Ersparnisse der Rente von 17 Jahren schon beiseite geschafft. Hinzu kam das verkaufte Elternhaus in Heiligenrode, sowie die Ersparnisse meiner Mutter. So wurden unsere beiden Töchter um das Erbe meiner Mutter gebracht. Durch den Schlaganfall nach der schweren Arbeit am Bau in Uschlag, saß mein Vater zehn Jahre im Rollstuhl und sieben Jahre lebte meine Mutter noch weiter, ohne ihre Rente zu verleben. Meine Schwester hat sich durch ihr Verhalten und Intrigen und Machenschaften gegen mich ins Abseits manövriert. Ich kann es mit meinem Gewissen nicht vereinbaren, einen solchen Menschen als Schwester weiter anzuerkennen und daher werde ich in Zukunft jeglichen Kontakt und Wortwechsel zu ihr unterbinden.

Nachdem meine Schwester ihr wahres Gesicht nun gezeigt hat, bleibt mir nur die Lösung, Abstand zu gewinnen und somit so schnell wie möglich diese Frau zu vergessen und mit meiner Ehefrau in Ruhe und Frieden unser Rentnerdasein in Elmshagen zu genießen.

Am 24.März 2005, an meinem 60ten Geburtstag, ist der Bruder meiner Mutter, der mit mir die Heizung in Elgershausen verlegt hatte, beerdigt worden. Meine Schwester wartete an der Eingangstür des Friedhofs in Heiligenrode auf meine Frau und mich, um mir zum Geburtstag zu gratulieren. Da ich nach dem Tod meiner Mutter, unter die Vergangenheit mit meiner Familie einen dicken Schlussstrich gezogen habe und ich jeglichen Wortwechsel zu meiner Schwester ablehnte, ging ich ohne sie zu beachten in die Leichenhalle.

Am 05.Mai 2005 hat unsere Tochter Barbara auf Pellworm im Leuchtturm geheiratet, kirchlich zwei Wochen später in Elgershausen. Unsere Tochter hatte die Absicht, meine Schwester einzuladen. »Wenn meine Schwester auf deiner Hochzeit erscheint, werden deine Mutter und ich deine Feier verlassen.« Daraufhin hat unsere Tochter nur den Sohn meiner Schwester zur Hochzeitsfeier eingeladen. Zu vorgerückter Stunde kam das Gespräch auf seine Mutter und ich wurde von meinem Patenkind angegriffen. Ich habe ihn da auf die Schreiben von mir hingewiesen, »in denen ich versucht habe, dir das alles zu erklären.« Das Patenkind antwortete: »Meine Mutter hat alles abgestritten, weil alles erstunken und erlogen sei.« Ich sagte daraufhin zu ihm: »So, dann habe ich dir die Prüfungsunterlagen nicht besorgt und ihr seid auch nicht wochenlang zu mir nach Elgershausen gekommen? Ich habe mit dir auch nicht das zu Fuß multiplizieren, den Dreisatz, die Bruchrechnung und Zinsrechnung geübt woraufhin du die Aufnahmeprüfung bei VW bestanden hast? Ohne mich wärst du heute nicht beim VW-Werk. So, dann hat also auch deine Oma deiner Mutter keine Vollmacht über die Geldangelegenheiten von ihr gegeben. Deine Oma hat also die die fünfzigtausend DM für die sieben Jahre Rente deiner Oma, die fünfzehntausend DM Pflegegeld und die vierzigtausend DM Erbgeld unseres verstorbenen Vaters, freiwillig deiner Mutter in den Hasselweg 9 überwiesen. Nein, die zweihundertvierzigtausend DM von meinem Elternhaus, die zwanzigtausend DM für euern Bauplatz in Uschlag, den geerbten Garten vom Möncheberg haben deiner Mutter nicht gereicht, so hat sie die Ersparnisse meiner Eltern auch noch eingeheimst, damit deine beiden Cousinen leer ausgehen. Jetzt kann sie sich rühmen, ‚keinen roten Pfennig an Vermögen und den Ersparnissen meiner Eltern habe ich denen ausgezahlt'. Pass nur auf, dass einen deiner beiden Jungen nicht das gleiche Schicksal ereilt, wie mir. Ich werde nicht mehr nach Uschlag in den Hasselweg 9 kommen, denn wenn ich deiner Mutter begegne, muss ich unwillkürlich an die Intrigen und Machenschaften denken, die sie mir und meiner Familie angetan hat. Ich lege dir noch ans Herz, wenn sie dich das nächste Mal wieder bevormundet und sie dir ihren Willen aufzwingt, erinnere sie an deinen Paten. Vielleicht bessert sie sich dann und wird ein besserer Mensch.

Dass ich kein Wunschkind war und mein Vater vielleicht nicht mein Erzeuger, hat er mich schon als Kind durch die viele Schläge es spüren lassen. Ich bin trotzdem meinen Weg gegangen und schaffte es bis zum Ingenieur, habe dann so eine wunderschöne Frau mit Haus geheiratet. Jetzt auch noch Vermögen zu verlangen, um ein weiteres Haus zu bauen, das war zu viel, das konnte dein Opa, der mich nur verachtet hat, nicht begreifen.

Diese Verachtung hat in deiner Mutter seine Fortsetzung gefunden. Warum sollte sie uns da auch in euer neues Haus einladen und uns Kaffee und Kuchen anbieten, oder uns einen Pfennig Vermögen zukommen lassen, oder von den Ersparnissen meiner Mutter etwas abgeben, wo sie ihr ganzes Leben mich nicht geachtet hat, was ich in meinem Schreiben an dich doch bewiesen habe. Vielleicht kannst du jetzt verstehen, warum ich mit deiner Mutter nichts mehr zu tun haben will und wir sie nicht zu dieser Hochzeit eingeladen haben.«

Dann war ein Verwandter in Vollmarshausen verstorben. Da mein Schwager aus Anstand Kontakt zu mir suchte, er aber an der Misere nicht ganz unschuldig war und ich mir lieber ein Ende mit Schrecken, als ein Schrecken ohne Ende vorstellte, habe ich versucht, ihm das schriftlich in einem Brief mit folgenden Zeilen zu erklären:

Als ich meinen Bauplatz in Elmshagen kaufen wollte, hatte ich so gut wie kein Geld. Nach der Arbeit bin ich mit dem Fahrrad von Elgershausen nach Heiligenrode gefahren, um meinen Vater um Geld zu bitten. Mein Vater hatte aber auch kein Geld und ich könne von meinen Vater auch in Zukunft keins erwarten. Nachts gegen 22 Uhr war ich wieder zurück in Elgershausen, enttäuscht und ohne etwas erreicht zu haben. Zehn Wochen später war ich mit meiner Familie wieder mal in Heiligenrode. »Du, wir haben Dir Dein Vermögen überwiesen, aber denk dran, das Geld ist von Deinem Vater und von mir und nicht von Deiner Schwester «, sagte meine Mutter zu mir. Ich bin dann die Treppe hoch zu Euch und habe gebeten, mir den Vermögensvertrag auszuhändigen. Wir sind nach Windhausen gefahren und nach Sensenstein gewandert, wo wir uns den Vertrag Seite für Seite durchgelesen haben. Ich sprach zu meiner Frau: »Stell Dir mal vor, mein Vater hatte in 1954 für das alte, zerfallene, baufällige Wohnhaus bei einem Stundenlohn von 67 Pfennig, 5000 DM an Vermögen an den Bruder meiner Mutter ausgezahlt. Mittlerweile verdient mein Vater 13,- DM pro Stunde. Ich musste ihm jede freie Minute helfen beim Lehmgefächer, Lehmdecken herausschlagen, beim Kellerausschachten und beim Mauern, so dass das Haus heute massiv ist. Mein ganzes verdientes Geld seit der Lehre und als Geselle musste ich meinen Eltern abgeben, ohne die von mir geleisteten Arbeitsstunden entlohnt zu bekommen. Da wäre einiges an Lohn zusammen gekommen. Jetzt speist man mich mit zehntausend DM Vermögen ab.« Meine Frau antwortete: »Wenn Du hier etwas unternimmst, dann denk daran, vom Sohn Deiner Schwester bist du der Pate, Deine Schwester ist zu deiner Tochter Godel, wie willst du Deinem Kindern erklären, warum Sie nicht zu Godel und Pate und Oma und Opa dürfen, denn Euer Familienverbund wird dadurch gelöst und geht den Bach runter und das wirst du später einmal bereuen und Dir schwere Vorwürfe machen.« Zur selben Zeit haben meine Eltern Euch den Bauplatz in Uschlag gekauft. Dieses Geld hätte meiner Familie noch als Vermögen zugestanden und somit hat meine Familie Euch den Bauplatz in Uschlag bezahlt. Hier wurde eindeutig gemauschelt, ich brauchte nicht mit zum Notar zur Unterschrift, und Deine Frau hat aus Scham den Kontakt zu meiner Familie gemieden. Meine Familie hat von Deiner Familie nicht eine müde Mark, keine Überweisung, nicht mal einen Pfennig Vermögen erhalten. Durch die ausgestellte Vollmacht meiner Mutter über ihre Ersparnisse konnte Deine Familie viel Rente von zehn Jahren im Rollstuhl von meinem Vater, die Rente von sieben Jahren, die meine Mutter noch gelebt hat, sowie die Ersparnisse und das Pflegestufengeld meiner Mutter mit einsacken.

Wenn ich den Betrag von unserem Elternhaus dazu rechne konnte deine Familie schuldenfrei in Uschlag das neue Haus bauen und ihr hattet sogar noch Geld übrig.

Früher, als meine Eltern noch gelebt haben, hatten wir noch einen Familienverbund. Aber nachdem meine Familie keinen Pfennig Vermögen von Deiner Frau und auch von den Ersparnissen meiner Mutter keinen Pfennig erhalten hat, hat Deine Familie ihr wahres Gesicht gezeigt und Euch selbst ins Abseits manövriert und damit den Familienverbund gelöst und zerstört, so dass meine Familie Deine Familie nicht mehr zu achten braucht. Jetzt sind die Verhältnisse wie bei meiner Mutter früher. Alle Geschwister waren sich, auch wegen des Vermögens, uneinig, weil nur ein Bruder meiner Mutter Vermögen erhielt, alle anderen Geschwister wurden erblos und gingen leer aus. Das liegt bei Umbachs so in der Art, entweder erblos oder mit Almosen abgespeist. Ich hoffe nur, dass es nicht einem von den Jungen Deines Sohnes später mal genauso ergeht, dass der eine alles erbt und der andere schaut in die Röhre. Ich wünsche keine Fortsetzung der Tradition des Vererbens.

Ich werde den Haselweg 9 nicht mehr aufsuchen, um auch den Wutausbrüchen Deiner Frau, die nur in Hass, Zank und Streit enden, aus dem Wege zu gehen. Meine Familie wird in Zukunft jeden Kontakt zu Deiner Familie meiden. Ich werde Deine Familie in Zukunft so betrachten, wie eine Familie in Afrika, China, Indien oder Neuseeland. Zu denen habe ich auch keinen Kontakt und keine Macht der Welt wird es schaffen, Deine Frau und mich wieder zusammen zu bringen, dafür sind die von ihr aufgerissenen Gräben unüberbrückbar.

Ich bin maßlos enttäuscht als Mensch von meiner Schwester, es wird keinen Wortwechsel zwischen uns mehr geben und ich werde jeglichen Kontakt zu ihr ablehnen und unterbinden.

Wenn in den Familien unter den Geschwistern eine solche Gehässigkeit vorliegt und der eine dem anderen nichts gönnt nach dem Motto »Was interessieren mich andere Menschen? Für mich ist es wichtig, alle Ersparnisse meiner Mutter auf meinem Konto zu haben,« muss man sich nicht wundern, wenn der Bruder die Konsequenzen zieht und der Schwester die Zähne zeigt, indem sie für ihn die Existenz verloren hat und die Achtung vor ihr dahin ist.

Da meine Schwester nur ihre Vorteile gesucht hat, ist sie in meinen Augen bösartig und hat einen sehr schlechten Charakter. Deshalb hat der Benachteiligte das Recht, diese Frau als einen bösen Menschen zu bezeichnen. Es ist schäbig über die Ersparnisse eines ihr nahestehenden Menschen zu verfügen, wo noch andere Enkel der Mutter vorhanden sind. Dann grenzt es an Dummheit und Frechheit, in der Verwandtschaft in Vollmarshausen zu erzählen: »Die Familie meines Bruders hatte gehofft, von den Ersparnissen unserer verstorbenen Mutter etwas zu erben, aber da habe ich gewusst, wie ich das verhindern konnte, keinen Pfennig haben die von mir bekommen. Man hat sich daraufhin bei meiner Frau auf dieser Beerdigung erkundigt, ob das wirklich stimmt. Unterschrift Friedhelm.

Dann starb der liebe Mann meiner Cousine von Wattenbach, den ich in unserer Firma oft besucht hatte, um Neues zu erfahren und Erfahrungen auszutauschen. Da haben die Verwandten erst richtig gemerkt, dass zwischen meiner Schwester und mir Uneinigkeit herrschte, da keine Begrüßung mehr stattfand und wir uns gegenseitig aus dem Wege gingen und meine Frau und ich bei dem anschließenden Kaffeetrinken uns zu wildfremden Menschen setzten.
  Da sich die Verwandten immer nur auf Beerdigungen treffen, habe ich den Entschluss gefasst, alle Cousinen und Cousins mit ihren Ehepartnern nach und nach, nach Elmshagen in die Schöne Aussicht 34 einzuladen. Meine Frau und ich sind dann auch zu Gegenbesuchen gewesen.

Bei dem Besuch meiner Cousine in Wattenbach, konnte sie sich als zwölfjährige daran erinnern, dass sich mein Vater oft wegen meiner roten Haare geschämt hat und gesagt: »Von mir ist der nicht.«
  Deshalb habe ich bis heute Hochachtung vor meiner Frau, dass sie mir damals mit ihren 16 Jahren und ich mit 23 Jahren ein neues Zuhause in Elgershausen gab.
  Für mich war es ein Glücksfall, denn der Hass von meinem Vater und meiner Schwester auf mich hatte nun ein Ende. Ich konnte das Zusammensein und die Liebe zu meiner Frau so richtig genießen und mein Schwager hatte ab jetzt unter meiner Schwester und meinem Vater zu leiden. Der Höhepunkt war der Unfall mit seinem neuen Käfer in Heiligenrode.

Da meine Schwester und mein Schwager Nachwuchs erwarteten und heiraten mussten, blieb meinem Schwager nichts anderes übrig als zugehorchen, denn seine Meinung war nicht mehr gefragt, wobei die Liebe zwischen zweier Menschen auch gelitten hat.

Ich bin heute in dem Alter, in dem mein Vater mit dem Bau meiner Schwester in Uschlag anfing. Da ich in Elgershausen aus einem Einfamilienhaus ein Dreifamilienhaus, vier unterkellerte Garagen und in Elmshagen ein Haus gebaut habe, weiß ich, dass es am Bau keine leichte Arbeit gibt. Den ganzen Tag allein auf der Baustelle. Man schwitzt, oder bei Regen den ganzen Tag in den nassen Klamotten. Dann fängt man an zu frieren, weil man gerade nichts zum Wechseln dabei hat. Wenn man am Tag zwei Fass Speise aus Sand, Zement und Wasser angemischt und 12 kg schwere Gittersteine vermauert hat, schmerzt das Kreuz, die Arme werden immer länger, es stellen sich die ersten Muskelschmerzen ein und am Abend spürt man keinen Knochen mehr.

Wenn ich heute drei Stunden morgens Fliesen gelegt, Wände verputzt oder gemauert habe, schlafe ich mittags erst einmal eine Stunde auf der Terrasse in der Liege, bis ich am Nachmittag mit frischer Kraft weiter arbeiten kann. Deshalb hat mein Vater das Bauen oft verflucht, wenn er allein gearbeitet hat. Jeden Tag der gleiche Trott. Er war ja keine zwanzig mehr. An die Spaziergänge mit meiner Mutter, oder an den Sonntagmorgenlauf war nicht mehr zu denken. Er musste sich ausruhen für den nächsten Tag in Uschlag. Meine Mutter war tagsüber allein und wurde langsam rammdösig. Es war furchtbar. Kein vernünftiges Mittagessen, nur immer Arbeiten, keine Unterhaltung, da mein Vater in Uschlag keinen kannte. Er wollte sich auch nicht die Blöße vor seiner eigenen Tochter geben und alles hinschmeißen. Er ist auch nicht mehr mit meiner Mutter in den Urlaub gefahren, um einmal auszuspannen. Er war trotzdem immer wieder stolz darauf, uns zu zeigen, welche Wände und Arbeiten durch ihn entstanden waren.

Aus heiterem Himmel kam es dann über ihn, es wurde ihm schlecht, er torkelte und musste sich hinlegen. Am nächsten Morgen hatte sich sein Zustand nicht gebessert. Verschiedene Körperteile waren wie lahm, es wurde ein Arzt konsultiert. »Schlaganfall. Sofort ins Krankenhaus.« Da war es aber schon zu spät, um Lähmungserscheinungen noch zu vermeiden. Hätte mein Vater sein Rentnerdasein wie früher mit Spaziergängen im Wald, Feld und Flur mit meiner Mutter weiter genossen, die Freude an der Natur, Urlaub wie früher, sein Mittagschläfchen zur Entspannung, sein Sonntagsläufchen, seine Abhärtung durch kaltes Leitungswasser und, da er keinen Führerschein besaß, hatte er auch keinen Stress. Somit hätte er sich nie einen solchen Schlaganfall eingehandelt. Er hatte sich mit der Arbeit übernommen und seine Gesundheit überschätzt. Da hat sein Körper sich gewehrt: »So nicht, mein lieber Hans!« und es gab einen Schuss vor den Bug. Nach dem Krankenhausaufenthalt folgte die Reha in Lippoldsberg und bald wurde er in die Pflegestufe eins eingestuft, weil meine Mutter ihn aus dem Bett holen und ihm beim Duschen und Anziehen helfen musste. Das belegte Brot wurde zu Häppchen geschnitten und die Tasse Tee zum Munde geführt. Dann bugsierte sie ihn in den Rollstuhl. Wenn er auf den Hof in die Sonne wollte, wurde er untergehakt, damit er die Treppe schaffte. Mittags, wenn er mal schlief, war die einzige Zeit für meine Mutter, mal einkaufen zu gehen. Durch die Menge Tabletten, die er jeden Tag schlucken musste, blieb sein früheres Lachen auf der Strecke, weil er auch so deprimiert war. Die Wut über seinen Zustand hat er an meiner Mutter ausgelassen, obwohl sie nichts dafür konnte.

Man konnte die Zeit nicht zurück drehen, er musste mit dem Schlaganfall leben. Bald folgte der zweite Schlaganfall, die Pflegestufe zwei. Dann der Pflegedienst, der ihn aus dem Bett geholt, geduscht, angezogen und in den Rollstuhl gesetzt hat. Dadurch, dass er kaum Bewegung hatte, verließen ihn auch seine Kräfte von früher. Um die Treppe zu schaffen, waren jetzt drei Mann erforderlich, einer rechts, einer links und einer der die Füße für die nächste Treppenstufe nach vorne gezogen hat, dann in das Auto, Rollstuhl in den Kofferraum, ab nach Nieste, um zum Umschwang zu laufen. Er konnte sich mit seinem Schicksal nicht abfinden. »Warum gerade ich? Warum gerade auch noch in Uschlag? Ich hätte mich lieber in die Ecke legen sollen!« Aber das »Wäre, Wenn und Aber« konnte ihm nicht mehr helfen.

Durch seinen Sport kannte ihn halb Heiligenrode. Oft besuchten ihn auch mit Geschenken seine Sportskameraden. Es war ihm so peinlich, wenn diese Herren ihn in so einem erbärmlichen, hilflosen Zustand, wie ein Häufchen Unglück vorfanden. Oft wurde er auch auf die Bauerei in Uschlag angesprochen. Da war ich froh, dass ich meine Kellersohle in Elmshagen allein mit meiner Frau in Beton gegossen habe und er an diesem Tag in Uschlag gearbeitet hat und meine Frau dagegen war, ihn in Zukunft noch einmal an den Bau nach Elmshagen zu holen. Besonders schlimm war es, wenn die Schwester meiner Mutter mit ihrem Mann kam. Früher war er diesem Mann haushoch überlegen und jetzt war es umgekehrt, so dass er sich manchmal mit Ausreden weigerte, ihn zu empfangen.

Dann wollte er nicht mehr in die Reha nach Hofgeismar. Da sagte meine Schwester: »Du gehst, die Krankenkasse bezahlt das. Keine Widerrede.« Nach ein paar Tagen dort der dritte Schlaganfall und die Pflegestufe drei. Jetzt das Theater mit dem Windeln wechseln. Vom Pflegedienst bekam er nur noch eine Katzenwäsche. Er lag nur noch im beschafften Krankenhausbett, dann die ganzen Tabletten morgens, mittags und abends. Das Essen bekam er auch nur noch im Bett. Bei meiner Schwester mit Familie gingen alle arbeiten. Meine Mutter musste jeden Tag mit dem Elend leben, viele Menschen haben die Frau damals bedauert. Rund um die Uhr hat sie zehn Jahre lang mit seiner Krankheit leben müssen. Die ganzen Entbehrungen, nicht mal mit dem Bus nach Kassel, nicht mehr die Natur genießen, kein Amore mehr und alles wegen der Schlaganfälle.

Eine Frau wird durch die Liebe erst schön. Gerade im Alter ist die Liebe sehr wichtig, damit die Frau auch schön bleibt. Meine Frau wollte nach unserer ersten gemeinsamen Tochter ein zweites Kind. Da kamen für mich die sechs schönsten Jahre unserer Ehe. Wir haben eine Eheberatungsstelle in Kassel aufgesucht, wo uns ein Arzt aufgeklärt hat und sagte: »Sie müssen sich das Ganze so vorstellen, wie auf einem Depot und wenn sie das Depot ständig leer fahren, klappt es nie mit dem Kinderwunsch. Drei Wochen fahren sie jetzt mit der Straßenbahn nicht bis zum Königsplatz, sondern sie steigen am Friedrichsplatz vorher aus und sie werden sehen ihr Kinderwunsch geht in Erfüllung«. Der Mann hatte Recht und von da an bin ich nur noch bis zum Königsplatz gefahren und nie mehr vorher ausgestiegen.

In der Apotheken-Umschau ist von Amore zwei Mal in der Woche die Rede, dann funktioniert das mit der Liebe bis man stirbt. Einen schöneren Tod kann man sich doch gar nicht wünschen.

Frauen sind in meinen Augen das Schönste, was es gibt auf der Welt. Für mich gibt es nichts Schöneres. Früher, bei Geburtstagen, musste sich immer einer zwischen mich und meine Frau setzen, wegen der Schmuserei von uns beiden. Ich bin heute noch genauso verliebt in meine Frau wie vor 43 Jahren und das werden wir auch beibehalten, denn Liebe ist, wenn man zusammen alt wird.

Darum bedauere ich sehr den Auerhahn, der im April nur balzen kann, sieben Tage liebes Reh, hast du im Sommer liebesweh, selbst der Hirsch die edle Zunft, hat nur einmal im Jahr die Brunft, das arme Schwein jahraus, jahrein, nur ein paar Tage Liebespein, die Häsin, kaum zu fassen, kann sich zwei Mal bezirzen lassen, jedoch der Mensch, oh welch Entzücken, kann sich so oft er will damit beglücken, deshalb egal ob Sommer, Herbst, Winter, Frühling oder Lenz, Gott schütze uns vor Impotenz.«

Deshalb sollten wir Männer unsere Frauen nur auf Händen tragen, ihnen ihre Wünsche ab und zu mal von ihren Augen ablesen und jeden Streit mit ihnen vermeiden oder aus dem Wege gehen. Nach 40 Jahren Ehe kennt man auch die Macken seiner Frau. Sie niemals darauf ansprechen, sondern lieber selbst die Initiative ergreifen und ihre Fehler beseitigen. Oftmals werden auch kleinere Teile oder Sachen gesucht wie Handfeger, Kehrschaufel oder Werkzeug. Dem kann man begegnen, indem man manches bis zu zehn Mal kauft und es an verschiedenen Plätzen ablegt, ein Teil findet man dann immer.

Der älteste meiner vier Enkel hatte die Gewohnheit, meine langen Meißel in die Erde einzuschlagen. Ab und zu findet man einen wieder. Ich habe in meinen Leben viel gebaut und fast jede Arbeit mit meiner Frau durchgesprochen. Wenn wir beide das Problem gelöst hatten, fertigte ich eine Skizze an, mit dem Arbeitsablauf und den einzelnen Arbeitsschritten, die ich mir von meiner Frau durch ihre Unterschrift bestätigen lasse. Von da an habe ich dann nie mehr den Satz gehört: »So wollte ich das aber nicht.« Die Liebe zu seiner Frau muss man pflegen, damit Amore aufregend bleibt, denn die Liebe ist kein Solo. Liebe ist ein Duett. Schwindet sie bei einem, verstummt das Lied.

Friedhelm, der Hobbykoch und Bäcker

Als Ehemann bricht man sich doch keinen ab, wenn man die Ehefrau im Haushalt entlastet und das Mittagessen zubereitet, während sie sich entspannt und ein Aquarell- oder Ölbild malt, oder in ihrem kleinen Park die Rosen oder Ziersträucher schneidet, oder das Unkraut vom Grabeland jätet.

Im Laufe meines Rentnerdaseins habe ich mir meinen eigenen Kochrezeptblock geschrieben. Manche Gerichte findet man in keinem Kochbuch.

Nr. 1 Milchreis

Milchreis bereite ich wie folgt zu: Am Morgen schon weiche ich für meine Frau und mich 250 Gramm Milchreis im Kochtopf in Wasser ein, damit er gerade so bedeckt ist, um vorzuquellen. Eine halbe Stunde vor dem Essen hole ich mir etwas mehr als einen Liter Milch, eine saure Sahne und ein Tütchen Schokoladen- oder Vanillepuddingpulver. In ein größeres Glas oder anderen Behälter fülle ich zwei Tassen Milch und rühre klumpenfrei ein Tütchen Puddingpulver ein. Jetzt die Zeitschaltuhr auf 30 Minuten und Elektroherd auf mittlere Hitze einstellen und Wasser mit Reis im Kochtopf erwärmen. Etwas Milch laufend zu geben und Milchreis mit dem Esslöffel dauernd umrühren. Sobald die Milch kocht, schluckweise weitere Milch zugeben bis der Rest von dem einen Liter Milch verbraucht ist. Nun den Becher saure Sahne oder Schmand unterrühren.
Nach etwa 25 Minuten unter ständigem Rühren den Milchreis kosten, ob er weich ist, dann das Glas angerührtes Puddingpulver langsam einrühren und aufkochen lassen. Herd ausstellen und mit einem Glas eingekochten Obst und Zimt und Zucker gemischt, servieren.

Nr. 2 Duckefett
Topf voll Kartoffeln schälen, aufsetzen auf dem Herd mit Wasser weich kochen lassen. In die große Pfanne eine Tüte Katenschinken, fünf in Scheiben geschnittene große Zwiebeln mit etwas Rapsöl geben und bei mittlerer Hitze auf dem Herd goldbraun anbraten. Eine Tasse Milch, einen Becher Schmand und saure Sahne und zwei Würfel Kräuter Fix und etwas schwarzem Pfeffer würzen und alles in der Pfanne mit erhitzen und mit den gekochten Kartoffeln servieren. Herd ausschalten.

Nr. 3 Hähnchenschenkel
Herdpfanne unten in Herd einhängen und darüber den Rost einhängen. Alle Hähnchenschenkel waschen und abtrocknen. Alle Hähnchenschenkel mit Senf einschmieren, Hähnchengewürz, Tomatengewürz und einen Hauch Curry, Grillwürzer, Cayenne Pfeffer und Chiliflocken aufstreuen. Hähnchenschenkel auf den Rost im Herd legen. Herd auf 200 Grad und Rundumluft einstellen. Nach 20 Minuten Hähnchenschenkel umdrehen und mit dem Pinsel aus dem Fett der Pfanne bestreichen. Nach 40 bis 60 Minuten Hähnchenschenkel entnehmen und Herd ausschalten.

Nr. 4 Zubereitung von grünem Salat
In eine größere Schüssel geben und gut durchrühren: Einen Becher saure Sahne, zwei Esslöffel Rapsöl, einen Teelöffel Apfelessig, fünf Esslöffel Buttermilch, Tomatenwürzer, Schnittlauch, Zitronenmelisse und Pimpernelle. Grünen Salat lesen und drei Mal waschen und mit fünf Scheiben zerkleinertem Knäckebrot in große Schüssel geben und gut mehrere Male umschwenken.

Nr. 5 Bohnensuppe aus frischen Bohnen
Eine halbe Schüssel frische Bohnen für zwei Personen auf dem

Grabeland pflücken auf dem Esstisch ausschütten und vorne und hinten 3 mm abschneiden. Sämtliche Bohnen auf ungefähr 2 cm Länge zerteilen. Nach Bedarf Kartoffeln schälen, waschen und in Würfel schneiden. Rapsöl, drei Zwiebeln in Scheiben schneiden, ein Päckchen Katenschinken in Schnellkochtopf geben und bei mittlerer Hitze vom Herd goldbraun anbraten. Einen Liter Wasser, zwei Würfel Gemüsebrühe, Salz, Pfeffer, die frisch gewaschenen Bohnen und die in Würfel geschnittenen Kartoffeln mit einem Teelöffel voll Bohnenkraut in den Schnellkochtopf geben und den Deckel verschließen. Herdplatte auf mittlere Hitze einstellen und warten bis Stift vom Deckel herauskommt und oben ist, dann Herdplatte auf ganz niedrige Hitze stellen und Schnellkochtopf 20 Minuten kochen lassen. Herdplatte abschalten und warten bis Schnellkochtopf abgedampft. Deckel öffnen und servieren. Mit Maggi Würze kann der Geschmack nachträglich noch etwas verfeinert werden.

Nr. 6 Zucchini-Pfannkuchen
Eine große Zucchini der Länge nach vierteln. In Küchenmaschine große Raspel einlegen und Zucchini durchlaufen lassen. In große Glasschüssel; 5 Eier mit Gabel durchschlagen, 2 große Zwiebeln schälen und in Scheiben schneiden, Pfeffer, Salz, Petersilie, 150 Gramm Mehl dazugeben und alles gut durchmengen. Große Pfanne bei oberer Hitze mit Rapsöl erhitzen. Drei Stück Pfannkuchen in Pfanne geben und gut durchbacken und wenden und servieren mit einem Glas Obst. Herdplatte abschalten.

Nr. 7 Warmer Kartoffelsalat
Pellkartoffeln mit Schale kochen, abschälen und in Scheiben schneiden. Katenschinken, drei dicke Zwiebeln in Scheiben schneiden und etwas Margarine in große Pfanne geben und bei mittlerer Hitze goldbraun anbraten. Halbes Glas Gurken in

dünne Scheiben schneiden, einen Kräuterwürfel, Schnittlauch und Kartoffeln in Pfanne dazugeben, mit Goudakäse überbacken und anschließend Petersilie oben drüber streuen und servieren. Herdplatte abschalten.

Nr. 8 Kalter Kartoffelsalat

Kartoffeln schälen und mit Wasser nicht zu weich kochen. Herdplatte abschalten. Gekochte Kartoffeln in Scheiben schneiden und in große Glasschüssel geben. Zwei Äpfel, zwei große Zwiebeln, Inhalt von einem Glas Gurken in Scheiben schneiden, einen Würfel fette Brühe zerbröseln, einen Becher saure Sahne, Creme fraiche, zwei Esslöffel Rapsöl, einen Esslöffel Apfelessig, etwas Chiliflocken mit den gekochten Kartoffeln durchmengen. Fünf Eier kochen im Eierkocher, mit dem Eierschneider kreuzweise schneiden, Schnittlauch, Petersilie und eine Dose Mais mit untermischen und servieren.

Nr. 9 Kaiserschmarren

In eine große Schüssel geben: 4 Eier, 150 Gramm Butter mit einander verrühren, 300 Gramm Mehl, 120 Gramm Sultaninen oder Rosinen, 3 Äpfel schälen, in Scheiben schneiden und mit 50 Gramm Holunder- oder Johannisbeersaft gut vermischen. Große Pfanne mit Margarine und Rapsöl auf Herdplatte bei mittlerer Hitze erhitzen. Drei Stück Teig in Pfanne geben. Erst die eine, dann umdrehen und die andere Seite durchbacken. Fertige Pfannkuchen auf Teller ablegen und ein Glas eingekochtes Obst dazu servieren. Herd abschalten.

Nr. 10 Zwiebelkuchen

1 kg Zwiebeln schälen und kreuzweise zerschneiden. Rapsöl in großer Pfanne bei mittlerer Hitze auf Herdplatte erwärmen. 100 Gramm fetten Speck in Scheiben schneiden und in Pfanne

auslassen. Zwiebeln in Pfanne goldbraun dünsten, ein Würfel Gemüse-Brühe, Salz und Pfeffer über die Zwiebeln streuen. In große Schüssel 1kg Mehl, 50 ml lauwarmes Wasser, 1Würfel oder 42 Gramm Backhefe dazu geben und 10 Minuten stehen lassen bis Hefe gegangen ist. 100 Gramm Margarine außen am Rand des Mehles verteilen und etwas Salz einstreuen. Zweite große Schüssel nehmen, 2 Becher saure Sahne, drei Eier mit Schneebesen verrühren und einen Vanillepudding dazu geben. Zwiebeln in großer Pfanne mit Schnittlauch und Petersilie verrühren. Das Mehl in der großen Schüssel mit den Zutaten zum Teig verkneten und halbe Stunde gehen lassen.

Für den Herd ein höheres Backblech nehmen und von Hand mit Margarine innen einstreichen. Etwas Teig, etwa ein Drittel, auf Backblech mit Nudelholz 4 mm dick ausrollen und mit Gabel einstechen. Restteig in zwei Gefrierbeutel verteilen und einfrieren für die nächsten Zwiebelkuchen.

Inhalt der Rührschüssel Zwiebeln mit Eiern auf dem Teig verteilen. Blech in Mitte des Backofens schieben und mit 180 Grad bei Ober- und Unterhitze 30 bis 35 Minuten backen lassen, Elektroherd ausschalten und Zwiebelkuchen servieren.

Nr. 11 Buttermilchpfannkuchen

In große Rührschüssel vier Eier, 125 Gramm Katenschinken, 5 zerkleinerte Möhren, eine rote zerkleinerte Paprika, 125 Gramm Mehl, drei zerkleinerte Zwiebeln, eine Tomate in kleine Würfel schneiden, einen viertel Liter Buttermilch, einen halben Teelöffel Salz, etwas Pfeffer mit Dreimix durchschlagen. Etwas Rapsöl in großer Pfanne auf der Herdplatte bei mittlerer Hitze heiß werden lassen und dann drei kleine Buttermilchpfannkuchen beidseitig braten. Nach Bedarf weiteres Rapsöl in die Pfanne geben und heiß servieren. Herd ausschalten.

Nr. 12 Gulaschsuppe

Mageren und fetten Speck in Scheiben schneiden und im Schnellkochtopf mit vier Esslöffeln Rapsöl bei mittlerer Hitze auf der Herdplatte auslassen. 2 kg Gulasch waschen und in einem Sieb ablaufen lassen. Sechs Kartoffeln schälen, in Würfelgröße zerkleinern und waschen. Gulasch mit drei gestrichenen Teelöffeln Tomatenwürzer, einem gestrichenen Teelöffel ungarischem Paprikapulver, einem halben Esslöffel Pfeffer und Salz vermischt und einem Teelöffel Gulaschgewürz würzen. Gulasch in Schnellkochtopf geben und durch mehrmaliges Wenden anbraten. Jetzt mit eineinhalb Liter Wasser den Gulasch ablöschen. Jetzt zerkleinert in den Schnellkochtopf dazu geben: Die Kartoffeln, zwei Möhren, zwei Paprika, vier Zwiebeln, ein Päckchen passierte Tomaten, zwei Päckchen Maggifix, einen Esslöffel ungarisches Gulaschpulver, drei Riegel Schokolade, einen Würfel Bratensaft, vier Spritzer Tabasco, etwas Cayenne Pfeffer und Chiliflocken. Schnellkochtopfdeckel auf »zwei« stellen und Schnellkochtopf verschließen. Herdplatte auf mittlere Hitze drehen bis der rote Knopf vom Schnellkochtopfdeckel voll zu sehen ist. Herdplatte auf geringe Hitze zurücknehmen und Gulasch 45 Minuten garen lassen. Herdplatte abschalten und Schnellkochtopf langsam abdampfen lassen und servieren. Falls nicht alles gegessen wird, Rest kühl stellen und einen Tag später erneut servieren.

Nr. 13 Wildschwein

Wildschweinbraten einen Tag in Rotwein einlegen. Vier Zwiebeln schälen und in Scheiben schneiden. Wildschweinfleisch gut mit Senf bestreichen, Chiliflocken, Curry, Cayenne Pfeffer aufstreuen. In den Schnellkochtopf etwa 1,5 mm hoch Rapsöl geben. Zwiebeln, drei Stücke einer Knoblauchzehe und das Wildschweinstück im Schnellkochtopf auf der Herdplatte bei mittlerer Hitze wenden und dabei anbraten und mit 300 ml Apfelsaft dann ablöschen. Jetzt zwei Spritzer Tabasco, einen Maggiwürfel, einen Würfel Bratensaft, drei Riegel Schokolade und einen Teelöffel Bohnenkaffee, um den Wildgeschmack zu reduzieren. Schnellkochtopfdeckel auf »zwei« stellen und Schnellkochtopf verschließen. Herdplatte auf mittlere Hitze drehen bis der rote Knopf vom Deckel voll zu sehen ist. Herdplatte auf geringere Hitze zurücknehmen und Wildschweinbraten 45 Minuten garen lassen. Herdplatte abschalten und Schnellkochtopf langsam abdampfen lassen und servieren.

Nr. 14 Zubereitung Ente oder Gans
Plastikbeutel mit Hals aus Ente oder der Gans entnehmen. Ente oder Gans in größere Schüssel legen, Wasser einfüllen und waschen. Ente oder Gans aus Schüssel herausnehmen und abtropfen lassen und anschließend mit Geschirrtuch innen und außen abtupfen. Gans oder Ente mit Senf innen und außen einstreichen, Cayenne Pfeffer, Chiliflocken, Salz, Curry, Tomatenwürzer, Grillwürzer aufstreuen. Drei Äpfel, vier Zwiebeln schälen, teilen und mit halb und halb Gehacktem in den Bauch der Gans oder Ente einfüllen und mit Rouladennadeln den Bauch verschließen.
Bratenschlauch für Ente etwa 1m und für Gans etwa 1,5 m Länge abschneiden. Hals von Gans oder Ente mit Senf und obigen Gewürzen würzen. Ente oder Gans mit ihrem Hals in den jeweiligen Bratenschlauch einlegen und an den Enden umschlagen und mit Bratenschlauchfolie zubinden. Backblech in die zweiten Haken von unten im Herd einklinken. Ente oder Gans mit dem Bauch nach oben im Bratenschlauch auf Backblech legen und oben 3 cm Schlitz in den Bratenschlauch schneiden. Herd auf 200 Grad mit Ober- und Unterhitze einschalten. 90 bis 120 Minuten backen lassen, Herd abschalten, Bratenschlauch

mit Gans oder Ente entnehmen, mit Geflügelschere zerlegen. Gans oder die Ente servieren.

Nr. 15 Kartoffelpfannkuchen

10 Kartoffeln schälen, waschen und mit feiner Reibe reiben in einer größeren Schüssel. Vier Zwiebeln schälen und in Scheiben schneiden, 120 Gramm Haferflocken, Salz, Pfeffer, Tomatenwürzer, 3 Eier, Petersilie und Schnittlauch in Schüssel dazu geben und alles miteinander durchmengen. Große Pfanne mit etwas Rapsöl bei mittlerer Hitze erhitzen. Drei kleine Kartoffelpfannkuchen langsam braten und dabei immer mal wenden. Rapsöl nach Bedarf auf die Pfanne geben. Wenn beidseitig gebraten, dann Pfannkuchen auf Teller ablegen und sofort servieren. Herdplatte abschalten.

Nr. 16 Zwetschenmus

Zwetschen mit dem Messer teilen und die Steine entfernen. Großen Bratentopf oder Bräter nehmen und die zerteilten Zwetschen mit der geteilten Seite nach unten stapeln bis Topf gefüllt ist. Rost von Elektroherd in die zweite Aufhängung von unten einhängen und den vollen Bratentopf mit Zwetschen ohne Deckel mittig auf Rost stellen. Herd auf Ober- und Unterhitze einstellen bei einer Temperatur von 150 Grad vier Stunden köcheln lassen. Bratentopf aus dem Herd heraus nehmen und auf zwei Untersetzer abstellen. Flüssigen Zwetschensaft mit kleinem Schöpflöffel in anderes Gefäß abfüllen. Einen Esslöffel voll Lebkuchengewürz überstreuen und mit Pürierstab vom Dreimix die heißen Zwetschen im Bratentopf durchschlagen. Bratentopf ohne Deckel wieder zurück in den Elektroherd und jetzt noch etwa eineinhalb Stunde köcheln lassen bei 150 Grad und Ober- und Unterhitze. Elektroherd ausschalten und Bratentopf sofort heraus nehmen und Mus in Marmeladengläser einfüllen und mit Deckel sofort fest verschrauben. Während der Abkühlung des heißen Zwetschenmuses hört man bei jedem Marmeladenglas ein Klack. Das ist das Zeichen, dass sich der Deckel angezogen hat, für die Haltbarkeit.

Nr.17 Apfelkuchen mit Rührkuchenteich
In Rührschüssel vom 3-Mix
3 Eier, 80 g Zucker und 150 g Margarine geben und mit 3-Mix fünf Minuten schaumig schlagen. 200 g Diamant Weizenmehl, ein halbes Tütchen Backpulver, zwei Esslöffel Milch und eine Brise Salz zwischen den Fingern einstreuen in Rührschüssel und mit 3-Mix mit durchschlagen.
Springform 26 cm Durchmesser innen mit Margarine bis oben zum Rand einschmieren. Mit Teigschaber Teigmasse in Springform füllen und glatt ziehen. Äpfel schälen, vierteln, Gehäuse herausschneiden, viermal einschneiden und auf Kuchenteig alle in Richtung Mitte hinlegen. Amarettini oder Streuseln aus 100 g Butter, 70 g Zucker und 140 g Mehl herstellen und auf Kuchen streuen.
Rost mit Backpapier in zweite Aufhängung von unten in Herd einhängen und Springform auf Rost stellen und Herd schließen. Herd auf 180 Grad einstellen bei Ober- und Unterhitze und 30 Minuten backen lassen. Herd abschalten und Apfelkuchen entnehmen und abkühlen lassen.

Nr. 18 Nusskuchen
200 g Butter, 150 g Zucker, 6 Eier und eine Brise Salz zwischen den Fingern in Rührschüssel geben und mit 3-Mix 3 Minuten durchschlagen.
300 g gemahlene Haselnüsse und sämtliche Reste von Schokoladenstreuseln und Mandeln sowie 120 g Paniermehl, 3 Teelöffel Backpulver und eine halbe Tasse Milch mit in Rührschüssel geben und mit 3-Mix durchschlagen.

Kugelhupfschüssel oder Silikonschüssel nehmen und innen mit Butter ausschmieren und leicht etwas Paniermehl ausstreuen. Nusskuchenteig einfüllen in Schüssel. Rost vom Herd mit Backpapier in zweite Aufhängung von unten einhängen. Kugelhupfschüssel auf Rost stellen und Herd schließen. Herd bei Ober- und Unterhitze auf 175 Grad einstellen und 60 Minuten lang backen lassen. Herd ausschalten und Nusskuchen entnehmen. Kugelhupfschüssel sofort stürzen und Kuchen erkalten lassen.

Nr. 19 Apfeltorte

250 g Mehl, 1 Ei, 1 Vanillezucker, 75 g Zucker, 125 g Butter, ein halbes Tütchen Backpulver in eine Schüssel geben und mit beiden Händen zu Teig kneten.

Springform 26 cm Durchmesser innen mit Butter bestreichen und den Teig in der Springform verteilen. Teig auf Boden und an den Seiten etwa 3 cm hoch drücken. Äpfel schälen, vierteln, Gehäuse herausschneiden, viermal einschneiden und auf Teig von Springform in Richtung Mitte hinlegen.

In Rührschüssel 3 Eier, 100 g Zucker, 1 Esslöffel Zimt schaumig schlagen. Weiterhin in Rührschüssel 2 Tütchen Vanillepudding, 500 g Joghurt dazugeben und alles noch einmal durchschlagen. Joghurtcreme auf Äpfel geben und glatt ziehen.

Rost mit Backpapier in zweite Aufhängung von unten im Herd einhängen. Springform auf Rost stellen und Herd schließen. Herd auf 180 Grad einstellen bei Ober- und Unterhitze 50 Minuten lang backen lassen. Herd ausschalten und Apfeltorte entnehmen.

Nr. 20 Hefezopf

1500 g Weizenmehl, 570 g Zucker, einen viertel Liter Milch, 40 g Hefe, 2 Eier, 7 süße Sahne, 400 g Rosinen, 200 g Mohn, 1 Vanille Pudding, 2 Vanllezucker, Brise Salz, 30 g Butter und 1 Zitrone.

400 g Rosinen in Apfelsaft (Kinder) oder Rum (Erwachsene) einen Tag vor dem Backen in einer Schüssel einweichen.
1500 g Mehl in große Schüssel geben. Mit einer kleineren Schüssel eine Mulde in das Mehl drücken. Einen viertel Liter Milch in Mikrowelle eine Minute handwarm erwärmen und in die Mulde schütten. Dazu 125 g Zucker und 40 g Hefe, die zerkrümelt wird mit in die Milch streuen und verrühren. Mit Handtuch Schüssel abdecken und 20 Minuten stehen lassen, damit die Hefe gehen kann.
Die eingeweichten Rosinen, einen Vanille Pudding, 200 g gemahlenen Mohn, eine süße Sahne (Schlagsahne), 50 g Zucker, 2 Vanillinzucker (Vanillezucker) in Rührschüssel geben und mit einem Löffel verrühren. In die Schüssel, wo vorher die Milch erwärmt wurde, drei Schlagsahne schütten und in Mikrowelle 2 Minuten erwärmen. In die große Schüssel mit dem Mehl an den Rand zwei neue kleine Mulden ausheben und je ein Ei in jede Mulde aufschlagen, sowie 150 g Zucker und eine Brise Salz zwischen den Fingern mit einstreuen und die drei süße Sahne dazu geben. Mit beiden Händen Inhalt der großen Schüssel zu Teig verkneten. Teig zu einer Kugel formen und Teig von etwa einen halben Meter viermal in die Schüssel fallen lassen, um den Teig zu verdichten. Schüssel mit Teig oben mit Geschirrtuch abdecken und eineinhalb Stunden warm stellen (Specksteinofen oder Heizung).
Teig in der Schüssel der Länge nach in drei gleiche Teile mit dem Messer schneiden. Etwas Mehl auf Tischplatte streuen. Ein Teigstück auf Tisch legen und mit Kuchenrolle auf etwa 7 mm dicke ausrollen. Rührschüssel mit Mohn und Rosinen mittig auf Teig Nr.1 verteilen und Teig einrollen zu einer 60 cm langen Teigwurst und diese in sich einmal verdrehen, damit der Mohn mit den Rosinen sich besser einbindet. Teigstück Nr.2 und 3 genau wie Teigwurst Nr. 1 behandeln. Alle drei 60 cm langen

Teigwürste nebeneinander auf den Küchentisch auf Backpapier legen und mit Nr. 1, Nr.2 und Nr. 3 am Anfang und am Ende nummerieren um den Zopf zu flechten. Nr. 1 über Nr. 2, Nr. 3 über Nr. 1, Nr. 2 über Nr. 3, Nr. 1 über Nr.2, Nr. 3 über Nr. 1, sowie Nr. 2 über Nr. 3, Nr. 1 über Nr.2 und Nr. 3 über Nr. 2. Am unteren Ende Nr.1, und Nr.2 und Nr. 3 zusammen bringen. Hefezopf zu einem runden Kreis formen und Anfang und Ende verbinden. Backblech vom Herd mit Wasser anfeuchten. Hefezopf mit Backpapier auf Backblech ziehen. Backblech mit Zopf in die zweite Aufhängung von unten in Herd einhängen und Herd schließen.
Herd eine viertel Stunde mit 100 Grad bei Ober- und Unterhitze erwärmen. Nach Ablauf der 15 Minuten Herd auf 175 Grad einstellen und 45 Minuten fertig backen lassen. Mit Holzstecher prüfen, ob Teig am Holzstecher kleben bleibt, dann noch fünf Minuten backen lassen. Herd ausschalten und Hefezopf noch 10 Minuten im Herd belassen. Hefezopf mit Backblech aus Herd entnehmen und erkalten lassen. Eine Zitrone auspressen und in Schüssel gießen. In Kaffeemaschine 250 g Zucker zerschlagen zu Puderzucker. 30 g Butter im Wasserbad erwärmen bis diese flüssig ist. Zucker, Butter und Zitrone in Schüssel gut verrühren und auf Hefezopf mit Pinsel aufstreichen. Guten Appetit.
Sollte der Hefezopf von den Gästen nicht alle gegessen werden kann man den Rest in Alufolie oder Gefrierbeutel in der Gefriertruhe einfrieren.

Altersteilzeit und das Rentnerleben

Das Schönste auf der Welt sind die Frauen. Das Zweitschönste auf der Welt ist für mich, Rentner zu sein. Früher habe ich nicht glauben können, dass ich einmal Rentner werde. Ich hatte viel Verantwortung im Beruf. Was ich konstruierte, musste Hand und Fuß haben, ich durfte bei der Konstruktion nichts vergessen, sie musste funktionieren, es sollten keinerlei Nacharbeiten notwendig werden. Es war eine aufregende Tätigkeit, weil man nicht wusste, was in der nächsten Stunde für Probleme auf einen zukamen und wie man diese lösen konnte. An Aufträgen wurde immer der eiligste zuerst bearbeitet. Was Zeit hatte, wurde auf später verschoben. Um den Überblick nicht zu verlieren, habe ich mir eine Liste angefertigt, auf der alle Arbeiten, auch die neu anfallenden, notiert waren. Nach Erledigung einer Arbeit wurde diese dann gestrichen.

Kam ein Vorgesetzter, legte ich meine Liste vor, um dann von ihm entscheiden zu
lassen, welche Aufgabe ich als nächste in Angriff nehmen sollte. Es ist nie vorgekommen, dass man mal eine halbe Stunde nichts zu tun hatte. Zu kontrollieren brauchte man uns Konstrukteure auch nie, jede Vorrichtung musste neu gebaut werden und funktionieren. Zudem waren die Vorgesetzten abgesichert durch die Stellenbeschreibung. Dazu kam noch die Betriebsbetreuung, denn die Maschinen mussten laufen, sonst konnten die Kollegen keine Achsen bauen und in Gaggenau keine LKWs gefertigt werden. Die Entscheidungen musste man oft allein treffen. Wenn ich den Vorgesetzten gebeten habe, mal mit in den Betrieb zu gehen, hatte er im Moment keine Zeit. Mitunter hat man mich auch im Urlaub zu Hause angerufen und verlangte sofort, in der Firma zu erscheinen, um die anstehenden Probleme zu klären. Der Urlaubstag galt dann als Arbeitstag. Trotzdem bin ich immer gern zur Arbeit gegangen. Jede Konstruktion oder Steuerung

war eine neue Herausforderung für mich. Keine Vorrichtung wurde wie die andere konstruiert. Wegen der vielen von mir konstruierten Vorrichtungen, Pneumatik-, Hydraulik-und Logiksteuerungen war ich im Betrieb bekannt.

Mit Namen kannte ich nur wenige der Kollegen im Betrieb, aber mich kannten fast alle. Ich habe mich oft mit den an meiner Arbeit betroffenen Abteilungen im Betrieb getroffen, um die Meinungen der Kollegen zu hören und dann die Unklarheiten zu besprechen oder vorab abzuklären, wo die Lage der Bedienelemente, Zweihandsteuerung, Schutztür, der Schaltschränke und das Hydraulik- Aggregat platziert werden sollte.

Die Vorrichtungen mit Steuerungen liefen manchmal über zehn Jahre. Darum brauchte ich die Meinungen vom Arbeits-und Unfallschutz, Werkzeugbau, Elektriker, der Arbeitsvorbereitung und des Betriebes, um nicht aufzulaufen. Den Kollegen habe ich das Gefühl vermittelt, mitgearbeitet zu haben. Wir waren stolz auf uns alle, dass ich ihre Forderungen und Hinweise in die Konstruktion mit eingebaut habe. So haben wir für den Betrieb und für den Werker das Optimale herausgeholt, auch zum Wohle der Firma. Die Vorrichtungen und Steuerungen hat der Bediener pfleglich behandelt, die Anlage ordnungsgemäß gesäubert und geputzt. Hinzu kam das Glücksgefühl, einen sicheren Arbeitsplatz zu haben in unserer Firma. Alles in allem hatte ich einen herrlichen Beruf, brauchte keine Schichten zu arbeiten und alles das, was ich konstruiert oder entworfen hatte, wurde anschließend auch gebaut. Dieses wunderbare Gefühl gab mir immer wieder Kraft und Mut und hat mich stets motiviert, im Büro und gleichzeitig im Betrieb meinen Mann zu stehen, indem ich den Werkern geholfen habe, ihre Probleme zu lösen. Ich hatte also einen Arbeitsplatz im Büro, aber auch in der Fertigung, habe diese helfen am Laufen gehalten und auch in unserem Werkzeugbau habe ich manche Stunde mitgeholfen, unsere Steuerungen zum Laufen zu bringen. Zu erreichen war ich jederzeit über mein Handy. Da ich in der Firma der einzige war, der die Verantwortung über die Hydraulik-, Pneumatik-, Logiksteuerungen und die Funktionspläne für alle Vorrichtungen und Maschine hatte, hatte ich keine Konkurrenz, aber war auch stets auf mich allein gestellt mit meinen Entscheidungen. Man musste sie eben akzeptieren.

Ich habe meistens morgens um 6 Uhr angefangen zu arbeiten, um in Ruhe ohne Telefonanrufe erst einmal arbeiten zu können. Am Nachmittag bin ich dann von Elgershausen bis in den Nachbarort nach Hoof mit dem Auto gefahren und dann hin und zurück zum Bauplatz nach Elmshagen gewandert. Auf diese Weise bin ich in den 22 Jahren um die 50.000 km durch den Wald marschiert und dabei war kein Gedanke an Rente.

Hinzu kam der Ärger mit Eltern, Schwester, Schwiegermutter, Nachbarn und Bauamt. Ich habe praktisch nur gearbeitet; auch jeden Samstag und Sonntagmorgen bin ich oft in das 5 km entfernte Elmshagen zu Fuß gegangen. An einem Sonntagmorgen war es noch dunkel und nebelig. Ich war im Walde vom Wege abgekommen und plötzlich grunzten Wildschweine vor mir. Und das war gut. Ich bin einige Schritte zurück und in einem Bogen um die Tiere herum gegangen. Abends, als ich von Elmshagen wieder nach Hoof zurück wandern wollte, sind mir am Wasserbehälter oft fünf Rehe begegnet. Entweder bin ich stehen geblieben oder die Rehe – um den Waldweg in Ruhe zu überqueren. Die Rehe haben nicht das Weite gesucht, sondern trotteten langsam weiter. In solchen Momenten denkt man doch nicht an Rente.

Dann konnten von den Angestellten acht Kollegen im Jahr vom Werk Kassel in Altersteilzeit gehen und ich war auch dabei. Am 16. Dezember 2003 gab ich meinen Abschied für die Kollegen mit denen ich ständig zu tun hatte. Von morgens acht bis 14.30 Uhr gab es in unserem Besprechungsraum genügend zu essen und zu trinken. Das erste Jahr in Altersteilzeit habe ich noch manche Nacht im Traum Vorrichtungen und Steuerungspläne konstruiert. Ich habe den Kollegen bei den Abteilungswanderungen davon berichtet und ihnen zu verstehen gegeben, dass ich Abstand brauche zur Firma. Wäre ich nämlich durch die Fertigung im Betrieb gegangen und würde sagen: »Alle Maschinen und Vorrichtungen, an denen der Umbach seine Finger mit im Spiel hatte, raustreten!« würde keine Vorrichtung mehr arbeiten und kaum noch eine Maschine produzieren.

Ich kann es heute nicht verstehen, wie ich es geschafft habe, das Bestellen des Grabelandes, die Ernte der Obstbäume, das Schneiden der Wasserreißer, das Mähen des Geländes mit der Sense drei Mal im Jahr, die ganzen anfallenden Arbeiten vom Bauen vor meiner Rente, neben der Arbeit bei Daimler zu erledigen.

Auf dem Grabeland am Wohnhaus in der Schönen Aussicht 34 wird an Gemüse angebaut und geerntet: Kohlraben, Weißkraut, Rotkraut, Wirsing, Lauch, Kassler Strünkchen, Spinat, Rosenkohl, Petersilie, Schnittlauch, Erbsen, Bohnen, Pimpernelle, Erdbeeren, Möhren, rote Beete, Rettich, Tomaten, Salat, Feldsalat, Bärlauch, Knoblauch, Zwiebeln und Kartoffeln.

Auch für meine 26 Obstbäume als Halbstämme bleibt mir jetzt mehr Zeit für Schneiden, Baumscheiben aufhacken und ernten. Die Wasserreiser von den Bäumen schneiden, anschließend bündele ich sie mit Seilern von etwa 30 cm Durchmesser zusammen, lasse sie zwei Jahre trocknen und dann verwende ich die Bündel zum Anfeuern der beiden Specksteinöfen.

Folgende Obstbaumsorten sind von meiner Frau und mir 1978 gepflanzt worden:

Apfelsorten: Jonathan, Berleps, Ontario, Ingrid Marie, Goldpermäne, Cox Orange, roter und grüner Boskop, Gravensteiner, Geheimrat Oldenburg und der Herrenhut.

Birnensorten: Köstliche von Charneux und Conference.

Mirabelle von Nancy, Hanita und Jojo Hauszwetsche, Pflaume Königin Viktoria, Königskirsche, große Hedelfinger Knorpelkirsche und die Safir, eine manilafeste Sauerkirsche.

Johannisbeersträucher sind Rovada, Jonkheer von Tets und fünf Sträucher Josta.

Stachelbeersträucher sind Resistenta, Mucurines, Macherauch, Captivator.

Jeden Herbst pflücken wir beide noch bis zu acht Eimer Holunder, der auch zu Saft verarbeitet wird, gegen die Erkältung in den Wintermonaten.

Alle zwei Jahre ernten wir bis zu 60 Kisten pro 5kg gleich 300 kg gleich 6 Zentner Äpfel.

Während der gesamten Heizperiode im Winter, werden jeden zweiten Tag ein 10 Liter Eimer Äpfel geschält, Gehäuse entfernt und danach in Scheiben geschnitten. Auf die obere Abdeckplatte vom Specksteinofen 1,10 m mal 60 cm kommen eine Lage nicht haftendes Backpapier und darauf die geschnittenen Äpfel. So heizt der Specksteinofen von 12 KW Wohn- und Esszimmer und nebenbei werden aus 5 kg Äpfel noch 180 Gramm Dörrobst.

In den Plantagen werden die Äpfel von der Blüte bis zur Ernte bis zu 16 Mal gespritzt. Man findet keinen Wurm, da dieser durch das Spritzmittel sofort getötet wird. In meine Bioäpfel verirrt sich manchmal ein Wurm, so dass unsere beiden Töchter und vier Enkel einen solchen Apfel verschmähen, aber als Dörrobst mögen sie die Äpfel. Meine Frau und ich kommen gar nicht mit der Herstellung hinterher, weil das Dörrobst ständig aufgegessen wird.

Wenn, wie im Frühjahr 2011, eine längere Wärmeperiode herrscht, findet man nicht einen Wurm im Obst. Die beiden Mirabellenbäume trugen vor einigen Jahren nur etwas mehr als einen halben Eimer Früchte. Im Jahr 2011 beschenkten sie uns mit sieben Stück 10 Liter Eimern Mirabellen.

Sollten in den Kirschen Würmer sein, dann legt man sie eine viertel Stunde in eine Wanne mit Wasser und drei Händen voll Kochsalz. Dann kommen automatisch alle Würmer aus den Kirschen heraus.

Meine Frau kümmert sich um die Pflege ihrer Rosen und die Ziergehölze. Es wird nicht langweilig, weil meine Frau ständig neue Aufgaben und Arbeit für mich hat. Vielleicht kann man jetzt verstehen, warum es das Zweitschönste auf der Welt ist, Rentner zu sein. Rund um die Uhr mit einer wunderbaren Frau zusammen sein. Wir bewohnen unser eigenes Haus in einer herrlichen Gegend und sauberer Luft, in der Schönen Aussicht 34. Wir sind umgeben von Wald. Meine Frau und ich können stundenlang im Wald spazieren gehen, egal in welche Richtung, der Wald hört nicht auf. Jeder Tag ist für uns wie ein Tag Urlaub. Im Winter bei Schnee halten die Bäume den kalten Wind ab, im Sommer bietet der Wald Schatten, es wird dadurch wesentlich kühler und bei Regen kann ein großer Baum mit seinen Blättern jede Menge Wasser aufnehmen.

In der Mittagshitze stelle ich unseren Sonnenschirm von 3,5 m X

3,5 m auf dem Dachbalkon auf und binde ihn so fest, dass die gesamte Dachbalkonfläche im Schatten liegt. Zwei Matratzen und zwei Kopfkissen werden auf den Boden gelegt, um Siesta, die Freikörperkultur und auch Amore zu genießen. In Radiosendungen, in fast allen Filmen im Fernsehen und auch bei Schauspielern und Schlagerikonen dreht sich auch alles um die Liebe, genau wie bei uns beiden. In warmen Nächten schlafen wir auf dem Dachbalkon und können die Sterne beobachten. Heute, mit 67 Jahren, finde ich meine Frau noch genauso attraktiv und begehrenswert wie am ersten Tag, als wir uns das erste Mal sahen. Deshalb ist es für mich jedes Mal ein absolutes Glücksgefühl, wie mit 25, das Schönste, was es auf der Welt zu erleben gibt, zu genießen. Ich halte es wie Udo Jürgens, fahre mit meinem Motorrad manchmal durch die Gegend und gehe mit der Oma zur Disco. Wenn man im Wald spazieren geht und Verlangen nach Umarmung, Kuss oder mehr hat, kann man auch in freier Natur zusammen kommen, und Amore genießen, denn wo ein Wille ist, ist auch ein Busch. Und wenn man im nächsten oder den darauf folgenden Jahren wieder mal im Sommer zum Burgberg kommt, kann man der Frau seine Liebe wieder unter Beweis stellen in der freien Natur, denn die Liebe ist wie unserer Garten, wenn wir beide ihn nicht pflegen, verkommt er. Deshalb hat zwischen meiner Frau und mir in unserer heutigen Zeit Neid, Zank und Habgier keinen Platz mehr.

Ich bin heute noch stolz auf mich, dass ich mich gegen meine Schwester durchgesetzt, einen Schlussstrich gezogen und jeglichen Kontakt unterbrochen habe. Ich hatte es satt, einander nur in Gesellschaft zum Schein zu begrüßen und sonst kein Wort miteinander zu wechseln. Eine echte Feindschaft ist mir lieber als eine gebrochene Freundschaft. Seine Eltern und seine Schwester kann man sich nicht aussuchen. Gegenüber meiner Schwester bin ich immer nur benachteiligt worden.

Ich musste mein ganzes verdientes Geld an meine Eltern abgeben und meine Schwester durfte alles Geld behalten, selbst an Vermögen hat meine Familie von ihr nichts erhalten.

Aber ich bin dafür entschädigt worden, indem ich so ein sensationelles, attraktives Wesen wie meine Frau kennen gelernt habe. Sie hat mich spüren lassen, wie schön es ist, einem Menschen begegnet zu sein, dem man Vertrauen schenken und auf den man sich verlassen kann. Für mich begann das Zeitalter der Liebe von zwei Menschen. Ihren guten Ratschlägen und ihrem besseren Geschmack in allen Dingen folgte ich stets.

Sommerurlaube mit meiner Familie

Um dem Alltag zu entfliehen, sind wir in den ersten Jahren in Urlaub gefahren. 1968 und 1975 sind wir im Sommerurlaub in Pfronten im Allgäu gewesen. 1968 war mein erster Urlaub in meinem Leben – und dann noch in netter Begleitung meiner Freundin. In diesem Urlaub wollten wir viel sehen und sind fast nur mit dem Auto unterwegs gewesen. Wir fuhren zum Fernpass, Leermoos, Lechtal, Insel Mainau am Bodensee, Ammersee, St. Anton, Zürs, Lechtaler Alpen, Garmisch, Hindelang, Wertach, Innsbruck, Starnberger See, Schliersee, Chiemsee, Neuschwanstein, Seefelder Joch, Forggensee, Tegernsee, Ehrwald, Telf, Tirol, Plansee, Zugspitze, Schloß Linderhof, Kienberg, Falkenstein, Bärenmoosalpe, Ostler Hütte, Edelsberg, Brentenjoch 2001 m, Aggenstein 1998 m, Schönkahler, Kloster Ettal, Schloss Linderhof, Mariengrotte, Schlossangeralpe, Vilstal, Lechtal, Hindelang, Sonthofen, Oberstdorf, Alpsee, Achtal, Tannheimer Tal, Eibsee, Hopfensee, Weißensee, Hohenschwangau und Vilsalpsee.

Der Sommerurlaub 1969 und 1984 führte nach Schönau am Königsee zwischen Watzmann, Hohem Göll, Malerwinkel, St. Bartholomä, Königsee mit Obersee und Eiskapelle, Kurpark Bad Reichenhall, Kaprun mit Stausee und Kraftwerk, Dachstein, Traunsee, Attersee, Mondsee, Wolfgangsee, Kehlsteinhaus, Grünstein, Berchtesgaden, Untersberg mit Eishöhle, Schellenberg, Schloß Herrenchiemsee, Zauberwald, Hintersee und Salzburg.

Sommerurlaub 1970 nach Parcines bei Meran in Südtirol. Hier sind wir viel gewandert und auch mit unserem Käfer unterwegs gewesen. Wir kamen zur Muthspitze, Tschigat 3003m.
 Etschtal, Sarntaler Alpen, Ortler-Gruppe, Lavaze Joch, Gardasee mit Sirmione, Lado di Caldaro, Dolomiten, Latemar, Karer-See, Ro-

sengarten mit Catinaccio, Langkofel-Gruppe, po di Sella zur Marmolada 3340m, Cortina D'Ampezzo, Christallo-Gruppe, Seiseralm mit Schlern, Rosszähne, Roterdspitze, Meran, Stilfser Joch, Franzenhöhe, Bernina Alpen, Nagler Höhe, Sarntaler Alpen, Mendelpass, Monte Penegall, Jaufenpass, Zillertaler Alpen, Passeier Tal mit St.Leonhard, Timmelsjoch, Stubaier Alpen, Martell Tal. Wanderung von Parcines nach Aschbach. Gegen 14 Uhr kam ein Gewitter mit Starkregen. Ich habe den Almbauern mit Lira bestochen, uns beide gemeinsam mit der Holzgondel, wo die Milchkannen mit ins Tal nach Rabland transportiert wurden, herunter ins Tal zu fahren. In der Holzkistenfahrt an einem Stahlseil zum Tal rutschte mein Schirm und mein Hut vorne aus der Gondel heraus, da es sehr steil und mit Geschwindigkeit bergab ging. Jetzt wussten wir, warum eine Personenbeförderung verboten war. Wir mussten uns gut festhalten, um gesund unten in Rabland anzukommen, um sofort aus dieser Holzkiste heraus zu kommen.

Unsere Hochzeitsreise in 1972 mit unserem Käfer führte durch den Bayrischen Wald über Passau, Salzburg, Radstadt nach Spittal in Kärnten, von wo aus wir die Gegend erkundet haben zur Tauernhöhe 2328 m, Katschberghöhe 1641 m, Millstätter See, Ossiacher See, Klagenfurt, Wörther See, Minimundus, Krumpendorf, Pörtschach, Franz-Josephs-Höhe, Großglockner 3797 m, Fuschertörl- Höhe 2407 m, Heiligenblut, Edelweißspitze, Geiltal mit Windischer Höhe, Villach, Triest am Mittelmeer mit Miramare, Aufstieg Goldeck, Drautal, Dampferfahrt auf dem Weißensee, Gurgtaler Alpen zur Steiermark nach Tamsweg, Turracher-Höhe 1783 m, Murtal bei Predlitz, Wanderung im Maltatal mit Wasserfall, Aufstieg Reißeckgruppe, Reißeck 2965 m mit Hochalm-See und Sperrmauer, Ankogelgruppe mit Zaubernock 2944 m, Ragaschlucht, Mallnitz mit Stappitzer See, Hühnersberg, Faaker See und Radstätter Tauern.

Sommerurlaub 1973 zum Berner Oberland zwischen Susten, Grimsel, Eiger und Matterhorn in Innertkirchen Wiler 3. Hier haben wir die hohen Berge und Seen bestaunt.

Matterhorn 4478 m, Meiringen mit Reichenbachfall, Luzern, Bern, Spiez, Thuner See, drei Pässefahrt, Sustenpass, Grassenstock, kleine Spannhut, fünf Finger, Siebenstock, von Andermatt zum St.Gotthard 2108 m, Furkapass mit Rhone Gletscher und Damastock 3630 m, Grimselpass 2165 m mit Grimselsee, Engstlealp mit Engstlealpsee, Tannalp mit Tannenband, Hänglihorn, Gausstock mit Quartle, Tannalpsee, Trübsee, Gartnerflühe mit Dallestock, Titlis 3239 m, Nufenpass, Gallina 3061 m, Schönbül, Lungern mit Lungernsee und Kaiserstuhl, Vierwaldstättersee mit Tells-Platte und Tellskapelle, Luzern, Achsenstraße, Oberaargletscher mit Oberaarsee, Hospiz, Unteraargletscher, Furgapass mit Gletsch, über Jaunpass nach Lausanne am Genfer See, Vevey Le Leman, Brienz am Brienzer See und Jaunpass. Bei der Aareschlucht holte man sich beim dortigen Gastwirt den Schlüssel zum Betreten der Schlucht. Dann ging es über steile Bohlen, auf denen Dachlattenstücke

aufgeschraubt waren. An Stahlseilern zog man sich durch die Schlucht und unter uns tobte das Wildwasser. Durch die Schlucht zurückzugehen, hat meine Frau sich geweigert, da mussten wir einen 5 km Umweg in Kauf nehmen. Weiterhin waren wir in den Walliser Alpen. Mit dem Zug fuhren wir nach Zermatt und dann mit der Gornergratbahn zum Gornergrat, von wo sich ein herrlicher Blick zum Matterhorn zeigte. Wir fuhren zum Simplonpass 3934 m, Brig mit Bietschhorn, Saas Fee, St. Niklaus, Stalden mit Schwarzhorn 3202 m, Thuner See nach Kantersteg, Blausee mit Balmhorn 3709 m, Blümlialp 3664 m, über Brünig nach Hasliberg, Aartal, Wetterhorn, Eiger, über Rosenlaui Schwarzwaldalm zur First 2928 m, Grindelwald mit Schreckhorn, von Lauterbrunnen nach Klein- Scheidegg, Eiger Nordwand, Mönch, mit der Bahn weiter in die Jungfrau Region. Gipfel der Jungfrau 4258 m. Blick zum Mönch 4099 m und Jungfrau Gletscher.

Nachsatzeintrag ins Gästeverzeichnis: Oh, Schweiz, wie bist du so schön, herrlich anzusehen, deine hohen Berge und Seen. Als Dank mein lieber Gustav und Tante Luise, half ich euch mähen beim Acker Wiese, auch Kathi haben wir ins Herz geschlossen, bleiben unverdrossen, mit einem ewigen Andenken aus dem Berner Oberland, welches in zwei Jahren vielleicht gehen kann an der Hand.

Am Dienstag, den 19. März 1974 um 21:28 Uhr wurde unsere erste Tochter Sylvia Sonja in der 36. Schwangerschaftswoche mit einer Größe von 48 cm, einem Gewicht von 2700 Gramm, einem Kopfumfang von 34 cm in dem Kurhessischen Diakonissenhaus in Kassel geboren. Bei der Hebamme Schwester Gertrud war ich der erste Vater der bei der Geburt anwesend sein durfte.

Sommerurlaub 1976 Seiseralm in Völs.
Ich hatte im Büro einen der Arbeitskollegen, der verlebte seit 20 Jahren mit seinen zwei Lebensgefährtinnen jedes Jahr seinen Urlaub in Seis. Jedes Jahr hat er mit seinen Bekannten einen großen Gewaltmarsch unternommen, die er mir in seiner Wanderkarte mit Nummern eingetragen hat. Meine Frau mit Rucksack und ich mit unserer Tochter im Kindersitz auf dem Rücken sind alle eingetragenen Strecken abgewandert. Morgens um 6.30 Uhr mit dem Auto zur Panoramaalpe, weiter zu Fuß über Goldknopf zu den Roßzähnen 2549 m, 11 Uhr Tierser Hütte 2438 m, Roterdspitze 2655 m, 14 Uhr Bärenloch mit Kesselkogel 3004 m, Molignon 2852 m, Tschamintal 2655 m, Grassleiten 2705 m, Rosengarten mit Schlernhäusern 2457 m, Burgstall mit M.Pez Plateauspitze 8 m X 8 m senkrecht als Schlernspitze 100 m senkrecht abfallend. Ich bin vorwärts auf allen Vieren nach vorne gerobbt, ein paar Bilder geschossen und dann rückwärts den gleichen Weg wieder zurück gegrabbelt, während meine Frau mit unserer Tochter im Schlernhaus geblieben ist. Über den Touristensteg kletterten wir drei hinunter über die Santner Hütte zurück zum Auto, wo wir um 21.30 Uhr ankamen. Vom Puflatsch 2176 m nach St. Ulrich, auf der Schneid 2351m zum

Duron-Tal, Plattkofel 2997 m, M Piz, Langkofel 3181 m, Saltner Schweige Zallinger Hütte 2036 m, Sella 2941 m, Friedrich August Weg zur Marmolada 3342 m, Demez Floralpina 1718 m, Molignon- Hütte 2297 m, Schlernbödle 1726 m, Samsteig Tuffalm 1274 m, Salegg 1026 m, Völser Weiher 1036 m, Panider Sattel 1442 m, Jungschlern 2292 m, Seis 1114 m, Völs 880 m, Kastelruth, Hohes Eck 2109 m, Grassleiten 2568 m, Weisslahbad 1071 m, Tierser Tal 1028 m, Mittagskofl 2186 m, Brogles Alpe 2045 m, Geisler Spitze 3025 m, Rosengarten 2731 m, Vajolettürme 2813 m, Christa- Manus- Denkmal 2713 m, Rotwand- Hütte 2741 m, Col Raiser 2080 m, Pana Scharte 2747 m, Wasserkofel 2915 m, Adolf-Munkel-Weg zur Regensburger Hütte 2039 m, Furchetta 3025 m, Sass Rigais 3025 m, von St.Barbian nach Dreikirchen, Ritten, Ums 932 m, Schloss Prösls, Jungschlern 2292 m, Grödner Tal 2615 m und Sella 2974 m.

Sommerurlaub 1977 über sieben Wochen im Mai/Juni in St.Peter Ording.
In den gesamten sieben Wochen hat es nicht einmal geregnet. Besichtigung vom Eiderdamm- Sperrwerk, sonst jeden Tag Sandburgenbau, Schwimmen in der Nordsee und wandern am Strand Richtung Westerhever oder St.Peter. Jeden Dienstag um 9 Uhr gab es für unsere dreijährige Tochter ein Kaspertheaterbesuch. Einmal waren wir bei Ebbe dem Wasser entgegengegangen. Am Strand sahen wir Menschen uns zu winken. Es wurden ständig mehr und alle haben uns zu gewunken. Plötzlich haben wir schließlich gemerkt, dass wir auf einer Sandbank uns befanden und das Wasser hinter uns schon vollgelaufen war, durch die auflaufende Flut, ringsum uns herum nur Wasser. Meine Frau und ich waren gezwungen, durch das bis zu 1,10 m hohe Wasser der Nordsee zu waten. Unsere dreijährige Tochter nahm ich auf meine Schulter und meine Frau musste alle Klamotten hochhalten bis wir wieder auf trockenem Sand angekommen waren. Eine Menschenmenge als Zuschauer beobachtete das Spektakel, wie

wir drei die 50 m durch das Wasser zurücklegten. Im Kurpark auf den Wegen im Wald neben den Wassergräben hatten wir ständig mit Stechfliegen durch die anhaltende Wärme zu kämpfen.

Winterurlaub 1977 nach Pfronten im Allgäu.
Bei 30 cm Schneehöhe haben meine Frau und ich unserer Tochter einen zwei Meter großen Schneehasen mit großen Ohren gebaut. Sofern der Schnee geschoben war, konnten wir mit dem Schlitten ins Vilstal, Tannheimer Tal und Falkenstein wandern. Beim Mittagessen in den Gaststätten füllten wir die zwei Gummiwärmflaschen jedes Mal neu mit heißem Wasser, damit bei minus 12 Grad Kälte unsere Tochter in dem Kinderwagensack stets warme Füße hatte. Wir fuhren mit der Seilbahn auf den Breitenberg und ich weiter mit dem Lift zum Aggenstein, wo ich mit meinen Holzskiern die Aggensteinabfahrt heruntergefahren bin. Andere Skifahrer konnten es nicht glauben und verstehen, dass da noch jemand mit Holzskiern unterwegs war. Diese fuhren wesentlich langsamer, man brauchte weniger zu wedeln und konnte auch mal ein Stück gerade den Berg herunter fahren.

Sommerurlaub 1978, 1979, 1980 und 1981 in Neuharlingersiel Werdumer Altendeich 26 an der Nordsee. In 1980 hat der Frauenarzt Dr. Burgmann befürwortet, dass meine Frau trotz des siebten Monats an die Nordsee fahren darf. Am Muttertag, den 11.Mai 1980 morgens um 5.30 Uhr fuhr ich meine Frau ins Kreiskrankenhaus 2944 Wittmund Station 3/32 Dohuser Weg 10 Zimmer 12 zu Profesor Stobbe, wo sie dann wegen frühzeitiger Wehen eine Woche, bis Samstag den 17. Mai 1980, blieb. Da unser Urlaub zu Ende war und ich am kommenden Montag wieder arbeiten musste, ist sie auf eigenen Wunsch entlassen worden. Wir sind dann keine Autobahn gefahren, sondern über die Dörfer. In Detmold setzte dann Sturznasenbluten ein, welches ich durch nasse Handtücher in ihrem Nacken zum Stillstand brachte.

Unsere Tochter Barbara Christina wurde als Siebenmonatskind eine Woche später am Pfingstsamstag, den 24.Mai 1980 um 20.56 Uhr im Diakonissen-Krankenhaus in Kassel als Spontangeburt mit 1920 Gramm Gewicht, 45 cm Größe und mit einem Kopfumfang von 30 cm in der 32/33 Schwangerschaftswoche geboren. Sie kam dann in den Brutkasten zu den Städtischen Kliniken Station K3 zur Schwester Gisela. Bei Frühgeburten sind die Lungen der zu früh geborenen noch nicht voll ausgebildet und daher kann es zu Atemaussetzern kommen, was der Brutkasten oder das Wärmebettchen merkt und dann das Frühchen automatisch geschüttelt wird und das dann sofort wieder beginnt zu atmen, außerdem bekommt die Schwester ein optisches und hörbares Signal, um sofort zur Stelle zu sein. Am Freitag, den 4. Juli 1980 wurde unsere zweite Tochter mit 2700 Gramm und 48 cm Größe aus dem Krankenhaus entlassen.

Ein Jahr später, 1981, sind wir mit unseren beiden Kindern wieder nach Neuharlingersiel gefahren. Im offenen Meer stand ein Saugbagger, der das Watt oder den Sand durch Rohre zur Erhöhung des Deiches gepumpt hat. Am Sonntag bei Ebbe ist unsere siebenjährige Tochter mit mir die 2 km bis zum Bagger auf den 80 cm großen Rohren balanciert um den Saugbagger uns aus der Nähe zu betrachten.

Sommerurlaub 1979, 1985, 1987 und 1989 haben meine Familie und ich auf der Insel Sylt verlebt. In diesen vier Jahren durchwanderten wir die gesamte Insel Stück für Stück. Über List mit der Wanderdüne und Ellenbogen ging es vom Königshafen zum Roten Kliff. Danach ging es auch in die anderen Orte; Kampen mit dem Wattenmeer, Süderheide, Vogelkoje, Uwe Höhe mit 68 m, Wenningstedt, Braderup, Westerland, Tinnum, Keitum, Morsum, Rantum und Hörnum.

Sommerurlaub 1983 auf der Halbinsel Nordstrand.
Sommerurlaub 1982, 2005 und 2006 Insel Pellworm. Auf dem Weg

zur Ferienwohnung in den Westerweg sah meine Frau an der Hauptstraße im Sperrmüll zwei alte Klappfahrräder stehen. Ich habe angehalten und die alten Herrschaften auf der Bank vor ihrer Haustür angesprochen. »Nehmen Sie sich beide mit, falls sie mal ein Ersatzteil benötigen!« Damit sind wir jeden Tag unterwegs gewesen zur Alten Kirche, Tammwarft, Ostersiel, Westerschütting, Osterschütting, Südermitteldeich, Westertilli, Ostertilli, Tammensiel mit Hafen, Nordermitteldeich, Bupheverkoog, Kraienhörn, Vogelkoje, Kaydeich, Süderkoog und Junkersmitteldeich. Kinder spielen ja gern mit Wasser. Hier auf Pellworm verspürten die Kinder unserer erstgeborenen Tochter keine Lust auf spazieren gehen. Ich habe dann durch einen Trick versucht, die beiden zu animieren, indem sie kontrollieren durften, ob die Süßwasserduschen zum Abspülen für die Füße noch Wasser führten. Wir Erwachsenen kamen gar nicht so schnell hinterher, so ein Gaudi hatten wir selten erlebt. Ich war damit beschäfftigt alle 250 Meter die Hähne wieder zu schließen. Dann haben die Kinder den Wasseraustritt zugehalten, um uns Erwachsene nass zu spritzen, wobei sie selbst aber am meisten durchnässt wurden.

Am 05. 05. 2005 hat unsere Tochter Barbara unseren Schwiegersohn Frank im Trauzimmer des Leuchtturmes bei Kapitän Eberhardt und Standesbeamten Herrn Stock um 10.10 Uhr standesamtlich geheiratet. Trauzeugen waren Elisabeth und Hannes Schmidt, die Besitzer der Ferienwohnungen. Barbara Umbach wurde Frau Barbara Zerr, geborene Umbach.

»Wer sich nicht wenigstens einmal im Leben rings vom Meer umgeben sah, weiß nichts von sich und der Welt.« Brot und Salz wurde den Frischvermählten gereicht. Wir bekamen eine Führung durch den Leuchtturm, die uns auch oben auf das Plateau des Turmes führte, wo wir die herrliche Rundumsicht bis zum Horizont genießen konnten.
Polterabend wurde auch am 05.05.2005 im Westerweg mit den

Besitzern der Ferienwohnung und den beiden Elternteilen und der erstgeborenen Tochter mit ihren beiden Kindern gefeiert.

Zu den Gezeiten.
Erde und Mond drehen sich um einen gemeinsamen Schwerpunkt, der noch im Innern der Erde liegt, aber nicht mit dem Drehpunkt der Erde zusammen fällt. Dabei wirken Anziehungs- und Fliehkräfte, die zwei Flutberge erzeugen, und dazwischen liegen zwei Ebbetäler. Die Erde dreht sich nicht nur mit dem Mond, sondern dreht sich auch einmal täglich um sich selbst und damit jeden Tag einmal unter zwei Flutbergen hinweg. Zweimal täglich steigt deshalb das Wasser an unserer Küste. Nicht nur der Mond sondern auch die Sonne zieht das bewegliche Wasser auf der Erde an. Allerdings wirken die Kräfte der Sonne auf die Erde weniger groß als die des Mondes, weil die Sonne viel weiter von der Erde entfernt ist. Stehen beide, Sonne und Mond auf einer Linie, bei Neumond und Vollmond, dann addieren sich die Anziehungskräfte, es kommt zu Springtiden. Die Flut läuft besonders hoch auf.

Pellworm hat am Bupheverkoog einen Windpark mit acht Windenergieanlagen und Windrädern. ANBONUS 600 KW/44-3 mit Rotorblättern, Rotornabe, Hauptwelle, Scheibenbremse, Anemometer, Blitzableiter, Windfahne, Generator, Getriebe und Gondelnachführung. Nach langjähriger Planung wurde im September 1997 dieser Windpark, an dem ausschließlich Pellwormer Bürger beteiligt sind, in Betrieb genommen.
Um diese Anlagen aufstellen zu können, wurden jeweils acht Pfähle bis zu 30 Meter in das Erdreich gerammt. Auf diesen Pfählen steht das Fundament, bestehend aus 300 Tonnen Beton und 13 Tonnen Eisenbewehrung. In dem Windpark Pellworm wurden ca. 11 Millionen DM investiert. Jede Windenergieanlage erzeugt etwa 1.600.000 kW/h Strom im Jahr. Dies reicht aus um ca. 400 Vier-Personen-Haushalte zu

versorgen. Für die Produktion der gleichen Strommenge müssten 480 Tonnen Steinkohle bzw. 336 Tonnen Öl verbrannt werden. Jede Windenergieanlage erspart der Umweit folgende Schadstoffbelastungen:
1440 Tonnen Kohlendioxid (CO_2), 1,6 Tonnen Kohlenmonoxid (CO)
12,8 Tonnen Schwefeldioxid (SO_2), 4,8 Tonnen Stickoxide (Nox)
Die AN BONUS 600 kW/44-3 in Zahlen:
Nennleistung 600 / 120 kW, Nabenhöhe 42,3 m, Rotordurchmesser 44 m,
Rotordrehzahl 27/18 U/min. Einschalt-Windgeschwindigkeit ca. 3 m/s. Gesamtgewicht 71 Tonnen. Der Windpark ist ein Expo Projekt 2000 der Insel Pellworm.

Den Sommerurlaub 1985, 1986 und 1988 verlebten wir einsam in Westerhever am Leuchtturm. Auf dem Deich grasten die Schafe. Da in Westerhever nur wenige Häuser stehen, gibt es sehr viele Weiden. Um die Weiden der Rinder, Jungbullen und Kühe befindet sich fast immer ein großer Graben mit stehendem Wasser und irgendwo befindet sich auch ein eingezäunter Überweg. Sobald die Jungbullen jemand wahrgenommen haben, kommen diese bis zum Graben. Jetzt einen schwarzen großen Regenschirm in Richtung der Jungbullen aufspannen, dann leiten die Jungbullen von O auf 100 den Rückzug ein. Diese Begebenheit klappt zwei oder dreimal. Dann geraten die Jungbullen in Rage, indem sie den Kopf nach unten senken und ihre Hörner leicht bis unter die Grasnabe drücken und ihren Körper schnaufend so ein bis zwei Meter vor Wollust nach vorne schieben und mit den Hinterbeinen nach hinten ausschlagen. Nach fünf Minuten hat meine Familie das Weite gesucht, aus Angst, dass einer der Jungbullen über den Wassergraben springt.

Meine Frau hat mir abends immer schon einen Zettel zum Einkaufen bereit gelegt, denn der nächste Einkaufsmarkt lag 7 km entfernt in

Poppenbüll oder Osterhever. Meistens gegen 6 Uhr morgens mit dem Fahrrad los, um gegen 7 Uhr einkaufen zu können. Je nach Windstärke durften Frau und Kinder zwei Stunden länger schlafen und ich hatte meine erste Radtour schon genossen.

Vor Westerhever befand sich eine Sandbank, die man bei Ebbe trockenen Fußes erreichte. Bei Flut musste man die 2km durch knietiefes Wasser waten, um baden zu können. In der Woche gehörte uns die Sandbank alleine und am Wochenende wurde die Sandbank von vielen Menschen aufgesucht.

Urlaub im April 1989 im Höhenluftkurort Todtnauberg mit Wasserfall, Gleitschirmflieger vom Feldberg 1493 m zur Wilhelmer Hütte im Schnee. Freiburg mit Freiburger Münster bis in den Glockenturm aufgestiegen mit einem herrlichen Rundblick.

1997 Silberhochzeitsreise zum Hotel Panidersattel auf der Seiser-Alm. Eine Übernachtung in Pertsau am Achensee mit Mondscheinspitze 2106 m. 1997, das sind 21 Jahre später als 1976, haben wir den Urlaub mehr genossen in einem schönen Hotel und auch nicht die Gewaltmärsche unternommen wie in 1976. Morgens ab 8 Uhr gab es Frühstück und Abendessen ab 18 Uhr. Die Berge waren uns beiden alle noch gut in Erinnerung wie Langkofel-Gruppe 3181 m, Plattkofel 2950 m, Santner Spitze, Puflatsch 2176 m, Compatsch 1844 m, Burgstall 2510 m, Col Raiser 2080 m, Sella 3125m, Goldknopf 2249 m, Hexenbänke 2061 m, Rosengarten 2457 m, Jung-Schlern 2292 m, Vajolettürme 2813 m, Regensburger Hütte 2408 m, Plattkofelhütte 2300 m, Zahnkofel 3081 m, Grohmannspitze 3114 m. Ein Gewaltmarsch war von Ums 930 m über den Klettersteig nur gerade aus und nur bergauf ohne Kurven zum Tschafon, mit einem herrlichen Blick zum Rosengarten.

Sommerurlaub 2007 nach Schierke im Harz 600 m hoch gelegen. Hier sind wir beide nur gewandert zum Wurmberg mit Sprungschanze 971 m, Kollonnen-Grenzweg von 1974 erbaut, Eckerlochstieg 1026 m, über Pfarrsteg, Glashüttenweg, Moorsteg zur Leistenklippe 901 m, Grenzklippe 886 m, Bärenklippe 785 m, Trudenstein 671 m, Schnarcherklippe 696 m, Braunlage 558 m, Ottofelsen 656 m, Steinerne Rinne mit Wasserfall, kalte Bode, dreieckiger Steinpfahl Landesgrenze zwischen Niedersachsen und Sachsen-Anhalt, große Zeterklippe 930 m, Forstmeister Sietz Weg Achtermannshöhe 925 m, Drei Annen Hohne, Torfhaus 821 m, St.Andreasberg 685 m, Elendstal mit Elend und Elendsburg.

Brocken 1142 m mit Brockenklima und Jahresdurchschnittswerte. Ermittlungszeitraum 1960 bis 1990. Temperatur 2,9 Grad, Niederschlagsmenge 1814 l/m², Anzahl der Nebeltage 306, Tage mit Schnee 170, Maximalwerte Schneehöhe 3,8 m, Sichtweite 230 km, Windgeschwindigkeit 263 km/h gemessen 1984. Entfernungen vom Brocken aus nach Berlin 205 km, Helsinki 1299 km, London 747 km, Madrid 1673 km und bis Rom 1119 km.

Da die erste Brockenbahn sonntags erst um 9.30 Uhr ab Schierke fuhr, sind meine Frau und ich morgens um 6.30 Uhr zum Brocken aufgestiegen. Gegen 9 Uhr waren wir oben auf dem Brocken angekommen. Wir konnten die herrliche Weitsicht genießen und das gesamte Plateau erkunden. Mit der ersten Bahn kamen hunderte von Menschen.

Gegen 10.30 Uhr sind wir zur Brockenstraße. Hier kamen uns hunderte Menschen, acht in einer Reihe und 10 m dahinter die nächsten acht entgegen, die alle hoch zum Brocken wollten. Nach etwa 1 km sind wir beide dann über Schleichwege nach Schierke, um der Menschenmenge zu entkommen, um in aller Ruhe die Ferienwohnung zu erreichen.

Sommerurlaub 2008 Insel Rügen,
Ralswiek am großen Jasmunder Bodden mit Park, Schloß und großer Freilichtbühne für Störtebeker- Festspiele, Kap Arkona mit Kreidesteilküste am Königsstuhl, Fährhafen Mukran und Badeort Binz, Hafenstadt Schaprode zur Insel Hiddensee, Kloster mit Gerhard-Hauptmann Gedenkstätte und Leuchtturm von Hiddensee, Rügenpark mit Miniatur-Nachbauten der Denkmäler dieser Welt. Hansestadt Stralsund mit Marktplatz, Rathaus und Marienkirche, von Barth mit dem Schiff über den Barther Bodden nach Zingst.

Sommerurlaub 2010 nach Poppenhausen in der Rhön zum Wandern. Dom in Fulda mit Grab des Bonifatius, Pferdskopf 875 m, Wasserkuppe 950 m mit Fliegerdenkmal, Radarstation, Berg der Segelflieger mit Segelflugmuseum, Wachtküppel 705 m, Guckaisee 691 m, Burgruine Ebersburg 689 m, Steinwand 646 m, Milseburg 836 m mit Gangolfs-Kapelle, Weiherberg 785 m, Eubeberg 815 m, Enzianhütte 775 m mit Fuchsküppel und zur Fulda Quelle 879 m.

Hier halte Rast!
Dich labt die Quelle
der Fulda, die mit klarer Welle
den Berggruß rauschend trägt einher,
sie wächst zur Werra hingezogen,
zum deutschen Strom und senkt dieWogen
als Weser schiffbelebt ins Meer.

Schwarzes und Rotes Moor. Was ist Moor?
Moore sind vergleichsweise junge Landschaftsteile. Seit Ende der letzten Eiszeit vor rund 10.000 Jahren haben sich Moore überall dort entwickelt, wo der Abbau toter Pflanzenteile unter Luftabschluß durch hochanstehendes Wasser stark gehemmt war und dadurch allmählich Torf angehäuft wurde. Moore bestehen also fast vollständig aus Res-

ten organischen Materials d.h, der Standort, «Moor» ist von seinen Pflanzen selbst aufgebaut worden. Das unterscheidet Moore deutlich von anderen Standorten, die aus der Witterung von Gesteinen hervorgehen. Moore haben sich bei uns dort entwickelt, wo der Abfluß des Wassers stark gehemmt ist z.B, in Senken und auf Verebnungen, meist über undurchlässigen Erdablagerungen (Ton, Lehm). So bildet hier im Schwarzen Moor eine mächtige Tonablagerung im Untergrund eine Sperrschicht, über der sich bei etwa 1000 mm Niederschlag im Jahr das jetzige Hochmoor entwickeln konnte. Kennzeichnend für Moore sind extreme Standortverhältnisse mit:

a) dauernder Vernässung und Luftmangel im Boden,
b) saurem Bodenwasser und niedrigen Bodentemperaturen,
c) Nährstoffmangel und Temperaturextremen in der Pflanzendecke.

Unter diesen Bedingungen können nur ganz besonders angepasste Lebensgemeinschaften gedeihen.

Auf der Milseburg 836 m sind wir drei Mal gewesen, einmal bei Regen, einmal bei Nebel und einmal bei herrlicher Fernsicht bis zum 99 km entfernten Habichtswald bei Kassel.
Sagenhafte Rhön und der Riese Mils.
Zur Zeit der christlichen Glaubensboten lebte in der Rhön ein Riese namens Mils. Er wollte nicht, dass sich die Menschen taufen ließen. Da machte sich der Heilige Gangolf auf, um mit seinen Rittern den Riesen Mils zu bezwingen. Den Kämpfern stand zur Labung nur eine einzige Quelle zur Verfügung, und die gehörte einem geizigen Bauern. Der verlangte für das Wasser sehr viel Geld. Die Ritter aber konnten das Geld nicht aufbringen. Traurig standen die Ritter in ihren Rüstungen da und wussten nicht, wie es weiter gehen sollte. Ein einziges Mal noch schöpfte Gangolf mit seinem Helm Wasser aus der

Quelle, trug es zum Lager seiner Kampfgenossen und schüttete es auf dem Boden. Alle waren entsetzt und schrien laut auf. Doch plötzlich sprudelte eine Quelle an dieser Stelle aus der Erde. Sie nannten diese Quelle »Gangolfbrunnen«. Diesen Brunnen gibt es heute noch. Die Quelle des geizigen Bauern aber versiegte. Die Ritter labten sich am frischen Wasser und stürmten nun mutig zur Felsenburg des Riesen Mils hinauf. Dieser gab sich aus Angst und Verzweiflung selbst den Tod.

Der Teufel, mit dem er im Bunde war, begrub ihn unter einem gewaltigen Berg von Steinen. Dieses riesige Grab ist heute die Milseburg.

Die Rhön und das Totholz.
Kranke Bäume werden an Verletzungsstellen der Rinde von Pilzen, wie dem Zunderschwamm besiedelt. Diese Pilze bauen die holzeigenen Abwehrstoffe ab und bereiten durch chemischen Aufschluß Cellulose und Lignin für die weitere Zersetzung durch Insekten vor. In der Rinde kranker Bäume legen Borkenkäfer ihre Fraßgänge an, die von »Untermietern« besiedelt werden. Kot und Pflanzenreste bilden ein Nährsubstrat für weitere Pilze, die den Holzabbau fortsetzen. Unter der abplatzenden Rinde leben Lauf- und Schnellkäfer, Tausendfüßler und Asseln, aber auch Fledermäuse und Eidechsen.

In feuchtem Mulm finden Fadenwürmer, Milben, Springschwänze, Fliegenmaden,
Regenwürmer und Schnecken ihre Nische. Jede Art schafft durch ihre Fraß-, Grab- und Wühltätigkeit wieder neue Lebensräume für andere Nutzer und ist selbst auch Teil des Nahrungskreislaufs. Hohlräume werden von Motten, Hummeln, Wespen, Schlupfwespen und Spinnen besiedelt. Während des weiteren Zerfalls nehmen Pilze dem Stamm die Festigkeit, verfärben das Holz und speichern Feuchtigkeit. Letztlich zerfällt das Holz zu Moder; ein Lebensraum für Molche, Regenwürmer, Tausendfüßler und Salamander wird somit geschaffen. An dem 15 bis 25 Jahre dauernden Verrottungsprozess haben holzzersetzende Pilz- und Tierarten, sowie deren Zersetzer und Räuber ihren

Anteil. Der Lebenszyklus eines Baumes beginnt von neuem mit der Keimung eines Samens auf dem verrotteten Substrat der vorherigen Waldgeneration.

Weiterhin wanderten wir noch zur Kaskadenschlucht, Weiherberg, Teufelstein 729 m, Kleinsassen und Rasdorf Point Alpha US-Army.

Zusammenfassung der Ereignisse, deren Verarbeitung und die gezogenen Lehren und Konsequenzen. Teil 1

Ich hoffe, dass ich durch diese Niederschrift, mein Leben, beginnend in der Dorfstraße 21 von Heiligenrode über die Erfurter Straße 9 in Elgershausen bis in die Schöne Aussicht 34 in Elmshagen, einigermaßen verständlich beschrieben habe.

Ich rate jedem Elternteil, egal ob Mann oder Frau, jedes der Kinder gleich zu behandeln, keins zu bevorzugen, jedem die nötige Achtung entgegen zu bringen und nicht mit Vorhaltungen zu kommen, wie: »Solange du deine Füße unter meinen Tisch
  stellst, machst du das, was ich sage!« Besser ist es, mit Worten zu versuchen, die Kinder zu erziehen, damit sie auf ihre Eltern und Oma und Opa stolz sind und Anerkennung zeigen für das, was die vorhergehende Generation alles geschaffen hat und sie sich freuen, jetzt davon profitieren zu können.

Und auch beim Vererben empfehle ich, alle beteiligten Personen an einen Tisch zu versammeln, gemeinsam eine für alle akzeptable Lösung zu suchen und diese beim Notar durch Unterschrift zu bestätigen. Wenn man so etwas versäumt, meldet sich nach Jahren das Gewissen der habgierigen Schwester wieder, denn sie merkt, dass sie sich schäbig verhalten hat und möchte gern mit ihren betrogenen Geschwistern wieder in Kontakt kommen. Denn mittlerweile hat sich ihr Verhalten bei Verwandten, Bekannten und Nachbarn herum gesprochen. Sie muss aus dem Teufelskreis heraus, aber wie? Ihr Gewissen erinnert sie immer wieder an das Geschehene und mit dieser Last muss sie leben.

Ich bin auch froh darüber, dass ich meiner Mutter, meiner Schwester, ihrem Mann und meinem Patenkind diese drei Beschwerdebriefe geschrieben habe, denn hierdurch erbringe ich den Beweis, dass der von mir geschriebene Text der Wahrheit entspricht. Da keine Reaktionen von Seiten meiner Schwester erfolgten, weil sie ja das Sagen hatte und die Familienmitglieder alle nach ihrer Pfeife tanzen mussten, hat sie bestätigt, dass das von mir Erlebte den Tatsachen entspricht.

Ich brauchte ja diese drei Beschwerdeschreiben in meinem Lebenslauf nicht zu erwähnen, aber dann könnte der Eindruck entstehen, dass man das von mir Erlebte anzweifeln könnte oder man sich nicht vorstellen kann, dass es so etwas unter Geschwistern gibt. So möchte ich hiermit noch einmal klar stellen, dass das Verhalten meiner Schwester gegenüber ihrem Bruder ungezogen und garstig war.

Mittlerweile habe ich mich an das Rentnerdasein gewöhnt. Es ist herrlich, den ganzen Tag zu genießen, mit einem attraktiven und begehrenswerten Menschen an meiner Seite. Ich bin glücklich, in meiner Frau einen so wunderbaren Menschen gefunden zu haben und hoffe noch viele schöne Jahre in Harmonie und Eintracht und bei guter Gesundheit verleben zu dürfen. Jeder neue Tag mit meiner Frau ist wie ein Geschenk für mich. Einen Menschen lieben heißt, einwilligen, mit ihm alt zu werden. Die elf Jahre, die wir jetzt in unserem neuen Haus in Elmshagen wohnen, kommen mir erst wie ein paar Monate vor.

Wir fühlen uns in dieser sauberen Luft, ohne Autoverkehr und in dieser himmlischen Ruhe der Natur pudelwohl. Da wir etwa 500 m über dem Meeresspiegel wohnen, bietet sich eine herrliche Fernsicht bis Knüll, Vogelsberg und zur Pumpstation des Edersees, dem Petersberg.

Ab acht Grad Wärme genieße ich mittags auf der Terrasse mein Mittagschläfchen, ohne durch Lärm gestört zu werden. Da Elmshagen rund herum von Wald umgeben, kann meine Frau mit mir stundenlang im Wald wandern, egal in welche Richtung, ohne dass der Wald aufhört. Wenn wir beide manchmal drei Stunden im Wald unterwegs sind, merken wir gar nicht, wie schnell die Zeit vergangen ist, weil man ständig etwas Neues sieht und erlebt.

Ab und zu bekommen wir auch Besuch von unseren beiden Töchtern, deren Männern und unseren vier Enkeln. Das sind dann aber nur einige Stunden, in denen die Enkel beschäftigt werden wollen. Da wir die Kinder gewähren lassen, gehen sie gern zu Oma und Opa. Oft verbringen sie auch mal eine Woche oder länger in Elmshagen, ohne dass sie Heimweh nach ihren Eltern bekommen. Sind wir mal in Elgershausen zum Arbeiten oder zum Einkaufen, wollen die Enkel mit zu ihrer Oma.

Meine Frau hat mit den Enkeln im Walde eine nach oben offene Laube aus Buchenknüppeln und schwarzen Kunststoffseilern gebaut, mit Sitzgelegenheiten und einem Tisch. Hier wird im Sommer oft morgens gefrühstückt. Anschließend beschäftigen sich die Enkel bis zu drei Stunden allein, indem sie in einem Deich kleine Fische fangen, Steine sammeln oder Holz zusammen tragen.
 Bei Kindern braucht man ein Gläschen voll Weisheit, ein Fass voll Klugheit und ein Meer voll Geduld.
 Es gibt kein Alter, in dem alles so irrsinnig intensiv erlebt wird wie in der Kindheit.

Bewegung und Beschäftigung gibt es für meine Frau und mich genug, durch die zwei Häuser, die zwei Gärten mit Grabeland für Kartoffeln und Gemüse und über 20 Obstbäume, was alles gepflegt werden muss, damit es nicht verkommt. Seit 30 Jahren hatten wir noch nie so viel Obst wie dieses Jahr, 2011, und alles ohne einen Wurm im Obst! 280 Einkochringe sind im diesen Jahr verarbeitet worden.

Uns bleibt wenig Zeit, um uns für andere Menschen zu interessieren. Jeder Mensch soll nach seiner Fasson selig werden. In Elmshagen kennen alle meine Frau und mich, da wir 22 Jahre lang gebaut haben. Aber wir beide kennen nur ein paar Menschen in Elmshagen.

Ich kann verstehen, wenn jemand in der Stadt zur Miete wohnt, der möchte in seinem Urlaub raus in die Karibik, Amerika oder nach Afrika fliegen. Die Flugzeuge sind alle versichert und herunter gekommen sind sie auch alle. Wenn ich ins weitere Ausland reise, muss ich mit Naturkatastrophen rechnen: Erdbeben, Tsunamis mit 30 m hohen Wellen, Überschwemmungen, Erdrutsche, Windgeschwindigkeiten von 250 km pro Stunde und mehr. Man könnte an Malaria erkranken oder in die Hände von Entführern fallen, um mit denen einige Wochen zu verbringen, bis die Zahlung eines Lösegeldbetrages erfolgt ist oder man sein Leben mit dem Tode bezahlen muss. So etwas muss ich meiner Frau und mir, in unserem Alter, nicht mehr antun.

Bei Unstimmigkeiten zwischen meiner Frau und mir lasse ich ihre Meinung gelten, denn ohne sie und ihre Hilfe hätte ich nie in Elgershausen aus einem kleinen Einfamilienhaus ein Dreifamilienhaus, keine vier unterkellerten Garagen und kein Haus in Elmshagen bauen können.

Auch bei den Streitigkeiten in meinem Elternhaus, Schwiegermutter, Bauamt und Nachbarn hat sie mir stets zur Seite gestanden und mir manchen guten Rat für die Lösungen der einzelnen Probleme gegeben. Frauen haben ein besseres Einfühlungsvermögen und ein besseres Händchen, gehen alles diplomatischer und feinfühliger an, was uns Männern oft fehlt. Deshalb sollten wir Männer die Wünsche und die an uns gerichteten Arbeiten, ohne Widerrede und »Wenn und Aber«, erfüllen, damit sie sieht, dass man sie gern hat. Dadurch wird das harmonische Zusammenleben gefördert und die Liebe zwischen zwei

Menschen wird nie erkalten. Und es bereitet mir doch mehr Freude, die Wünsche eines geliebten Menschen zu erfüllen, als unter dem Zwang eines ungeliebten Vaters oder eines herrschsüchtigen Vorgesetzten, vorgegebene Arbeiten durchzuführen. Wir Männer sollten alles nicht so politisch sehen, sondern das Ganze mehr sexuell betrachten.

Hoffentlich bleiben meine Frau und ich noch mindestens zwanzig Jahre gesund, um unsere vier Enkel, zwei Jungen und zwei Mädchen, aufwachsen zu sehen. Die Jugend hält uns beide jung, da wir ständig mit neuen Überraschungen und Ereignissen der Enkel konfrontiert werden. Die Voraussetzungen für ein langes Leben sind in Elmshagen nicht die schlechtesten, ohne Autoverkehr, ohne Lärm, in gesunder sauberer Luft und umgeben von Natur pur, ein wenig Vogelgezwitscher und ein leises Rauschen der Bäume.

Der obere Nachbar ist mit 95 Jahren gestorben, ist aber mit 92 Jahren immer noch Auto gefahren. Der andere Nachbar hat sich mit 93 Jahren verabschiedet und seine Frau geht jeden Tag noch spazieren und das mit 94 Jahren.

Warum habe ich meinen Lebenslauf eigentlich niedergeschrieben? Ja, warum wohl? Weil unsere beiden Töchter mich gebeten haben, über das Erlebte zu berichten. Darüber hinaus ist das Niederschreiben der Lebenserinnerungen ein gutes Gedächtnistraining, es dient der Wissenserweiterung und hilft, das Vergangene besser zu verarbeiten und zum Abschluss zu bringen.

Ich unterhielt mich oft mit Menschen aus dem Bekanntenkreis und auch fremden Menschen, die von ihren Geschwistern genauso benachteiligt wurden wie ich. Ein Vater ist im gewissen Sinne mit einem Vorgesetzten zu vergleichen. Diese Menschen sitzen am längeren Hebel. Sie können den Wehrlosen schikanieren, mobben oder ihm Gewalt antun. Viele junge Menschen wurden und werden wie Sklaven oder Leibeigene dazu gezwungen, die Wünsche der Eltern zu erfüllen. Ich hoffe hiermit, dass all diese Menschen froh darüber sind, dass endlich einmal jemand den Mut aufgebracht hat, dieses Problem anzusprechen. Bis zu meinem siebzehnten Lebensjahr musste ich die Schmach und Boshaftigkeit meines Vater über mich ergehen lassen. Heute gelangen durch Presse und Fernsehen die Kindsmisshandlungen mitunter in die Öffentlichkeit. Ich hatte dann eines Tages die entscheidende Auseinandersetzung mit meinem Vater.

Ich drohte ihm, mich bei der nächsten Gewalttätigkeit zu wehren und zurück zu schlagen. Von diesem Moment an wechselten wir kein Wort mehr miteinander. Das klappte aber nur, weil er meinen Arbeitslohn zum Bauen benötigte, bis ich zur Ingenieurschule nach Paderborn wechselte. Studiert habe ich auf Kosten des Staates. Vorraussetzung war jedoch, dass ich kein Semester wiederholte. Nach meinem mit »gut« bestandenem Examen blickte ich innerhalb meiner Familie in neidvolle Gesichter, keiner hat mir gratuliert oder eine Belobigung ausgesprochen.

Als ich wenig später meine Frau kennen lernte, war der Neid noch größer. Gudrun war das einzige Kind und ihre Mutter hatte gerade erst neu gebaut. Dann hat mein Vater mich bei meiner Schwiegermutter schlecht gemacht und gehofft, dass ihre Tochter sich von mir trennt. Aber wir beide waren gegen solche Angriffe immun.

Meine Idee, einen Bauplatz in Elmshagen zu kaufen, hielt mein Vater für größenwahnsinnig, aber meiner Schwester bezahlte er einen Bauplatz in Uschlag, wo er dann bis zu seinem Schlaganfall arbeitete und anschließend zehn Jahre im Rollstuhl verbrachte.

Da nicht nur mein Schwager, sondern auch mein Patensohn und dessen Frau nach der Pfeife meiner Schwester tanzen mussten, ich es mir aber nicht verkniff, meiner Schwester hin und wieder meine Meinung zu sagen, fuhr sie eines Tages aus der Haut wurde aufbrausend, ausfahrend und verlor die Beherrschung. Anschließend wurde meine Familie nur noch zu großen Feierlichkeiten nach Uschlag eingeladen, wo wir, außer der Begrüßung, mit meiner Schwester kein Wort miteinander wechselten. So wurde nach außen der Schein gewahrt: Friede, Freude Eierkuchen innerhalb unserer Familien. Keiner schöpfte Verdacht, dass das Gegenteil der Fall sein könnte.

Ich habe lange mit mir gekämpft, ob ich unser gesamtes Familienleben hier zur Schau stellen sollte. Aber ich musste einfach der Hochnäsigkeit und dem Hochmut meiner Schwester einmal ein Ende bereiten. Andere Menschen haben das Recht, zu erfahren wie sie mit unseren Familien umgegangen ist, uns unterdrückt hat und so, meiner Meinung nach, ihren wirklichen Charakter gezeigt hat.

Da unsere beiden Töchter manchmal zu Godel, Pate, Oma und Opa wollten, kostete es uns Eltern immer wieder eine gewisse Überwindung, nach Heiligenrode zu fahren, um die Familien zu besuchen. Hier mussten wir uns dann die Prahlerei, die Großzügigkeiten, und das von ihnen Geleistete anhören. Dass man sich ein 12-teiliges Service, jeder Teller kostete 50 DM, leisten konnte. Anschließend haben wir uns jedesmal geärgert und sind frustriert zurück nach Elgershausen gefahren. An eine ganz normale Unterhaltung, wie man sie unter Verwandten und Bekannten oder auch mit fremden Menschen führt, kann ich mich mit meiner Schwester nicht erinnern.

Das unser Patenkind Probleme in Mathematik und Physik hatte, habe ich erst durch die Aufnahmeprüfung beim Daimler erfahren. Über negative Dinge, über Unangenehmes wurde nicht berichtet, nur über Positives, damit man prahlen konnte. Auch über die Last, unter der meine Mutter durch den Schlaganfall meines Vaters litt, wurde nur ganz selten gesprochen. Es war klar, dass meine Schwester an diesem Unglück nicht ganz unschuldig war.

Als mein Vater nicht zur Reha nach Hofgeismar wollte, hatte sie gesagt: »Die Krankenkasse bezahlt diese Maßnahme und der Vater geht ohne Widerrede, basta!« Als der Sohn meiner Schwester seine zauberhafte Freundin heiraten wollte, wusste seine Mutter das zu verhindern. Als Trostpflaster durfte die verflossene Freundin die Tischdekoration bei der Hochzeit vornehmen. Wie muss sich diese Dame in diesem Moment gefühlt haben?

Als mein Vater mir sechs Wochen lang zugesagt hatte, mir beim Bau der Bodenplatte zu helfen, wird meine Schwester gesagt haben: »Der kann selbst sehen, wie er den Beton da herein bekommt. Du gehst jedenfalls nach Uschlag.« Als ich meine Mutter einmal nicht nach Hofgeismar fahren wollte, weil meine Schwester mit Fahren dran war, sollte meine Mutter wohl zu mir sagen: »Ich brauch euch nicht mehr, ich habe jetzt meine Leute, die mich nach Hofgeismar bringen!«

Die Negative der Hochzeitsfotos des Patenskindes wurden als deren Eigentum betrachtet. Wir hatten uns etwa zehn Mal eingeladen, nach Uschlag zu kommen. Immer wieder kam die gleiche Ausrede: »Ich gehe mit dem Hund nach Landwehrhagen und der Heinz geht auf den Sportplatz!« Auch die Feier von Geburtstagen hat meine Schwester abgeschafft. All diese Vorgänge beweisen, dass sie das Regiment führte. Alle anderen mussten spuren und durften keine eigene Meinung haben.

Würde ich mit meiner Schwester heute noch in Kontakt stehen, kämen mir all diese Begebenheiten ständig hoch. Ich bin heute noch stolz auf mich, dass ich mit dem Ableben meiner Mutter einen Schlussstrich unter die Vergangenheit gezogen habe. Heute weiß ich, dass meine

Schwester das alles inzwischen sehr bereut. Man lässt meiner Frau und mir Grüße von ihr ausrichten. Aber wir haben keinen Bedarf. Der Zug ist abgefahren.

Wenn man jemanden alles verziehen hat, ist man mit ihm fertig.

Elmshagen und die Burganlage Falkenstein

Nun noch ein paar Worte zu Elmshagen. In Elmshagen gibt es keinen Durchgangsverkehr, man muss den Ort auf der gleichen Straße verlassen, auf der man gekommen ist. Wir wohnen am Ende des Ortes, zu erreichen über zwei Spitzkehren mit Halteverbot, wegen des Schnees im Winter. Autoverkehr, Stress, oder Geschäfte zum Einkaufen gibt es hier nicht.

Interessant ist die Geschichte von Elmshagen mit der Burganlage Falkenstein.

Elmshagen wird 1334 erstmals als »villa Elwineshagin« in einer Verkaufsurkunde des Klosters Merxhausen erwähnt. Anhand der romanischen Kirche, der besonderen Berghanglage und dem Bodenfund (Keramikkrug) in Elmshagen kann man davon ausgehen, dass das Dorf zu den ältesten Dörfern der Umgebung gezählt werden kann.

Im Mittelalter veränderten sich die Dorfnamen: Elemshagen (1346), Elbinshain (1348), Elmershain (1447), Melmershagen (1459). Die Niedensteiner betrachteten Elmshagen als Schwestergemeinde, denn Elmshagen kann man mit in die »Wichdorfer Urmark« mit einbeziehen. Auch die Familien von Wackermaul, die ihre Güter in 1334 verkauften, stammten aus Wichdorf. Im Jahr 1346 erhält die Familie von Dalwigk Elmshagen als Mainzer Lehn, da die Familie Wackermaul ausgestorben war, war auch der Lehn erledigt. Das Lehn an die Familie von Dalwigk wurde später auch von Hessen bestätigt und blieb bis ins 19.Jahrhundert bestehen.

1585 gab es im Dorf 26 Haushalte. 1777 zählte man 160 Einwohner und 1895 dann 242 Einwohner.

2006 hat Elmshagen 412 Einwohner. Im selben Jahr wurde der Gerichtsplatz, also der Schandpfahl mit Richtertisch, umgestaltet, um die Erinnerung daran aufrecht zu erhalten.

Warum der Schandpfahl mit Richtertisch?

Auf dem mittelalterlichen Gerichtsplatz wurde durch die jeweiligen Lehnsherren, vertreten durch ihre Beamten, mehrmals im Jahr Gericht gehalten. Die Einwohner des Dorfes mussten unter Androhung von Strafen erscheinen. Sie, wie auch die Lehnsherren, konnten ihre Klagen und Beschwerden vorbringen, über die dann öffentlich gerichtet wurde. Verurteilte stellte man zur Strafe und zur Abschreckung nicht selten an den Pranger (Schandpfahl), wo sie in aller Öffentlichkeit eine festgesetzte Zeit, mehrere Stunden oder auch einen ganzen Tag, verbringen mussten. Hier waren sie dem Spott und Schimpf der Bewohner ausgesetzt. Elmshagen hatte nur die niedere Gerichtsbarkeit. Hier wurden geringfügige Straftaten wie Waldfrevel und Beleidigungen verhandelt und verurteilt. Urteilssprechungen sollen bis Anfang des 19. Jahrhunderts stattgefunden haben.

Elmshagen samt Gericht gehörte im 13/14. Jahrhundert zum Erzbistum Mainz, danach wurde es hessisch und war dem Gericht Ditmelle denen von Dalwigk untertan.

Das zeigt, dass die Einwohner von Elmshagen schon damals schlaue und begabte Menschen waren. In dieser Zeit war der Zusammenhalt größer, weil die Menschen sich gegenseitig bei der Feldarbeit helfen mussten, um zu überleben.

Hätten wir zur Zeit der Gerichtbarkeit mit Schandpfahl und Richtertisch gelebt, wären die Boshaftigkeiten meines Vaters und meiner Schwester nicht möglich gewesen, weil alle Einwohner davon unterrichtet und mit Schimpf und Schande über sie her gezogen wären. Heute denkt man nur noch an sich, sucht nur seine Vorteile, anderen gönnt man so gut wie nichts und für Geld vergisst man seine gute Kindersstube. Man kann sich heute fast alles leisten, Essen kann man sich kaufen, man geht zur Bank holt Geld um in Urlaub zu fahren, ein großes Auto zu leasen oder sich neue Möbel anzuschaffen, die nach

Jahren erst zu bezahlen sind. Man lebt über seine Verhältnisse, nur um gegenüber anderen prahlen zu können.

Die Burganlage Falkenstein steht auf einen Basaltfelsen in 461 m ü. NN. Erhalten ist nur noch ein Mauerstück vom mehrgeschossigen Hauptgebäude, Palais genannt, mit den Resten eines Kamins und der Säule, sowie ein Teil der Befestigungsmauer. Wahrscheinlich lag im südlichen Teil des Plateaus eine Vorburg mit weiteren Gebäuden. Die Burg war mit einem heute kaum sichtbaren Grabensystem gesichert. Ihr heutiges Erscheinungsbild geht auf Sicherungsarbeiten am Mauerwerk zurück, die in den Jahren 1912 / 1913 und 1977 / 1978 durchgeführt wurden. Wer die Anlage wann erbauen ließ, ist unbekannt. Aufgelesene Keramikscherben datieren in das ausgehende 13. Jahrhundert und boten einen ersten Anhaltspunkt für das Alter der Burg. Die erste urkundliche Erwähnung stammt vom 2.April 1346, als Landgraf Heinrich II von Hessen die Burg zu je einem Viertel an die Ritter Hundt von Kirchberg und von Holzhausen übertrug. Die verbleibende Hälfte blieb in landesherrlichem Besitz. Die Burg muss damals schon zum Teil zerstört geworden sein, denn die Ritter erhielten die Auflage, zum Aufbau des Hauses, der Mauern und des Grabens 170 Mark Silber zu verbauen. 1363 schlossen die Familien einen Burgfrieden. 1387 belagerten und zerstörten Truppen des Bischhofs von Mainz die Burg, der bereits dreißig Jahre zuvor vergeblich gegen ihren Ausbau Einspruch erhoben hatte. Der Landgraf beauftragte Ludwig von Wildungen mit den Instandsetzungsarbeiten, doch schon im folgenden Jahr waren die Anteile wieder bei den Vorbesitzern. Vom 15.bis zum 17.Jahrhundert wechselten Anteile am Burgleben mehrfach den Besitzer von Wehren, von Dalwigk, von Buchenau, von Baumbach.

1447 wird erstmals der Falkensteiner Hof erwähnt, der sich unterhalb der Burg befand. Landgraf Ludwig I übertrug der Familie von Grifte den Hof zu Lehen. 1569 teilten die Familie Hundt von Grifte den Besitz. Etwa 30 Jahre später starb das Geschlecht von Grifte aus. Zu dieser Zeit, am Ende des 16. Jahrhunderts, war die Burg Falkenstein nicht mehr bewohnt. Ihre entgültige Zerstörung erfolgte wohl während des Dreißigjährigen Krieges mit dem Tod des letzten Hundt. 1679 ging der Falkenstein an die Landesherrschaft zurück. Die Burg war zu diesem Zeitpunkt bereits verfallen. Die Flächen des Falkenssteiner Sattels und des Falkensteins sind ein geschütztes Bodendenkmal. Die Buchenwälder auf den felsigen Basaltkuppen im Umfeld der Burgruine Falkenstein sind heutzutage ein Schutzgebiet von europäischem Rang.

Zu der Burg Falkenstein erzählt man sich die Sage von den Hunden:
Stolz erhob sich im Mittelalter die Burg Falkenstein. Die Geschichte, die sich hier zu getragen haben soll, handelt von einer Burgfrau, die eine arme Frau abwies und von dieser dazu verwunschen wurde, sieben Kinder zu bekommen. Als es soweit war, steckte die Herrin sechs der Jungen in einen Korb und beauftragte die Magd, die angeblichen Hunde zu ertränken. Doch die Magd begegnete dem Edelmann, der die Hunde sehen wollte. Als er die sechs gesunden Knaben erblickte, nahm er den Korb und ließ die Magd schwören, nichts zu sagen. Die Knaben ließ er taufen. Alle erhielten den Beinamen Hund. Er gab sie einzeln in Pflege. Als sie herangewachsen waren, bestellte er sie auf sein Schloss. Seine Frau erschrak, und als der Edelmann fragte, was mit einer Mutter geschehen sollte, die diese Jungen ertränken wollte, erwiderten sie keck: »Die verdient, in ein Fass mit Nägeln gesteckt und den Berg hinab gerollt zu werden!« Und so soll es geschehen sein.

Zusammenfassung der Ereignisse, deren Verarbeitung und die gezogenen Lehren und Konsequenzen. Teil 2

Ich bin froh, dass ich nicht in der Haut meiner Schwester stecke, die durch ihre Habgier, ihre bösartigen Unterstellungen und ihre rabiaten Vorgehensweise sich selbst ins Abseits manövriert hat und dadurch unseren Familienverbund gelöst und bis an ihr Lebensende die Last des Verachtseins schultern muss.

Beim Leben eines Menschen sollte nicht Geld an erster Stelle stehen. Es führt nur zu Neid, Hass und Habgier. Die Folgen sind seelische Verletzungen, Kränkungen und Funkstille, die leider zu unserem Alltag gehören.

Wenn man Rentner ist, spielt Geld eine geringere Rolle. Es kommt nicht darauf an, wie viel Rente man bekommt. Viel wichtiger ist, wie lange man Rente bekommt. Wenn ich in meinem Leben nur Streit und Zank verbreitet habe und deshalb nicht mehr geachtet werde, verliere ich wegen der Gewissensbisse und Geschehennisse an Lebensmut. Hätte ich Vermögen von meiner Schwester oder von den Ersparnissen meiner Mutter etwas erhalten, wären diese sofort an unsere beiden Töchter überschrieben worden und die beiden wären stolz auf die Familie meiner Schwester gewesen. Aber meine Schwester wird sich gesagt haben: »Was habe ich um die Vollmacht und den Verzicht auf den Nießbrauch von der Mutter gekämpft. Die Zweihundertvierzigtausend DM vom Elternhaus habe ich schon mal eingesackt, und die in den siebzehn Jahren angesparte Rente aus all den Jahren, als unsere Mutter in Heiligenrode gelebt hat von weit über Hunderttausend DM soll ich jetzt teilen? Das kommt nicht in Frage! In der Vergangenheit konnte ich durch mein großes, loses Mundwerk erreichen, dass alle nach meiner Pfeife tanzten. Ich war in jeder Beziehung die Respektsperson und allen überlegen, weil mein Bruder auf unsere Eltern stets Rücksicht genommen, indem er sie oft besucht hat.«

Ich sage mir: »Friedhelm, ich bin trotzdem stolz auf dich!« Ich habe 38 Jahre lang mit meiner Frau, ohne Geld von der Bank und ohne die Hilfe meiner Eltern, gebaut. Das kann ich von meiner Schwester nicht behaupten. Die 10 Jahre, in denen mein Vater im Rollstuhl war, kamen ihr sogar noch finanziell entgegen, da er seine Rente nicht verwerten konnte und das Pflegestufengeld hat meine Schwester nur zu kassieren brauchen.

»Mein Bruder wird schon den Mund halten und nichts in die Öffentlichkeit tragen. Damit würde er sich selbst blamieren, weil er mir alles Geld der Eltern kampflos überlassen hat. Und, was interessieren sich andere Menschen schon für unsere Erbgeschichten? In ein paar Jahren hat mein Bruder alles vergessen, ist bestimmt darüber hinweg gekommen und wird den Kontakt zu mir schon wieder suchen. Und das ist gut so, denn keinen Pfennig, weder vom Vermögen, noch von den Ersparnissen unserer Mutter, hat seine Familie von mir bekommen, « hat sich meine Schwester gesagt.

Ich hoffe, man kann verstehen, warum ich in Zukunft meine Schwester meiden werde. Weil es vielen Menschen in Erbschaftsgeschichten so ähnlich gegangen ist wie mir, meine ich, dass diese Dinge ruhig einmal gesagt werden dürfen und ich appelliere an die Kinder von heute, die später einmal selbst Eltern werden, ihre Kinder alle gleich zu behandeln. Wenn die Kinder mit Fragen zu den Eltern kommen, sollte man alle Probleme mit Rücksicht auf die Geschwister sorgfältig lösen, um kein böses Blut aufkommen zu lassen.

Ich kann darum meiner Frau nur immer wieder meinen Dank aussprechen, für ihre Hilfe am Bau, aber auch für ihren guten Blick, ihren Geschmack und ihr Gefühl. Uns Männern fehlen diese Dinge oft beim Aussuchen der Fliesen, Tapeten und Möbel.

Ich danke meiner Frau auch für die Unterstützung beim Obst einkochen. Wir beide sind ein eingespieltes Team, das zusammenhält, oft die gleichen Ideen hat, wie Probleme zu lösen sind und auch beim Tanzen stets harmonieren.

Beim täglichen Wandern im Langenberg bestimmt meine Frau die einzelnen Strecken, denn mir ist es egal, wo wir her gehen. Bewegung ist in unserem Alter sehr wichtig, um einigermaßen gesund zu bleiben. Füße, Knie, Hüfte, Arme, Muskeln, Wirbelsäule bleiben fit und durch die Unterhaltung wird der Geist geschult.

Man muss nicht jeden Tag sagen: »Ich liebe dich.« Nein, man muss liebe Dinge tun wie bei zwei Turteltäubchen und der Frau die Liebe beweisen, indem man sie umarmt, Sreicheleiheiten verteilt, auch das Kuscheln, das Schmusen und das Küssen darf nicht vergessen werden. Wenn im Radio gerade ein Walzer, Rumba, Tango oder Cha, Cha, Cha gespielt wird, kann man auch mal ein Tänzchen wagen. Das machen die Playboys auch und das hält eine Lebensgemeinschaft zusammen. Meine Frau wird dann zu meiner Geliebten und ich zum Playboy. Nach der Pflicht kommen einige Überraschungen und dann geht man zur Kür über. Einem Playboy ist es dabei egal, ob er sich nachts um drei oder morgens um fünf mit seiner Geliebten beschäftigt. Die Hauptsache ist doch, dass er seinen Gefühlen seiner Geliebten gegenüber freien Lauf lassen kann. Ab und zu sollten sich Eheleute wie »Geliebte und Playboy« aufführen, sich auf diese Weise mit der Kür beschäftigen, und so dem Alltagstrott und den Pflichten entfliehen um Neues zu entdecken. So wird man im Alter noch einmal jung und genießt mit viel Spaß.

Mann und Frau wurden von Gott alle gleich geschaffen. Darum: Wozu eine Geliebte? Es wäre doch töricht, in fremden Revieren zu wildern und seine Ehe aufs Spiel zu setzen. Mit dem Ehepartner ist es viel schöner und aufregender, als wegen einer Geliebten später die Scheidung zu akzeptieren oder sich bis ans Lebensende die Vorhaltungen des Ehepartners anzuhören. Durch 20 Minuten Spaß würde ich die innige Liebe zu meiner Frau durch einen Seitensprung mit einer anderen Frau verlieren.

Eine Frau wird durch die Liebe erst schön und in den 40 Jahren unserer Ehe habe ich dafür gesorgt, dass meine Frau auch schön bleibt. Würde ich jetzt eine andere Frau anbaggern, würde ich unsere Ehe und alles, was wir uns gemeinsam aufgebaut und erarbeitet haben, zerstören. Ich hätte dann die Achtung vor mir, meiner Frau, unseren beiden Töchtern und unseren vier Enkeln verloren. So etwas muss ich mir nicht antun.

Ich will mit meiner geliebten Frau gemeinsam den verbleibenden Lebensabend und die Liebe genießen. Die Jahre mit meiner Frau sind die schönsten, herrlichsten und erlebnisreichsten meines Lebens. Ihre Hilfsbereitschaft und Geduld haben mich zu einem glücklichen Menschen werden lassen.

Ich bin nämlich glücklich verheiratet, da ich lieber heimkomme als fortgehe. Wir lieben uns auch dann, wenn der Ärger groß ist, denn da führt auch immer eine Spur zum Glück. Ein Lächeln von meiner Frau wirkt auf Schwierigkeiten wie Sonne auf Wolken, es löst sie auf. Die ganze Vielfalt, der ganze Reiz, die ganze Schönheit des Lebens bei meiner Frau und mir besteht aus Schatten und Licht.

Nun noch ein paar Überlegungen und Bemerkungen zum Dankschreiben an den westlichen Nachbarn: Oft liest man in der Zeitung, oder hört im Radio, oder sieht im Fernsehen, wie sich die Nachbarn gegenseitig bekriegen. Meistens wird dann das Ortsgericht und manchmal auch das Amtsgericht eingeschaltet, um eine Schlichtung oder andere Lösung der Probleme zu erreichen, weil jeder der Nachbarn oder man selbst auf sein Recht pocht. Diese Vorgehensweise schafft nur böses Blut unter den Streithähnen und Gerede unter den Dorfbewohnern.

In unserem Fall konnte es allerdings so nicht weitergehen. Die Schwiegermutter und ihre Schwester sind zu oft vom westlichen Nachbarn bösartig beleidigt und ausgelacht worden. Dem musste ich einmal Einhalt gebieten.

Durch seine Parkerei vor unserem Grundstück und auch durch das Anpöbeln brachte er die Schwiegermutter und deren Schwester oft zur Weißglut. Mit den Frauen konnte er so verfahren, um sich Respekt zu verschaffen, mit mir nicht.

»Ich werde einen Schlußstrich ziehen, damit es für den Nachbarn zu einem Ende mit Schrecken kommt und meine Schwiegermutter und deren Schwester in Ruhe und Frieden weiterleben können.«

Da ich jeden Tag Schreiben in meinem Beruf verfassen musste, war ich der richtige Mann dafür und habe mir da so einiges einfallen lassen. Am besten gefiel mir der Schluss des Schreibens, mit der Vorwarnung und angedrohten Vorgehensweise. So musste er sich überlegen, ob es für ihn weiterhin Zweck hatte, sich mit uns zu streiten. Denn jetzt konnte er damit rechnen, dass ich für Stimmung sorgen würde.

> Ich werde mich besser dann verstecken,
> hinter Haus, Garage, Laube oder Hecken,
> um ihn dann mit jaulen und fauchen,
> wie ein betagter Kater zu wecken,
> oder besser mit psst, kuckuck, blöken,
> meckern, bellen oder wiehern zu erschrecken
> und dann wird er sehen wie das ist,
> wenn man von ihm angezischt.
> Ich werde nämlich beim geringsten Anlass,
> bringen vielleicht zum Überlaufen das Fass.

Dann genieße ich sein lustiges Hobby,
nur mit abgewandelter Lobby.
Das ist zwar nicht das Wahre,
aber so kann es gehen die nächsten Jahre,
bis man einen von uns trägt auf der Bahre.

Als der Nachbar mir mein Schreiben zurückgab, verfasste ich noch ein Deckblatt, auf dem ich ihm Kopien für Rechtsanwalt und Verwandtschaft anbot. Über den Ortsrichter, mit Stempel und Unterschrift, erhielt ich mein Dankschreiben zurück. Es war Ruhe eingekehrt.

Ich habe dieses Buch auch geschrieben, um Nachbarn dazu zu ermutigen, Probleme untereinander auf diese Weise aus der Welt zu schaffen. Man muss nur darauf achten, den Nachbarn nicht zu beleidigen, sondern ihm Vorschläge zu unterbreiten, »was ich an Ihrer Stelle« alles tun würde, um wieder ins Reine zu kommen. Sich selbst zu beleidigen und zu veräppeln ist gestattet. Das sorgt für Witz und Auflockerung des Schreibens. Mündlich mit Nachbarn zu verhandeln ist oft zwecklos, da man sich nur gegenseitig durch Vorwürfe aufschaukelt. Der schriftliche, etwas veralbernde, Weg bringt nur Vorteile, welches ich bewiesen habe.

Als ich die Garage ohne Keller auf der gemeinsamen Grenze genau nach den angegebenen Maßen in der Zeichnung gebaut hatte, verlangten Bauamt und Nachbar 40 cm tiefer zu gehen, wegen des grünen Striches in der genehmigten Zeichnung. Einige Monate haben sich das Bauamt und die Architektin mit dem Nachbarn herum gestritten. Der Nachbar bestand auf »40 cm niedriger« in der Garagenhöhe.
  Mir blieb nur ein befreiender Rundschlag, indem ich ihm mitteilte, zu seiner Seite ein 3 mm Stahlblech anzubringen, das etwa 30 Jahre braucht, bis es durchgerostet ist.
  Wahrscheinlich hatte er das letzte Dankschreiben mit Ortsrichter

noch in Erinnerung, nach dem er das Handtuch warf und zähneknirschend aufgab.

Über die Architektin wurde eine neue Zeichnung mit unterkellerter Garage und neuen geänderten Maßen angefertigt, die ich mir durch Stempel und Unterschrift vom Bauamt genehmigen ließ.

Nun noch ein paar Bemerkungen zum Arbeitsplatz bei Daimler Benz. Alle Vorgesetzten und Chefs sitzen am längeren Hebel. Es hat keinen Zweck, sich mit ihnen anzulegen, denn die haben einen dann auf dem Kieker, man zieht den Kürzeren und leidet danach unter deren Schickanen und hat Scherereien.

Ich hatte an meinem Arbeitsplatz nie Leerlauf. Ständig hatte ich Arbeit durch die Erstellung von Konstruktionen, der Hydraulik-, Pneumatik-, und Logikpläne mit Stücklisten, mich beschäftigten die Bestellungen sämtlicher Einzelteile, des Zubehörs, aber auch die Überwachung beim Bau der Steuerungen, der Aggregate an Vorrichtungen und der Maschinen.

Mir lag an einem guten Verhältnis zum Werkzeugbau und zum Betrieb, denn von diesen Menschen war ich absolut abhängig. Wenn etwas an Maschinen oder beim Bau der Steuerungen schief gelaufen war, weil man in Eigeninitiative und nicht nach meinen Vorgaben gehandelt hatte, habe ich mich vor diese Herren gestellt und die Verantwortung für deren Fehler übernommen. Dieses Verhalten führte zu einem sehr guten Verhältnis zu meinen Kollegen.

Durch meine jahrelange Erfahrung konnte ich jedem erklären, warum seine Version nicht funktonierte. Ich war stets willig und bereit, bei Schwierigkeiten zu helfen, denn Theorie und Praxis sind ein großer Unterschied. Ich empfand es als eine Herausforderung, wenn ich einmal mit dem Schraubenschlüssel im Werkzeugbau praktisch arbeiten konnte, um Vorrichtungen wieder zum Laufen zu bringen. Meine Steuerungspläne stellte ich erst nach Wochen in das Archiv, um in der Anlaufphase Störungen und evtl. Schwierigkeiten mit zubekommen, und falls erforderlich Änderungen vornehmen und dokumentieren zu können.

Um das gute Verhältnis zu den Kollegen im Werkzeugbau auch für die Zukunft aufrecht zu erhalten, grüßte ich die Kollegen durch Handzeichen oder Kopfnicken und die direkt betroffene Gruppe mit Handschlag, bevor wir die Anordnung der Ventile, oder andere Dinge besprachen. Oft habe ich mal eine Runde Bier, oder Kaffee spendiert, um den Zusammenhalt der Truppe unter Beweis zu stellen.

In meiner Stellenbeschreibung war keine Rede von Botengängen für den Vorgesetzten. Aber ich war es von zu Hause gewohnt, nicht zu wiedersprechen. Als man mir dann die Lohnerhöhung verweigerte und ich meinem Chef recht gab, dass ich wesentlich mehr Arbeit ohne die Botengänge für meinen Vorgesetzten schaffen könne, erhielt ich die Lohnerhöhung und es wurde ein Einholer für die Kantine für alle Konstrukteure eingestellt, der später auch für das Einräumen der Zeichnungen in die Schränke zuständig war, sowie auch für die Botengänge zur Pauserei.

Die Arbeit bei Daimler-Benz hat mir in den 34 Jahren stets Spaß und auch Freude bereitet, dass sieht man auch daran, dass ich in 28 Jahren nicht einmal krank geworden bin und somit zum Gesundheitsstand der Firma etwas mit beigetragen habe.

Wenn uns eine Steuerung, egal ob hydraulisch, pneumatisch oder eine Logiksteuerung, in der Praxis Schwierigkeiten bereitete, obwohl diese von der Theorie aus funktionieren musste, fiel mir oft nachts im Bett die Lösung ein. Auch wenn die Kollegen samstags arbeiteten, stand ich mit ihnen von zu Hause aus in telefonischer Verbindung, um Tipps zu geben und auch über den Stand der Arbeiten informiert zu sein.

Oft wurde ich auch von meinen Vorgesetzten allein in den Betrieb an Maschinen geschickt, die ausgefallen waren. Da ich meine Pläne alle selbst erstellt hatte, haben wir das defecte Ventil durch ein neues ersetzt, oder andere Störungen stets behoben.

Manchmal kam man auch um einen Umbau der hydraulischen Steuerung nicht herum. Beim Schruppen von Bauteilen ist eine hohe Spannkraft erforderlich, damit das Bauteil während des Schruppvorgangs fest gespannt bleibt. Wenn man beim Feinspindeln oder Schlichten mit diesem Druck arbeitet, wird das Bauteil bei dünneren Wandstärken verspannt.

Wird die Spannung geöffnet, zeigt sich die gespindelte Bohrung unrund. Dann hilft es nur, mit wesentlich niedrigerem Spanndruck beim Feinspindeln zu arbeiten. Nach dem Umbau der Steuerung musste dieser Druck in Versuchen ermittelt werden.

Bei größeren Vorrichtungen traf ich mich mit den beteiligten Abteilungen, um unser Vorhaben durchzusprechen. Manchmal waren wir uns unsicher, ob es eine Vorrichtung oder vielleicht doch eine Presse ist. Jetzt waren der Arbeits- und Unfallschutz und die Berufsgenossenschaft gefragt.

Bei einer Presse benötigen wir eine Pressensicherheitssteuerung, die um ein mehrfaches teurer ist, als eine normale Hydrauliksteuerung. Es wurde auch überlegt, ob die Möglichkeit besteht, ein automatisches Schutzgitter um den Pressenzylinder zu bauen, welches mit der Zweihandsteuerung erst herunter gelassen wird, bevor der Pressenzylinder ausfährt.

Die Entscheidung der Berufsgenossenschaft, ob Presse oder Einpressvorrichtung, wurde akzeptiert.

Sämtliche Ideen der Kollegen habe ich in den Auftragsunterlagen mit aufgeführt, da der Auftrag erst in einem halben Jahr vielleicht zum Tragen kam.

Zu meinem Abschied aus dem Berufsleben habe ich den Kollegen im Werkzeugbau mit denen ich ständig über Jahre zusammen gearbeitet hatte, eine größere Summe gegeben, als Dank für die geleistete Zusammenarbeit während der ganzen Jahre. Jeder Einzelne konnte sich stets auf den anderen Kollegen verlassen, wir waren eine tolle, verlässliche Truppe.

In der Abschiedsrede meines neuen Chefs wurde gesagt: »Herr Umbach hat durch seine vielen Steuerungen und Konstruktionen die Firma mit geprägt und sich für die Firma verdient gemacht. Herr Umbach genoss dadurch Ansehen und einen gewissen Bekanntheitsgrad unter den Kollegen.«

In Abteilungsleitergesprächen über Fehlzeiten hörte ich oft: »Warum habt ihr euch nicht den Herrn Umbach geholt, der hätte euch das Problem schneller gelöst.«

Wenn ich heute daran denke, finde ich, der Mann hatte Recht. Denn als eine neu angeschaffte Maschine ständig auf »Störung« schaltete und ich herausbekam, dass das Ölvolumen und damit der Ölstrom zu gering war, wurde durch mich ein zweites neues Hydraulik-Aggregat ohne Kosten für unsere Firma mit angeschlossen und parallel dazu geschaltet. Von da an war Ruhe und es gab keine Störungen mehr.

Ich bin ein Mensch, der ständig etwas zu tun haben muss. Als der Hausarzt zu meiner bettlägerigen Schwiegermutter kam, sagte er zu meiner Frau: »Wenn Sie Ihrem Mann die Arbeit wegnehmen, wird er krank und wird in ein paar Monaten vielleicht gestorben sein.« Wenn ich mir recht überlege, hat der Mann nicht ganz Unrecht.

Jeden Wochentag und selbst am Sonntagmorgen: Immer Arbeit. Bei Daimler hatte ich ständig mehr Aufträge, als ich bewältigen konnte und abends hatte ich noch zwei Baustellen, auf denen ich körperlich arbeiten musste.

Wenn ich heute auf unser Leben zurück blicke, kann ich es mir kaum vorstellen, wie meine Frau und ich, ohne einen Pfennig Schulden, das alles geschafft haben. Hatten wir das eine Problem gelöst, stand das nächste schon wieder an.

1970 wurde die Erfurter Straße nach dem alle Leitungen verlegt waren geteert. 2011 gab es neue Kanalabflussrohre, eine neue Stromleitung,

Wasserleitung und ein Leerrohr für Computer. Da in der Straße früher keine Kantensteine eingebaut waren, sollte das 2011 nachgeholt werden. Die Besitzer der einzelnen Häuser hatten zum Teil wegen ihrer Vorgärten Betonmauern mit Gartenzaun. Auch wir wurden von der Gemeinde Schauenburg angesprochen, die Betonmauer teilweise entfernen zu lassen. Meine Frau hat dem zugestimmt. Nach reiflichen Überlegungen war ich dagegen und habe das in einem Schreiben an die Gemeindeverwaltung und den Chef der Baufirma wie folgt begründet:

An das Bauamt in Schauenburg,
Gespräch vom Donnerstag, den 06.10.2011 um 10 Uhr in Elgershausen Erfurter Straße 9.

Wir haben mit unseren westlichen Nachbarn Erfurter Sraße 7 eine unterkellerte Doppelgarage gebaut. Der Nachbar hatte vor seiner Garage auf der gemeinsamen Grenze ein Blumenbeet von 3 m X 60 cm angelegt.
 Bei Starkregen lief das Regenwasser teilweise von seiner Einfahrt in dieses Beet nach unten und drückte durch den Beton, so dass das Wasser bis zu 5 cm in der Unterkellerung unserer Garage stand. Ich habe darauf hin in die Bodenplatte alle 2,5 m ein 50 cm X 50 cm großes Loch gemeißelt und mit dem Erdbohrer einen Graben von 60 cm X 60 cm und 8 m Länge ausgehoben, diesen mit einem Drainagerohr bis Ende Garten mit Packlager aus Feld- und Basaltsteinen und Drainagekies verfüllt. Der Nachbar hat sein Beet auch darauf hin zu betoniert. Jetzt fragen Sie sich: Was hat das mit der Betonmauer an der Straße zu tun? Bei Starkregen sickert das Regenwasser von der Oberfläche in den Boden. Bedingt durch die Hanglage fließt das Grundwasser in Richtung Straße in ihren Straßenschotter. Zurzeit ist es so, dass meine vorhandene Betonmauer dieses Wasser abfangen würde. Wird die Mauer wie besprochen entfernt, dann kann dieses Wasser durch

die 50 cm Packlager in die Einfahrt der Garage gelangen und sammelt sich vor dem Wohnhaus und Garage und dringt in die Keller ein. Aus diesem Grunde möchten wir die Bitte äußern, die Straßenmauer nicht zu entfernen, sondern nur in dem Bereich der Kantensteine. Sollten sich beim Abstemmen Risse in der Betonmauer bilden, werde ich, oder wenn Sie wollen auch Sie, von der jetzigen Oberkannte Mauer 15 cm entfernen, damit man das Pflaster bis an die Kantensteine und an die Pfosten legen kann. Außerdem bringt der Bestand der Mauer noch den großen Vorteil, weil jetzt alles eine Einheit ist, dass die Pfosten für Gartentor und Hoftür in der jetzigen Lage verbleiben. Wird ein Pfosten nur um 5 mm zur Seite oder nach vorne verschoben, bekomme ich meine beiden Tore nicht mehr zu, da das Gartentor nach unten hängt. Ich bitte deshalb darum, sich in die unsrige Lage zu versetzen und unseren Vorschlag noch einmal zu überdenken und hoffe mit unserem Anliegen auf positives Verständnis zu stoßen und verbleibe mit freundlichen Grüßen. Friedhelm Umbach.

Das Schönste, was es auf der Welt gibt, sind die Frauen. Darum habe ich Rücksicht auf meine Frau genommen und sie nicht mit unterschreiben lassen, da ich befürchtete, dass sie beim nächsten Kuscheln und Schmusen und auch beim Tanzen nicht bei der Sache ist, weil sie ständig nur an die Unterschrift und die Betonmauer denkt, und mir mit Vorhaltungen kommt.

Mit meiner Frau hatte ich nämlich folgendes Erlebnis: Unsere Familie war in der Verwandtschaft zu einer größeren Geburtstagsfeier eingeladen. Alle Gäste waren fleißig am Tanzen. Meine Frau wollte nicht auffallen und trickste, indem sie aus freien Stücken erst in der Küche half, Steaks zu braten, dann erstmal austrinken wollte, dann das Geburtstagskind erst den Tanz eröffnen musste. Ich musste all meinen Charme aufbieten, ihr gut zureden und sie bitten, dass sie das Ganze nur als eine Tanzübung zu betrachten. Wir haben das Erlernte dann so gut herüber gebracht, dass die Gäste begeistert waren. Ich vertrete die Meinung: »Wenn uns eine solche Gelegenheit geboten wird, sollte man diese auch wahrnehmen!« Da wir nicht mehr die Jüngsten sind, hatte uns keiner der Anwesenden eine solche Gelenkigkeit, Kondition und Beweglichkeit zugetraut.

Manchmal hat das Schicksal auch seine guten Seiten. Als unser gegenüber wohnender Nachbar in Elmshagen Schöne Aussicht Nr. 27 in 1981 in sein neues Haus eingezogen war, bot er mir für 1000 DM seinen VW-Pritschenwagen an. Jetzt war ich in der Lage, mir Baumaterial für beide Baustellen Elmshagen und Elgershausen zu beschaffen. Auch mein Holzgerüst konnte ich jetzt von einer zur anderen Baustelle befördern. Mittlerweile zählt der Nachbar 81 Jahre und seine Frau 76 Jahre. Seine Tochter wohnt in Landshut an der Isar und dort möchten die beiden bis an ihr Lebensende auch wohnen. Die über 400 km Autobahnfahrt möchte er sich und der Familie seiner Tochter nicht mehr in Zukunft zumuten.

Da ein wunderbares Verhältnis zwischen uns bestanden hat und ich ihm stets geholfen habe, wenn er mich brauchte, hat er uns den Vorschlag unterbreitet, alles was er nicht nach Landshut mitnehmen kann, anzusehen und sofort mitzunehmen. Meine Frau fand Gefallen an zwei Kristallspiegeln, einem Schiefer- und Marmortisch, einem Trimmer, um die Rasenkanten zu schneiden, zwei Sonnenschirmen und einer Gartenbank. Für meine Wenigkeit waren drei bereits gespaltene Raummeter Feuerholz aus Eiche und mehrere Stahlkeile zum Holz spalten. Für unsere Enkel gab es einen BUGGY WHEEL- KID CARRIERS sowie Spielzeug und vieles andere mehr. Über den Daumen gerechnet ergibt das einen Warenwert von über 1000 EURO. Somit sind sämtliche Kosten und Unkosten, die der VW-Pritschenwagen in den ganzen Jahren verursacht hatte, im Nachhinein vom Nachbarn durch diese Geschenke beglichen worden. Wir besuchten uns gegenseitig bei runden Geburtstagen. Im Winter hat meine Frau vor seinem Eckgrundstück jeden Tag den Bürgersteig vom Schnee freigeräumt. Wir kamen sehr gut miteinander aus. Da ich durch das Bauen fast immer eingespannt war, unterhielt sich der Nachbar oft mit meiner Frau. Wir haben so manche Neuigkeit vom ihm erfahren.

Jeder Mensch hat seinen Rucksack, der eine hat einen kleinen, der andere durch Krankheit oder andere Schicksalschläge eben einen großen Rucksack zu tragen. Da meine Frau und ich mit uns selbst genug zu tun haben, war uns das Gerede über andere Menschen nicht so wichtig.

Ich habe in meinem Leben einige habgierige und bösartige Menschen kennen gelernt, mit denen ich leben musste. Wenn der Druck auf meine Familie zu groß wurde, habe ich die Reißleine und die Konsequenzen gezogen, indem ich auf die entsprechende Freundschaft verzichtet habe. Eine echte Feindschaft ist mir lieber als eine gebrochene Freundschaft. Ein Ende mit Schrecken ist besser als ein Schrecken ohne Ende. Wenn das zugefügte Leid überhand nimmt, sollte man diesen Menschen ihre Verfehlungen schriftlich mitteilen und ihnen klar machen, dass »unsere Familie in Zukunft keinen Gedanken mehr« an diese Menschen mehr verlieren wird, weil sie durch ihre Habgier und Bösartigkeit es nicht mehr Wert sind, von meiner Frau und mir weiter geachtet zu werden.

Vielleicht gab oder gibt es in anderen Familien ähnliches Verhalten oder vergleichbare Probleme. Sie können sich heute sagen: »Wären wir wie die Umbachs vorgegangen, wäre uns viel Leid und Ärger in den ganzen Jahren erspart geblieben!«

Wenn ich auf mein Leben zurückblicke, kann ich mich an nichts Positives von meinen Eltern während meiner Jugend- und Studienjahre erinnern. Bis zu meinem siebzehnten Lebensjahr habe ich ständig in der Angst gelebt, wieder vermöbelt zu werden, wenn ich mich weigerte, Vaters Vorgaben, Aufgaben und Anweisungen zu folgen. Ich wurde ständig gezwungen nach der Pfeife meines Vaters zu tanzen.

Als ich noch Kind war, gab es oft aus Geldschwierigkeiten und Geldmangel Streitereien zwischen meinem Vater und meiner Mutter. Damals habe ich mir schon als Ziel gesetzt, einmal allein so viel wie Doppelverdiener zu verdienen. Meine Frau sollte eines Tages nicht berufstätig sein müssen. Sie sollte sich um die Familie und unsere Kinder kümmern. Ich musste also als Maschinenschlosser weiter die Schulbank drücken, um Ingenieur für Maschinenbau zu werden. Ich wollte dieses Ziel unbedingt erreichen und habe es auch geschafft.

Als ich später einmal meinen Klassenlehrer, Herrn Seidel, der mittlerweile als Rektor in Zierenberg unterrichtete, in Heiligenrode traf, konnte er es erst gar nicht glauben, dass ich dies Ziel erreicht habe. Ich musste ihm alles berichten. Er war auch stolz auf sich selbst, dass er den Grundstein für meine Ausbildung zum Ingenieur gelegt hatte.

Als wir unser erstes Klassentreffen von der Volksschule feierten, musste jeder aus seinem Leben berichten. Ich war der letzte – und der einzige Studierte in dieser Runde. Es war eine echte Überraschung, dass ich Dipl.- Ing. für Maschinenbau war.

Bei meiner Arbeit als Konstrukteur konnte ich vieles, was man mir in Paderborn beigebracht, tagtäglich anwenden. Darüber hinaus musste ich jeden Tag noch dazu lernen, um den Computer zu beherrschen. War man mit der aktuellen Version einigermaßen vertraut, besuchte man die nächste Schulung für die neueste Version. Mein Wissen wurde ständig durch neue Informationen rund um das Arbeitsgeschehen erweitert, um in meinem Beruf zu bestehen und mit den Kollegen mitreden zu können. Wenn sich das eine oder andere Mal bei mir

Schwierigkeiten zeigten, etwas zu begreifen, waren meine Kollegen immer bereit, mir zu helfen.

Ich stellte mich nie in den Vordergrund, sondern habe mich bescheiden zurück gehalten, um bei allen Konstrukteuren ein Stein im Brett zu haben. Als mein erster Chef gekündigt hatte und bei uns im Büro von Zeit zu Zeit immer mal wieder auftauchte, bin ich sofort in den Betrieb gegangen. Ich war auch nie bei einer Weihnachtsfeier der Rentner.

Ich bin mit meinem Leben sehr zufrieden, da ich bei guter Gesundheit viel geleistet habe, für meine Familie und auch beruflich. Auch als ich in Altersteilzeit ging, wurde es mir nie langweilig, weil ich ein Mensch bin, der Arbeit sieht und versucht, alles in Schuss zu halten. Man freut sich anschließend über das, was wieder auf Vordermann gebracht wurde. Das Verhalten meiner Frau ist ähnlich, die hat auch immer Aufgaben für mich, die ich ihr gerne und mit Freude erfülle.

Etwas Anerkennendes hatten die Schwierigkeiten mit meinem Vater, Mutter und Schwester. Ich habe aus den Vorkommnissen gelernt und die Konsequenzen gezogen. Meine Frau, unsere beiden Kinder und unsere vier Enkel werden einmal sagen können: »Mein Mann, unser Vater und Opa war ein guter Mensch, er hat uns stets geachtet, war immer für uns da, wenn wir ihn einmal brauchten, wir können nur Gutes über ihn berichten.«

Dies konnte ich von meinen Vater auch einmal erleben durch Gudrun. Ich allein hätte von diesem Geld keinen Pfennig gesehen bei unseren damaligen verachtenden Familienverhältnissen.
  Es war eine Wiedergutmachung meines Vaters dafür, dass er mich schlecht gemacht hatte bei der Mutter von Gudrun. Gudrun und ich waren maßlos enttäuscht und sauer auf das Verhalten meines Vaters. Das Interesse an ihm war auf dem Nullpunkt angekommen und so

wollten wir Heiligenrode vergessen. Dann meldete sich das Gewissen und sein innerer Schweinehund und so musste mein Vater reagieren, damit Gudrun ihn in Zukunft weiterhin besucht, achtet und anerkennt und er sich in einem besseren Licht präsentiert, hat er sich dazu entschlossen, Gudrun etwas Gutes zu tun.

Mein Vater lernte das Wesen und Verhalten von meiner Frau zu schätzen. Er begann Gudrun wie sein eigenes Kind zu behandeln und so bekamen wir über Jahre, die gleiche Summe an Geld wie meine Schwester.

Als sie jedoch davon erfahren hat, wurden die Zahlungen eingestellt. Damit sie dieses Geld von unseren Eltern nicht mehr teilen musste, sondern doppelt in Zukuft 15 Jahre lang bis zum Ableben unseres Vaters an meine Schwester ausgezahlt wurde.

Schlechtes über einen Menschen zusagen ist einfacher und wesentlich leichter, als Gutes über einen Menschen zuberichten. Aber wenn mir einfach nichts Gutes zu meiner Schwester einfällt, unterbindet man das Zusammensein mit solch einem Menschen. Ich habe jetzt 15 Jahre lang ohne jeglichen Kontakt zu meiner ungezogenen und garstigen Schwester gelebt. Sie hatte genügend Zeit, um darüber nachzudenken, warum ihr Bruder sie während dieser Zeit nicht mehr geachtet hat und sie auch in Zukunft nicht mehr achten wird. Man hat mir gesagt, dass meine Schwester Gewissensbisse quälen und sie das Geschehene bereue.

Ich bin froh darüber, dass meine Frau die Scheu vor dem Tanzen in der Gesellschaft überwunden hat. In Elgershausen findet vierteljährlich im Elgerhaus sonntags von 15 Uhr bis 18 Uhr ein Tanztee mit Kapelle statt. Hier können wir alle gelernten Tänze tanzen, ohne dass der Tanzlehrer wegen eines falschen Schrittes einschreitet.

Ich hoffe, und wünsche mir, dass ich meine Lebenserinnerungen in einigermaßen verständlicher Form niedergeschrieben habe und die nachfolgende Generation ihre Lehren aus meinen Erfahrungen ziehen können. Die Wichtigste: Man sollte jedem Menschen, auch innerhalb seiner Familie, die gleiche Achtung entgegen bringen.

Heute lebe ich mit meiner Frau allein in unserem neuen Haus. Ich unterstütze sie in jeder Hinsicht, damit es ihr gut geht. So revanchiere ich mich heute bei ihr für all die schönen Jahre meines Lebens, in denen sie stets zu mir gestanden hat.

Schon seit Jahren zeige ich kein Interesse mehr an den Erlebnissen mit meiner Schwester. Ich verschwende keinen Gedanken mehr an sie. Nach dem, wie ich die ganzen Jahre von dieser Frau behandelt worden bin, ist sie es nicht wert, von mir in Zukunft geachtet zu werden.

Obwohl ich meine Frau jetzt 44 Jahre kenne, wir zwei Kinder großgezogen haben und gemeinsam die ganze Bauerei bewältigt, kommt mir die vergangene Zeit viel zu kurz vor. Das liegt wohl daran, dass wir immer noch so verliebt sind.
   Die Liebe ist eigentlich das Werk der Jugend. Dennoch lohnt es sich, sie im Alter noch einmal zu kopieren und mit Spaß zu genießen.
   Die Liebe und unser Glück konnten sich bei meiner Frau und mir nur verdoppeln, weil ich ihr die nötige Achtung, Anerkennung und Rücksichtnahme entgegen brachte. Die negativen Ereignisse und Anfeindungen konnten wir nur durch unsere innige Liebe durchstehen und verarbeiten.

Meine Frau und ich wären glücklich und zufrieden, wenn wir in den kommenden 25 Jahren bei Gesundheit bleiben, ohne Krebs, Schlaganfall, Herzinfakt und Bypässe in dieser himmlischen Ruhe und Natur pur. Wenn wir auch in Zukunft hier weiter in Elmshagen unser Grabeland bewirtschaften, unsere Obstbäume aufhacken, das Bioobst ernten und verarbeiten und die Äpfel in Scheiben schneiden, um diese auf unserem Specksteinofen zu dörren, bleiben wir glückliche Menschen. Ich hoffe, dass wir weiterhin jeden Tag unsere Waldspaziergänge von bis zu zwei Stunden absolvieren können. Es kommt ganz selten vor, dass uns im Wald ein Mensch begegnet, schade eigentlich. Auch wenn ein Baum wie der andere aussieht, zieht es uns beide immer wieder hinaus in die Natur.

Wenn man vom Forst in der HNA darauf verweist, dass ständig mehr Bäume gepflanzt werden als man erntet, muss man aber bedenken, dass eine Buche oder Eiche über einhundert Jahre und länger benötigt, bis diese ausgewachsen sind.

In den letzten Jahren, wenn ich mich beim Spaziergang im Wald umschaue, bekommt der Wald jahreszeitunabhängig keine Ruhe durch allgegenwärtigen Holzeinschlag. Ob im Winter oder im Sommer, Holz wird mit großem maschinellem Aufwand gefällt. Was übrig bleibt, sind tiefe Spuren und Wasserfurchen vom Maschineneinsatz. Ob am Hohen Meißner, Baunsberg, Söhre oder hier im Waldgebiet Langenberg – überall sieht man das Ergebnis von dem ungezügelten Holzeinschlag, um die Profite und die Nachfrage des Kapitals zu befriedigen. Was bleibt dann für die nächste Generation noch übrig?

Die Holzpreise steigen seit Jahren stetig an, und so weckt das begehrte Heizgut durchaus Begehrlichkeiten. Allein im Bereich des Forstamtes Wolfhagen habe es im vergangenen Jahr mehrere große Diebstähle gegeben, die die jeweiligen Waldeigentümer auch zur Anzeige gebracht hätten. Mehrere hundert Festmeter an Brenn- und Langholz seien entwendet worden. »Dem Forstamt Wolfhagen entstand ein Schaden im fünfstelligen Bereich«, sagt der Forstamtsleiter. Der professionelle Holzdiebstahl könnte schon bald der Vergangenheit angehören, wenn zukünftig eine GPS-gestützte Überwachungstechnik zum Einsatz komme. Aufgrund der geringen jährlichen Kosten von 300 Euro pro Sender habe sich der Einsatz bereits gelohnt, wenn nur einige Festmeter Holz weniger gestohlen würden. Sobald das Holz abgefahren wird, beginnt das GPS-System Signale zu senden.

Wird das Holz gestohlen, kann es geortet und der Diebstahl aufgeklärt werden.

Hoffentlich können wir beide die Hochzeiten unserer vier Enkel Kai, Katrin, Christian und Amélie noch erleben und meine Frau und ich dort auf den Feiern noch einmal tanzen. Die Tanzschritte können wir ja in dieser Niederschrift nachschlagen und üben.

Des Weiteren hoffen wir beide, unser Haus auch in Zukunft ohne fremde Hilfe in Schuss halten zu können, auch weiterhin täglich die HNA zulesen und zuverstehen und unsere Liebe, das Vertrauen und den gegenseitigen Respekt bis ins hohe Alter beibehalten.

Bei den Rentnern über 65 Jahren sind drei Dinge besonders wichtig: Bewegung, Bewegung und noch einmal die Bewegung, damit die Gelenkschmiere in den Knochen der Menschen erhalten bleibt und sich ständig wieder erneuert, der Muskelaufbau nicht verloren geht und durch den Kalorienverbrauch die Figur erhalten bleibt, denn die Landschaft erobert man mit den Schuhsohlen und nicht mit den Autoreifen.

Sollten mir infolge meines Alters die täglichen Wanderungen immer schwerer fallen, kann ich immer noch vor unserem Haus, um die große Wiese herum, spazieren gehen. Dort befinden sich Bänke zum Ausruhen und meine Frau kann mich vom Haus aus beobachten.

Wenn ich die 47 Treppenstufen zum Dachboden nicht mehr schaffe, werde ich diese auf allen Vieren erklimmen, um meine Selbstständigkeit nicht zu verlieren.

Dann bleibt mir noch der Dachbalkon, auf dem ich mich in einen Sessel begebe und bis zum Vogelsberg, Knüll und Peterskopf mit dem

Fernglas schauen kann, um Menschen, Tiere und den Verkehr zubeobachten.

Wenn ich merke, dass mein Ende naht, möchte ich nicht an lebensverlängerte Geräte angeschlossen werden. Ich habe mein Leben gelebt. Was nach den Krankheiten kommt, kann man nicht mehr als Leben bezeichnen, das ist nur noch ein dahinsiechen und ein menschenunwürdiges Leben. Ich kann mir nicht vorstellen, mein Leben dann nur im Krankenbett, an Schläuchen zuverbringen, gefüttert, Windeln gewechselt zubekommen und gewaschen zu werden.

Ich habe mein Leben gelebt und unsere Nachkommen können stolz auf meine Frau und mich sein, denn was wir beide im Laufe unseres Lebens geschaffen haben, sucht seinesgleichen.

Ich möchte nicht, dass es meiner Frau so ergeht wie meiner Mutter und ich zum Pflegefall werde. Wenn ich gestorben bin, soll man mich in guter Erinnerung behalten und deshalb möchte ich verbrannt und anonym beerdigt werden. Meiner Frau und meinen Kindern möchte ich nicht den Kauf der Grabstätte für 30 Jahre, die Einfassung mit Grabstein und die Grabpflege zumuten und auch manches Schreiben von der Gemeindeverwaltung, bei deren Begehungen auf dem Friedhof wegen nicht vorschriftsmäßiger Grabpflege, sowie auch meiner Familie die Versöhnung mit meiner Schwester ersparen, daher sollte man 6 Wochen nach meinem Ableben die Danksagung in der Hessischen Allgemeinen erst bekannt geben und dabei erwähnen, dass »auf Wunsch des Verstorbenen die Urnenbeisetzung in aller Stille« stattgefunden hat, denn ich habe euch nicht verlassen ich bin euch nur ein Stück voraus.

Geburt – Das Kommen aus der Liebe
Leben – Ein Geschenk an die Liebe
Tod – Das Zurückgehen in die Liebe

Nur keine Versöhnung mit meiner Schwester, sie muss wissen, wie sie mich und meine Familie behandelt hat. Meine Mutter wurde erpresst, um an die Vollmacht und an den Verzicht von ihren Nießbrauch zu kommen, damit sie unser Elternhaus verkaufen konnte.

Meine Mutter musste danach mit nach Uschlag in ein Zimmer mit umziehen, wo sie oft allein war und so gut wie keinen Menschen kannte. Ihr Lebenswerk, ihr Haus, wo sie jahrelang mit geholfen hatte es wieder aufzubauen, war verkauft.
Fast 80 Jahre ihres Lebens hat meine Mutter in der Dorfstraße 21 gewohnt und jetzt gehörte ihr Haus ihr nicht mehr.
Sie sah in ihrem Leben keinen Sinn mehr und vor lauter Kummer, Ärger und Einsamkeit ist sie dann nach zwei Beipässen verstorben.

Beim Tod meines Vaters hat meine Schwester am Grab geweint, weil sie meinem Vater viel zu verdanken hatte und er ihr auch.
Die Leiden meines Vaters, die 10 Jahre im Rollstuhl hatte sie noch nicht verarbeitet, welche meine Mutter rund um die Uhr ertragen musste, deshalb hat sie am Grab laut geschrien: »Es ist doch mein Vater«! Ich hatte das Gefühl, dass sie bei ihrem deprimierenden Auftritt die Leiden meines Vaters, an denen sie eine gewisse Mitschuld jetzt zeigte, bei den Trauergästen am liebsten ungeschehen gemacht hätte.

Bei meiner Mutter am Grab war es anders, da meine Mutter gestorben war, brauchte sie sich nicht mehr um sie zukümmern, ihre Anschuldigungen wegen des verkauften Elternhauses zuertragen und sie hatte ihr Haus in Uschlag wieder für sich.

Bei der anschließenden Feier mit Kaffee und Kuchen hat sie lautstark verkündet und geprahlt, damit ich es am Nebentisch auch hören sollte, obwohl ich es durch den Axel bereits wusste, dass unser Elternhaus wieder an einen Herrn Umbach verkauft wurde. Die Verwandten fanden es nicht richtig und schäbig, dass man mit dem Verkauf des Hauses nicht gewartet hat bis Hilde unter der Erde war. »Hilde hatte ein schweres Los zu tragen, erst hat sie mit ihrem Mann und ihrem Sohn in 12 Jahren das alte Haus in Heiligenrode abgerissen und ein ganz neues Haus gebaut, dann bekam ihr Mann am Bau in Uschlag einen Schlaganfall, anschließend 10 Jahre Pflege vom Hans und dann musste sie zu ihrer Tochter nach Uschlag in ein Einzelzimmer, in eine völlig neue Umgebung umziehen, weil ihr Lebenswerk ihr Haus, welches ihr ganzer Stolz war, in Heiligenrode verkauft wurde. Muss das nicht fürchterlich für die Frau gewesen sein«, hörte ich bei einer Unterhaltung.

Diese Last soll meine Schwester allein schultern und damit in Uschlag bleiben.

Sie wird auch nach meinem Tod unser Haus in Elmshagen in der Schönen Aussicht 34 nie betreten, sie richtet nur Unheil an, wie in der Vergangenheit und das möchte ich meiner intakten Familie und der unserer Kinder ersparen, denn ihre Prahlerei beginnt genau wie in der Vergangenheit von Neuen.

Wenn man auf das Vermögen und die Ersparnisse meiner Eltern zu sprechen kommt und warum sie unsere Töchter um ihr Erbe betrogen und dabei nur an ihren Sohn gedacht hat und nicht an unsere beiden Töchter, die keinen Pfennig einer Überweisung erhalten haben wird sie bestimmt nicht reden wollen, um dieser Blamage aus dem Weg zu gehen, da sie Kritik nicht vertragen kann. Denn ihre Geldgier hat und wird es nicht zulassen davon etwas abzugeben. Sie wird dann wieder aufbrausend, ausfahrend, verliert die Beherrschung und der ganze Schlamassel der Vergangenheit beginnt wie früher wieder von vorn.

Da meine Schwester das Sagen hatte und wir ohne Widerrede nach ihrer Pfeife tanzen mussten, wird es ihr schwer fallen über negative Ereignisse von mir zu berichten. Sie wird das Wiedergutmachungsgeld von meinem Vater an meine Frau wieder zur Sprache bringen, wobei sie aber die gleiche Summe auch erhalten hat. Nur meine Familie hätte das Geld nie erhalten dürfen, weil es nach Ansicht meiner Schwester ihr auch noch zugestanden hätte, und nicht meiner Frau Gudrun.

Dieses Geld wurde von meinen Eltern aus freien Stücken überwiesen, da meine Eltern und auch meine Schwester, Schwager mit Sohn meine Frau gut leiden konnten. Meine Gudrun besitzt nämlich Eigenschaften, die ich an ihr sehr schätze und bewundere. Meine Frau kann sich in einen anderen Menschen hinein versetzen und mit ihm fühlen und zu hören, ohne dabei an sich selbst zu denken. Sie hat ein sicheres Auftreten, Humor, eine heitere Gelassenheit, eine fröhliche, liebende Wesensart und eine wohltuende Ausstrahlung, welches mein Vater an ihr zu schätzen wusste.

Von unseren Familien kann meiner Frau keiner das Wasser reichen. Sie war und ist nie böswillig, bösartig, aufbrausend, ausfahrend, beleidigend, rechthaberisch, herrsch-, raff- und auch habsüchtig , da bei meiner Frau eben mehr die Liebe zählt, als der Mammon oder die Geldgierherrschaft von meiner Schwester.

Weihnachten hat mein Vater das versprochene Geheimnis gelüftet und da wusste meine Schwester, wie sie das die nächsten Weihnachten verhindern konnte.
Meine Frau hat aus den Ungerechtigkeiten mit meiner Schwester gelernt und die Konsequenzen gezogen. Sie behandelt in finanzieller Unterstützung unsere beiden Töchter gleich, welches auch für unsere vier Enkel gilt. Würde sie einen bevorzugt behandeln meldete sich

ständig ihr schlechtes Gewissen und sie könnte vor Kummer nachts nicht schlafen.

Ich bin jedenfalls froh und sehr dankbar dafür, dass ich so einen hervorragenden und wunderbaren Menschen an meiner Seite habe mit dem ich durch dick und dünn in all den Jahren gehen konnte.
Sie hat meine Eltern bis zu ihrem Tode stets getröstet, gut zugeredet und geachtet. Als ich später mit meinem Fahrrad abends in Heiligenrode war konnte ich kein Geld von meinem Vater für meinen Bauplatz in Elmshagen bekommen und auch keines erwarten.
Hier kam der Hass von meinem Vater auf mich wieder zum Vorschein. Dieses Geld bekam meine Frau als Wiedergutmachung von ihm und ist zum Aufstocken des Wohnhauses in Elgershausen von uns beiden mit verbaut worden.

Ich bin heute darüber hinweggekommen und möchte unseren Töchtern diese Schmach ersparen.
50 Jahre hat mich und später auch meine Familie meine Schwester nicht geachtet, heute und auch in Zukunft werde ich meine Schwester nicht mehr beachten und es wird kein Wortwechsel zwischen uns mehr stattfinden.

Die Zeit der Schläge, Haß, Zank und Streit mit meiner Schwester und meinem Vater sind vorbei. Was meine Frau und ich uns geschaffen haben, macht uns stolz, denn das wurde nur durch unsere Hände Arbeit ohne jegliche finanzielle Unterstützung von Vermögen, Rente und den Ersparnissen meiner Mutter erschaffen.
Heute bin ich froh, wenn ich mit meiner Frau unseren Tagesablauf plane, und ich ihr ihre Wünsche erfüllen kann. Ich bin noch genauso verliebt in sie wie vor 43 Jahren. Hoffentlich funktioniert Amore auch noch im hohen Alter mit uns beiden.

Ich kann es daher nicht verstehen, wie manche Männer ihre Frauen abweisen und lieber zwei Stunden am Computer verbringen, als Amore zu genießen.

Wir können in Zukunft anstehende Arbeiten ohne Stress, Druck und mit viel Zeit ausführen. Die tägliche körperliche Bewegung muss nämlich sein um gelenkig und fit zu bleiben.

Ich freue mich über jeden Tag den ich mit meiner Gudrun erleben darf.
Sie soll auch so lange sie will und es ihr Spaß bereitet ihren 20 jährigen Malkurs weiter besuchen und wir beide auch den gemeinsamen Tanzkurs, bis wir die Tanzschritte wie im Schlaf beherrschen.

Manche Menschen können in der Nacht schlecht schlafen. Sie grübeln über Dinge nach, oder lesen ein Buch. Ich versuche, wenn sich mal kein Schlaf einstellt die gelernten Tanzfiguren mit Hilfe meiner rechten Hand zu üben. Der Zeigefinger dient als linker Fuß und der Mittelfinger übernimmt die Aufgabe des rechten Fußes. Nachts Tanzschritte zu üben ist angenehmer als zu grübeln über die Schlechtigkeiten und den Ärger mit meiner Schwester. Nach einiger Zeit schaltet das Gedächtnis ab und man schläft wie ein Baum.

Durch die Tageszeitung, Radio und Fernsehen sind wir mit der Außenwelt stets auf dem neuesten Stand.
Meine Frau und ich sind dankbar, dass wir unseren Traum vom eigenen Haus hier in dieser herrlichen Mittelgebirgsgegend mit hervorragender Weitsicht und dieser himmlischen Ruhe verwirklichen konnten.

Zurzeit erfreuen meine Frau und ich uns noch bester Gesundheit. Da sollten wir beide noch nicht an das Sterben denken, sondern das Leben bis ins hohe Alter uns gegenseitig respektieren in Liebe und Vertrauen und ohne Hektik.

Es ist ein wunderbares Gefühl morgens anstatt zur Arbeit nach Daimler in den Wald zu gehen um die Natur zu erleben. Jeglicher Arbeitsdruck gehört der Vergangenheit an.

Sollte meine Schwester einmal diese Zeilen lesen, dann muss sie sich fragen: »Warum habe ich den Cousinen meines Sohnes von den Vermögen und den Ersparnissen meiner verstorbenen Mutter nichts abgegeben, obwohl unsere Töchter genau wie ihr Sohn Oma und Opa gesagt haben?«

Warum habe ich meinen Bruder in all den Jahren so mies behandelt.
Jetzt wird sie verstehen, warum ich die Achtung vor ihr verloren habe und sie für mich wie eine Familie in Afrika, China, Indien oder in Neuseeland ist und keine Macht der Welt es schaffen wird, mich und meine Schwester wieder zusammenzubringen.

Wenn ich durch diese Niederschrift unseren beiden Töchtern die Augen geöffnet habe, wird die jetzige Achtung vor meiner Schwester in Verachtung in Zukunft übergehen.

Denn sie werden dann zu ihr sagen: »Unser Vater hat deinen Sohn durch seine Paukerei mit ihm einen sicheren Arbeitsplatz im VW-Werk beschafft, wo er wesentlich mehr verdient wie ein Elektriker. Was hast du Godel als Gegenleistung vorzubringen und was haben wir als Cousinen von deinem Sohn dir getan, dass du von den fast vierhunderttausend DM gleich zweihunderttausend Euro von dem Vermögen und Ersparnissen von unser Oma und unserem Opa uns keinen einzigen Euro, nicht eine Überweisung mit deinem Namen abgegeben hast für die Bemühungen von meinem Vater an deinem Sohn.«? Alles Geld was wir als Töchter und unsere Eltern von Oma und Opa erhalten haben hast du als Schwester auch bekommen. Es war eine Wiedergutmachung für all die Jahre, wo unsere Familie nur unterdrückt und nicht geachtet wurde. Dieses Geld haben wir unserer Mutter zuverdanken, die mit Oma und Opa gut klar kam.

Auf eine Rechtfertigung und den Ausdruck des Bedauerns von meiner Schwester können meine Familien verzichten.

Mich erfüllt es immer wieder mit großer Freude, dass ich in meinem Wesen und Verhalten das Gegenteil von meiner Schwester und meinem Vater bin. Auch mit meiner Frau, die nicht zur Arbeit gehen musste, waren wir unseren Kindern stets ein Vorbild.

Unsere beiden Töchter wurden nur mit Worten erzogen und nicht mit Schläge, keines
    wurde bevorzugt oder benachteiligt behandelt, wie es mit den Cousinen von deinem Sohn geschehen ist. Heute kommen mir immer noch Zweifel, ob nicht doch der frühere Freund meiner Mutter an meiner Entstehung beteiligt war, denn es muss doch eine Begründung geben warum ich mit meiner Wesensart und meinem Verhalten nicht wie meine Schwester oder mein Vater bin. Es erfüllt mich immer wieder mit großer Freude und Dankbarkeit, dass ich so einen wundervollen Menschen wie meine Frau kennen gelernt habe. Wir ergänzen uns beide in jeder Beziehung, wir sind zu einander gutmütig, ausgeglichen, hilfsbereit, bereitwillig, verlässlich, humorvoll und haben eine uns wohltuende gegenseitige Ausstrahlung, die wir bis an unser Lebensende pflegen und beibehalten wollen.
    Nur dadurch, dass man den anderen Menschen akzeptiert und wie einen Teil von sich selbst behandelt, konnten wir das Bösartige anderer Menschen, die nichts anderes im Sinn führen, als einem Leid zuzufügen, um sich Respekt zu verschaffen, an uns beiden abprallen lassen.

Die vorhergehenden Generationen sind nicht mehr am Leben.

Jetzt wird scharf auf uns geschossen und deshalb müssen wir uns ducken, um nicht getroffen zu werden. Auch dem Sensenmann muss man aus dem Wege gehen und sich vor ihm in Acht nehmen.

Das geht aber nur durch gesunde Ernährung mit viel Obst und Gemüse aus dem eigenen Biogarten, ohne Chemie und Konservierungsmittel und mit viel Bewegung und Amore. Damit alle Körperteile bewegt werden und somit merken, dass sie noch gebraucht werden und vor Krankheiten daher immun sind.

Auch ausreichend Schlaf und Ruhepausen sind mit zu beachten. Tabletten und Spritzen nur im äußersten Notfall, um von den Nebenwirkungen verschont zu bleiben und sich nicht noch neue Krankheiten einzuhandeln, denn wenn man 60 Jahre alt ist und es tut einem nichts weh, ist man Tod. Wenn es dem Menschen mal nicht so gut geht, merkt das der Körper und hilft sich selbst.

Die besten Ärzte der Welt sind Dr. Essen, Dr. Bewegung, Dr. Amore, Dr. Ruhe und Dr. Fröhlich. Krankheiten überfallen den Menschen nicht wie ein Blitz aus heiterem Himmel, sondern sind die Folgen fortgesetzter Fehler gegen die Natur. Gesundheit bekommt man nicht im Handel, sondern durch den Lebenswandel. Sonnenschein, Freiheit und die Blumen gehören auch dazu. Blumen sind die schönsten Worte der Natur, mit denen sie uns andeutet, wie lieb sie uns hat. Es gibt überall Blumen für den, der sie sehen will.

Der Zweck des Lebens ist das Leben selbst.
Der verlorenste aller Tage ist der, an dem man nicht gelacht hat.
Solange man neugierig ist, kann einem das Alter nichts anhaben.
Wende dich der Sonne zu, dann fallen die Schatten hinter dich.
Die schönsten Freunde erlebt man immer da, wo man sie am wenigsten erwartet hat.
Kleine Schritte sind mehr als große Sprüche.

Glück ist das Einzige, was wir anderen geben können, ohne es selbst zu haben.

Übergabe meines Buches am Pfingstmontag, den 27.05.2012 an meine Schwester in Uschlag Haselweg 9

Am 04.05.2012 feierten wir unsere Rubin Hochzeit.
So rot wie ein Rubin im Licht, brennt unsere Liebe und verliert an Feuer nicht.
Auch wenn schon 40 Jahre vergangen, sind wir gemeinsam jeden Weg gegangen.
Wir kennen von uns jeden Spleen, deshalb ist unsere Liebe so rot wie Rubin.
Wir beide sind ein Paar, was für einander geschaffen war.

Am 24.05.2012 besuchten meine Frau und ich unsere Tochter Barbara zu ihrem Geburtstag, um ihr das erste Exemplar meines Buches mit einer Widmung von mir zu übergeben. Gegen 11 Uhr rief meine Schwester an um auch unserer Tochter zum Geburtstag zu gratulieren. Ich habe dann auch erfahren, dass unsere beiden Töchter zu der Feier des 64ten Geburtstags von meiner Schwester am 13.08.2011 in Uschlag anwesend waren.

Mit etwas Überwindung und Mut bin ich am Pfingstmontag, den 27.05.2012, mit meinem Motorrad morgens nach Uschlag in den Haselweg 9 gefahren. Als mein Schwager die Haustür öffnete, und ich ihm mein Buch übergab, wollte er es ungelesen in die Tonne kloppen. Meine Schwester hat mich hereingebeten und gesagt: »Unsere Mutter hätte es so gewollt, dass sie die Ersparnisse von ihr alle allein erben sollte, da ich unsere Mutter in dem letzten Jahr nicht besucht hätte.«

Ich habe darauf nicht geantwortet, da ich nicht in ein Gespräch mit meiner Schwester verwickelt werden wollte.

Fakt ist aber, dass ich mit meiner Familie in all den Jahren, am Sonntag alle sechs bis acht Wochen nur gegen Voranmeldung, meine Mutter in Heiligenrode besuchte, um nicht auf meine Schwester zutreffen und einige Neuigkeiten und Begebenheiten zwischen Elgershausen, Elmshagen, Heiligenrode und über Uschlag zu erfahren. Über sämtliche Begebenheiten im Hause meiner Schwester in Uschlag wurden meine Frau und ich stets durch unsere Mutter informiert.

Nach dem Mittagessen gingen wir immer auf den Friedhof zum Grab des Vaters, dann über den Möncheberg in die Umbach und zurück zum Kaffee trinken. Um den häuslichen Frieden beizubehalten, hat meine Mutter meine Schwester darüber nicht informiert.

Meine Schwester mit Familie verlebte ihren Urlaub im Allgäu, meine Frau und ich besuchten unsere Mutter nach ihrer Operation mit ihren zwei Beipässen am Herzen jeden Tag in der Intensivstation des Krankenhauses, damit sie nicht so allein war.

Auch in dem Andachtsraum im Diakonissen-Krankenhaus hat sich meine Familie von unserer toten Mutter verabschiedet und daher bezweifele ich die Aussage meiner Mutter.

Meine Schwester sagte auch: »Wir werden dieses Buch, genau wie die Beschwerdeschreiben von mir nicht lesen und ich würde sehr schlecht aussehen.«

Auch hierauf kam keine Antwort von mir.

Wieso konnte dann ihr Sohn behaupten bei der Hochzeitsfeier unserer Tochter Barbara, dass das Geschriebene laut seiner Mutter alles gelogen sei. Obwohl ich meinen Motorradhelm mit Scheibe während der ganzen Zeit auf dem Kopf getragen habe und ich mich mit 67 Jahren fühle wie 27 mit 40 Jahren Berufserfahrung ist mir auch diese Behauptung unverständlich. Auf den Bildern vom Fotografen bei unserer Rubin Hochzeit finden meine Frau und unsere Töchter mich im Aussehen ganz toll. Das liegt daran, dass bei mir Gesundheit,

345

Zufriedenheit, die Liebe und das gemeinsame Tanzen mit Gudrun mehr zählt, als Mammon und Geldgierherrschaft, die nur für Ärger und Falten sorgen. Geld ist für mich nur ein Mittel zum Zweck und verdirbt nur den Charakter eines Menschen.

Ich habe dann noch auf mein Buch hingewiesen, wo sämtliche Fragen mit Antworten stehen und noch gesagt: »Bis jetzt hat nur unsere Tochter Barbara ein Buch erhalten. In diesem Buch stehen außerdem meine ganzen Erlebnisse über meine Arbeit in der Firma, der Ärger mit dem Bauamt, Schwiegermutter, ein Dankschreiben an den Nachbarn, die ganze Bauerei in Heiligenrode, Elgershausen und Elmshagen, unser Frontalzusammenstoß und die gelernten und getanzten Figuren nach 14 Jahren Tanzunterricht.
   Mir ist es egal, ob ihr dieses Buch lest oder nicht. Eines steht jedenfalls fest, meine Familie ist in all den Jahren von dir nicht geachtet worden und deshalb haben unsere Töchter, die Cousinen deines Sohnes, keinen Euro vom Vermögen und den Ersparnissen unserer Eltern erhalten.« Meine beiden Töchter Sylvia und Barbara haben unsere Eltern genauso geachtet wie dein Sohn Timo. Nur dein Geldhunger und deine Profitgier haben es nicht zugelassen ihnen etwas abzugeben. Danach bin ich gegangen.
   Meine Frau und ich wohnen wie Gott in Frankreich hier in unserem neuen Haus in der Schönen Aussicht 34 und da haben bösartige Menschen in unserem heutigen Leben nichts mehr zu suchen.
   Manchmal stelle ich mir vor, ich hätte von unseren Eltern alles geerbt und meine Schwester wäre leer ausgegangen was dann passieren würde? Dann hätte meine Schwester ohne das ganze Vermögen und die ganzen Ersparnisse meiner Eltern und ohne das meiner Familie zugestandene Pflichterbteil bauen müssen. Wie viel Hebel hätte sie wohl in Bewegung gesetzt, um ihr Pflichtteil zu bekommen.

Aber da hätte meine Frau schon für gesorgt, dass sie meiner Schwester mehr als das Pflichterbteil geben würde, da ich während meiner Ehe sämtliche Geldangelegenheiten meiner Frau allein überlassen habe. Auch bei Anschaffungen die meine Frau getätigt hat, habe ich nie nach dem Preis gefragt, da mich Geld weniger interessiert und warum auch, es kam ja ständig jeden Monat neues Geld hinzu. An der Last die meine Schwester jetzt jahrelang ertragen musste, wäre meine Frau vor Kram schon zerbrochen und kaputt.

Jetzt zeigt sich die gleiche Situation wie damals, als mein Vater mich bei der Mutter von Gudrun, also meiner verstorbenen Schwiegermutter, schlecht gemacht hatte und ihre Tochter sich von mir trennen sollte. Sein Gewissen hat ihn nicht zur Ruhe kommen lassen und daher musste er Gudrun etwas Gutes tun, damit meine Frau ihn weiterhin besucht und anerkennt und er sich in einem besseren Licht präsentiert.

Jetzt plagt meine Schwester auch ihr schlechtes Gewissen, damit unsere Töchter mit ihren Kindern sie besuchen und sie sich in einem besseren Licht präsentierst, weil unsere Kinder ihr nicht gleichgültig sind und ihr nichts getan haben sucht sie den Kontakt zu ihnen. Nur eine Anerkennung und Wiedergutmachung für das Geschehene wird es von meiner Schwester nicht geben.

Durch den Rückhalt unseres Vaters hat meine Schwester nur immer ihre Vorteile gesucht und da hatte meine Familie keine Chance gegen sie vorzugehen.

Aber vor dem obersten Richter musste unsere Mutter begründen, warum sie nicht wollte, dass ihr Sohn und dessen Kinder von den 400.000 DM keinen Pfennig erhalten haben, obwohl ihr Sohn und ihre Schwiegertochter sie stets geachtet und besucht haben. Da konnte unsere Mutter nur antworten: »Meine Erspernisse hatte meine Tochter doch schon alle auf ihrem Konto und mein Haus in Heiligenrode war verkauft, ich hätte mir dann eine neue Bleibe suchen müssen, denn in Uschlag konnte ich nicht weiter wohnen. Für meine Tochter zählte nur Geld, Geld, Geld, denn sie konnte ihren Hals nicht voll kriegen. Ich schäme mich eine solche Tochter zu haben. Ich, als Mutter habe mir nichts vorzuwerfen, mein Mann hat sich am Bau in Uschlag seinen ersten Schlaganfall eingefangen, meinen besten Arbeiter habe ich dadurch verloren und jetzt musste ich alle anfallenden Arbeiten selbst erledigen. Keine Urlaubsreisen und keine täglichen Spaziergänge in den Wald mehr, nur noch Rollstuhl und zehn Jahre Pflege rund um die Uhr. Unser neues Wohnhaus, was wir mit unserem Sohn zusammen gebaut haben, hat meine Tochter verkauft und sämtliche Ersparnisse, 17 Jahre unserer Rente und auch das Pflegegeld vom Staat hat meine Tochter alles für sich behalten, ohne meinem Sohn Friedhelm und dessen Kinder Sylvia und Barbara von all dem Geld etwas abzugeben. Ich hätte gern gesehen, wenn meine Ersparnisse je zur Hälfte an meinen Enkel Timo und die andere Hälfte an Sylvia und Barbara aufgeteilt worden wären.

Ich hoffe, dass meine Tochter dafür zur Verantwortung gezogen wird und nicht ich als Mutter. Ihre Raffgier und willenloser Geldhunger hat meine Familie auseinander gebracht, deshalb hat mein Sohn die Konsequenzen daraus gezogen und sich von ihr getrennt, um diesem Dilemma mit seiner Schwester aus dem Wege zu gehen.

Auch meine Schwester muss sich vor dem obersten Richter dann verantworten, warum sie ihren Bruder und seine Töchter Sylvia und Barbara so gehasst hat, dass sie von den 200.000 Euro denen keinen Cent abgegeben hat.

Hiermit hat sich für mich das Kapitel Schwester erledigt und ich kann nur hoffen, dass meine Schwester meine Familie und die meiner Kinder in Zukunft in Ruhe lässt. Wir mussten in all den Jahren genug Leid wegstecken und auch ertragen und dies möchte ich den Familien unserer Töchter und unseren lieben vier Enkeln in Zukunft auch ersparen. Ich und auch meine Frau sind jedenfals sehr glücklich, dass wir nicht in der Haut meiner Schwester stecken.

Meine tote Mutter dann vorzuschieben bei ihren Ersparnissen finde ich schäbig, denn das wäre das erste Mal, dass meine Schwester nicht selbst etwas entschieden hätte. Ihre Geldgier und Hass hat es nicht zugelassen unsere Mutter zu informieren, dass die Familie meines Bruders nichts bekommt und deshalb hat sie sämtliche Geldangelegenheiten unserer Mutter schon Jahre vor ihren Ableben durch die Vollmacht geregelt. Dadurch blieben unserer Mutter Scherereien und ihre Schikanen erspart.

Meine Schwester konnte ja zu unserer Mutter sagen: »Gegen die Kinder meines Bruders habe ich nichts vorzubringen und deshalb werde ich von deinen Ersparnissen ihnen etwas abgeben«. Aber nein, abgeben oder etwas teilen hat sie von unseren Eltern nicht gelernt.
Schade eigentlich, dass das Wort Zufriedenheit in dem Wortschatz meiner Schwester nicht vorkommt.

Zufriedenheit: Reich sein an Freude hängt nicht von Reichtum oder der Armut ab, sondern von einem genügsamen und zufriedenen Herzen.

Ich bin sehr glücklich, dass ich meine Frau habe, die mir in all den Jahren stets beiseite gestanden hat, bei all den unangenehmen Menschen, die mir in meinem Leben begegnet sind. Deshalb sollte in einer Ehe nicht das Geld an der ersten Stelle stehen. In einer gut funktionierenden Ehe verdient der Mann das Geld. Die Frau hat die Aufgabe das Geld zu verwalten und auszugeben und zwar so, dass eine gewisse Reserve stets vorhanden ist.
Ich brauchte mich nie um Geld zukümmern, da ich meiner Frau volles Vertrauen schenkte. Mich hat es auch nicht interessiert wofür das Geld ausgegeben und gebraucht wurde.

Meine Frau hätte auch die Ersparnisse und das geerbte Vermögen unserer Eltern gerecht durch fünf, Schwester, Bruder und die drei Kinder geteilt, um so Zank und Raffgier einen Riegel vorzuschieben. Keiner wäre bevorzugt oder benachteiligt worden, wie es sich unter Geschwistern mit Kindern gehört.

Bei Geldangelegenheiten sollte man sich auch einmal in die Lage des anderen Mitmenschen versetzen und dann sich erst sein Urteil bilden, denn irgendwann kommt die Wahrheit heraus und der gute Ruf von sich und seiner Familie ist dahin. Man muss aus dem Teufelskreis heraus und sucht durch Unwahrheiten nach Auswegen.

Da meine Schwester immer der Boss war und ist, hatten Sohn und Vater sich unterzuordnen ohne Widerrede, basta. »Wir brauchen auf die Familie meines Bruders keinerlei Rücksicht mehr zu nehmen, wir sind in allen Belangen durch unsere Überheblichkeit, Besserwisserei, Rechthaberei, großspurige, erhabene und unterdrückende Art denen doch in jeder Beziehung haushoch überlegen«, hat sie sich gesagt.

Um den Vorhaltungen meiner Schwester aus dem Wege zu gehen, telefonierten meine Frau und ich wöchentlich mit unserer Mutter und meldeten auch unsere Besuche, wie schon erwähnt an.

Die Erziehung unserer Töchter Sylvia und Barbara hat meine Frau so gut wie allein übernommen. Sie wurden mit Liebe, Beharrlichkeit, Zärtlichkeit, Hoffnung, Humor, Dankbarkeit, Vertrauen, Glück, Geduld, Verstand, Lebensfreude und Zufriedenheit erzogen.

Liebe: Das Edelste an der Liebe ist das Vertrauen zueinander. Der Mensch braucht Liebe um Mensch zu werden. Man soll über die Liebe nicht sprechen, sondern aus Liebe handeln und in Liebe leben. Die Liebe allein versteht das Geheimnis andere zu beschenken und dabei selbst reich zu werden. Das Erste in der Liebe ist der Sinn füreinander und das Wichtigste ist der Glaube aneinander. Liebe kennt keine Belohnung. Liebe ist um der Liebe willen da. Man soll lieben, soviel man kann und darin liegt die wahre Stärke, und wer viel liebt, der tut auch viel und vermag viel, und was in Liebe getan wird, das wird gut getan. Lieben heißt mit dem Herzen bewundern, bewundern heißt mit dem Verstand lieben.

Der Mensch ist nicht nach dem zu beurteilen, was er weiß, sondern nach dem was er liebt. Nur die Liebe macht ihn zu dem, der er ist. Der menschlichen Natur allein kommt die Eigenschaft zu, nicht umsonst zu lieben und nicht ohne Nutzen Freundschaft zu schließen. Das Herz muss in Liebe, Geduld, Beharrlichkeit, Harmonie und Ruhe sein dann erst wird es heiter. Der Schlüssel zu den Herzen der Menschen kann nicht deine Klugheit sein, sondern immer nur deine Liebe. Was ist die Jugend? Ein Traum. Was ist die Liebe? Der Inhalt eines Traumes.

Glück: Das große Glück in der Liebe besteht darin, Ruhe in einem anderen Herzen zu finden. Das äußere Glück ist nur Zufall, aber das innere Glück das baut sich jeder selbst. Man ist dann glücklich, wenn man sich selbst, seinem Herzen und mit seinem Gewissen zufrieden ist. Willst du immer weiter schweifen? Sieh, das Gute liegt so nah. Lerne nur das Glück ergreifen, denn das Glück ist immer da. Es gibt keinen Weg zum Glück. Glücklich sein ist der Weg. Das Glück ist nicht in einem ewig lachenden Himmel zu suchen, sondern in ganz feinen Kleinigkeiten aus denen wir unser Leben zurechtzimmern. Glück ist die Gesundheit der Seele. Wahrhaftig ist doch nur das Glück das sich mit anderen teilen lässt.

Zärtlichkeit: Zärtlichkeit und Güte drücken nicht Schwäche und Verzweifelung aus, sondern sie sind Zeichen der Stärke und Entschlossenheit.

Hoffnung: Schlaf und Hoffnung sind die beiden Beruhigungsmittel, welche die Natur der Menschheit gab, um ihr die Mühseligkeiten, welche sie erfährt, erträglich zu machen. Das Leben schließt nie eine Tür, ohne eine andere zu öffnen. Hoffnung und Erkenntnis lässt sich nicht von anderen lernen, sie müssen aus den eigenen Ich hervorgehen. Wenn die Hoffnung aufwacht, legt sich die Verzweifelung schlafen. Menschen die aus der Hoffnung leben, sehen weiter. Menschen die aus der Liebe leben, sehen tiefer. Menschen die aus dem Glauben leben, sehen alles in einem anderen Licht. Gegen Schmerzen der Seele gibt es nur zwei Heilmittel! Hoffnung und Geduld.

Dankbarkeit: In einem dankbaren Herzen herrscht ewiger Sommer.

Vertrauen: Ein liebevolles Herz ist der Anfang allen Verstehens und Vertrauens. Eine Blume braucht Sonne um Blume zu werden. Ein Mensch braucht Liebe und Vertrauen um Mensch zu werden. Zwei Dinge verleihen der Seele am meisten Kraft: Vertrauen auf die Wahrheit und Vertrauen auf sich selbst. Was der Sonnenschein für die Blumen, ist das lachende Gesicht für die Menschen. Vertrauen, Freude und Schmerz lassen sich nicht beschreiben und ihre Natur nicht definieren, man kann sie nur aus Erfahrung kennen lernen. Wirklich gute Freunde sind Menschen die uns genau kennen und trotzdem zu uns halten.

Geduld: Es gilt, sein Leben lang zu arbeiten, zu kämpfen und jeden Tag neu zu beginnen. Man muss nicht nur mit Anderen Geduld haben, sondern auch mit sich selbst. Kein Weg ist zu lang für den, der langsam und ohne Eile vorwärts schreitet und kein lockendes Ziel liegt zu fern für den, der sich mit Geduld rüstet.

Verstand: Der Verstand kann uns sagen was wir unterlassen sollen, aber das Herz kann uns sagen was wir tun müssen.

Humor: Gibt es keine bessere Form mit dem Leben fertig zu werden, als mit Liebe und Humor. Zwischen Lachen und Spielen werden die Seelen wieder gesund. Das Gestern ist fort und das Morgen noch nicht da, also lebe heute.

Lebensfreude: Leicht zu leben ohne Leichtsinn, heiter sein ohne Ausgelassenheit.
Mut zu haben ohne Übermut das ist die Kunst des Lebens.

Zufriedenheit: Reich sein an Freude hängt nicht von Reichtum oder Armut ab, sondern von einem genügsamen und zufriedenen Herzen. Zufriedenheit, Heiterkeit und Seelenruhe sind die Grundlagen allen Glücks, aller Gesundheit und des langen Lebens. Man kommt in der Freundschaft nicht weit, wenn man nicht bereit ist kleine Fehler zu verzeihen.

Als Kind durch die viele Arbeit und Schläge gekennzeichnet und in jeder Hinsicht bevorzugte Schwester habe ich schon früh lernen müssen, Entscheidungen in meinem Leben selbst zu treffen. An meine Volksschulzeit und auch an die Ferienfreizeiten in der DDR kann ich mich noch gut erinnern.
Deutschland war in West- und Ostzone geteilt. Die Grenze wurde überwacht, um Grenzübertritte zuverhindern. Wenn man als Westdeutscher in die DDR reisen wollte, benötigte man ein Visum, welches über einen Visumantrag genehmigt werden musste. Wenn Verwandte in grenznahen Nachbarorten bei Hochzeiten oder Geburtstagen sich besuchen wollten, mussten sie 60 km Umweg und mehr fahren, um den Zielort in der DDR zu erreichen. Der Mann von der Schwester meiner Mutter und dessen Bruder in Wellerode hatten Beziehungen zur DDR. So konnte der Sohn meiner Lieblingstante und dessen Cousin aus Wellerode und ich ohne große Formalitäten in den Sommerferien in 1952 und 1953 mit der Eisenbahn in das Ferienheim

in Zittau und Elsterberg reisen, um dort mit gleichaltrigen Kindern aus der DDR die Ferienfreizeiten zu genießen. Ich war zu dieser Zeit sieben Jahre und hatte von Politik keine Ahnung von Christlichen, Sozialisten oder Kommunisten, die die erwachsenen Bundesbürger alle wählen konnten.

Heute nach 60 Jahren und 40 Ehejahren zeigen sich genau wie damals bei Amore immer noch Schmetterlinge im Bauch, obwohl bei dem damaligen Ehegespräch mit unserem Pfarrer Wagner meine Frau folgenden Trauspruch ausgewählt hatte: »Ihr habt euch der Wahrheit verpflichtet. Ihr habt Geist und Seele rein gemacht. Ihr könnt nun auch in eurer Liebe ehrlich sein. Liebt euch darum von Herzen und haltet einander fest mit Geduld und Beharrlichkeit.«

Mein Trauspruch: »Sorge du für mich, dass ich nicht, ohne es zu wissen, auf dem Wege ins Unheil bin. Leite du mich, ich weiß meinen Weg nicht. Leite mich, dass ich mein Ziel finde, hier und in der Ewigkeit.« Als ich dann noch darauf bestand, dass wir nicht gemeinsam, sondern einzeln bei der Trauung ja sagen sollten meinte der Herr Pfarrer: »In dieser Ehe hat die Frau nichts zu sagen.« Ich wollte durch meinen Trauspruch meinen Vater, Schwester und Schwiegermutter daran erinnern an den Ärger, die unangenehmen Erinnerungen und Ereignisse und habe gehofft, dass man uns als Ehepaar jetzt anerkennt und respektiert. Durch die nicht ganz einfache Predigt des Pfarrers hat dann die Hetzerei ein Ende gefunden und wir beide konnten nach dem Trauspruch meiner Frau unser Leben genießen.

Durch unsere Ehe wurden wir beide zu einer Einheit. An unserer innigen Liebe prallten Angriffe von außen ab und hatten keine Chance unser gemeinsames Glück zu zerstören. Heute wünscht sich meine Frau in unserem neuen Haus noch 20 Jahre zu leben. Die Bauerei ist, bis auf ein neues Bad von unserer Tochter Sylvia, abgeschlossen. Da ich durch die jahrelange Arbeit kaum Freizeit hatte, bietet sich in den kommenden Jahren die Möglichkeit, jetzt ohne bösartige Menschen, ohne Autoverkehr, mit herrlicher Fernsicht und in gesunder Waldluft mit viel Sauerstoff, wie jeden Tag im Urlaub zu verleben.

Da meine Schwester freiwillig keinen Euro von all dem geerbten Geld an meine Kinder abgegeben hat, hat ist sie auch das gestörte Verhältnis zwischen meinen vier Enkeln und ihren zwei Enkeln auf dem Gewissen.

Ihre Enkel werden sie fragen: »Oma warum hast du die Kinder deines Bruders so gehasst, oder hast du und dein Mann durch euer Arbeit so wenig Geld verdient, dass du von dem geerbten Geld nichts abgeben konntest.«

Meine vier Enkel werden fragen:

»Unser Opa hat den von der AEG ausgezahlten Lohn von 30.000 DM als Geselle mit in das neue Wohnhaus in Heiligenrode Dorfstraße 21 investiert. Davon hat unser Opa von deinem Vater als Vermögen 10.000 DM zurückbekommen und somit von dir keinen Pfennig vom Erbe erhalten. Von den verbleibenden 20.000 DM wurde euer Bauplatz im Hasselweg 9 gekauft. Durch die drei Beschwerdeschreiben hat unser Opa dich als seine Schwester, deinen Mann und auch deinen Sohn über all die Erlebnisse und erlebten Begebenheiten informiert, aber wir wurden trotzdem gehasst und verachtet. Der Höhepunkt war, als du als seine Schwester von den Wiedergutmachungszahlungen von deinem Vater an unsere Oma Gudrun an Weihnachten erfahren hattest, wusstest du das in der Zukunft zu verhindern. Dieses Geld brauchtest du ab jetzt nicht mehr zu teilen, sondern konntest es doppelt kassieren.«

Unsere Oma und Opa wussten auch seit Jahren und waren somit auch nicht überrascht, dass sie von den Ersparnissen und von dem Vermögen von dir keinen Cent bekommen würden. Aber dadurch lernt heute die Verwandtschaft mit deinem vorbildlich schlechten Charakter, dich auch eimal von dieser Seite kennen. Dich hat doch nur Geld, Geld, Geld interessiert. Deshalb musste unsere Mutter deine Anweisungen befolgen und hatte keine Chance dir zu wiedersprechen, denn sie wollte dem anschließenden Ärger mit dir aus dem Wege gehen. Das ist der wahre Grund warum meine Kinder Sylvia und Barbara von all dem Geld unserer Eltern nichts bekommen haben. Diese Entscheidung hast du allein getroffen und auch heute zu verantworten.

Nur, dass deine Ungezogenheiten und Garstigkeiten und der ganze Hass auf meine Familie einmal in einem Buch schriftlich festgehalten und niedergeschrieben wurden, damit hat meine Schwester nicht gerechnet.

Deshalb sollte innerhalb einer Familie die Achtung vor dem Anderen im Vordergrund stehen und nicht die Geldgierherrschaft, der Geldhunger, die Profitgier und die Verachtung.

Aber die Vorgehensweise meiner Eltern und meiner Schwester in meinem ganzen Leben hat mich hart bemacht. Nur so konnte ich die Abendschule und die Ingeniuerschule überstehen und zu einem guten Abschluß bringen.

Windkraftanlagen Saukopf und Lindenberg

Die von der Bundesregierung propagierte Energiewende ist auch in Schauenburg angekommen. Auf dem Saukopf waren vier Windanlagen geplant. Doch die Behörden hatten Bedenken, dass die Lärmentwicklung für Elmshagen zu hoch sein könnte. Laut Schauenburgs Bauamtsleiter sei die Anzahl der Rotoren daraufhin von vier auf zwei zurückgenommen worden, da nach dem Bundesemissionsschutz- gesetz empfohlene Entfernung von einem Kilometer deutlich unterschritten würden. Die Vorstellung von zwei Windparkprojekten – auf dem Saukopf zwischen Elmshagen und Breitenbach und auf dem Lindenberg zwischen Breitenbach und der Autobahn A44 sollten verwirklicht werden. Es wurden für die beiden Windparks die Bebauungspläne erstellt und diese öffentlich in der Gemeindeverwaltung ausgelegt.

Der Bundesverband für Windenergie sah die Projekte als »Riesenchance« für die Region Schauenburg, da Wind kostenlos mit 5,5 Meter pro Sekunde geliefert wird. Die zwei Windkraftanlagen auf dem Saukopf und die fünf auf den Lindenberg sollen eine Gesamthöhe von 199 Meter und eine Nabenhöhe von 140 Meter haben.

Die Firma GP Joule aus Reußenköge hat die Anlagen geplant. Der Abstand vom Saukopf nach Elmshagen und nach Breitenbach beträgt nur 870 Meter und der Abstand der Windräder vom Lindenberg nach Breitenbach 1000 Meter.

Die in das Genehmigungsverfahren eingebundene Kassler Firma Cube Engeneering vom Büro angewandte Ökologie und Forstplanung (BÖF) rechnet mit einem Schallwert für die beiden Orte von 35 dB (A), und somit würden die gesetzlichen Lärmgrenzwerte deutlich unterschritten , daher seien die Belastungen für beide Orte vertretbar.

Die Gemeinde Schauenburg hat im Haushalt 2013 bereits Einnahmen aus Pacht und Gewerbesteuer von 75.000 Euro aus dem Projekt eingeplant.

Die Gemeinde Schauenburg als Veranstalter rief zu Bürgerversammlungen in Elmshagen, Breitenbach und zwei Mal im Elgerhaus in Elgershausen auf. Die Bürgerversammlung am Donnerstag, den 29. November 2012 fand vor mehr als 300 Interesierten aus allen fünf Ortsteilen unter einer teils hitzigen Debatte statt, wo die Positionen von Gegnern und Befürwortern mit der Gruppe von kritischen Bürgern diskutiert wurde. Viele Bürger aus Elmshagen haben Bedenken zu dem Windkraft-Projekt auf dem benachbarten Waldstück Saukopf. Sie befürchten durch die beiden Rotoren eine erhöhte Lärmbelastung für ihren Ort.

Zur Erhebung von Einwendungen kamen die befürchtete Verschandelungen der Landschaft, die Zerstörung der Umwelt, Schattenwurf, der Lärm durch die rotierenden Flügel der Rotoren, die gesundheitlichen Schäden durch die akustischen Belastungen durch Infraschall (Tinnitus, Schlafstörungen, Schwindelgefühl, Konzentrationsschwächen) die unzureichenden Abstände zur Wohnbebauung und der Wertverlust der Häuser in der Nähe der Windanlagen die mit 30 Prozent geringer verkauft werden, zur Sprache. Hinzu kommt das Geräusch der Rotorblätter mit einem lauten Wupp drei Mal bei einer Umdrehung beim Passieren vom Anlagenaufbaurohr. Die Nabenhöhe von 140 Metern wurde deshalb so hoch gewählt, um Windverwirbelungen des Waldes auszuschließen.

Auch die 1200 gesammelten Unterschriften mit allein 90 Prozent der Bürger von Elmshagen gegen den Windpark Saukopf wurden den Initiatoren übergeben, mit der Bitte von dem Projekt Langenberg Abstand zu nehmen.

Der Habichtswaldsteig am Saukopf, der für 20.000 Euro vergangenes Jahr von der Gemeinde erst angelegt wurde, wird beim Bau der Windräder gemieden. Der Maintower in Frankfurt ist als Beispiel 200 Meter hoch – das wäre die Rotorspitzenhöhe der Anlagen. Also ich wollte nicht auf fünf Maintower auf dem Lindenberg und zwei weitere auf dem Saukopf schauen müssen und von den sich bewegenden Rotoren ganz kirre gemacht werden.

Die Bürgermeisterin freut sich auf die Windanlagen, da die bedrängende Wirkung, Bedürfnis nach Schutz vor Windanlagen – das sehe sie und die Politiker, die im Verfahren zugestimmt haben nicht. »Ich freue mich auf die Windanlagen.«

Der Laie weiß in dem Wust von Daten schon bald nicht mehr, wo ihm der Kopf steht. Das macht es schwierig sich ein vernünftiges Bild über ein solch breit gefächertes Thema zu machen.

Die Grundstücksbesitzer ein Landwirt und die Gemeinde müssen für ein Windrad knapp zwei Hektar Wald roden, damit ein großer Kran aufgestellt und sämtliche Teile zum Aufbau gelagert werden können. Die gerodete Fläche aller Windräder ist an anderer Stelle wieder aufzuforsten. Dies solte am Meißner geschehen. Desweiteren sind von den Initiatoren eine vier Meter breite Zufahrtstraße für zehn Tonnen Achslast zu bauen, um eine Anlieferung der Aufbauteile zugewährleisten. Für den verpachteten Grund und Boden erhalten die Besitzer 50.000 Euro pro Jahr an Pacht für eine Windkraftanlage.

Die Firma GP Joule aus Reußenköge baut für acht Milionen Euro eine Windkraftanlage, wobei 600 Kubikmeter Beton und 22 Tonnen Stahl als Fundament verarbeitet werden. Um die Standsicherheit zu erhöhen wird das Fundament oben mit einer Schicht Erde bedeckt. Der aufzubauende Turm hat im Grund einen Durchmesser von 9,5 Metern. Mit einem großen Kran wird die Windkraftanlage aufgebaut. Oben an der Nabe beträgt im Betrieb der Schallpegel 118 dB (A) und in 1000 Meter Entfernung unter Volllast noch 35 dB (A).

Sollte an der Nabe in 140 Metern ein Brand ausbrechen, lässt man das Feuer brennen bis es erloschen ist. Auch sämtliche Reparaturen und auch die Wartung der Anlagen übernimmt die Firma GP Joule allein.

Bei der Bürgerversammlung am Donnerstag, dem 13. Dezember im Elgerhaus in Elgershausen wurde vom Gemeindeparlament nach zwei Stunden Disskussion entschieden. Da der Lärm von der Autobahn A44 für Breitenbach ständig zu hören ist geht der verursachte Lärm der Windanlagen darin unter.

Die Fraktionen im Schauenburger Gemeindeparlament stimmten für das Vorhaben Lindenberg wie folgt ab: SPD elf Jastimmen, eine Neinstimme, zwei Enthaltungen, CDU acht Jastimmen, Offensive zwei Jastimmen, zwei Neinstimmen, Grüne vier Jastimmen, FWG zwei Jastimmen, Linke eine Jastimme.

Vorhaben Langenberg: SPD sechs Jastimmen, acht Neinstimmen, CDU sieben Jastimmen, eine Enthaltung, Offensive vier Neinstimmen, Grüne drei Jastimmen, eine Neinstimme, FWG zwei Neinstimmen, Linke eine Neinstimme.

Das Saukopf-Projekt ist somit vom Tisch, da ein ausgeglichenes Stimmenverhältnis von 16 zu 16 vorlag. Wir Bürger von Elmshagen sind erleichtert, das die Windkraftanlagen am Saukopf im Langenberg – wenn auch mit dem knappest möglichen Abstimmungsergebnis – verhindert werden konnten.

Danke an die Gemeindevertreter, die das Rückgrat hatten, ihre eigene Meinung unter Abwägung sachlicher Argumente zu vertreten und differenziert zu entscheiden. Die Initiatoren wollen das Vorhaben Langenberg nicht mehr weiterverfolgen. »Das Projekt Saukopf wird zu den Akten gelegt.«

Die Bürger von Elmshagen können in Zukunft die himmlische Ruhe und die Spaziergänge im Wald, wie in der Vergangenheit ohne den Schallpegel von über 35dB (A) der Windräder genießen. Auch die knapp vier Hektar Wald auf dem Saukopf sind uns erhalten geblieben, sowie der Habichtswaldsteig.

Alle Argumente der kritischen Bürger wurden von den Initiatoren als unbegründet und als nicht zutreffend abgelehnt. Es kam zum Streit und Zank über die Ignoranz mit den Initiatoren, die in überhitzten Depatten bis zu persöhnlichen Beleidigungen von Gemeindevertretern durch Windkraftgegner gingen.

Aber manch Gemeindeparlamentarier, der vorher mit ja stimmen wollte hat seine Meinung revidiert und ist mit einer Neinstimme der Ignoranz entgegengetreten, denn wir Bürger sind erwachsen und wollen ernst genommen werden. Der eingeschlagene Weg der Gemeinde und der Planer hat nicht nur eine Menge Geld für Planung und Gutachten, sondern auch eine erhebliche Menge Vertrauen der Bürger in ihre Gemeindeverantwortlichen gekostet. Deshalb appeliere ich an jeden Bürger, wo auf einem Berg mit 5,5 Meter pro Sekunde Windgeschwindigkeit und weniger als 1000 Meter Abstand eine Windkraftanlage errichtet werden soll, genau wie in unserem kleinen Gallierdorf mit nur 380 Bürgern unbeugsam gegen die große Energiewende mit Erfolg vorzugehen.

Ich möchte noch einmal erwähnen, dass die Gruppe kritischer Bürger von Elmshagen einen Rechtsanwalt damit beauftragt hatte Widerspruch gegen die Windanlagen im Langenberg einzulegen.

Durch intensive Arbeit, den vielen Gesprächen, den umfangreichen juristischen Beistand durch den Rechtsanwalt und nicht zuletzt des Votums der Gemeindevertretung hat sich der ganze Aufwand doch gelohnt. Die zahlreichen Berichte in der HNA rund um die Entscheidungen haben gezeigt, wie viel Aufmerksamkeit das Thema Windenergieanlagen in Schauenburg erfuhr. Dementsprechend wurden die Widerspruchsschreiben, die der Rechtsanwalt gegen die Windenegieanlagen (WEA) Langenberg am 08.11.2012 bei der Gemeinde Schauenburg und beim Zweckverband Raum Kassel (ZRK), sowie die Liste von zahlreichen Einzelpersonen, von Familien und Haushalten mit eingereicht.

67 Euro für den Rechtsanwalt war es jeden Haushalt den kritischen Bürgern wert, die himmlische Ruhe weiter zu genießen, den Lebensraum Wald von vielen Vögeln, Rehen, Wildschweinen, Hasen, Füchse, Fledermäusen oder Lurchen zu erhalten und nicht durch gigantische Stahlkolosse zuzubauen.

Die Landschaft um Kassel wird sich in den nächsten Jahren dramatisch verändern. Grund ist der massive Ausbau der Windkraft. Laut Regierungspräsidium (RP) werden allein im Landkreis Kassel mindestens 100 große gigantische Windräder entstehen, die bis zu

200 Meter hoch sind. In ganz Nordhessen werden 600 bis 800 Stück dieser Anlagen errichtet werden, um eine »Kehrtwende« durch die Windenergie zu erreichen.

Maßlose Enttäuschung über einen guten Freund

Es gibt auch Dinge im Leben eines Menschen, wo man von anderen Mitmenschen abhängig ist und diese über einen bestimmen können, um Probleme zu lösen. Ich war froh, für mein Problem einen Bekannten gefunden zu haben, dem ich vertrauen konnte. Zu Anfang war er Feuer und Flamme und ich konnte mich auf ihn verlassen, wenn ich ihn brauchte. Aber mit der Zeit flaute die Hilfsbereitschaft immer mehr ab. Man wird von Woche zu Woche immer wieder durch Unwahrheiten und Ausreden vertröstet, dabei ist viel Geduld aufzubringen und dem Bekannten zu glauben, weil man ihn braucht und einem nichts anderes übrig bleibt als geduldig zu warten bis er kommt.

Begonnen hat es damit, dass er mir für vierhundert Euro 24 Stück Bücher drucken und einbinden wollte. Für das Einrichten auf meinem Computer übergab ihm meine Frau einhundertfünfzig Euro. Über einen USB-stick überreichte ich ihm meinen gesamten Text. Am 21.03.2012 erhielt ich sechs Bücher mit einer Rechnung von vierhundertundzehn Euro. Am 26.06.2012 übergab er uns acht weitere Bücher mit einer neuen Rechnung über vierhundertvierzig Euro. Diese Rechnung bezahlte meine Frau erst im September 2012 als alle vierundzwanzig Bücher gedruckt waren. Aus den veranschlagten vierhundert Euro sind somit tausend Euro geworden.

Die vierundzwanzig Buchbindermappen kosten 70 Euro, drei Toner- Patronen kosten 204 Euro und das Druckerpapier 16,05 Euro. Seine Auslagen ergeben 290 Euro und meine Frau musste ihm 1000 Euro bezahlen, minus die 290 Euro ergeben 710 Euro Reinverdienst.

Als ich ihn darüber informierte antwortete er: »Was ich wollte, an Hand seiner Rechnungen, hätte alles seine Richtigkeit.« Von nun an wurde ich von einem festzugesagten Termin, durch ständig neue Ausreden, auf einen immer wieder neuen Termin vertröstet.

Nach über einem Jahr hatte der Nachbar es dann endlich geschafft, 24 Mal Buch drucken in seinen Rechner einzugeben und 24 Mal den Vorrichtungshebel zur Einbindung der Bücher nach unten zuschwenken. Hätte er an einem Tag alle meine Bücher gedruckt, wären meiner Frau und mir viel Leid, Stress, Ärger und Aufregung erspart geblieben.

Das wichtigste im Leben zweier Menschen in der Ehe ist und bleibt doch die Liebe und nicht der Mammon und das Schönste am Manne ist die Frau an seiner Seite.

Unsere beiden Familien haben sich in der Vergangenheit gegenseitig besucht.

Meine Frau und ich sind maßlos enttäuscht über die Ungezogenheit und Garstigkeit und der fiesen Abzocke und Profitgier des Nachbarn.

All diese Vorkommnisse habe ich der Nachbarin in einem Brief mitgeteilt und darauf hingewiesen, dass weder meine Frau noch ich, ihre 23 Sträucher in der gemeinsamen Grenze in Zukunft nicht mehr schneiden werden, sondern sie oder ihr Freund die Arbeit in Zukunft übernehmen müssen.

Diesen Schreiben habe ich der Nachbarin persönlich übergeben mit folgendem Text.

Schauenburg den 02.09.2013

Hallo Frau Nachbarin
Betreff: Die von meiner Frau in der Vergangenheit geschnittenen 23 Stück Sträucher in der gemeinsamen Grenze, die vom Nachbarn in einem versetzten Grenzabstand von 25 cm bis 55 cm gepflanzt wurden, wird meine Frau in Zukunft nicht mehr schneiden.

Auch einige Zusatzinformationen über die Vorkommnisse der letzten eineinhalb Jahre von ihrem Lebensabschnittgefährten sollten sie wissen.

Für das Einrichten meines Computers und das gelegentliche Kommen bei Schwierigkeiten hat meine Frau ihm auf die Hand vorab 150,- Euro bezahlt.

Bei meinen ersten Büchern drucken war ich anwesend. Da wurde von ihm geprahlt, dass sein Drucker HPCP 3525 DN in etwa 10 Minuten 780 Blatt druckt.

2280 Blatt waren zu drucken, dass ergibt eine Druckzeit von 30 Minuten.

6 Minuten benötigt man um 24 Mal drucke Buch einzutippen und 12 Minuten um den Hebel der Vorrichtung zum Einbinden der 24 gelieferten Bücher um 90 Grad zu schwenken. Das ergibt zusammen 48 Minuten. Für diese 48 Minuten hat meine Frau ihm 1000,- Euro bezahlt. Wenn man das Material für die gelieferten 24 Bücher abzieht, 6000 Blatt 90 Gramm/m² Papier wurden in den beiden Rechnungen aufgeführt, aber das halb so teuere 80 Gramm/m² Papier wurde nur verwendet und davon auch nur 2280 Blatt. Eine Buchbindermappe kostet 2,90 Euro und nicht 10 Euro, sowie drei Mal Toner, die Patrone für 69 Euro ergibt einen Materialanteil von 290 Euro. So verbleiben 710,- Euro gleich 1420,- DM Reinverdienst für 48 Minuten. Das entspricht einen Stundenlohn von 888,- Euro, den verdient kein Herr Winterkorn bei VW, kein Herr Zetsche bei Daimler und hat auch kein Herr Ackermann bei der Deutschen Bank in der Stunde verdient, nur er in 15 Minuten für 24 Mal drucke Buch eingeben und 24 Mal Hebel um 90 Grad schwenken als reine Arbeitszeit.

Aus diesen 48 Minuten wurden eineinhalb Jahre durch folgende Ausreden: Er hätte soviel verschiedene Sorten Schreibpapier und da müsste er mir erst meine Sorte heraussuchen. Dann brauchte er wieder Toner. Nach seinem Urlaub in 2012, den er hier in Elmshagen verlebt hat, komme er bestimmt.

Die von ihm noch zu bestellenden Buchbindermappen waren 6 Wochen nach Bestellung noch nicht geliefert. Nach einem viertel Jahr waren diese Mappen endlich da, erst in seinem Büro in Elgershausen, dann in Grebenstein. In Wirklichkeit ist diese Bestellung der Mappen von ihm noch garnicht aufgegeben worden.

Ich hatte ihn gebeten mir 90 Gramm/m² Papier zu besorgen. Einen Tag später bekam ich für 10 Euro Papier, wo das von mir Gedruckte alle verlaufen ist. Er verwies mich auf meine Druckereinstellung, hatte aber keine Zeit diese einmal zu überprüfen.

Dann konnte er auf seinem Drucker nur ganze Bücher drucken, einzelne Blätter waren nicht möglich, was ich jedoch nicht glaubte.

Beim Einkaufen in Elgershausen im R-Kauf hat er meiner Frau und mir versprochen, dass er diese Woche bei uns vorbei kommen werde, um die restlichen Bücher uns zu übergeben, aber dann hatte er wieder mal keine Zeit als Ausrede.

Seine Taktik bestand darin, den uns zugesagten Termin von Woche zu Woche durch immer wieder neue Ausreden zu verschieben.

20 Samstage habe ich ihn um 11 Uhr aufgesucht und gebettelt, mir doch die restlichen Bücher zu drucken. Ich wurde immer nur hingehalten und von einem Termin auf den anderen Termin vertröstet. Seine Hauptausrede war ständig, keine Zeit.

Den ganzen Winter von 2012 / 2013 stand sein Auto ab 11 Uhr vor ihren Garagen. Jetzt konnte er in aller Ruhe seine Zigarettchen rauchen, nur um mir zu helfen, dafür hatte er keine Zeit. Warum auch, er ist ja von meiner Fau fürstlich entlohnt worden.

An der Vorrichtung zum Einbinden der Bücher war der Hebel zum Schwenken auf einmal abgebrochen. Dann war die kaputte Vorrichtung aus dem verschlossenem Auto sogar gestohlen worden.

Warum hat er uns die 24 gelieferten Bücher nicht an einem Tag gedruckt, dann wäre meiner Frau und mir viel Aufregung, Stress, Ärger und Leid erspart geblieben.

Meine Frau und ich haben oft nachts über die Erlebnisse und Machenschaften in den letzten eineinhalb Jahre diskutiert, sodass meiner Frau im letzten Jahr zwei Knoten in ihrer Schilddrüse gewachsen sind, die am 19.März 2013 unter Vollnarkose im Krankenhaus durch eine

Operation entfernt wurden. Jetzt muss sie für den Rest ihres Lebens Tabletten einnehmen, die sie schlecht verträgt. Gott sei Dank ist nach etwa 12 Wochen ihre Stimme langsam wieder gekommen.

Ich bin einmal durch Drehschwindel, wo die Bäume im Wald nach rechts gewandert sind, umgefallen und geistig weggetreten. Wie lange ich bewusstlos da gelegen habe, kann ich nicht sagen. Jedenfalls bin ich von allein wieder zu mir gekommen. Da ich auf einen Schlaganfall oder Herzinfarkt keinen Wert lege, habe ich die Reißleine gezogen, denn ein Ende mit Schrecken, ist besser als ein Schrecken ohne Ende und habe ab sofort den Nachbarn nicht mehr gegrüßt. Es zermürbt einen, wenn er zugesagte Termine nicht einhält und durch Ausreden neue Termine festlegt und diese aber auch nicht einhält, verliert man das Vertrauen zu einem Menschen.

Er war der King und ich musste mich ihm unterordnen, war ihm ausgeliefert, musste seine Versprechungen mit Geduld ertragen, konnte ihm nie ein Widerwort bieten, musste ständig klein beigeben und konnte mich auch nie verantworten, da ich stets Rücksicht nehmen musste auf die noch zuliefernden Bücher.

Er allein hat unsere über zehn Jahre andauernde Freundschaft mit Füßen getreten und zerstört durch seinen willenlosen Geldhunger und zügellose Habgier. Mit der ersten Rechnung über 407 Euro erhielt ich sechs Bücher und drei Monate später lagen weitere acht Bücher mit einer zweiten Rechnung über 438 Euro vor unserer Haustür. Er hätte gern für die noch fehlenden 10 Bücher noch einmal einige 100 Euro kassiert, aber dem hat meine Frau vorgebeugt und erst drei Monate später nach Lieferung der restlichen Bücher die zweite Rechnung bezahlt.

Wir haben uns doch einmal gegenseitig besucht, ob er das vergessen hat?

Sämtliche Geldangelegenheiten in unserer Ehe erledigt meine Frau und da habe ich mich auch nie eingemischt, da ich volles Vertrauen zu ihr habe. Ich lebe dadurch viel freier und unbekümmerter. Warum auch, es kam und kommt ja ständig jeden Monat in unserer Ehe automatisch neues Geld hinzu.

An einer guten Nachbarschaft ist er nicht interessiert und daher wird er, wie gehabt, alles abstreiten und deshalb musste ich ihnen Frau Nachbarin die Wahrheit schriftlich mitteilen. Frau Nachbarin mit all diesen Vorkommnissen haben sie nichts zu tun und deshalb hoffe ich auf positives Verständnis bei ihnen und weiterhin auf eine sehr gute Nachbarschaft, wie in all den vergangenen Jahren, wo nie ein böses Wort zwischen uns gefallen ist. Sie können nichts dazu, wie er meine Frau und mich behandelt hat.

So und jetzt bin ich froh, dass ich meiner Seele und meinen Herzen einmal Luft verschaffen konnte und all den Frust, der sich in den letzten eineinhalb Jahren angestaut hatte, endlich einmal los bin.

Das Hessische Nachbarschaftsgesetz schreibt für das Pflanzen von Hecken und Sträuchern einen Mindestgrenzabstand unter Nachbarn von 60 cm vor. Der Grenzabstand liegt bei ihren Sträuchern zwischen 25 cm und 50 cm.

Ich hoffe, dass mein Anliegen ihre Sträucher in Zukunft von meinem selbst errichteten Zaun in der gemeinsamen Grenze um etwa 10 cm zurückzuschneiden ohne großes Theater, wie in den letzten eineinhalb Jahren über die Bühne geht. Ich möchte nämlich nicht, dass ihre Äste in meinen Maschendrahtzaun einwachsen und dieses dann ausbeulen.
Vielen Dank im Voraus.
Anlage: Beide Rechnungen
Elmshagen, den 02.09.2013
Friedhelm Umbach

Eine Wochen später hat die Nachbarin meine Frau angesprochen, die von meinem Schreiben keine Kenntnis hatte, konnte der Nachbarin aber sämtliche Vorkommnisse bestätigen. Sie hat sich bei ihr auch noch beschwert, dass die 150 Euro zum Einrichten des Computers in keiner der beiden Rechnungen aufgeführt waren.

Da die Nachbarin ihr Ansehen in Elmshagen gefährdet sah, hat sie meiner Frau gedroht einen Rechtsanwalt einzuschalten, falls sie von anderen Nachbarn auf dieses Schreiben angesprochen wird.

Der Nachbar und meine Schwester können sich die Hände reichen, denn von ihr bin ich oft, genau wie von ihm, genug belogen und betrogen und abgezockt worden.

Da ist meine Frau doch anders und darüber bin ich froh, dass ich so einen wundervollen Menschen wie meine Frau geheiratet habe. Bei uns zählt die gegenseitige echte Liebe, sowie ihre guten Eigenschaften wie Ehrlichkeit, Tatkraft und Freundschaft. Ein Tag ohne Liebe ist wie ein Meer ohne Wasser oder ein Auto ohne Räder. Meine Frau Gudrun ist ein guter Mensch, der es verdient hat geliebt zu werden. Das Lächeln von ihr ist wie ein Fenster, durch das man sieht, ob ihr Herz zu Hause ist. Sie war und ist der bleibende Mittelpunkt und Ansprechpartner für mich, unseren beiden Töchtern und den vier Enkeln in jeder Beziehung. Für die all sich ergebenen Probleme steht sie für uns mit Rat und Tat zur Verfügung und hilft, wenn man sie braucht zum Wohle der Familie. Sie hilft den Enkeln bei den Hausaufgaben, spielt und beschäftigt sich mit ihnen. Gudrun ist und bleibt unsere Bezugsperson in allen Lebenslagen. Auch bei Anwesenheit meiner Schwester hat sie mich stets ermahnt den Mund zu halten und mit Besonnenheit zu reagieren und sie gewähren zu lassen. Ich und meine Frau haben uns dadurch viel Ärger erspart. Nur so konnten wir das wahre Gesicht meiner Schwester kennen lernen.

Deshalb gehe ich mit meinem Buch an die Öffentlichkeit, um die Menschen die nicht bereit sind etwas abzugeben zu warnen. Sie werden von ihren Geschwistern, deren Kindern und Enkelkindern, sowie von den Verwandten, Bekannten, Freunden und auch Nachbarn nicht mehr geachtet und müssen den Zorn über ihr Verhalten später dann ertragen. Die Person hat zwar ihre Geschwister um das Erbe betrogen, hat aber dafür an Image und Ansehen im Wohnort verloren.

Ich frage mich manchmal: »Warum muss es oft wegen Geld soviel Grausamkeit, Hass, Habgier, Gezänk, Raffsucht, Ungerechtigkeit, Leid, Unterdrückung, Gewalttat und Böses unter den Menschen auf unserer Welt geben. Warum zeichnen sich nicht alle Menschen durch die Eigenschaften wie Liebe, Freude, Frieden, Langmut, Freundlichkeit, Güte, Glauben, Milde, Selbstbeherrschung und Ehrfurcht vor dem Leben aus.«?

Überschreibung unseres Wohnhauses in Elgershausen

an unsere beiden Töchter durch den Notar.
Urkundenrolle Nr.

Verhandelt
am 15.10.2014

Vor dem unterzeichneten

Notar

erschienen heute

1. Frau Gudrun Umbach, geb. Ritze, geb. am 21.02. 1952
2. deren Ehemann, Friedhelm Umbach, geb. am 24.03. 1945
   beide wohnhaft 34270 Schauenburg, Schöne Aussicht 34

die Töchter der Erschienenen zu 1.) und 2.)

Frau Sylvia Rudolph, geb. Umbach, geb.am 19.03.1974
1. Frau Barbara Zerr, geb. Umbach, geb. am 24.05.1980
   beide wohnhaft 34270 Schauenburg, Erfurter Straße 9

Die Erschienenen zu 1.) bis 4.) wiesen sich zur Gewissheit des Notars zu ihrer Person durch Vorlage ihrer Lichtbildausweise aus.

Der Notar fragte nach einer Vorbefassung im Sinne von § 3 Abs. 1 Nr. 7 BeurkG. Sie wurde von den Beteiligten verneint.

Sodann baten die Erschienenen um Beurkundung nachstehenden
Grundstücksübergabevertrages
mit Auflassung

§ 1

Die Erschienenen zu 1.) und 2.) sind als Eigentümer des im
Grundbuch des Amtsgerichtes Kassel für Elgershausen Blatt 2144
eingetragenen Grundbesitzes
jeweils Gemarkung Elgershausen
jeweils Flur 8
Flurstück 79/3 in Größe von 7,62 a
Flurstück 80/2 in Größe von 0,05 a
Flurstück 80/3 in Größe von 1,12 a
Flurstück 79/10 in Größe von 0,38 a
jeweils Gebäude und Freifläche Erfurter Straße 9
eingetragen.
Der Grundbesitz ist in Abteilung II belastet mit einem Wohnungs-Recht für Frau Elisabeth Ritze.
Der Grundbesitz ist in Abteilung III nicht belastet.

§ 2

Die Erschienenen zu 1.) und 2.) übertragen hiermit den in § 1 dieses
Vertrages näher bezeichneten Grundbesitzes auf die Erschienenen zu
3.) und 4.) zum Miteigentum je zu 1/2.
Die Erschienenen zu 3.) und 4.) nehmen die Übertragung jeweils an.

§ 3

Die Übertragung erfolgt unter folgenden Vorbehalte und Auflagen:
1. die Erschienenen zu 3.) und 4.) haben sich jedoch den jeweils
übertragenen Grundstückswert auf evtl.Pflichtteilsansprüche
nach dem Erststerbenden anrechnen zu lassen, wenn sich die Erschie-

nenen zu 1.) und 2.) gegenseitig zu Alleinerben testamentarisch einsetzen; 2. das Recht in Abteilung II ist zu löschen.

§ 4

Zwischen den Erschienenen zu 3.) und 4.) wird folgende Nutzungsregelung getroffen:
Frau Sylvia Rudolph nutzt die Wohnung im Obergeschoss und im Dachgeschoss des Hauses wie bisher sowie die linke Seite der Doppelgarage.
Frau Barbara Zerr nutzt die im Erdgeschoss des Hauses gelegene Wohnung mit zwei Kellerräumen, sowie die neu angebaute Einzelgarage, sowie die rechte Seite der Doppelgarage, sowie auch den Kellerraum unter der Einzelgarage.
Die Waschküche und die Vorratskeller sowie der Kellerraum unter der Doppelgarage werden von den Erschienenen zu 3.) und 4.) gemeinsam genutzt.
Die PKW-Stellplätze vor den jeweiligen Garagen werden jeweils von demjenigen genutzt, der die jeweilige Garage nutzt.
Die Stellfläche unter der Pergola steht Frau Barbara Zerr zu.
Der weitere vorhandene Stellplatz vor dem Haus wird von Frau Sylvia Rudolph genutzt.
Darüber hinaus bleiben die Erschienenen zu 3.) und 4.) verpflichtet, noch einen oder zwei weitere Stellplätze zu errichten.
Die Kosten der Unterhaltung des Hauses werden wie bisher gemeinsam hälftig getragen. Die hier getroffene Nutzungsregelung besteht im Grunde so schon seit 13 Jahren, in denen die Erschienenen zu 3.) und 4.) das Haus gemeinsam jeweils mit ihren Familien nutzen.

§ 5

Besitz, Nutzungen, Lasten und Gefahren gelten mit dem 01.10.2014 als auf die Erschienenen zu 3.) und 4.) übergegangen.
Den Erschienenen zu 3.) und 4.) ist der Grundbesitz und seine Rechts-

verhältnisse bestens bekannt. Es werden keinerlei Gewähr für das übertragene Grundstück und der aufstehenden Gebäude übernommen.

§ 6

Sodann baten die Erschienenen um Beurkundung der Auflassung wie folgt:
Wir sind darüber einig, dass das Eigentum an dem in § 1 dieses Vertrages näher bezeichneten Grundbesitzes von den Erschienenen zu 1.) und 2.) auf die Erschienenen zu 3.) und 4.) zum Miteigentum je zu ½ übergeht.
Die Erschienenen zu 1.) und 2.) bewilligen und die Erschienenen zu 3.) und 4.) beantragen die Eigentumsumschreibung im Grundbuch.
Die Eintragung einer Eigentumsverschaffungsvormerkung wünschen die Erschienenen nicht, obwohl der Notar auf die Vorteile einer solchen Regelung hingewiesen hat.

§ 7

Der Notar wird angewiesen, die Eigentumsumschreibung vornehmen zu lassen, sobald die notwendigen Voraussetzungen vorliegen.

§ 8

Die Erschienenen nehmen Bezug auf die Sterbeurkunde der Berechtigten des Rechts Abteilung II und beantragen schon heute die Löschung des Rechts im Grundbuch.

§ 9

Die Kosten dieser Verhandlung sowie ihrer Durchführung tragen die Erschienenen zu 3.) und 4.) je zu ½ . Etwa anfallende Grunderwerb- oder Schenkungsteuer trägt derjenige, bei dem sie anfällt.

§ 10
Der Notar hat auf die schenkungssteuer- und grunderwerbsteuerlichen Regelungen hingewiesen. Die Erschienenen erkennen an, dass der Notar nicht steuerlich beraten hat. Sie haben sich über die steuerlichen Auswirkungen anderweitig beraten lassen.

§ 11
Die Erschienenen zu 1.) bis 4.) erteilen jeder einzelnen und unabhängig von den übrigen Vertragsbeteiligten den nachfolgenden Notariatsangestellten, und zwar ebenfalls jeder einzeln nämlich beide geschäftsansässig Vollmacht, alle diesen Vertrag klarstellenden, ergänzenden oder auch ändernden Erklärungen im Namen der Vertretenen abzugeben und entgegenzunehmen.
Die Bevollmächtigten sind von den Beschränkungen des § 181 BGB befreit.

§ 12
Der Notar hat das Grundbuch am 12.09.2014 eingesehen, danach nicht erneut. Die Erschienenen bestanden jedoch trotz Hinweises des Notars auf die damit verbundenen Risiken auf sofortige Beurkundung. Der Notar wies die Erschienenen darauf hin, dass die Eigentumsumschreibung im Grundbuch erst erfolgen kann, wenn die Unbedenklichkeitsbescheinigung des Finanzamtes hinsichtlich einer etwa zu zahlenden Grunderwerbsteuer vorliegt und die Eintragungskosten gezahlt sind.
Der Notar wurde gebeten, die erforderlichen Bescheinigungen einzuholen und unter Befreiung von § 181 BGB für die Parteien entgegenzunehmen.
Die Erschienenen wurden vom Notar weiter hingewiesen: Auf das Erfordernis der Vollständigkeit der Beurkundung, widrigenfalls der Vertrag unter Umständen nichtig sein könnte, auf die Haftung des Grundbesitzes für die öffentlichen Abgaben und Lasten, auf die ge-

samtschuldnerische Haftung der Parteien für die Kosten und Steuern, unbeschadet der Vereinbarung dieses Vertrages,
    a.) auf das Widerrufs- und Rückforderungsrecht des Übergebers gemäß §§ 528 bis 530 BGB.

§ 13

von dieser Urkunde erhalten
die Erschienenen zu 1.) und 2.)
eine beglaubigte Fotokopie,
die Erschienenen zu 3.) und 4.)
je eine beglaubigte Fotokopie,
das Grundbuchamt eine Ausfertigung,
das Finanzamt als Grunderwerbsteuerstelle eine
Fotokopie und als Schenkungssteuerstelle
eine Fotokopie.
Sodann wurde die vorstehende Verhandlung einschließlich aller eventueller handschriftlichen Ergänzungen und Änderungen den Erschienenen vom Notar vorgelesen, von ihnen genehmigt und eigenhändig, wie folgt, unterschrieben; Gudrun Umbach, Friedhelm Umbach, Sylvia Ruolph, Barbara Zerr und vom Notar.

Beurkundung einer Vorsorgevollmacht

für Friedhelm und
meiner Frau Gudrun durch den Notar
Urkundenrolle Nr.

Verhandelt
am 15.10. 2014

Vor dem unterzeichneten Notar

erschien heute:

Herr Friedhelm Umbach
geb. am 24.03.1945
wohnhaft 34270 Schauenburg, Schöne Aussicht 34

Der Erschienene wies sich zur Gewissheit des Notars zu seiner Person durch Vorlage seines Lichtbildausweises aus.

Der Notar fragte nach einer Vorbefassung im Sinne von § 3 Abs. 1 Nr.7 BeurkG. Diese wurde von dem Beteiligten verneint.

Der Erschienene bat um Beurkundung nachstehender Vorsorgevollmacht.

Diese Vollmacht soll dann gelten, wenn ich durch Alter oder Krankheit daran gehindert bin, für mich selbst zu sorgen. Diese Bestimmung ist jedoch keine Beschränkung der Vollmacht gegenüber Dritten, sondern lediglich eine Anweisung von mir an die Bevollmächtigten, die nur im Innenverhältnis gilt; Im Außenverhältnis gegenüber Dritten und Behörden ist diese Vollmacht unbeschränkt.

Ich bevollmächtige hiermit meine Ehefrau und meine Töchter, und zwar so, dass jeder einzeln handelsbefugt ist

1. Frau Gudrun Umbach, geb. Ritze, geb. am 21.02.1952
   wohnhaft 34270 Schauenburg, Schöne Aussicht 34
2. Frau Sylvia Rudolph, geb. Umbach, geb. am 19.03.1974
   wohnhaft 34270 Schauenburg, Erfurter Straße 9
3. Frau Barbara Zerr, geb. Umbach, geb. am 24.05.1980
   wohnhaft 34270 Schauenburg, Erfurter Straße 9

mich in allen persönlichen und vermögensrechtlichen Angelegenheiten, soweit dies gesetzlich zulässig ist, gerichtlich und außergerichtlich zu vertreten.

Die Vollmacht dient der Vermeidung einer Betreuung und geht der Anordnung einer Betreuung vor.
Die Bevollmächtigen können in Vermögensangelegenheiten Untervollmacht erteilen. Sie sind in Vermögensangelegensangelegenheiten von den Beschränkungen des § 181 BGB befreit. Die Vollmacht ist in persönlichen Angelegenheiten nicht übertragbar.
Die Bevollmächtigten sind somit befugt, Rechtsgeschäfte mit sich im eigenen Namen und als Vertreter Dritter vorzunehmen. Die Bevollmächtigen sind befugt,
– zur Aufenthaltsbestimmung, vor allem bei der Entscheidung über die Unterbringung in einem Pflegeheim, in einer geschlossenen Anstalt oder die Aufnahme in ein Krankenhaus,
– zur Entscheidung über freiheitsentziehende Maßnahmen, wie etwa das Anbringen von Bettgittern und Gurten,
– zu allen Erklärungen in Gesundheitsangelegenheiten, insbesondere

bei der Einwilligung in Operationen und sonstigen ärztlichen Maßnahmen,
- Krankenhausunterlagen einzusehen und alle Informationen durch mich behandelnde Ärzte einzuholen.

Diese Vollmacht soll durch meinen Tod nicht erlöschen, ebenfalls nicht durch meine Geschäftsunfähigkeit.

Den Bevollmächtigten soll je eine Ausfertgung dieser Urkunde erteilt werden und mir eine beglaubigte Fotokopie. Eine Registrierung im zentralen Versorgeregister der Bundesnotarkammer wünsche ich nicht. Ich wünsche, dass mein Sterben nicht mit Hilfe apparativer und/oder medikamentöser Maßnahmen unnötig verlängert wird.
Sodann wurde die Verhandlung dem Erschienenen vom Notar vorgelesen, von ihm genehmigt und eigenhändig, wie folgt, unterschrieben:

Friedhelm Umbach der Notar

Urkundenrolle Nr.

Verhandelt

am 15.10.2014
Vor dem unterzeichneten Notar

erschienen heute:

Frau Gudrun Umbach
geb. Ritze, geb. am 21.02.1952
wohnhaft 34270 Schauenburg Schöne Aussicht 34

Die Erschienene wies sich zur Gewissheit des Notars zu ihrer Person durch Vorlage ihres Lichtbildausweises aus.

Der Notar fragte nach einer Vorbefassung im Sinne von § 3 Abs. 1 Nr. 7 BeurkG. Diese wurde von der Beteiligten verneint.

Die Erschienene bat um Beurkundung nachstehender

Versorgevollmacht.

Diese Vollmacht soll dann gelten, wenn ich durch Alter oder Krankheit daran gehindert bin, für mich selbst zu sorgen. Diese Bestimmung ist jedoch keine Beschränkung der Vollmacht gegenüber Dritten, sondern lediglich eine Anweisung von mir an die Bevollmächtigen, die nur im Innenverhältnis gilt; im Außenverhältnis gegenüber Dritten und Behörden ist diese Vollmacht unbeschränkt.

Ich bevollmächtige hiermit meinen Ehemann und meine Töchter, und zwar so, dass jeder einzeln handelsbefugt ist

1. Herrn Friedhelm Umbach, geb. am 24.03.1945 wohnhaft 34270 Schauenburg, Schöne Aussicht 34
2. Frau Sylvia Rudolph, geb. Umbach, geb. am 19.03.1974 wohnhaft 34270 Schauenburg, Erfurter Straße 9
3. Frau Barbara Zerr, geb. Umbach, geb. am 25.05.1980 wohnhaft 34270 Schauenburg, Erfurter Straße 9

mich in allen persönlichen und vermögensrechtlichen Angelegenheiten, soweit dies gesetzlich zulässig ist, gerichtlich und außergerichtlich zu vertreten.

Die Vollmacht dient der Vermeidung einer Betreuung und geht der Anordnung einer Betreuung vor.

Die Bevollmächtigen können in Vermögensangelegenheiten Untervollmacht erteilen. Sie sind in Vermögensangelegen von den Beschränkungen des § 181 BGB befreit. Die Vollmacht ist in persönlichen Angelegenheiten nicht übertragbar.

Die Bevollmächtigten sind somit befugt, Rechtsgeschäfte mit sich im eigenen Namen und als Vertreter Dritter vorzunehmen. Die Bevollmächtigten sind befugt,

— zur Aufenthaltsbestimmung, vor allem bei der Entscheidung über die Unterbringung in einem Pflegeheim, in einer geschlossenen Anstalt oder die Aufnahme in ein Krankenhaus,
— zur Entscheidung über freiheitsentziehende Maßnahmen, wie etwa das Anbringen von Bettgittern und Gurten,
— zu allen Erklärungen in Gesundheitsangelegenheiten, insbesondere bei der Einwilligung in Operationen und sonstigen ärztlichen Maßnahmen,
— Krankenhausunterlagen einzusehen und alle Informationen durch mich behandelnde Ärzte einzuholen.

Diese Vollmacht soll durch meinen Tod nicht erlöschen, ebenfalls nicht durch meine Geschäftsunfähigkeit.

Den Bevollmächtigten soll je Ausfertigung dieser Urkunde erteilt werden und mir eine beglaubigte Fotokopie. Eine Registrierung im zentralen Versorgeregister der Bundesnotarkammer wünsche ich nicht.

Ich wünsche, dass mein Sterben nicht mit Hilfe apparativer und/oder medikamentöser Maßnahmen unnötig verlängert wird.

Sodann wurde die Verhandlung der Erschienenen vom Notar vorgelesen, von ihr genehmigt und eigenhändig, wie folgt, unterschrieben:

Gudrun Umbach der Notar

Berliner Testament zur Altersabsicherung

Schauenburg, Elmshagen, Silvester, den 31.12. 2014

Berliner Testament

Unser gemeinschaftliches Testament

Wir die Eheleute
Frau Gudrun Umbach, geborene Ritze, geboren am 21.02.1952 in Elgershausen, jetzt Schauenburg

und

Herr Friedhelm Umbach
geboren am 24.03.1945 in Vollmarshausen jetzt Lohfelden, verheiratet seit dem 04.05.1972

bestimmen hiermit ein gemeinschaftliches Testament in dem wir unseren letzten Willen folgendermaßen bestimmen:
Wir setzen uns gegenseitig zu Vollerben ein.

1. Erben des zuletzt Verstorbenen sollen zu gleichen Teilen unserer Kinder (Töchter) sein
2. Sylvia Rudolf, geborene Umbach, geboren am 19.03.1974 und Barbara Zerr, geborene Umbach, geboren am 24.05.1980.

Schauenburg, den 31.12.2014
Gudrun Umbach
Friedhelm Umbach

Ärger über Knoten in meiner Schilddrüse

Mein Hautarzt gab mir eine Überweisung zur Radiologie in Baunatal, um meine Lymphdrüsen untersuchen zu lassen.

Bei der Untersuchung wurde aber ein Knoten in der Schilddrüse festgestellt, welchen ich mir durch ein Bild bestätigen ließ.

In der Apotheken-Umschau vom 15.Oktober 2014B hat Professor Ralf Paschke, Endokrinolologe am Universitätsklinikum Leipzig berichtet, dass 60 Prozent der Knotenoperationen wegen unklarer Diagnosen der Schilddrüse nicht erforderlich sind.

Eine Kritik, die viele Experten teilen. Wir sollten öfter von der Zellanalyse gebrauch machen. »Wenn es genug Hinweise gibt, verzichten wir auf den Gewebetest und operieren sofort«, erläutert Professor Wolfram Knöfel, der eine chirugische Abteilung an der Universitätsklinik Düsseldorf leitet. Doch das vollständige Entfernen der Schilddrüse ist ein komplizierter Eingriff »Chirugen müssen den Stimmbandnerv auf einer Strecke von acht Zentimetern freipräparieren, um die Lymphknoten an der Speise- und Luftröhre zu entfernen«, erklärt Professor Joachim Jähne, Leiter des Diakoniekrankenhauses Henriettenstiftung in Hannover und Präsident der Deutschen Gesellschaft für Chirugie. Wird der Nerv dabei beschädigt, kann das für den Patienten den Stimmverlust bedeuten. Schlimmstenfalls verschließen die Stimmlippen die Luftröhre. Dann muss der Chirug diese mit einem Schnitt öffnen.

Weiterhin sollten bei dem Eingriff die Nebenschilddrüsen möglichst geschont werden. Sie bilden das Parathormon, das für den Kalziumstoffwechsel wichtig ist. In Deutschland gibt 32 Krankenhäuser mit zertifizierter Kompetenz in endokriner Chirugie oder Schilddrüsen- und Nebenschilddrüsenchirugie. Doch die weitaus meisten Veränderungen bedürfen keiner Therapie.

Immerhin hat rund ein Drittel der Bevölkerung Deutschlands Knoten oder eine vergrößerte Schilddrüse. Kleine gutartige Knoten bilden sich zuweilen zurück, wenn ein Patient für einige Monate das Schilddrüsenhormon Thyroxin und Jod einnimmt.

Ich habe mit dem Bild aus der Radiologie einen Arzt aufgesucht mit der Bitte Thyroxin mir zu verschreiben.

Ich habe ihm den Artikel von der Apotheken- Umschau vorgelesen und gesagt: »Diese Umschau ist millionenfach gedruckt und viele Millionen Menschen haben diesen Artikel über die Schilddrüse gelesen, der von Professoren an Universitätskliniken verfasst wurde.

In der Anzeigenveröffentlichung der HNA vom Samstag, den 26.09.2015, schreibt der Chefarzt der endokrinen Chirugie am Marienkrankenhaus in Kassel, dass etwa 75 Prozent der Menschen Knoten haben in ihrer Schilddrüse, ohne es zu wissen oder ohne dass es sie stört.

Der Arzt bestand darauf, erstmal zur Blutentnahme und anschließend zur Szintigrafie zu gehen. Das ist gegen meinen Willen und bin gegangen.

Bei meiner Frau Gudrun wurden bei ihrer Ärztin durch Ultraschall zwei Knoten festgestellt in ihrer Schilddrüse. Sie erhielt eine Überweisung zur Szintigrafie, wo die Knoten auf einem Bild zu sehen waren. Mit der Radiojodtherapie im Krankenhaus sollten die gutartigen Knoten entfernt werden.

Bei der Untersuchung im Krankenhaus tauchte noch ein kalter Knoten auf.

Ihre Ärztin konnte in ihrem Ultraschall keinen dritten kalten Knoten erkennen. Sie hat Rücksprache mit dem Ultraschallarzt vom Krankenhaus genommen, der den dritten Knoten aber bestätigte. Bei der anschließenden Operation wurde bei meiner Frau ein Stimmband verletzt nach Aussage der Hals-Nasen-Ohrenärztin.

Autor: Friedhelm Umbach, Schauenburg/Elmshagen.